독학사 1단계 합격을 결정하는
필수 암기 키워드

문학개론

01 | 총설

(1) 문학을 어떻게 볼 것인가
① 문학의 '언어 예술성'
  ㉠ 문학은 '언어'를 표현매체로 하며, 동시에 그것을 예술적으로 가다듬은 것
  ㉡ '언어'는 문학을 다른 예술과 구분해주는 본질적 요소
② 좁은 의미(협의)의 문학의 정의
  ㉠ 즐거움을 주는 문자예술
  ㉡ 정서적 표현 예술(언어: 표현매체)
  ㉢ 상상의 산물, 일반적 지식에 호소
  ㉣ 가치 있는 체험의 형상화 → 예술적 승화, 작품화
  ㉤ 개연성(가능성) 있는 허구

(2) 문학의 속성, 언어 예술성
① 문학의 기원
  ㉠ 심리학적 기원설: 모방본능설, 유희본능설, 흡인본능설, 자기표현본능설 21 24
  ㉡ 발생학적 기원설
  ㉢ 발라드 댄스설
② 문학의 속성: 체험의 표현, 전달(보편성), 기록(항구성) 23
③ 과학적 언어와 문학적 언어 23 24 25

과학적 언어	문학적 언어
직접적 · 외연적	함축적 · 내포적
개념의 정확성	개념의 다양성
사실의 설명에 기반	비유, 상징 등의 표현을 통한 이미지의 구체화 실현
관찰 · 보고	느낌 · 해석

(3) 문학을 보는 관점(아리스토텔레스의 모방이론) 21 22
① 문학은 인간의 보편적 · 개연적 행위에 대한 모방이며, 인간의 행동을 모방함으로써 이념의 세계를 형상화
  ㉠ 비천한 인물을 모방: 희극
  ㉡ 고상한 인물을 모방: 비극
② 모방은 인간의 본능적 행위이며, 동시에 즐거운 행위 24

(4) 문학의 기능(효용론)
① 문학의 교시적 기능: 작품을 통해 독자들로 하여금 새로운 세계를 발견하고 주위의 사물을 새롭게 인식하여 스스로 자신의 행위를 돌아보게 하고 교훈을 주는 것 22 24
② 문학의 쾌락적 기능 21
  ㉠ 문학은 예술가에 의한 상상적 창조물로, 독자에게 감동(재미)과 즐거움을 주는 것
  ㉡ 아리스토텔레스가 말한 "모방이란 즐거운 행위이며, 모방을 대하면 기쁨을 느낀다."와 직결

(5) 제작자의 문제와 의도
① 존재론과 표현론 23
  ㉠ 존재론: 작품 자체만을 대상으로 하여 그것의 실체를 규명하는 것
  ㉡ 표현론: 표현의 주체인 작가와의 연관 속에서 작품을 파악하는 것 22
② 의도의 오류(Intentional fallacy): 작가가 표현하고자 의도한 것과 그것이 실제로 표현된 결과인 작품이 일치하지 않을 수 있는 경우를 배제한 것에서 보이는 오류로, 표현론에서 보이는 한계임 21
③ 분석의 초점 22 23
  ㉠ 모방론(반영론): 현실 중시
  ㉡ 표현론(생산론): 작가 중시
  ㉢ 효용론(영향론 · 수용론): 독자 중시
  ㉣ 구조론(절대론 · 존재론): 작품 자체 중시
④ 의도 비평: 작품을 이해하기 위해서 작가의 의도와 계획을 파악하는 것으로, 작품 속에 작가의 의도가 어떤 방식으로 반영되어 있는지, 또는 그 방식이 성공적인지 등을 비평하는 것

(6) 구조의 이론 22
① 유기체설: 하나의 작품은 각 요소가 긴밀하게 연결되어 그 자체로 완벽한 짜임새를 가진 조직체임 – 작품을 생물체로 파악
② 동적(動的) 구조: 작가는 인상 깊었던 미적(美的) 대상을 언어를 통해 표현하는데, 이때 각 부분의 요소들은 하나의 구조를 이루는 하나의 조직체로서의 구성요소임

곧 실제적 인간 경험의 산물로서 제한된 시간 내에 성격 묘사가 가능하기 때문
ⓐ 돈키호테형
- 희극의 인간형이며, 외향적 성격
- 과대망상적 공상가이며, 이상(理想)을 위해 자신의 목숨까지 버리고 돌진하는 실천형 인물
- 이론·지식 등을 경시(輕視)
ⓑ 햄릿형
- 비극의 인간형이며 내향적 성격
- 성격이 예민하며 반성적
- 결단력·실행력 등이 결여, 비관적 인물의 전형

(3) 희곡의 종류(비극) 22

① 비극의 특징 23
   ㉠ 가공적이며, 그 자체의 구조 패턴을 지닌 예술 형식
   ㉡ 고양된 내용을 통해 불행하게 결론 맺는 진지한 극
   ㉢ 비극의 주인공은 선(善)을 대표하며, 주인공의 투쟁은 악(惡)과의 싸움
   ㉣ 비극적 결함: 주인공은 비극적 결함(본의 아닌 과실 또는 범죄 등 – 고의가 아님)을 가진 인물이며, 비극의 동기는 바로 이러한 '비극적 결함'에서 비롯됨
   ㉤ 비극의 결말은 주인공의 파멸

② 비극의 효과 – 아리스토텔레스
   ㉠ 연민과 공포
   - 연민: 비극의 주인공에 대한 전적인 공감, 타인에 대한 감정
   - 공포: 가까운 누구에게라도 일어날 수 있을 것이라는 두려움, 자신에 대한 감정
   - 연민과 공포가 곧 감정의 정화를 불러일으킴
   ※ 연민과 공포는 불가분의 관계이다.
   ㉡ 카타르시스(Catharsis) 21 24 25
   - 정화(淨化), 배설(排泄)을 의미
   - 체내의 모든 찌꺼기를 배설하듯이 연민과 공포의 체험을 통해 일상에서 쌓인 정서의 찌꺼기를 표출, 가슴의 정화를 얻을 수 있음

(4) 희곡의 종류(희극) 22

① 희극의 종류
   ㉠ 소극(笑劇, Farce): 해학을 기발하게 표현하여 사람을 웃길 목적으로 만든 비속한 연극 23
   ㉡ 코메디아 델라르테(Commedia dell'arte, 델아트 희극): 16세기~18세기 초까지 이탈리아에서 성행한 희극으로, 이탈리아 민간의 직업 배우들이 가면을 쓰고 미리 의논한 줄거리에 따라 즉흥적으로 연기를 함 → 즉흥극
   ㉢ 풍속희극(Comedy of manners): 왕정복고시대에 성행한 희극으로, 사치하고 음란하던 왕정복고기의 귀족 사회 및 젊은 남녀들의 연애 등을 풍자
   ㉣ 최루희극(Comedia larmoyante): '눈물희극'이라고도 하며, 고전비극과 희극의 어느 쪽에도 속하지 않는 시민극의 일종으로, 지적 능력보다는 감상에 의존
   ※ 희비극은 희극적 요소(골계)와 비극적 요소(비장)가 융합된 것으로 비극적 진행 뒤에 희극적 결말이 나타난다. 22

② 희극의 효과
   ㉠ 도덕적 의미에서 만인을 교정, 모순·부조리 풍자
   ㉡ 웃음 속에서 건강한 자를 더욱 건강하게 함

(5) 희곡의 삼일치론 23

① '사건·시간·장소의 일치'를 의미하며, 오늘날 시간의 일치와 장소의 일치는 무시됨
② 다만 '사건의 일치'는 극의 플롯과 밀접한 관계에 있기 때문에 그 타당성이 인정되고 있음

07 | 비교문학론

(1) 비교문학이란 어떤 것인가 25

① 비교문학의 개념 23
   ㉠ 비교문학은 단순히 두 개의 문학을 비교하는 것이 아니라, 그 이상의 뚜렷한 목적을 수행하기 위한 문학연구의 새로운 방법
   ㉡ 통상적으로 단수 인자 간의 이원적 관계를 연구하는 것을 의미
   ㉢ 서로 다른 문화권에 속한 작품의 영향관계를 관찰하고 문학의 보편성과 세계성 고찰

② 방 티젬의 비교문학의 영역 21 22 24
   ㉠ 발신자 연구: 한 작가가 국경을 넘어 다른 나라에 어떠한 영향을 주었는지를 연구
   ㉡ 수신자 연구: 도착점인 수신자로부터 출발점인 발신자를 발견하는 것으로, 원천론이라고도 함
   ㉢ 송신자 연구: 전달을 중개하는 개인, 단체, 원작의 모방, 번역의 연구
   ㉣ 이행(移行): 문학이 언어적 국경을 넘어 운반되는 것 → 물질적·심리적 요소 포함

(2) 비교문학의 방법(영향의 범주) 21 23

① 영향: 발신자에게서 영향을 받은 수신자의 본래의 면모가 변화되는 것
② 모방: 일반적으로 수신자가 특별히 선호하는 발신자가 있을 때 일어남
③ 표절: 의식적으로 수신자의 원작을 이용하는 것으로, 가장 의식적·의도적임
④ 암시: 창작의 계기가 발신자에 의해 마련되는 경우
⑤ 차용: 수신자가 필요한 부분을 빌려 쓰는 것
⑥ 번안: 타인의 것을 가져다 쓰지만, 원작의 내용에 자신의 창의성을 가미 22

(7) 문학의 장르
① 장르의 정의
- ㉠ 본래 생물학에서 동·식물의 분류 및 체계를 설명할 때 사용
- ㉡ 문학의 '갈래', 문학의 '종류'를 의미하는 것이지만, 문학의 종류가 모두 장르를 의미하는 것은 아님

② 장르의 구분 24
- ㉠ 전통적 구분: 서정시, 서사시, 극시 24 25
- ㉡ 작품의 매체·형태: 운문, 산문
- ㉢ 제재의 성격: 농촌소설, 연애소설, 해양소설, 역사소설 등
- ㉣ 창작 목적: 참여문학, 계몽문학, 오락문학 등
- ㉤ 독자와의 관계: 순수문학, 대중문학, 통속문학 등

(8) 스타일론
① 문체(Style)
- ㉠ 문학적 목적을 위해 독특하게 구성되는 문장의 특수성 및 개성
- ㉡ 문학의 개성, 독창성 등을 살려 줌

② 문체의 결정 요소
- ㉠ 사용 어휘 및 낱말
- ㉡ 운율 및 비유적 언어의 사용 빈도와 유형
- ㉢ 문장의 구조 및 수사적 효과

02 | 시론

(1) 시와 언어 25
① 시어의 외연(外延)과 내포(內包)
- ㉠ 외연(外延): 언어의 사전적·지시적 기능
- ㉡ 내포(內包): 언어의 시적·함축적 기능

② 시어의 함축성 21
- ㉠ 언어의 표면적 의미가 아닌 작가가 의도하고자 한 의미와 정서, 즉 내포적 의미
- ㉡ 개념 지시에 충실한 언어는 '외연(外延)'에 충실한 언어이지만, 시어는 '내포(內包)'에 충실한 언어

③ 시어의 애매성(曖昧性)과 긴장 언어 21
- ㉠ 애매성: 의미 해석이 두 가지 이상으로 가능한 시어의 특성으로, 이로 인해 다양성의 혼란이 일고 이해 불가능의 상황을 맞게 됨 22 24
- ㉡ 긴장(Tension): 문학의 본질적 성격을 가리키는 개념으로, 하나의 문학 언어란 작품 외부를 향한 문자적 의미와 작품 내부를 향한 비유적 의미의 충돌에서 비롯되는 긴장을 품고 있다는 것을 의미 - A. 테이트

(2) 시의 운율(음악성) 22 23 24 25
① 외형률
- ㉠ 외형률(外形律): 시의 외형상 분명히 드러나 있는 운율로 정형시에서 흔히 볼 수 있음
- ㉡ 음보율(音譜律) 24 25
  - 우리 시에서 가장 두드러진 운율
  - 한국 시가에서 가장 자주 쓰이는 것은 2음보, 3음보, 4음보

② 정형시
- ㉠ 시의 형식이 일정한 규칙을 따르는 시로, 보통 외형률에 의해 쓰인 시
- ㉡ 행이 리듬의 단위
- ㉢ 우리나라 시가에서 가장 대표적인 정형시는 '시조'
  → 현재까지 명맥을 유지

③ 자유시
- ㉠ 일정한 외형적 형식에 얽매이지 않음
- ㉡ 형식이 없는 시가 아니라 형식이 매우 다양한 시
- ㉢ 자유로운 체험을 자유롭게 표현하려는 표현 욕구의 소산

④ 산문시
- ㉠ 행과 연의 구분이 없으며, 시적 운율을 의도적으로 배제한 시
- ㉡ 운율적 요소를 가지지 않음
- ㉢ 행과 연의 구분이 없음
- ㉣ 산문시와 산문은 행과 연의 구분이 없다는 면에서는 일치하지만, 산문시는 산문에는 없는 시 정신(Poesie)이 담겨 있음

(3) 비유의 이해 23
① 주지(主旨)와 매체(媒體) - 리처즈 22
- ㉠ 주지: 시인이 본래 표현하고자 하는 사상·정서 등의 주된 요소 → 원관념
- ㉡ 매체: 주지를 구체화하거나 변용·전달하는 데 사용되는 표현 방식 또는 수단을 의미 → 보조관념

② 비유의 유형
- ㉠ 직유법: 두 개의 사물을 직접적으로 비교. '~같은', '~인 양', '~처럼', '~듯이' 등의 형식 24
- ㉡ 은유법: 원관념은 숨기고 보조관념만 드러내어 표현하려는 대상을 설명. 'A는 B이다.' 등의 형식
- ㉢ 의인법: 사람이 아닌 것을 사람인 것처럼 표현하는 방법

③ 환유와 제유 25
- ㉠ 환유: 어떤 사물을 그것의 속성과 밀접한 관계가 있는 다른 낱말을 빌려서 표현하는 방법. 주지와 매체가 1:1의 관계 21
- ㉡ 제유: 어느 한 부분이 전체를 나타내는 것으로, 주지와 매체가 1:대(多)의 관계

④ 죽은 비유: 일상생활에서 일반적으로 쓰이고 있는 식상한 비유로, 독창성·생명력을 갖추지 못하므로 시에서는 가치가 없는 표현법 → 별다른 유추 과정 없이 그 뜻을 쉽게 파악할 수 있음

예 '앵두 같은 입술', '세월이 유수와 같다.' 등의 표현

⑤ 희곡과 소설의 차이점

구분	희곡	소설
서술자 개입	없음	있음
시·공간적 제약	많음 (무대·상연시간)	적음
전개	대화와 행동 중심 → 표출	서술과 묘사 중심
등장인물의 수	제약 있음	제약 없음
시제	주로 현재 시제	주로 과거 시제
배경	제약 있음	제약 없음

⑥ 희곡의 특질 22
  ㉠ 연극성: 희곡은 무대 위에서 상연될 것을 전제로 하는 연극적 성격을 가짐
  ㉡ 행동성
    • 희곡에서의 행동은 의미를 전달하는 데 있어 중요한 역할을 하며, 서술자나 작가의 개입은 전혀 허용되지 않음
    • 희곡에 있어 행동이나 시추에이션·표현·제스처 등이 지니는 의미를 작가가 직접적으로 설명 또는 논평할 수 없음
  ㉢ 대화성: 인물의 성격, 사건, 심리 표현 등이 대화를 통해 이루어짐 24
  ㉣ 현재성: 희곡은 무대 위에서 직접적으로 인생을 표현하는 문학이므로, 모든 이야기를 현재화하여 표현

⑦ 희곡의 컨벤션(Convention)
  ㉠ 희곡은 무대라는 제한된 공간에서 대사와 행동을 통해 표현하기 때문에 연기자와 관객(독자) 사이에 일종의 묵계(默契)가 이루어지는데, 이를 희곡의 '컨벤션'이라 함
  ㉡ 희곡(연극)에서 전개되는 세계가 실제 현실은 아니나 실제 현실과 똑같다고 봄
  ㉢ 희곡이 상연되는 무대(배경 그림, 소도구, 현수막 등 포함)는 극이 전개되는 가공의 장소이지만 희곡에서는 이것을 진짜 현실로 받아들임
  ㉣ 배우는 실제 극중 인물이 아니라 분장한 인물이지만 실제 인물로 간주
  ㉤ 배우의 행동 역시 실제 행동으로 간주
  ㉥ 등장인물의 방백이나 독백도 다른 등장인물은 듣지 못한다고 인정함 23

(2) 희곡의 요소
① 희곡의 5막 구성 21 22
  ㉠ 발단(도입부): 극의 도입이며 설명의 단계, 인물의 소개가 이루어짐, 플롯의 실마리가 드러나 사건의 방향성·성격 등을 제시, 등장인물 간의 갈등의 단서를 암시 24
  ㉡ 상승(전개): 발단에서 시작된 사건과 성격이 복잡해지고 갈등과 분규가 구체화, 관객의 흥미·주의를 집중시키는 단계, 주동인물과 반동인물의 대결이 나타남, 인물이 성장·변화·발전해야 하며, 복잡화되어야 함
  ㉢ 정점(위기, 절정, 클라이맥스): 발단과 상승 단계에서 전개된 사건이 논리적으로 귀결되어야 함. 반복되는 위기를 거쳐 주동인물과 반동인물의 대립이 최고조에 이름 25
  ㉣ 하강(반전): 파국 또는 대단원으로 향하는 단계, 새로운 인물이나 사건이 개입되어서는 안됨. 비극에서는 주인공의 파멸·불행을 이끌 대립된 세력이 강해지는 단계이며, 희극에서는 주인공에게 방해가 되었던 장애물이 제거되어 행복한 결말로 이어지는 단계
  ㉤ 파국(결말, 대단원): 플롯의 결말 부분으로, 극적 행동의 해결 및 이해가 이루어지는 단계. 극적 갈등과 투쟁이 모두 해소, 감정의 정화 및 인간 행위의 진실한 표현인 카타르시스를 체득

② 희곡의 성격
  ㉠ 작가가 제공하는 창조 과정과 연출가·연기자들이 모든 이해과정을 거쳐야만 비로소 그 효과를 나타낼 수 있음
  ㉡ 희곡은 순수한 문학으로서 존재하는 것이 아니라 연극으로서 무대에 상연되는 것을 전제로 하는 이중적 문학 형태를 띰 → 연극적 성격 + 문학적 성격
  ㉢ 무대 상연을 전제로 하므로 이에 따른 특수성과 제약성을 가짐

③ 무대지시문 − 지문 22 25
  ㉠ 무대장치, 분위기, 등장인물, 연기자의 동작 등을 가리키는 무대 지시를 적은 것
    ※ 배우의 등장·퇴장은 물론 인물의 행동·표정·성격 등을 설명하여 포괄적 성격을 지닌다.
  ㉡ 대사를 제외하고 무대 위에서 이루어지는 모든 것을 지시함

④ 독백과 방백 23
  ㉠ 독백 − 모놀로그(Monologue) 22
    • 한 인물(배우)이 혼자 중얼거리는 말
    • 관객에게는 들리나 다른 배우들은 듣지 못하는 것으로 약속된 말로, 인위적 성격을 띰
    • 가장 순수한 의미의 독백은 자문자답(自問自答)
  ㉡ 방백(傍白)
    • 화자가 직접 관객이나 무대 위의 배우 중 몇 사람만을 선택하여 그들만 듣는 것으로 가정하고 혼자 말하는 것
    • 독백보다 짧으며, 지금 막 진행되고 있는 사실에 대해 논평할 때 효과적으로 사용됨

⑤ 희곡의 인물
  ㉠ 희곡의 인물은 전형적이며, 동시에 개성적이어야 함
  ㉡ 그 인물이 속해 있는 사회적 계층과 교양·사상·습관 등의 보편성을 대표하는 전형성을 지녀야 함
  ㉢ 전형적 인물을 통해 인생을 직접적으로 재현하는 극적 표현을 더욱 선명하게 부각시킬 수 있음
  ㉣ 전형적 인물은 시대·관습에 따라 다르게 설정될 수 있으며, 그 자체로서 개성을 지니고 있어야 함
  ㉤ 개성적 인물은 곧 작가의 개성이며, 다른 작품과의 차별성을 가질 수 있게 함
  ㉥ 전형적 인물을 자주 등장시키는 이유는 전형적 인물이

(4) 시와 이미지(이미지의 유형)
① 시각 이미지: 색채, 명암(明暗), 모양, 동작 등을 시각(눈)을 통해 떠올리는 이미지 23 24
② 청각 이미지: 청각(귀)을 통해 떠올리는 소리에 대한 이미지
③ 후각 이미지: 냄새를 통해 구현되는 이미지
④ 미각 이미지: 맛으로 구현되는 이미지
⑤ 촉각 이미지: 피부의 감각으로 구현되는 이미지
⑥ 공감각 이미지: 하나의 감각이 다른 감각으로 전이되어 일어나는 심상 22 23 24

(5) 시와 상징
① 은유와 상징 25
  ㉠ 은유: 유사성, 비슷비슷한 속성, 1:1(원관념:보조관념), 보조관념의 독립적 의미 없음
  ㉡ 상징: 개별성, 관계없는 속성, 1:多(원관념:보조관념), 보조관념의 독립적 의미 있음, 원관념이 주로 생략됨 22 23 24
② 상징의 종류 25
  ㉠ 원형적 상징: 하나의 사물이 지니는 근원적 양상으로, 모든 사건이나 사물은 그저 막연히 나타나는 것이 아니라 신화적인 원형의 변모된 모습이라고 보는 것 22
  ㉡ 관습적 상징(인습적 상징): 오랜 세월을 거친 인습적 친근함, 즉 사회적 공인을 지니게 된 상징 23
    • 자연적 상징: 하늘 → 신성함
    • 제도적 상징: 태극기 → 대한민국
    • 알레고리컬 상징: 매화 → 절개
  ㉢ 창조적 상징(개인적 상징): 한 개인의 독창적 체험에 의해 창출해낸 상징 21 23
③ 재문맥화와 장력상징
  ㉠ 재문맥화: 이미 알려진 상징의 이미지에 새로운 의미를 부여하는 것
  ㉡ 장력상징
    • 개인의 상상력에 의해 만들어낸 것
    • 필연적으로 의미가 조작되며, 그 의미가 언제나 애매함

03 | 소설론

(1) 소설의 본질
① 소설의 자의(字義)
  ㉠ 노벨(Novel): '새로운 이야기(사실적인 사건)'라는 의미로 근대 이후 출현한 서사문학
  ㉡ 로망스(Romance): 이국적 경향을 가지고 있는 중세의 서사문학
    ※ 로망어로 씌어진 글로 보통 중세의 용감한 기사들의 무용담이나 사랑·모험 등의 이야기를 다룸
  ㉢ 픽션(Fiction): 사실이 아닌 지어낸 이야기
  ㉣ 스토리(Story): 역사(History)와 같은 어원으로 '사실의 이야기'를 의미

② 근대소설의 발생
  ㉠ 근대적 인간관의 발견 22
  ㉡ 부조리한 세계에 대한 비판정신
  ㉢ 부르주아 계급의 등장
③ 근대소설의 갈등구조: 영웅의 운명과 신의 계시 사이의 괴리가 존재
④ 소설의 특징 23
  ㉠ 허구적인 이야기
    • 소설은 작가에 의해 창조·가공된 이야기의 기록
    • 개연성: 실제로 있었던 일은 아니나, 일어날 가능성이 있는 일을 실제로 있었던 것처럼 그럴 듯하게 꾸며내는 것
  ㉡ 서술적 산문: 소설이 다른 문학양식과 구별되는 중요한 요소는 '서술'이라는 기술 방법
  ㉢ 삶의 세계를 표현하는 창작 문학: 인간의 삶을 근거로 하는 인생 이야기
⑤ 로망스와 노벨

로망스	노벨
• 인플레이션 양식 • 과장되고 부풀린 삶 • 로망스에 등장하는 청년들은 전부 영웅, 상대방은 악마, 처녀들은 자연의 걸작으로 묘사	• 디플레이션 양식 • 리얼리즘의 방법, 즉 구성과 감정·사고 면에서 긴밀성과 절제의 논리에 따름 • 노벨은 로망스와 철학적 이야기 사이에 놓임
모험·여행 등	형성·교육 등
아이러니의 형질이 없음	아이러니컬한 허구 형태를 본질로 삼음

(2) 소설의 요소
① 소설의 플롯(Plot)과 스토리(Story) 21 24 25
  ㉠ 플롯 23
    • 사건의 서술이지만, 인과관계에 중점을 둠 22
    • 사건의 논리적 전개: 사실성·소설의 미학(美學)과 직결
    • 'Why(왜)'의 반응을 이끌어 냄
      예 "왕비가 죽자, 왕이 슬퍼서 울었다."
  ㉡ 스토리
    • 시간적 순서대로 배열된 사건의 서술
    • 'And(그리고)'의 반응을 이끌어 냄
      예 "왕이 죽고, 왕비가 죽었다."
② 플롯의 유형 25
  ㉠ 단순 플롯: 단순·단일한 사건이 시간적 순서에 따라 진행되는 플롯(순행적)
  ㉡ 복합 플롯: 하나의 소설 속에 둘 이상의 플롯이 중첩되어 진행됨으로써 많은 이야기가 전개되는 플롯(역행적)
  ㉢ 피카레스크(Picaresque): 몇 개의 독립된 스토리가 그것을 종합적으로 이어 놓는 하나의 플롯 위에 배열되는 것 22 24
  ㉣ 액자형 플롯: 하나의 플롯 속에 또 하나의 플롯이 삽입된 것 22 24

수 있는 것은 수필에서도 다룰 수 있다고 봄 – 백철, 최승범, 정봉구 등
- ⓒ 수필과 에세이를 서로 다른 영역에 속한 것으로 보는 견해: 수필을 의미하는 말에는 '미셀러니(Miscellany)'와 '에세이(Essay)'가 있는데, 에세이라는 말에는 '평론'과 '수필'이라는 두 가지 의미가 있으므로, 수필과 에세이가 동일시되는 것은 아니라고 봄 – 곽종원, 문덕수 등
- ② 수필의 기원
  - ㉠ 중국: 남송(南宋)시대 때 홍매(洪邁)가 『容齋隨筆(용재수필)』에서 '수필(隨筆)'이란 용어를 맨 처음 사용
  - ㉡ 우리나라
    - 이규보의 『백운소설』: 우리나라 수필류 책의 원조
    - 조성건의 『한거수필(閑居隨筆)』: 최초의 본격 수필
  - ㉢ '수필'이라는 용어의 정착: 신문학기까지 '수상(隨想), 감상(感想), 상화(想華), 만필(漫筆), 수감(隨感), 수의(隨意)' 등의 명칭으로 창작되다가 1920년에 이르러 '수필'이라는 이름으로 정착

(3) 수필의 특성 23 25
① 형식의 개방성(무형식의 형식): 수필은 형식상 제한이 없는 자유로운 문학양식으로, 이는 형식이 다양하다는 뜻이며 아무렇게나 써도 된다는 뜻은 아님
② 자기 고백성(개성 표출성): 수필은 작가의 개성이 생생하게 드러난 글
③ 제재의 다양성: 인생이나 자연 등 소재를 어디에서나 그할 수 있음
④ 유머와 위트, 비평 정신의 문학: 유머, 위트, 비평 정신 등은 다른 문학 양식에서도 나타나지만, 어떤 사건의 구성이 없는 수필에서는 특히 중요한 요소가 됨
⑤ 간결한 산문의 문학: 수필은 간결하며, 비교적 길이가 짧은 산문 문학
⑥ 심미적·예술적인 글: 글쓴이의 심미적 안목과 철학적 사색의 깊이가 드러나 있으며, 예술적인 언어를 바탕으로 한 예술의 한 분야
⑦ 비전문성의 문학: 누구나 쓸 수 있음

(4) 수필의 종류
① 수필의 이종설 – 경수필과 중수필 23 24
  - ㉠ 경수필(Informal essay)
    - 주정적·주관적·개인적·사유적·인상적·감성적
    - 대상에 대한 표현이 암시적·소극적
    - 주제가 비교적 가벼움
    - 연(軟)문장적
    - '나'가 겉으로 드러남
    - 몽테뉴형 수필
  - ㉡ 중수필(Formal essay) 25
    - 주지적·객관적·의론적(議論的)·논리적·객관적·지적·사색적
    - 경(硬)문장적
    - '나'가 겉으로 드러나지 않음
    - 베이컨형 수필
② 수필의 오종설(한흑구의 분류)
  - ㉠ 작가 자신의 경험을 서술하는 주관적 산문
  - ㉡ 인생에 대한 주관적인 견해
  - ㉢ 일상생활에 대한 관찰
  - ㉣ 자연계에 대한 사고와 관찰
  - ㉤ 세상에 대한 비판
③ 수필의 팔종설
  - ㉠ 공정호: 과학적 수필, 철학적 수필, 비평적 수필, 역사적 수필, 종교적 수필, 개인적 수필, 강연집, 설교집
  - ㉡ 백철: 사색적 수필, 비평적 수필, 스케치 수필, 담화(譚話) 수필, 개인 수필, 연단(演壇) 수필, 성격 수필, 사설 수필

06 | 희곡론

(1) 희곡의 본질
① 희곡의 기원 25
  - ㉠ Drama: '행동한다, 움직인다'는 의미의 그리스어 'Dran'에서 유래 23
  - ㉡ Play: '유희한다'의 뜻으로, 우리의 전통극인 양주 별산대놀음 등의 명칭과 유사
  - ㉢ 희곡의 발생: 표출의 형태를 취한 극시에서 발생
② 희곡의 개념: 무대 상연을 전제로 대화와 행동을 통해 관객에게 작가의 의도를 직접 전달하는 문학 → 대사와 행동을 통한 직접적인 인생 표현 23
③ 레제드라마(Lesedrama)
  - ㉠ 일반적인 의미의 희곡과는 달리 문학적 요소만이 강조된 형식의 희곡 → 문학성에 중점, 읽기 위한 희곡
  - ㉡ 연극이 요구하는 조건이나 제약의 구분 없이 순수한 문학적 형태를 띰
  - ㉢ 폴켈트
    - 상상극: 레제드라마
    - 무대극: 상연을 목적으로 하는 희곡
    - 대표작: 괴테의 『파우스트』, 하웁트만의 『조용한 종』 등
④ 부흐드라마와 뷔넨드라마
  - ㉠ 부흐드라마(Buchdrama): 출간 당시에는 무대에서 상연하지 않고, 일정한 시기에 이르러서 공연하는 희곡 → 레제드라마와 뷔넨드라마의 중간
  - ㉡ 뷔넨드라마(Bühnendrama): 무대 상연을 위하여 쓴 희곡

② 형식주의 비평 21
- ㉠ 문학이 문학다운 속성, 즉 '문학성'을 철저하게 그 언어적 조직과 일체화시켜 분석·기술
- ㉡ 상세한 기술과 분석에 관심을 집중
- ㉢ 구조주의 비평과 관련
- ㉣ 텍스트 자체를 고유한 자율적 존재를 가진 객관적 의미 구조로 파악

③ 구조주의 비평 21 23
- ㉠ 현대 언어학의 이론 모형을 적용하여 문학작품을 분석
- ㉡ 인간의 문화 활동의 전체성을 파악할 수 있는 과학적 방법에 대한 요구와 사상적 자각에서 비롯
- ㉢ 의미 자체보다 의미가 만들어지는 방식에 초점 → 내재적 접근
- ㉣ 작품의 역사성을 배제하고 작품의 현재성은 물론, 작품을 있게 만드는 구조를 파악
- ㉤ 문학을 기표와 기의의 결합물로 인지

④ 사회·문화적 비평 24
- ㉠ 문학을 사회·문화적 배경과 관련하여 설명
- ㉡ 문학작품과 시대적 배경, 사회 현실과의 관련성에 초점
- ㉢ 문학과 사회제도, 작가의 사회적 지위, 문학적 소재로서의 사회의 양상 등을 주요 과제로 삼음
- ㉣ 마르크스주의 비평이 이에 해당

⑤ 심리주의 비평 23 24
- ㉠ 프로이트의 정신분석학이 나타난 이후 발달되었음
- ㉡ 내면세계(무의식)를 분석함으로써 작가와 작품의 관계, 즉 창작 심리를 해명하여 작품의 창작 배경을 밝힘
- ㉢ 프로이트: 인간의 심리 구조를 '에고(Ego, 자아)', '슈퍼에고(Superego, 초자아)', '이드(Id, 무의식)'로 분류하고, 이를 '리비도(Libido)'와 관련시켜 설명
- ㉣ 프로이트 이론의 수정: 아들러, 융, 라캉 등

⑥ 신화·원형 비평 21 22 23
- ㉠ 문학작품 속에서 신화의 원형을 찾아내고, 이 원형들이 어떻게 재현·재창조되어 있는지를 살피는 방법
- ㉡ 작품이란 형상을 원형의 반영으로 보고 그러한 원형이 시대와 개인에 따라 변형되는 모습을 추적
- ㉢ 융
  - 인류의 원시적 체험의 저장고라 할 수 있는 '집단 무의식'의 개념을 제시
  - 개인은 고립된 개체 혹은 사회 속의 단순한 한 단위가 아니라 지금까지 생존한 무수한 개인의 집적임을 강조
  - 원형의 개념: 옛 조상들의 생활 속에서 되풀이되는 체험의 원초적 심상을 원형이라 보고, 이에는 페르소나, 아니마·아니무스, 그림자, 자기 등이 있다고 보았음 22
- ㉣ 신화·원형 비평의 적용의 예
  - 이육사의 「광야」 23
    - 「백마 타고 오는 초인」: 강력한 아버지의 모습[부상(父像)]으로 해석
    - 「광야」를 아버지 신에게 바치는 초혼으로 간주
  - 현길언의 『용마의 꿈』: 장수전설, 용마전설의 모티프의 원형적 패턴을 밝힘
  - 이청준의 『침몰선』: 통과의례의 패턴
  - 한승원의 『바다의 뿔』: 통과의례의 패턴

(2) 실존주의 비평과 현상학적 비평
① 실존주의 비평
- ㉠ 문학비평이란 문학작품에 사용된 실존적 정신분석
- ㉡ 문학작품의 보편적인 상징력과 신비를 그대로 수용
- ㉢ 수용미학 이론과 연계될 가능성이 있음

② 현상학적 비평
- ㉠ 후설의 현 상황에서의 개념과 방법을 근거로 하여 예술 작품을 분석
- ㉡ 관념론과 경험론의 한계를 극복하려는 현상학을 바탕으로 함
- ㉢ 비평가 자신의 이해관계 및 선입견이 개입되는 능동적인 작품 해석을 비평으로 보는 이들에게는 비평의 역할에 의구심을 갖게 함

05 | 수필문학론

(1) 수필의 특징 및 장르의 설정
① 수필의 특징 22 23 24
- ㉠ '붓을 따라서', '붓 가는 대로' 그때그때 보고 듣고 느낀 것을 쓴 글
- ㉡ 형식이 자유로운 글
- ㉢ 글쓴이의 체험을 소재로 한 글
- ㉣ 개성적·고백적·서정적인 글
- ㉤ 인생이나 자연 또는 일상생활에서의 느낌이나 체험을 생각나는 대로 쓴 글
- ㉥ 문체가 정교하며, 산문적인 글

② 수필의 장르 분류의 세 가지 견해
- ㉠ 수필을 잡문에 포함시키는 견해: 장르 개념이 불분명하다는 단점이 있음 – 조윤제와 이병기
- ㉡ 수필을 독자 장르로 설정하는 견해: 현대수필에 있어 가장 바람직한 견해 – 김동욱, 김기동 등
- ㉢ 서정·서사·극 양식의 3분법에 교술 양식을 제4의 양식으로 포함시키자는 견해: 기존의 3분법에서 어느 범주에도 포함시킬 수 없었던 경기체가·가전·비평·전기 등의 장르를 구분할 수 있지만, 서정 또는 서사 장르에 포함시킬 수 있는 장르가 교술 양식에 포함될 수 있다는 단점이 있음 – 조동일

(2) 수필의 어원
① 수필과 에세이 24
- ㉠ 수필과 에세이를 동일시하는 견해: 수필에서 다룰 수 있는 것은 에세이에서도 다룰 수 있고, 에세이에서 다룰

③ 인물 23 25
- ㉠ 전형적 인물: 한 사회의 어떤 계층이나 집단의 공통된 성격적 기질을 대표 21 22 24
- ㉡ 개성적 인물: 작가의 독특한 개성이 발휘된 창조적 인물로, 전형성에서 탈피
- ㉢ 입체적 인물(동적 인물)
  - 작품 전개에 따라 성격이 발전·변화
  - 독자들을 감동시켜 유머를 제외한 어떠한 감정에도 빨려 들어가 몰입할 수 있게 하며, 경이감을 줌
  - 독자에게 강렬한 인상을 남길 수 있음
- ㉣ 문제적 인물: 근대적 세계관과 문제의식을 반영하고 불확실한 가치들의 관계를 스스로 탐구 24

④ R. 스탠턴의 소설의 시점의 분류
- ㉠ 1인칭 중심인물 시점: 주인공 혹은 그에 상응하는 인물이 자신의 목소리로 이야기를 이끌어감
- ㉡ 1인칭 주변인물 시점: 보조인물 또는 주변인물이 이야기를 전개
- ㉢ 제한적 3인칭 시점: 3인칭으로 된 한 인물에 의해 보이는 것, 아는 것만 서술
- ㉣ 전지적 3인칭 시점: 아무런 제한 없이 모든 사건과 생각 등을 서술

⑤ 시점의 종류 23 24 25
- ㉠ 1인칭 주인공 시점: 작품의 주인공이 자신의 이야기를 함
- ㉡ 1인칭 관찰자 시점(제한적 시점): 작품에 등장하는 부수적 인물이나 사건 밖에 있는 단순 관찰자가 주인공의 이야기를 함
- ㉢ 3인칭 작가 관찰자 시점(극적 시점): 작가가 관찰자의 입장에서 이야기함
- ㉣ 전지적 작가 시점: 작가가 전지(全知)의 입장에서 작중 인물의 심리상태나 행동의 동기, 감정 등을 해설·분석하여 서술

⑥ 소설의 인물 제시·설명 방법

말하기(Telling)	보여주기(Showing)
• 작가가 인물을 직접 해설·분석·요약·편집 • 논평적 방법	• 작가가 대화나 행동만 보여줌 • 극적·입체적 방법
직접적 제시	간접적 제시
고대소설에 많음	현대소설에 많음
전지적 작가 시점	3인칭 관찰자 시점

⑦ 소설의 주제와 제재 21 23

주제	• 소설이 말하고자 하는 '무엇'에 해당 • 제재의 속성을 추상화·일반화하여 얻은 것 • 주제 자체가 목적 • 추상화의 산물
제재	• 주제를 낳기 위해 동원되는 재료나 근거 • 특수한 상황이나 경우를 알려주는 것 • 주제를 나타내는 효과적 수단 • 구체적

(3) 소설의 종류
① 뮤어의 분류에 따른 소설의 종류 21 22 23 24
- ㉠ 행동 소설: 스토리 중심의 소설로, 호기심과 기대감을 유발
  - 예 루이스 스티븐슨의 『보물섬』
- ㉡ 성격 소설: 사건보다는 인물에 초점을 맞춤
  - 예 새커리의 『허영의 시장』
- ㉢ 극적 소설: 작중인물과 플롯이 거의 완벽하게 결합된 것으로, 행동 소설과 성격 소설이 종합된 소설
  - 예 에밀리 브론테의 『폭풍의 언덕』
- ㉣ 연대기 소설: 시간과 공간을 총체적으로 그린 소설
  - 예 허버트 로런스의 『아들과 연인』
- ㉤ 시대 소설: 한 시대의 풍속을 반영한 소설
  - 예 드라이저의 『아메리카의 비극』

② 루카치의 분류에 따른 소설의 종류 22
- ㉠ 추상적 이상주의 소설: 복잡한 세계와 연결된 주인공의 행동 양식이 좁은 의식에 의해 지배를 받으며, 맹목적 신앙에 가까운 형태를 취함
  - 예 세르반테스의 『돈키호테』
- ㉡ 심리 소설: 작중인물의 내면세계를 분석하는 데 주력하는 소설
  - 예 곤차로프의 『오블로모프』
- ㉢ 교양 소설: 주인공이 일정한 삶의 형성이나 성취에 도달하기까지의 과정을 그린 소설
  - 예 헤르만 헤세의 『싯다르타』
- ㉣ 톨스토이의 소설형: 문화를 초월하여 자연에 대한 본질적 체험 및 구체적·실제적 체험을 그린 소설 유형

③ 단편소설과 장편소설의 차이 22 23 24 25

단편소설	장편소설
단일성, 통일성(Unity)	총체성, 전체성(Totality)
인생의 단면	인생의 전면
단순구성	복합구성
김동인 • 단일묘사 방법 • 인물 하나에 초점 • 나머지 인물은 조종(인형조종술)	염상섭 • 복합묘사 방법 • 여러 인물에 초점

04 | 비평론

(1) 문학비평의 어원과 개념 25
① 역사·전기적 비평 22 23 24
- ㉠ 작가와 작품의 역사적 배경, 사회적 환경, 작가의 전기 등 문학을 결정하는 여러 가지 체계와 관련시켜 작품을 연구
- ㉡ 작품의 위상 정립 및 텍스트(원전) 확정, 사용된 언어에 대한 해명, 작가에 대한 전기적 접근, 문학적 관습 및 전통성의 형성 여부 등

2026 시대에듀
독학사 1단계 교양과정

— 학위 취득을 위한 가장 **빠른** 선택! —

왜? 독학사인가?

| 고등학교 졸업 이상이면 **누구나** 도전 가능 | × | 4년제 대학과 비교 시 **효율적** 시간&비용 | × | 1년 만에 **빠른** 학점 취득 | × | 60점 이상이면 합격하는 **높은** 합격률 |

회원가입 이벤트!

시대에듀 독학사 회원가입 수험생을 위한 **3대 특전** 이벤트!

독학사 1단계
국어 / 영어 / 국사

기출문제 & 핵심자료집 &
온라인 모의고사 제공!

※ 경로: www.sdedu.co.kr → 독학사 → 학습자료실 → 강의자료실
※ 일부 PDF 자료는 수강회원에게만 제공될 수 있습니다.

무료특강 이벤트!

시대에듀 내 독학사 페이지 접속 시 **116강**의 무료특강 제공!

| 1단계 키워드 특강 총 18강 | 1단계 기출문제 특강 총 48강 | + | 경영 2단계 키워드 특강 총 15강 | 경영 2단계 기출문제 특강 총 10강 | + | 심리 2단계 키워드 특강 총 13강 | 심리 2단계 기출문제 특강 총 12강 |

※ 경로: www.sdedu.co.kr → 독학사 → 학습자료실 → 무료특강
※ 무료제공 강좌는 변동될 수 있습니다.

시대에듀 홈페이지 **www.sdedu.co.kr** | 상담문의 **1600-3600** 평일 9~18시 / 토요일·공휴일 휴무

시대에듀

끝까지 책임진다! 시대에듀!

QR코드를 통해 도서 출간 이후 발견된 오류나 개정법령, 변경된 시험 정보, 최신기출문제, 도서 업데이트 자료 등이 있는지 확인해 보세요!
시대에듀 합격 스마트 앱을 통해서도 알려 드리고 있으니 구글 플레이나 앱 스토어에서 다운받아 사용하세요.
또한, 파본 도서인 경우에는 구입하신 곳에서 교환해 드립니다.

편집진행 천다솜 · 김다련 | **표지디자인** 박종우 | **본문디자인** 차성미 · 고현준

이 책의 구성과 특징 STRUCTURES

01 필수 암기 키워드

핵심이론 중 반드시 알아야 할 중요 내용을 요약한 '필수 암기 키워드'로 개념을 정리해 보세요.

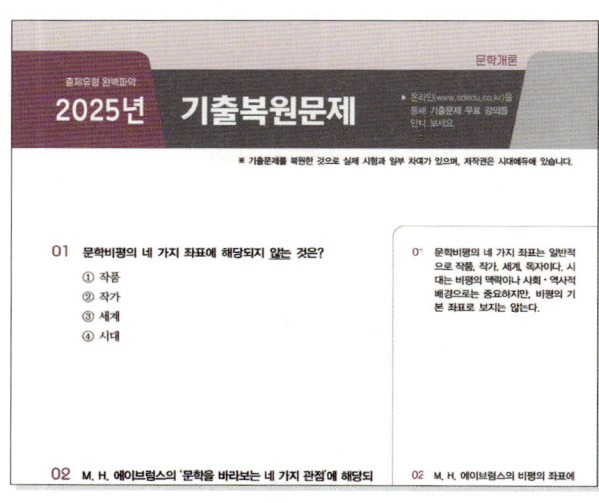

02 최신기출문제

'2025~2023년 기출복원문제'를 풀어 보며 출제 경향을 파악해 보세요.

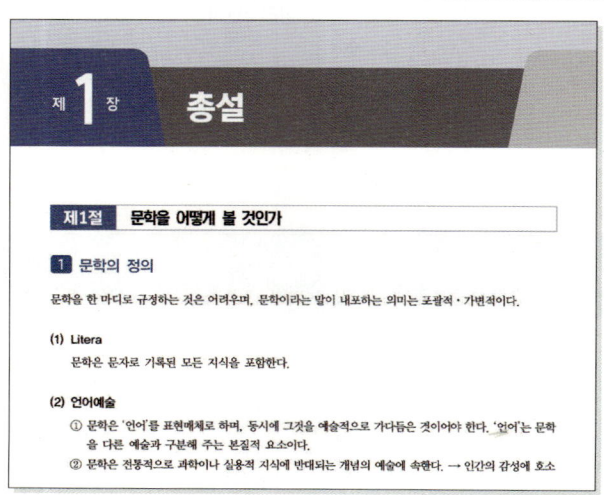

03 핵심이론

시행처의 평가영역을 반영하여 꼼꼼하게 정리된 '핵심이론'을 학습하며 기초를 탄탄하게 쌓아 보세요.

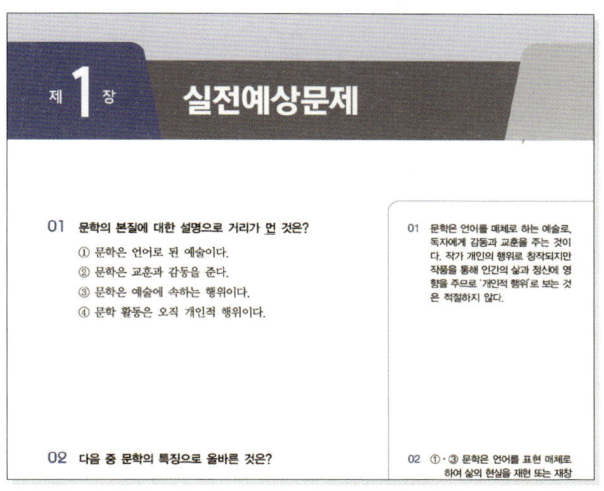

04 실전예상문제

'핵심이론'에서 공부한 내용을 바탕으로 '실전예상문제'를 풀어 보며 문제를 해결하는 능력을 길러 보세요.

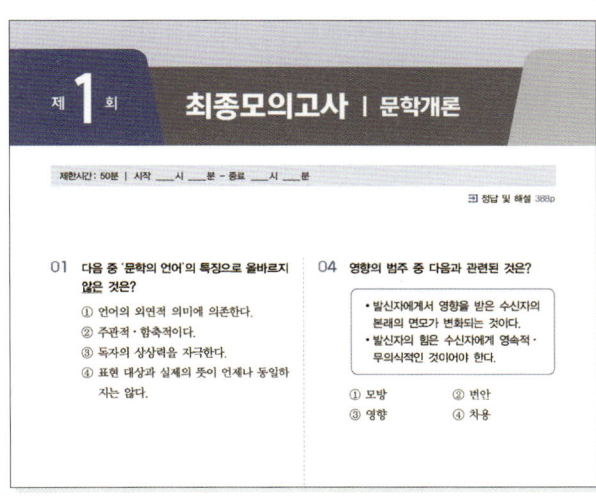

05 최종모의고사

'최종모의고사'를 실제 시험처럼 풀어 보며 실력을 점검해 보세요.

+ P / L / U / S +

1단계 시험을 핵심자료로 보강하자!

국어 / 영어 / 국사 <핵심자료집 PDF> 제공

1단계 시험을 준비하는 수험생을 위해 교양과정 필수 과목인 국어 / 영어 / 국사 핵심자료집을 PDF로 제공하고 있어요. 국어는 고전문학 · 현대문학, 영어는 중요 영단어 · 숙어 · 동의어, 국사는 표 · 사료로 정리했어요.

※ 경로 : www.sdedu.co.kr ➡ 독학사 ➡ 학습자료실 ➡ 강의자료실

독학학위제 소개 INFORMATION

독학학위제란?
「독학에 의한 학위취득에 관한 법률」에 의거하여 국가에서 시행하는 시험에 합격한 사람에게 학사 학위를 수여하는 제도

과정별 응시자격
4개의 과정(교양, 전공기초, 전공심화, 학위취득 종합시험)을 모두 거쳐 합격하면 학사 학위 취득 가능

단계	과정	응시자격	과정(과목) 시험 면제 요건
1	교양	고등학교 졸업 이상 학력 소지자	• 대학(교)에서 각 학년 수료 및 일정 학점 취득 • 학점은행제 일정 학점 인정 • 국가기술자격법에 따른 자격 취득 • 교육부령에 따른 각종 시험 합격 • 면제지정기관 이수 등
2	전공기초		
3	전공심화		
4	학위취득	• 1~3단계 합격 및 면제 • 대학에서 동일 전공으로 3년 이상 수료 (3년제의 경우 졸업) 또는 105학점 이상 취득 • 학점은행제 동일 전공 105학점 이상 인정 (전공 28학점 포함) • 외국에서 15년 이상의 학교교육과정 수료	없음(반드시 응시)

※ 시험 일정 : 1단계 - 2월 중 / 2단계 - 5월 중 / 3단계 - 8월 중 / 4단계 - 10월 중
※ 접수 방법 : 온라인으로만 가능
※ 자세한 일정 및 제출 서류 등은 독학학위제 홈페이지(bdes.nile.or.kr) 참조

합격 기준
❶ 1~3단계 : 각 과목을 100점 만점으로 하여 전(全) 과목 60점 이상 득점(합격 여부만 결정)
  ▶ 1단계 : 5과목 합격
  ▶ 2~3단계 : 6과목 합격
❷ 4단계 : 총점 합격제 또는 과목별 합격제 선택

구분	합격 기준	유의사항
총점 합격제	• 총점(600점)의 60% 이상 득점(360점) • 과목 낙제 없음	• 6과목 모두 신규 응시 • 기존 합격 과목 불인정
과목별 합격제	• 각 과목 100점 만점으로 하여 전 과목 (교양 2, 전공 4) 60점 이상 득점	• 기존 합격 과목 재응시 불가 • 1과목이라도 60점 미만 득점하면 불합격

문항 수 및 배점

❶ 1~2단계 : 일반 과목과 예외 과목 구분 없이 객관식으로 40문항 출제(40문항×2.5점 = 100점)
❷ 3~4단계
  ▶ 일반 과목[총 28문항(100점)] : 객관식(24문항×2.5점 = 60점) + 주관식(4문항×10점 = 40점)
  ▶ 예외 과목[총 20문항(100점)] : 객관식(15문항×4점 = 60점) + 주관식(5문항×8점 = 40점)
  ※ 시험 범위 : 독학학위제 홈페이지(bdes.nile.or.kr) ➔ 학습정보 ➔ 과목별 평가영역에서 확인

독학학위제 전공 분야 (11개 전공)

※ 간호학 : 4단계만 개설
※ 유아교육학 : 3, 4단계만 개설
※ 정보통신학 : 4단계만 2026년까지 응시 가능하며 이후 전공 폐지
※ 시대에듀는 현재 6개 전공(국어국문학, 영어영문학, 심리학, 경영학, 컴퓨터공학, 간호학) 개설 완료

1단계 시험 과목 및 시간표

교시	시간	시험 과목명
1교시(필수)	09:00~10:40(100분)	국어, 국사
2교시(필수)	11:10~12:00(50분)	외국어 : 영어, 독일어, 프랑스어, 중국어, 일본어 중 택 1과목
중식 12:00~12:50(50분)		
3교시	13:10~14:50(100분)	현대사회와 윤리, 문학개론, 철학의 이해, 문화사, 한문, 법학개론, 경제학개론, 경영학개론, 사회학개론, 심리학개론, 교육학개론, 자연과학의 이해, 일반수학, 기초통계학, 컴퓨터의 이해 중 택 2과목

※ 시험 일정 및 세부사항은 반드시 독학학위제 홈페이지(bdes.nile.or.kr)를 통해 확인
※ 시대에듀에서 개설된 과목은 빨간색으로 표시

2025년 기출 경향 분석 ANALYSIS

▶ 총평

올해 시험에서는 전년 대비 시론, 비평론, 수필문학론의 문항 수가 증가하였고, 총설과 희곡론의 문항 수는 감소하였습니다. 소설론과 비교문학론은 예년과 유사한 비중을 유지하고 있으며, 특히 소설론은 시론, 비평론과 함께 매해 높은 비중을 차지하므로 이 세 분야는 집중적으로 학습할 필요가 있습니다. 기본적인 이론을 묻는 문제들이 다수 출제되어 전체적인 난도는 낮게 느껴질 수 있지만, 전체 영역의 이론을 바탕으로 출제되기 때문에 꼼꼼한 학습이 요구됩니다. 특히 시론과 소설론의 경우 구체적인 작품과 함께 출제된 경우가 많아, 이론을 실제 작품에 접목할 수 있는 힘과 다양한 작품들에 대한 지식이 필요합니다. 이론을 공부한 뒤 이를 실제 작품에 적용하여 구체적으로 이해하는 학습 방식이 효과적일 것입니다.

▶ 학습 방법

문학개론은 단순 암기 과목이 아니라, 문학적 사유와 해석 능력을 요구하는 과목입니다. 그러므로 이 과목은 이론과 실제의 연결, 개념 간의 비교, 작품에 대한 분석적·통합적 접근을 통해 인문학적 통찰을 키우는 유익한 학습 경험을 제공할 수 있습니다.

먼저 기본서를 통해 각 영역별 핵심 개념과 주요 용어를 정확히 익히고, 유사 개념 간의 차이점과 용례를 함께 학습해야 합니다. 그 후 문학이론을 실제 문학작품과 문제에 적용해 보면서 개념의 의미를 체감하는 연습이 필요합니다. 이때 자주 출제되는 작품과 대표적인 이론가를 중심으로 분석하는 훈련이 효과적입니다. 마지막으로 최신기출문제를 반복 학습하며 문제 유형별 접근 방식을 익히는 것이 좋습니다. 특히 고난도 응용형 문제에 대비하여 개념 간 연결 관계를 이해할 필요가 있습니다.

▶ 출제 영역 분석

출제 영역	문항 수		
	2023년	2024년	2025년
총설	4	5	4
시론	8	10	11
소설론	10	8	8
비평론	7	7	8
수필문학론	2	2	3
희곡론	7	6	4
비교문학론	2	2	2
합계	40	40	40

합격수기 COMMENT

ma***
★★★★★**

시대에듀의 문을 두드리시는 많은 학습자분들처럼, 저 또한 직장생활과 육아를 병행하며 공부에 대한 열정을 놓지 않았습니다. 학력에 대한 미련이 있었기에 독학사에 자연스레 관심이 생겼고, 시대에듀 교재로 공부를 해서 합격했습니다. 처음 독학학위제 공식 홈페이지에서 평가영역을 봤을 때, 많은 범위들을 보고 막막했습니다. 하지만 시대에듀의 교재는 이를 일목요연하게 정리해주어 방대한 학습량을 쪼개어 이해할 수 있도록 도와주는 길잡이 역할을 해주었습니다. 또한 예상문제 수록으로 회독이 지루하지 않게 도와주었습니다.

ar***
★★★★★**

시대에듀 덕분에 많은 불안감을 뒤로하고 시험에 합격할 수 있었습니다. 제가 시대에듀를 선택한 이유는 무엇보다 교재의 내용이 매우 훌륭했기 때문입니다. 중요한 개념은 보기 좋게 표시되어 있었고, 예상문제도 질적 · 양적으로 모두 만족스러웠습니다. 시험이 얼마 남지 않은 기간에는 최종모의고사로 마무리 정리할 수 있어서 큰 도움이 되었습니다. 저는 사실 공부란 책 한 권으로 혼자 열심히 이뤄내는 과정이라고 생각했습니다. 하지만 시대에듀를 통해 양질의 책과 강의로 공부하는 것이 효율적이고 중요하다는 것을 깨달았습니다.

ss***
★★★★★**

시대에듀 독학사 패키지를 통해 10개월 만에 학위를 취득한 직장인입니다. 직장생활을 하면서 전문성을 키우고 싶었으나, 정규 대학은 시간도 금액도 부담이 되었습니다. 그러던 중 독학사 제도를 알게 되었고, 시대에듀의 효율적인 온라인 강의에 매력을 느껴 선택하게 되었습니다. 2~3단계를 학습할 때는 배운 내용을 실제 일상과 업무에 적용하며 이해도를 높이려 노력했고, 마지막 학위취득 과정인 4단계에서는 모의고사 등 문제풀이를 통해 학습한 내용을 총정리하였습니다.
일과 학업을 병행하는 과정이 쉽지는 않았습니다. 하지만 목표를 상기하며 꾸준히 노력한 덕에 합격할 수 있었습니다. 이 과정에서 시대에듀가 큰 도움이 되었습니다!

wl***
★★★★★**

타 업체 도서로 먼저 공부하다가 시대에듀 도서를 봤는데, 이론이 체계적으로 한눈에 들어오게 구성되어 있고, 중요 표시도 잘 되어 있어서 좋았습니다. 풍부하게 수록된 단원별 문제를 통해 충분한 연습이 가능했고, 해설이 바로 옆에 있어서 공부 시간도 크게 줄일 수 있어 공부하기 딱 좋은 책이었습니다. 강의도 같이 들었는데, 이전에 들었던 업체보다 훨씬 상세하고 쉽게 설명해주셔서 돈이 아깝지 않을 정도로 큰 도움이 되었습니다.
직장생활과 병행하며 공부하는 게 정말 쉽지 않았지만, 자기계발을 위한 시험으로는 독학사만한 게 없다고 생각합니다. 처음부터 시대에듀로 했더라면 더 좋았을 것 같아요.

목차 CONTENTS

PART 1 필수 암기 키워드

PART 2 최신기출문제

2025년 기출복원문제	3
2024년 기출복원문제	20
2023년 기출복원문제	36

PART 3 핵심이론 & 실전예상문제

제1장 총설

제1절 문학을 어떻게 볼 것인가	3
OX로 점검하자	7
핵심예제문제	8
제2절 문학의 속성, 언어 예술성	9
OX로 점검하자	12
핵심예제문제	13
제3절 문학을 보는 관점 – 모방의 이론	14
OX로 점검하자	17
핵심예제문제	18
제4절 문학의 기능 – 효용론	19
OX로 점검하자	22
핵심예제문제	23
제5절 제작자의 문제와 의도	24
OX로 점검하자	27
핵심예제문제	28
제6절 구조의 이론	29
OX로 점검하자	32
핵심예제문제	33
제7절 문학의 장르	34
OX로 점검하자	39
핵심예제문제	40
제8절 스타일론	41
OX로 점검하자	43
핵심예제문제	44
실전예상문제	45

제2장 시론

제1절 시와 언어	69
OX로 점검하자	75
핵심예제문제	76
제2절 시의 운율	77
OX로 점검하자	84
핵심예제문제	85
제3절 비유의 이해	86
OX로 점검하자	91
핵심예제문제	92
제4절 시와 이미지	94
OX로 점검하자	98
핵심예제문제	99
제5절 시와 상징	100
OX로 점검하자	104
핵심예제문제	105
실전예상문제	106

제3장 소설론

제1절 소설의 본질	131
OX로 점검하자	137
핵심예제문제	138
제2절 소설의 요소	139
OX로 점검하자	150
핵심예제문제	151
제3절 소설의 종류	153
OX로 점검하자	159
핵심예제문제	160
실전예상문제	161

제4장 비평론

제1절 문학비평의 어원과 개념 — 183
- OX로 점검하자 — 187
- 핵심예제문제 — 188

제2절 문학비평의 특성 — 189
- OX로 점검하자 — 191
- 핵심예제문제 — 192

제3절 문학비평의 좌표와 평가기준 — 193
- OX로 점검하자 — 198
- 핵심예제문제 — 199

제4절 문학비평의 방법론 — 200
- OX로 점검하자 — 218
- 핵심예제문제 — 219

제5절 현상학적 비평·수용미학 이론 및 기타의 비평방법론 — 222
- OX로 점검하자 — 226
- 핵심예제문제 — 227

실전예상문제 — 228

제5장 수필문학론

제1절 수필의 개념 및 장르의 설정 — 251
- OX로 점검하자 — 254
- 핵심예제문제 — 255

제2절 수필의 어원 — 256
- OX로 점검하자 — 258
- 핵심예제문제 — 259

제3절 수필의 특성 — 260
- OX로 점검하자 — 263
- 핵심예제문제 — 264

제4절 수필의 종류 — 265
- OX로 점검하자 — 269
- 핵심예제문제 — 270

실전예상문제 — 271

제6장 희곡론

제1절 희곡의 본질 — 281
- OX로 점검하자 — 287
- 핵심예제문제 — 288

제2절 희곡의 요소 — 289
- OX로 점검하자 — 299
- 핵심예제문제 — 300

제3절 희곡의 종류 — 302
- OX로 점검하자 — 310
- 핵심예제문제 — 311

제4절 희곡의 삼일치론 — 313
- OX로 점검하자 — 316
- 핵심예제문제 — 317

실전예상문제 — 318

제7장 비교문학론

제1절 비교문학이란 어떤 것인가 — 341
- OX로 점검하자 — 343
- 핵심예제문제 — 344

제2절 비교문학의 기원과 역사 — 346
- OX로 점검하자 — 349
- 핵심예제문제 — 350

제3절 비교문학의 이론적 정립 — 352
- OX로 점검하자 — 355
- 핵심예제문제 — 356

제4절 비교문학의 방법 — 358
- OX로 점검하자 — 362
- 핵심예제문제 — 363

실전예상문제 — 364

PART 4 최종모의고사

- 최종모의고사 제1회 — 375
- 최종모의고사 제2회 — 381
- 최종모의고사 제1회 정답 및 해설 — 388
- 최종모의고사 제2회 정답 및 해설 — 393

기록의 힘

나만의 학습 플래너

D -

공부 시작일 (YEAR/MONTH/DAY)　　/　　/

2026 독학학위제 시험 일정　　/　　/

WEEK 1	WEEK 2	WEEK 3

WEEK 4	WEEK 5	WEEK 6

WEEK 7	WEEK 8	< MEMO >

학습 진행률 확인

	20%	40%	60%	80%	100%

기출복원문제 및 최종모의고사 점수 변화

점수: 0, 20, 40, 60, 80

과목

기록의 힘

나만의 키워드 정리

과목

키워드	설명	비고

※ 공부하면서 어려웠거나 헷갈렸던 개념, 중요한 개념 등을 한 번 더 정리해 보세요!

기록의 힘

나만의 키워드 정리

과목

키워드	설명	비고

※ 공부하면서 어려웠거나 헷갈렸던 개념, 중요한 개념 등을 한 번 더 정리해 보세요!

문학개론

최신기출문제

2025년 기출복원문제
2024년 기출복원문제
2023년 기출복원문제

출/제/유/형/완/벽/파/악/

훌륭한 가정만한 학교가 없고, 덕이 있는 부모만한 스승은 없다.

– 마하트마 간디 –

2025년 기출복원문제

출제유형 완벽파악

문학개론

▶ 온라인(www.sdedu.co.kr)을 통해 기출문제 무료 강의를 만나 보세요.

※ 기출문제를 복원한 것으로 실제 시험과 일부 차이가 있으며, 저작권은 시대에듀에 있습니다.

01 문학비평의 네 가지 좌표에 해당되지 <u>않는</u> 것은?
① 작품
② 작가
③ 세계
④ 시대

> **01** 문학비평의 네 가지 좌표는 일반적으로 작품, 작가, 세계, 독자이다. 시대는 비평의 맥락이나 사회·역사적 배경으로는 중요하지만, 비평의 기본 좌표로 보지는 않는다.

02 M. H. 에이브럼스의 '문학을 바라보는 네 가지 관점'에 해당되지 <u>않는</u> 것은?
① 모방론
② 구조론
③ 효용론
④ 표현론

> **02** M. H. 에이브럼스의 비평의 좌표에는 모방론, 효용론(실용론), 표현론, 객관론(존재론)이 해당된다. 객관론에서 작품의 구조적인 면을 중시해서 보기는 하지만, 이를 '구조론'이라고 하지는 않는다.

03 다음 중 시의 내용상 갈래에 해당하지 <u>않는</u> 것은?
① 서정시
② 서사시
③ 자유시
④ 극시

> **03** 시는 내용상 서정시, 서사시, 극시로 나뉜다. 자유시는 시의 형식상 갈래에 해당하는 것으로, 형식상 시는 정형시, 자유시, 산문시로 나뉜다.

정답 01 ④ 02 ② 03 ③

04 「베오울프」는 시인의 정서를 표현하는 서정시가 아니라, 영웅의 모험과 투쟁을 그린 서사시이다. 게르만족의 영웅 베오울프가 괴물과 싸우고 여러 지역을 모험하는 이야기를 담은 작품으로, 현존하는 가장 오래된 영문학 작품으로 여겨진다.

05 논리적으로 타당하고 모순이 없는 진술을 의미한다는 것은 역설과 반어 모두 해당하지 않는 설명이다.

06 감정 이입이란 시적 화자가 자신의 감정을 대상에 투영하여, 마치 그 대상도 자신이 느끼는 바를 동일하게 느끼는 것처럼 표현하는 방식이다. 반면, ③번에서 '별'은 화자에게 쓸쓸함과 동경의 감정을 불러일으키는 계기일 뿐, 별 자체가 화자와 같은 감정을 느낀다고 보기는 어렵다.
감정 이입과 혼동하기 쉬운 개념으로 객관적 상관물이 있다. 객관적 상관물은 시적 화자가 자신의 감정을 대상에 빗대어 표현한다는 점에서는 감정 이입과 같으나, 화자와 대상의 감정이 다를 수도 있다는 점에서 차이가 있다. 즉 대상은 시적 화자의 감정을 불러일으키거나 강화하는 역할을 한 것일 수 있다.

정답 04 ③ 05 ④ 06 ③

---

04 **다음 중 서정시에 대한 설명으로 옳지 않은 것은?**

① 시인의 주관적인 정서를 표현한다.
② 소네트는 대표적인 서정시의 종류이다.
③ 「베오울프」는 서정시이다.
④ 한국 최초의 서정시는 고구려 유리왕의 「황조가」이다.

05 **역설과 반어에 대한 설명으로 옳지 않은 것은?**

① "어린이는 어른의 부모다."는 역설적 표현이다.
② '역설'은 겉보기에는 모순되지만 속뜻에는 진리를 담은 표현으로, 패러독스라고 한다.
③ '반어'는 말의 표면적 의미와 실제 의미가 반대되는 표현으로, 아이러니라고 한다.
④ '반어'는 논리적으로 타당하고 모순이 없는 진술을 의미한다.

06 **다음 중 작가가 시적 자아와 대상을 동일시한 예로 옳지 않은 것은?**

① 그 드물다는 굳고 정한 갈매나무라는 나무를 생각하는 것이었다.
　　　　　　　　　　　　　- 백석, 「남신의주 유동 박시봉방」
② 언제부턴가 갈대는 속으로 / 조용히 울고 있었다.
　　　　　　　　　　　　　- 신경림, 「갈대」
③ 별 하나에 쓸쓸함과 / 별 하나에 동경과
　　　　　　　　　　　　　- 윤동주, 「별 헤는 밤」
④ 목장의 깃발도, 능금나무도 / 부을면 꺼질 듯이 외로운 들길.
　　　　　　　　　　　　　- 김광균, 「데생」

07 다음 설명에 해당하는 개념은 무엇인가?

> 우리 고전 시가는 일정한 단위로 끊어 읽는 리듬감을 지닌다. 예를 들어 시조는 일반적으로 한 행을 네 마디로 나누어 읽으며, 한 마디는 대개 3~4음절로 이루어져 있다. 이러한 기본 단위를 중심으로 시의 리듬이 형성된다.

① 음수율
② 음성률
③ 음보율
④ 음위율

07 제시문은 음보율에 대한 설명이다.
① 음수율은 일정한 수의 음절이 반복됨으로써 이루어지는 운율이다.
② 음성률은 음의 강약, 고저, 장단 등 음성적 요소의 반복으로 생기는 리듬을 말하는데, 우리 시가에서는 찾아보기 힘들다.
④ 음위율은 음이 일정한 위치에 반복됨으로써 생기는 운율로, 한시에서 주로 찾아볼 수 있다.

08 다음 중 '콩트'에 대한 설명으로 옳지 <u>않은</u> 것은?
① 콩트는 다양한 인물 군상을 나타내기에 유리하다.
② 콩트는 단편 소설의 압축형이다.
③ 콩트는 간결한 구성과 반전 있는 결말을 특징으로 한다.
④ 콩트는 프랑스어에서 유래한 말로, 짧은 이야기를 뜻한다.

08 다양한 인물 군상을 나타내기에 유리한 것은 장편 소설의 특징이다. 단편 소설보다 더 짧은 형태의 콩트에서는 단일한 작중인물이 등장한다.

09 작가가 전달하고자 한 의미를 구체화한 것은?
① 소재
② 인물
③ 문체
④ 플롯

09 인물은 작가가 지니고 있는 사상이나 철학 등을 구체적으로 구현해 주는 존재이다. 소재는 의미를 구체화하기 위해 동원되는 수단이며, 문체는 작가가 글을 쓰는 스타일을 뜻하고, 플롯은 주제를 구현하는 기법에 해당한다.

정답 07 ③ 08 ① 09 ②

10 운율은 시의 음악적 요소로, 시어의 함축성보다는 음악성과 긴밀히 관련되는 요소이다.

10 다음 중 운율에 대한 설명으로 옳지 <u>않은</u> 것은?

① 리듬감을 형성하여 정서적 효과를 높인다.
② 반복, 대구, 음보 등의 수사적 장치를 통해 형성되기도 한다.
③ 시어의 함축성과 긴밀히 관련된다.
④ 음성적 형상화를 통해 감흥을 일으킨다.

11 ① 시적 화자는 시선이 아닌 장소의 이동에 따라 시상을 전개하고 있다.
② 시 속의 나무는 객관적 세계에 존재하는 사물이면서 동시에 시적 화자의 내면을 반영하는 사물이다. 따라서 이 시에서의 나무는 추상적 사물로서만 존재하는 것이 아니다.
④ 이 시에서는 노인을 나무에 빗댄 것이 아니라, 나무를 '수도승'으로 인격화하여 표현했다.

11 다음 시에 대한 설명으로 옳은 것은?

> 유성에서 조치원으로 가는 어느 들판에 우두커니 서 있는 한 그루 늙은 나무를 만났다. 수도승일까. 묵중하게 서 있었다.
> …〈중략〉…
> 온양에서 서울로 돌아오자, 놀랍게도 그들은 이미 내 안에 뿌리를 펴고 있었다. 묵중한 그들의. 침울한 그들의. 아아 고독한 모습. 그 후로 나는 뽑아낼 수 없는 몇 그루의 나무를 기르게 되었다.
> – 박목월, 「나무」

① 시인은 시선의 이동에 따라 시상을 전개하고 있다.
② 시 속의 나무는 시적 화자의 내면을 형상화한 추상적 사물로서만 존재한다.
③ 시적 화자는 나무를 통해 느낄 수 있었던 고독이 자신의 내면에 이미 깊이 존재하고 있음을 깨닫는다.
④ 시적 화자는 여행 중 자신이 만났던 노인을 나무에 빗대어 표현하고 있다.

정답 10 ③ 11 ③

12. 다음 내용에서 괄호 안에 들어갈 용어를 순서대로 옳게 고른 것은?

- 사물의 한 부분이 그 사물과 관계가 깊은 다른 어떤 것을 나타내는 것을 (㉠)라 한다.
- 어느 한 부분이 전체를 나타내는 것을 (㉡)라 한다.

	㉠	㉡
①	제유	환유
②	환유	제유
③	은유	제유
④	환유	활유

12. 환유와 제유 둘 다 사물의 일부 또는 그 특징을 들어서 그 자체 또는 전체를 나타내는 비유법인 대유에 해당된다. 한편 은유는 원관념을 숨기고 보조관념만을 드러내어 표현하는 것이고, 활유는 무생물을 생물인 것처럼 표현하는 것이다.

13. 다음 중 비평가와 그의 저서가 잘못 연결된 것은?

① T. S. 엘리엇 -『전통과 개인의 재능』
② 롤랑 바르트 -『비극의 탄생』
③ 호라티우스 -『시론』
④ 아리스토텔레스 -『시학』

13. 『비극의 탄생』은 프리드리히 니체의 저서이다. 롤랑 바르트는『신화론』, 『텍스트의 즐거움』 등 구조주의 및 후기 구조주의 비평의 대표 저서를 남겼다.
① T. S. 엘리엇은『전통과 개인의 재능』에서 예술가의 역사의식을 강조하였다.
③ 호라티우스의『시론(Ars Poetica)』은 라틴 문학의 시작품이자 고전주의 비평의 기초가 된다.
④ 아리스토텔레스의『시학』은 서양 문학비평사에서 가장 오래된, 본격적인 문예 이론서이다.

정답 12 ② 13 ②

14 제시된 시는 박남수의 「새」의 후반부로, 이 시에서 '새'는 순수의 결정체를 의미하는 매체이다. 한편 '뜻, 교태, 포수'는 모두 순수하지 않은 것, 혹은 순수를 파괴하는 것이라는 주지를 지님으로써 '새'와 대립한다.

14 다음 시에서 밑줄 친 시어에 대한 설명이 옳지 않은 것은?

> <u>새</u>는 울어
> <u>뜻</u>을 만들지 않고,
> 지어서 <u>교태</u>로
> 사랑을 가식(假飾)하지 않는다.
>
> ──<u>포수</u>는 한 덩이 납으로
> 그 순수(純粹)를 겨냥하지만,
> 매양 쏘는 것은
> 피에 젖은 한 마리 상(傷)한 새에 지나지 않는다.

① '새'는 순수함을 나타내는 매체이다.
② '새'와 '뜻'의 주지는 '교태'와 '포수'의 주지와 대립적이다.
③ '뜻'은 '새'와 대비되는 주지를 지닌다.
④ '포수'의 주지는 순수의 파괴자로 현대문명을 의미한다.

정답 14 ②

15 다음 시에 대한 설명으로 옳지 <u>않은</u> 것은?

> 함부로 흘리는 피가 싫어서
> 이다지 낡아빠진 생활을 하는 것은 아니리라
> 먼지 낀 잡초 우에
> 잠자는 구름이여
> 고생도 마음대로 할 수 없는 세상에서는
> 철늦은 거미같이 존재 없이 살기도 어려운 일
>
> 방 두 칸과 마루 한 칸과 말쑥한 부엌과 애처로운 妻(처)를 거느리고
> 외양만이라도 남과 같이 살아간다는 것이 이다지도 쑥스러울 수가 있을까
>
> 詩(시)를 배반하고 사는 마음이여
> 자기의 裸體(나체)를 더듬어보고 살펴볼 수 없는 詩人(시인)처럼 비참한 사람이 또 어디 있을까
> 거리에 나와서 집을 보고 집에 앉아서 거리를 그리던 어리석음도 이제는 모두 사라졌나 보다
> 날아간 제비와 같이
>
> 날아간 제비와 같이 자국도 꿈도 없이
> 어디로인지 알 수 없으나
> 어디로이든 가야 할 反逆(반역)의 정신
>
> 나는 지금 산정에 있다 ―
> 시를 반역한 죄로
> 이 메마른 산정에서 오랫동안 꿈도 없이 바라보아야 할 구름
> 그리고 그 구름의 파수병인 나.

① '날아간 제비와 같이'에는 직유법이 쓰였다.
② '구름의 파수병인 나'에는 은유법이 쓰였다.
③ '구름'은 화자가 지향하는 삶을 상징하는 소재이다.
④ 화자는 시를 배반하고 살아가는 삶으로 인해 좌절하고 있다.

15 제시된 작품은 김수영의 시 「구름의 파수병」의 후반부이다. 이 시에서 '구름'은 이상을 추구하며 자유롭게 떠도는 존재를 의미한다. 화자는 생활에 몰두한 자신을 반성하고, 자신을 '구름의 파수병'이라 지칭함으로써 지향하는 삶의 모습을 은유적으로 나타내고 있다. 이러한 비유법으로는 '날아간 제비와 같이'에서 직유법도 사용되었음을 알 수 있다. 또한 시적 화자는 자신을 '구름의 파수병'으로 규정함으로써 좌절에 그치는 것이 아니라 의지를 세우는 모습도 함께 보이고 있다.

정답 15 ④

16 다음 중 상징에 대한 설명으로 옳지 <u>않은</u> 것은?

① '하늘'이 신성함을 의미하는 것은 원형적 상징의 예이다.
② 상징은 은유에 비해 원관념이 뚜렷이 드러난다.
③ 상징은 공동체 구성원 간의 결속을 강화하는 기능을 한다.
④ 창조적 상징은 작가의 독창적 체험을 통해 창출된 상징으로, 문학적 성격이 강한 편이다.

17 플롯의 진행 단계에 대한 설명으로 옳지 <u>않은</u> 것은?

① 발단 : 처음 시작 부분으로 사건의 윤곽이 드러난다.
② 갈등 : 등장인물이 제시되면서 서로 간의 대립이 일어난다.
③ 절정 : 갈등이 고조되어 최고점에 이른다.
④ 결말 : 주인공의 운명이 분명해진다.

18 다음 중 소설의 플롯에 대한 설명으로 옳지 <u>않은</u> 것은?

① 플롯은 소설에 나타난 행위의 구조를 말한다.
② 플롯은 시간적 순서에 따른 서술이며, 스토리는 인과관계에 따른 서술이다.
③ 하나의 주제에 일정한 주인공이 겪는 여러 개의 사건을 배치하는 방식은 피카레스크식 구성이다.
④ 평면적 진행은 현대소설에서 거의 사용하지 않는 방법이다.

---

16 은유는 원관념과 보조관념의 상관관계가 뚜렷한 반면 상징은 원관념이 주로 생략되므로 상관관계가 뚜렷하지 않다.

17 갈등 단계에서 등장인물들 간의 대립이 일어나는 것은 맞지만 그에 앞서 발단 단계에서 등장인물 및 배경이 제시되면서 사건의 윤곽이 드러나야 한다.

18 포스터는 『소설의 양상』에서 플롯과 스토리를 구별했는데, 플롯은 인과관계에 중점을 둔 사건의 서술인 반면 스토리는 시간적 순서대로 배열된 사건의 서술을 의미한다.

정답 16 ② 17 ② 18 ②

19. 다음 내용에서 괄호 안에 들어갈 인물의 유형을 순서대로 옳게 고른 것은?

> (㉠)은 이야기 내내 성격이 변하지 않고 한 가지 성격만을 보여주고, (㉡)은 사건의 전개에 따라 성격이나 태도가 변화한다.

	㉠	㉡
①	전형적 인물	개성적 인물
②	개성적 인물	전형적 인물
③	입체적 인물	평면적 인물
④	평면적 인물	입체적 인물

20. 다음 중 모티프에 대한 설명으로 옳지 않은 것은?

① 사건의 최소 단위이다.
② 반복적으로 나타나는 주제, 상징, 이미지 등을 의미한다.
③ 모티프는 각 작품마다 고유하다.
④ 작품의 주제나 인물의 성격, 사건 구조 등을 형성한다.

---

19. 평면적 인물은 한 가지 성격이나 특징만을 지닌 변화하지 않는 단조로운 인물로, 이야기 속에서 기능적인 역할을 수행한다. 입체적 인물은 시간의 흐름이나 사건에 따라 성격이 복잡하게 변하고 발전하는 인물로, 현실적이고 생생한 느낌을 준다.
한편 전형적 인물은 특정 시대나 계층의 일반적 성격을 대표하는 인물이고, 개성적 인물은 독특하고 개별적인 성격과 행동을 지닌 인물이다.

20. 하나의 모티프가 여러 작품에서 나타날 수 있다.

정답 19 ④ 20 ③

21 제시된 작품은 이상의 소설 「날개」의 후반부이다. 이 작품은 '나'라는 인물을 중심으로 그 내면 심리와 자아의 분열, 현실에 대한 인식과 환상 사이의 혼란을 깊이 있게 탐색한다. 제시된 부분을 보면 '나'라는 서술자가 등장하여 자신의 심리, 욕망을 서술하고 있다. 이것은 1인칭 주인공 시점의 특징에 부합한다.

22 복잡한 인물 관계와 다양한 갈등은 장편 소설의 특징에 가깝다. 단편 소설은 제한된 분량 안에서 핵심적인 사건이나 인물, 갈등에 집중하여 간결하고 밀도 있는 전개를 추구한다.

21 다음 제시된 부분의 시점으로 옳은 것은?

> 이때 뚜우 하고 정오 사이렌이 울었다. 사람들은 모두 네 활개를 펴고 닭처럼 푸드덕거리는 것 같고 온갖 유리와 강철과 대리석과 지폐와 잉크가 부글부글 끓고 수선을 떨고 하는 것 같은 찰나! 그야말로 현란을 극한 정오다.
>
> 나는 불현듯 겨드랑이가 가렵다. 아하, 그것은 내 인공의 날개가 돋았던 자국이다. 오늘은 없는 이 날개. 머릿속에서는 희망과 야심이 말소된 페이지가 딕셔너리 넘어가듯 번뜩였다.
>
> 나는 걷던 걸음을 멈추고 그리고 일어나 한 번 이렇게 외쳐 보고 싶었다.
>
> 날개야 다시 돋아라.
>
> 날자. 날자. 한 번만 더 날자꾸나.
>
> 한 번만 더 날아 보자꾸나.

① 전지적 관찰자 시점
② 1인칭 관찰자 시점
③ 전지적 작가 시점
④ 1인칭 주인공 시점

22 다음 중 단편 소설에 대한 설명으로 옳지 <u>않은</u> 것은?

① 단편 소설은 짧은 분량 안에 하나의 사건이나 인물 중심으로 서사를 전개한다.
② 단편 소설은 압축적 구성과 뚜렷한 주제 의식이 특징이다.
③ 단편 소설은 복잡한 인물 관계와 다양한 갈등을 통해 서사의 확장을 추구한다.
④ 단편 소설은 서사의 집중도를 높이기 위해 불필요한 배경 설명이나 인물 수를 제한하는 경우가 많다.

정답 21 ④ 22 ③

23 다음 중 신비평에 대한 설명으로 옳지 <u>않은</u> 것은?

① 형식주의 비평의 한 갈래이다.
② 주로 프랑스 학자들을 중심으로 발전하였다.
③ 언어의 의미가 갖는 아이러니, 역설, 메타포 등을 중시한다.
④ 작품 그 자체를 중심으로 분석하며 작가의 의도나 독자의 반응은 배제한다.

23 신비평 이론가 중에는 브룩스, 워런, 블랙머, 테이트 등 미국의 시 비평가와 영국의 리비스가 있다. 이처럼 신비평이라 하면 일반적으로 주로 영미권에서 이루어졌던 비평 활동을 가리킨다.

24 다음 중 역사주의 비평에 대한 설명으로 옳지 <u>않은</u> 것은?

① 작품을 한 시대의 소산으로 본다.
② 작가 연구는 역사주의 비평가들의 핵심 영역이다.
③ 주요 학자에는 생트뵈브, 테느, 그레브스타인이 있다.
④ 언어의 사회성에 주목한다.

24 역사주의 비평에서 주목하는 것은 언어의 역사성이다. 역사주의 비평가들은 작품에 사용된 언어가 당시의 문화적 배경 속에서 지니는 특수한 의미를 이해하고 설명하기 위해 언어에 대해 연구한다.

25 일반 비평론에 대한 설명으로 옳지 <u>않은</u> 것은?

① 문학비평의 네 가지 범주에는 작품, 작가, 대상, 시대가 있다.
② 비평의 좌표에 따르면 모방론, 효용론, 표현론, 객관론이 있다.
③ E. D. 허시에 따르면, 문학비평에서 '이해'란 텍스트의 기본 의미 파악을 뜻한다.
④ 비평가는 작가와 독자 사이의 중간에 위치한다.

25 문학비평의 네 가지 범주는 작품, 작가, 대상, 독자이다. 이때 독자는 청중이라고도 하는데 작가가 의도하는 '참여하기'에 적극 가담하는 존재이다.

정답 23 ② 24 ④ 25 ①

26 제시문은 자크 데리다의 해체주의에 대한 설명이다. 해와 달처럼 대립되는 개념(이분법)을 해체하는 것이 해체주의의 핵심이며, 언어와 의미의 불안정성, 다의성, 해석 가능성의 열림을 강조한다.

26 다음 설명에서 설명하는 문예이론은 무엇인가?

> 이 이론은 언어의 의미가 고정되어 있지 않으며, 텍스트는 끊임없이 해석되고 재구성된다고 본다. 전통적으로 중심이라 여겨진 개념들 – 예컨대 해와 달처럼 분명하게 구분된 이분법 구조 – 을 의심하고 해체하며, 의미는 항상 다른 의미와의 차이 속에서 생성된다고 본다. 자크 데리다는 이러한 사유를 통해 텍스트 내의 모순, 간극, 흔들리는 의미를 밝혀내고자 했다. 이 이론은 구조주의의 한계를 넘어선 해석의 다원성을 중시한다.

① 사실주의
② 해체주의
③ 실존주의
④ 표현주의

27 심리주의 비평은 작가와 인물의 심리적 내면, 무의식, 욕망 등을 중심으로 작품을 해석하는 비평으로, 주로 정신분석 이론에 기반한다. 제시된 설명은 사회·문화적 비평에 대한 설명에 해당한다.

27 각 비평에 대한 설명으로 옳지 <u>않은</u> 것은?

① 구조주의 비평 – 문학작품을 하나의 자율적인 구조로 보고, 언어의 내적 체계와 구조를 분석한다.
② 신화 비평 – 원형(archetype)과 신화적 상징을 통해 작품에 내재된 보편적 의미를 해석한다.
③ 형식주의 비평 – 작품의 언어적 구조와 의미 작용을 중심으로 분석하며, 독립된 자율성에 주목한다.
④ 심리주의 비평 – 문학작품이 사회적 현실과 이데올로기를 반영한다는 전제에서 출발한다.

정답 26 ② 27 ④

28 다음 중 수필에 대한 설명으로 옳지 <u>않은</u> 것은?

① 수필은 작가의 체험과 사상을 자유로운 형식으로 표현한 산문 문학이다.
② 수필은 논리적 전개와 객관적 사실 전달을 중시하는 점에서 논문과 유사하다.
③ 수필은 형식의 제약이 적고 작가의 개성이 드러나는 경우가 많다.
④ 수필은 감상적 정서와 일상적 소재를 바탕으로 독자와의 공감대를 형성한다.

28 수필은 논문처럼 객관적 사실 전달이나 논리적 전개보다는 작가의 주관적 체험, 감성, 사상 등을 자유롭게 표현하는 문학 양식이다. 오히려 자유로운 형식과 표현이 수필의 중요한 특징이다.

29 다음 설명에 해당하는 수필의 종류는?

> 개인적 체험이나 감상을 서정적으로 풀어내는 수필과 달리, 비판적이고 사색적인 내용을 논리적으로 전개하는 수필이다. 주로 사회, 문화, 철학, 예술 등에 대한 객관적 시각과 주관적 성찰이 결합된 글이다. 문장 표현은 자유롭지만, 논리성과 주제 의식이 비교적 뚜렷한 글쓰기라 할 수 있다.

① 베이컨형 수필
② 햄릿형 수필
③ 몽테뉴형 수필
④ 칸트형 수필

29 제시문은 중수필에 대한 설명으로, 중수필은 베이컨형 수필이라고도 한다. 한편 중수필의 상대적 개념인 경수필은 주정적 수필을 말하는 것으로, 몽테뉴형 수필에 해당된다.

정답 28 ② 29 ①

30 제시된 글은 피천득의 「수필」의 일부로, 함축적이고 정서적인 언어로 쓴 수필론이다. 제시문에서 수필은 '마음의 산책'이며 '온아우미'하고, '비둘기빛이나 진주빛'과 같은 은은한 아름다움을 지녔다고 하였다. 이는 감정의 절제, 표현의 우아함, 그리고 인생의 여운을 중시하는 수필의 특성을 보여준다.
① 제시문에 언급된 수필의 특성(절제된 감정, 우아한 표현 등)과는 다른, 강한 어조의 논픽션이나 논설문에 가까운 설명이다.
② 수필의 자유로운 형식과 주관적인 표현과는 거리가 먼 설명이다.
④ 제시문에서 수필은 절제되고 우아한 표현을 주로 사용하는 것으로, 강한 전개와 화려한 표현을 사용하는 것은 감성적 글쓰기에 더 가까운 설명이다.

30 다음 제시문과 관련 있는 수필의 특성은?

> 수필은 흥미는 주지마는, 읽는 사람을 흥분시키지는 아니한다. 수필은 마음의 산책이다. 그 속에는 인생의 향취와 여운이 숨어 있다.
> 수필의 빛깔은 황홀 찬란하거나 진하지 아니하며, 검거나 희지 않고, 퇴락하여 추하지 않고, 언제나 온아우미하다. 수필의 빛은 비둘기빛이거나 진주빛이다. 수필이 비단이라면, 번쩍거리지 않는 바탕에 약간의 무늬가 있는 것이다. 무늬는 사람 얼굴에 미소를 띠게 한다.
> 수필은 한가하면서도 나태하지 아니하고, 속박을 벗어나고서도 산만하지 않으며, 찬란하지 않고 우아하며 날카롭지 않으나 산뜻한 문학이다.

① 수필은 날카로운 논리와 강렬한 감정으로 독자에게 사상적 충격을 주는 문학이다.
② 수필은 엄격한 형식과 주제를 갖추고 있으며, 사실 보도와 같이 객관성을 중시한다.
③ 수필은 절제된 감정과 우아한 표현으로 인생의 향기와 여운을 전하는 문학이다.
④ 수필은 독자의 주의를 강하게 환기시키는 전개와 화려한 표현을 특징으로 한다.

31 페미니즘 비평은 여성 작가뿐 아니라 남성 작가의 작품에서도 여성 인물의 재현 방식, 가부장제 이데올로기, 성별 권력 관계를 분석한다. 따라서 여성 작가의 작품에만 집중하거나 남성 작가의 문학을 배제하지 않는다.

31 다음 중 페미니즘 비평에 대한 설명으로 옳지 않은 것은?
① 페미니즘 비평은 문학에 나타난 남성 중심적 시각과 여성 억압의 양상을 분석한다.
② 페미니즘 비평은 여성 작가의 작품에만 집중하며 남성 작가의 문학은 배제한다.
③ 페미니즘 비평은 성별 이분법을 비판하고 여성의 주체적 목소리를 회복하려 한다.
④ 페미니즘 비평은 문학 속 여성 재현 방식과 젠더 권력 구조를 문제 삼는다.

정답 30 ③ 31 ②

32 문학작품과 작가의 관계에 대한 일반적 설명으로 옳은 것은?

① 작가는 문학 창작의 기술적 기능만 수행하며, 인격이나 정서는 작품에 반영되지 않는다.
② 문학은 독자의 상상력에 의해 완성되므로, 작가의 삶이나 인격은 고려 대상이 아니다.
③ 문학작품은 작가의 인격과 정서, 세계관이 일정 부분 투영된 창조적 표현물로 볼 수 있다.
④ 작가는 문학적 규칙에 따라 구조를 설계하는 기능적 존재이다.

32 일반적으로 문학의 창작 주체인 작가는 자신의 인격과 감정, 세계관을 작품 속에 투영한다고 본다. 이는 작품의 정서, 주제, 인물 형상화 등에 영향을 미친다.
① · ④ 작가를 단순히 기술적 · 기계적 도구로만 보는, 극단적인 형식주의적 관점에 해당한다.
② 롤랑 바르트의 견해를 반영하였으나, 이는 작가 개입의 중요성을 부정하는 특정 비평 이론의 입장이기 때문에 문학작품과 작가의 관계에 대한 보편적 · 일반적인 설명으로 보기 어렵다.

33 희곡의 어원에 대한 설명으로 옳지 않은 것은?

① 희곡을 뜻하는 'Drama'는 '행동하다'는 의미의 그리스어 'Dran'에서 유래했다.
② '희곡'은 단순한 이야기 형식의 글이라는 뜻에서 유래했다.
③ '희곡(戲曲)'이라는 용어는 중국에서 가무 중심의 전통극을 가리키는 말이었다.
④ 희곡이라는 말 자체에 연극성이 내포되어 있다.

33 '희곡'은 '희[戲(놀다, 연기하다)]'와 '곡[曲(음악, 노래)]'이 합쳐진 말로, '연극의 대본'이라는 뜻을 가진다. 따라서 단순히 이야기 형식의 글이라는 뜻에서 유래했다는 설명은 정확하지 않다.

34 다음 설명에 해당하는 희곡의 단계는?

> 인물 간의 대립이나 사건이 최고조에 이르러 긴장감이 극대화된다. 이 시점에서 인물의 운명이 결정되는 중요한 전환이 일어나며, 관객의 몰입도 가장 높아진다.

① 발단
② 전개
③ 절정
④ 대단원

34 희곡의 구성 5단계는 '발단 → 상승(전개) → 절정(위기, 정점) → 하강(반전) → 결말(대단원)'으로 이루어진다. 이 중 갈등이 최고조에 이르는 단계는 절정에 해당한다.

정답 32 ③ 33 ② 34 ③

35 희곡의 3요소는 대사, 지문, 해설이다. 제시된 설명은 희곡의 지문, 즉 무대 지시문에 해당한다.

35 다음 설명에 해당하는 희곡의 요소는?

> 인물의 행동, 표정, 무대위치, 조명, 효과음 등을 설명한다. 괄호 안이나 글씨체를 달리하여 표시되며 대사 외에 무대 연출의 시각적·청각적 요소를 구체화하는 것으로, 배우와 연출자가 장면을 구현하는 데 도움을 준다.

① 대사
② 지문
③ 해설
④ 인물

36 고전극, 특히 프랑스 고전주의 희곡에서는 아리스토텔레스의 『시학』 해석을 바탕으로 한 '3일치의 원리'가 강조되었다. 이때 3일치란 시간, 장소, 행동의 일치를 말하는 데 사건은 24시간 내에 일어나야 하며, 하나의 장소에서만 일어나야 하고, 하나의 중심 줄거리만을 따라야 한다는 것이다. 대사는 극의 표현 방식일 뿐 3일치 원리와는 관련이 없다.

36 다음 중 고전극의 3일치에 해당하지 <u>않는</u> 것은?

① 시간
② 장소
③ 행동
④ 대사

37 카타르시스는 아리스토텔레스의 『시학』에 나오는 개념으로, 정화 혹은 배설이라고도 한다. 아리스토텔레스는 비극을 통해 공포와 연민의 감정을 불러일으키고, 이를 통해 관객이 내면의 긴장과 감정을 정화한다고 설명했다.

37 다음 내용에서 괄호 안에 들어갈 용어로 옳은 것은?

> (   )은(는) 문학이 주는 정서적 치유와 감정적 해방의 핵심 개념이다. 문학작품을 통해 독자나 관객이 감정적으로 깊이 공감하고, 억눌린 감정을 해소하며 정화되는 심리적 과정을 말한다. 아리스토텔레스는 비극을 통해 이것을 느낄 수 있다고 했다.

① 모방
② 카타르시스
③ 모방충돌설
④ 교시

정답 35 ② 36 ④ 37 ②

38 문학 언어의 특징에 대한 설명으로 옳지 <u>않은</u> 것은?

① 상상력의 언어이다.
② 언어를 통해 인간과 세계를 연결한다.
③ 주관적이고 함축적이다.
④ 의미를 정확하게 전달함으로써 공감을 끌어낸다.

38 의미의 정확한 전달을 목표로 하는 것은 언어를 과학적·철학적으로 사용했을 때 중시하는 것이다. 문학 언어는 언어를 개성적으로 사용하는 데 중점을 둔다.

39 비교문학 일반론에 대한 설명으로 옳지 <u>않은</u> 것은?

① 비교문학은 문학과 타 예술 간의 상호 관계를 탐구할 수 있다.
② 비교문학은 작품들 간의 유사성과 차이점, 영향력 등을 연구함으로써 한 작품으로 다른 작품을 설명할 수 있다.
③ 비교문학은 동일한 언어권 국가의 문학만을 연구 대상으로 삼는다.
④ 비교문학은 문학의 수용과 영향 관계를 중심으로 텍스트 간의 연관성을 분석한다.

39 비교문학은 국경, 언어, 민족의 경계를 넘어 문학 현상을 연구하는 문학론으로, 동일한 언어권 국가만이 아니라 다양한 언어권과 문화권의 문학을 비교·분석한다.

40 프랑스 비교문학에 대한 설명으로 옳지 <u>않은</u> 것은?

① 동양 문학과 서양 문학을 비교하기 위해 시작되었다.
② '영향 관계'를 중심으로 문학작품 간의 연관성을 분석하였다.
③ 비교문학의 학문적 체계를 처음 정립한 것은 프랑스 학자들이었다.
④ 국경을 넘는 문학적 교류와 수용 양상을 중시하였다.

40 프랑스 비교문학은 자국의 문학사를 기록하는 과정에서 문학의 국제적 영향 관계를 밝히면서 시작되었다. 이때는 주로 특히 유럽을 중심으로 한 서양 내부의 문학 간의 관계를 밝히는 데 주목하였다. 동양 문학과 서양 문학의 비교는 훨씬 나중에 이루어졌다.

정답 38 ④ 39 ③ 40 ①

2024년 기출복원문제

문학개론

> 온라인(www.sdedu.co.kr)을 통해 기출문제 무료 강의를 만나 보세요.

※ 기출문제를 복원한 것으로 실제 시험과 일부 차이가 있으며, 저작권은 시대에듀에 있습니다.

01 다음 중 문학의 속성으로 가장 적절하지 <u>않은</u> 것은?

① 사회를 비추는 거울로서 현실을 반영한다.
② 정서적 언어로 감정을 표현한다.
③ 집단적, 객관적 정서를 표현한다.
④ 작가가 자신의 인생관, 가치관을 드러낸다.

01 문학은 독자적이고 개별적인 것을 지향하는 것으로 개인적, 주관적 정서를 표현하는 것이다.

02 다음 중 모방론에서 제시하는 문학작품이 발생한 이유로 가장 적절한 것은?

① 문학작품은 사람들로부터 관심을 끌기 위한 욕구로부터 발생하였다.
② 문학작품은 사람들이 자신의 감정이나 생각을 표현하기 위해 발생하였다.
③ 문학작품은 사람들이 행위 자체를 즐기는 충동으로부터 발생하였다.
④ 문학작품은 다른 사람을 모방하는 본성과 그것을 보고 느끼는 쾌락에서 발생하였다.

02 ① 다윈 등의 진화론자들이 제시한 것으로, 인간에게는 남을 끌어들이려는 흡인본능이 있다고 보는 흡인본능론에 대한 설명이다.
② 허드슨의 자기표현본능설에 대한 설명이다.
③ 칸트와 스펜서가 제시한 유희본능설에 대한 설명이다.

정답 01 ③ 02 ④

03 다음 작품과 관련된 문학의 기능은?

> 오놀도 다 새거다 호믜 메고 가쟈스라.
> 내 논 다 믹여든 네 논 졈 믹여 주마.
> 올 길헤 뽕 따다가 누에 머겨 보쟈스라.
> — 정철, 「훈민가」

① 쾌락적
② 비판적
③ 교시적
④ 오락적

03 교시적 기능이란 작품을 통해 독자들이 자신의 행위를 돌아보게 하고 교훈을 주는 문학의 기능을 말한다. 정철의 「훈민가」는 제목에서도 드러나듯이 백성들에게 유교적 윤리와 도덕을 권장하는 내용의 연시조이다. 제시된 부분은 「훈민가」 전 16수 중 13수에 해당하는 것으로, 상부상조의 자세를 권하고 있다.

04 다음 중 문학 장르의 세 가지 기준 모형에 속하지 않는 것은?

① 극
② 서정
③ 설화
④ 서사

04 전통적으로 문학 장르는 서정, 서사, 극으로 구분한다. 설화는 서사의 하위분야에 속한다.

05 다음 중 장르를 나누는 기준으로 옳은 것은?

① 독자와의 관계에 따라 운문과 산문으로 나눌 수 있다.
② 매체의 형태에 따라 기록문학과 구비문학으로 나눌 수 있다.
③ 창작의 목적에 따라 순수문학과 참여문학으로 나눌 수 있다.
④ 제재의 성격에 따라 농촌문학, 연애문학, 역사문학, 풍속문학으로 나눌 수 있다.

05
① 운문과 산문으로 나누는 것은 작품의 매체 및 형태에 따른 구분이다.
② 기록문학과 구비문학으로 나누는 것은 언어의 전달방식에 따른 구분이다.
③ 창작 목적에 따라서는 참여문학, 계몽문학, 오락문학으로 구분한다. 순수문학은 독자와의 관계에 따른 구분의 한 갈래로, 이에 따르면 문학 장르는 순수문학, 대중문학, 통속문학으로 구분된다.

정답 03 ③ 04 ③ 05 ④

06 다음 비평문의 내용과 관련된 시어의 성격은?

> 김수영의 시 「눈」에 나오는 '눈'은 해석하는 사람의 관점에 따라 '사람의 눈'이 될 수도, '하늘에서 내리는 눈'이 될 수도 있다. 이는 '눈'이라는 단어가 동음이의어로서 두 가지 뜻을 갖고 있기 때문인데, 시인이 이러한 언어를 의도적으로 사용함으로써 정서적 깊이를 증대시키고 시에 대한 해석을 풍부하게 할 수 있다.

① 주관성
② 애매성
③ 감수성
④ 추상성

06 시어에 해당하는 언어가 따로 존재하는 것은 아니지만, 일상어와 달리 시어는 주관적이며 함축적, 간접적, 2차적 등등의 특징을 지니는 경우가 많다. 제시된 비평문에서 알 수 있는 시어의 특징은 해석이 두 가지 이상으로 가능하다는 것인데, 이는 W. 엠프슨이 말한 애매성에 해당한다.

07 2~5음절 정도의 글자가 결합되어 이루어진 구절을 규칙적으로 반복하는 운율은?

① 음보율
② 음수율
③ 내재율
④ 강약률

07 음보율은 우리 시에서 가장 두드러진 운율로, 일정 글자 수로 이루어진 구절을 3~4번 반복함으로써 이루어진다.
② 음수율은 일정한 글자 수가 반복되는 것이다.
③ 내재율은 작품의 내면에 흐르는 운율로, 외형상의 규칙성이 드러나지 않는다.
④ 강약률은 외국 시에 주로 사용되는 것으로, 글자 수는 상관없이 악센트의 수를 일치시킴으로써 이루어지는 운율이다.

정답 06 ② 07 ①

08 다음 시에 나타나는 운율에 대한 설명으로 가장 적절한 것은?

> 늦은 저녁때 오는 눈발은 말집 호롱불 밑에 붐비다
> 늦은 저녁때 오는 눈발은 조랑말 발굽 밑에 붐비다
> 늦은 저녁때 오는 눈발은 여물 써는 소리에 붐비다
> 늦은 저녁때 오는 눈발은 변두리 빈터만 다니며 붐비다.
> — 박용래, 「저녁눈」

① 외형률보다 내재율이 두드러진다.
② 전통적인 7·5조의 음수율이 나타난다.
③ 자유시이므로 운율을 느끼기가 어렵다.
④ 특정하게 반복되는 구절로 운율을 형성한다.

08 '늦은 저녁때 오는 눈발은', '~붐비다'라는 구절이 반복됨으로써 운율을 형성하고 있다.
① 외형상 일정한 구절이 반복되고 있으므로 내재율보다는 외형률이 두드러지는 시이다.
② 7·5조는 글자 수가 3·4·5 혹은 4·3·5로 일정하게 반복되는 것인데, 이 시에 드러나는 글자 수와는 다르다.
③ 제시된 시가 자유시인 것은 맞지만, 이 시를 소리 내어 읽다보면 비슷한 구절이 반복됨에 따라 운율을 느낄 수 있다. 따라서 자유시에도 운율이 내재되어 있음을 알 수 있다.

09 다음 시구에 나타나는 음보율은?

> 나 보기가 역겨워
> 가실 때에는
> 말없이 고이 보내 드리우리다
>
> 영변에 약산
> 진달래꽃
> 아름 따다 가실 길에 뿌리우리다

① 2음보
② 3음보
③ 4음보
④ 5음보

09 제시된 작품은 김소월의 「진달래꽃」의 일부로, 7·5조의 3음보로 이루어진 시이다. 제시된 구절은 음보에 따라 다음과 같이 끊어 읽는다.

> 나 보기가 / 역겨워 / 가실 때에는 // 말없이 / 고이 보내 / 드리우리다 // 영변에 / 약산 / 진달래꽃 // 아름 따다 / 가실 길에 / 뿌리우리다
> ※ / : 음보와 음보 사이의 구분
>   // : 3음보 단위 구분

정답 08 ④   09 ②

10 서정시는 개인의 주관적인 감정이나 정서를 다룬 시로, 대부분의 현대시가 이에 속한다.
① · ③ 서사시에 대한 설명이다.
④ 형태를 기준으로 했을 때 정형시와 대립되는 것은 서정시가 아니라 자유시이다.

11 휠라이트는 은유를 치환과 병치라는 두 가지 관점에서 설명했다. 치환은 원관념과 보조관념 사이에 논리적 관계가 있는 전통적인 개념의 은유이고, 병치는 비논리적인 관계를 통해 새로운 의미를 창조하는 것이다. 제시된 시의 경우, 독립성을 지닌 '얼굴들'과 '꽃잎들'의 이미지가 병치되면서 새로운 의미가 생산되고 있다.
② · ③ · ④의 관습, 내재, 해석은 은유와 관련성이 없는 개념들이다.

12 시각적 이미지를 비롯하여 시의 이미지는 시의 주제와 조화를 이루어 주제를 구현하는 데 기여하는 방식으로 이루어져야 한다.

10 **다음 중 서정시에 대한 설명으로 가장 적절한 것은?**

① 시의 대상이 신이나 영웅, 역사적 사실이다.
② 지성을 강조하는 주지시 역시 내용상 서정시에 적용된다.
③ 객관적 사실을 노래하면서 서사 지향성을 지닌다.
④ 형태를 기준으로 시를 분류하면 정형시와 대립된다.

11 **다음 내용에서 괄호 안에 공통으로 들어갈 말로 옳은 것은?**

> 휠라이트는 (   ) 은유의 예로 "군중 속에서 유령처럼 피어나는 이 얼굴들, / 까맣게 젖은 나뭇가지 위의 꽃잎들"이란 에즈라 파운드의 시를 인용했다. 여기에서 '얼굴들'과 '꽃잎들'은 서로가 같은 것인지 다른 것인지 판단이 유보된다. 이러한 점에서 (   ) 은유는 해체주의적 관심까지 불러일으킨다.

① 병치
② 관습
③ 내재
④ 해석

12 **다음 중 시각적 이미지에 대한 설명으로 가장 적절하지 않은 것은?**

① 신선하고 독창적이어야 효과적이다.
② 감각적 체험의 재생을 제시하는 것이 좋다.
③ 비유, 상징 등의 표현 기교에 결합되어야 한다.
④ 주제와 관계 없이 독립적 맥락에서 형성되어야 한다.

정답 10 ② 11 ① 12 ④

13 다음 중 시구에 나타난 심상이 나머지와 다른 하나는?

① 파아란 바람이 불고 가을이 있고
② 젊은 아버지의 서느런 옷자락에
③ 피부의 바깥에 스미는 어둠
④ 매운 계절의 채찍질에 갈겨

13 김종길의 「성탄제」의 시구로, '서느런 옷자락'에서는 촉각적 심상만이 드러난다. 나머지 선지에서는 모두 공감각적 심상이 드러난다.
① 윤동주의 「자화상」의 시구로, '파아란 바람'에서 촉각의 시각화라는 공감각적 심상이 드러난다.
③ 김광균의 「와사등」의 시구로, '어둠'을 피부로 느끼는 듯 표현했기 때문에 시각의 촉각화라는 공감각적 심상이 드러난다.
④ 이육사의 「절정」의 시구로, '계절의 채찍'이라는 촉각을 '매운'이라는 미각으로 표현했기 때문에 촉각의 미각화라는 공감각적 심상이 드러난다.

14 다음 시에 대한 설명으로 가장 적절하지 않은 것은?

> 얇은 사 하이얀 고깔은
> 고이 접어서 나빌레라.
>
> 파르라니 깎은 머리
> 박사 고깔에 감추오고
>
> 두 볼에 흐르는 빛이
> 정작으로 고와서 서러워라.
>
>   – 조지훈, 「승무」

① 시적 허용을 통해서 시어를 새롭게 제시하였다.
② 은유를 통해서 서로 다른 존재를 융합하였다.
③ 청각적 이미지를 통해 감각을 환기시키고 있다.
④ 역설적 표현을 통해 정서를 불러일으키고 있다.

14 조지훈의 「승무」의 일부가 제시되었다. 이 시는 청각적 이미지가 아니라 시각적 이미지가 두드러지게 나타나고 있다.
① '하이얀', '나빌레라', '감추오고'와 같은 시어들은 문법적으로는 맞지 않는 것으로, 이는 시적 허용에 해당된다.
② 1연에서 얇고 하얀 천으로 만든 고깔을 '나비'와 융합하여 '나빌레라'라는 표현을 만들어냈다.
④ 마지막 행의 '고와서 서러워라'라는 표현은 '곱다'와 '서럽다'라는 이질적인 이미지를 동시에 제시함으로써 역설적 표현이 이루어졌다.

정답 13 ② 14 ③

15 은유의 경우 원관념은 숨기고 보조관념만을 드러내어 'A는 B이다'와 같은 형식을 취하게 되는데, (가)와 (나) 둘 다 이러한 형식을 찾아볼 수는 없다. 직유는 '~처럼', '~인 양', '~듯이'와 같은 형식을 사용한다. (가)에서는 '장미꽃처럼'이란 표현을 통해 직유가 사용되었음을 알 수 있다. 또한 상징은 은유와 달리 원관념과 보조관념 사이의 유사성이 없고 원관념이 생략되는 경향이 있다. (나)에서 '장미꽃'이 의미하는 바는 글 전체의 문맥을 통해 의미 파악이 가능하고, 원관념이 생략되어 있다는 점에서 상징이라 할 수 있다.

15 다음 두 제시문에 대한 설명으로 옳은 것은?

> (가) 나의 첫사랑은 장미꽃처럼 화려하다.
> (나) 내 삶에 장미꽃은 없었다.

① 모두 은유를 활용하고 있다.
② 모두 상징을 활용하고 있다.
③ (가)는 직유, (나)는 상징을 활용하고 있다.
④ (가)는 상징, (나)는 은유를 활용하고 있다.

16 스토리와 플롯의 가장 큰 차이는 시간적 순서에 따른 서술인가, 인과관계에 따른 논리적 서술인가 하는 점이다.
'입체'와 '평면'은 구성과 관련하여 쓰일 경우, 시간적 흐름에 따라 구성이 이루어진 경우 평면적 구성(순행적 구성), 시간의 순서가 뒤섞여 있는 경우 입체적 구성(역순행적 구성)이라고 불린다.

16 다음 중 괄호 안에 들어갈 용어를 순서대로 옳게 고른 것은?

> 소설에서 사건을 서술하는 방법은 두 가지가 있다. 먼저 (㉠)은(는) 시간 순서에 따라 사건을 제시하는 것이다. 반면 (㉡)은(는) 논리적 인과관계에 따라 사건을 설명하고, 미적 계획에 맞춰 이야기를 구성하는 것이다.

	㉠	㉡
①	스토리	플롯
②	평면	입체
③	플롯	스토리
④	입체	평면

17 소설의 서술자는 작품의 인물, 사건, 배경을 바라보고 독자에게 이야기를 전해주는 인물로서 시에서의 시적 화자와 마찬가지로 작가가 가공해 낸 가상의 인물이다. 작가, 즉 소설가와 서술자는 동일 인물이 아니다.

17 다음 중 소설에 대한 설명으로 가장 적절하지 않은 것은?

① 인물과 상황을 중심으로 이야기를 풀어나간다.
② 인간의 삶을 다루지만 허구적 요소가 들어 있다.
③ 소설가와 서술자를 동일한 존재로 인식할 수 있다.
④ 갈등을 다루는 이야기이므로 갈등 구조를 보여준다.

정답 15 ③ 16 ① 17 ③

18. 다음 중 괄호 안에 들어갈 용어를 순서대로 옳게 고른 것은?

(㉠)은(는) 인물과 배경이 동일하지만, 사건은 다른 이야기들이 전개된다. 「데카메론」도 이러한 구조를 띄고 있다. 한편 (㉡)은(는) 이야기 속에 이야기가 있는 형식으로 구성된다.

	㉠	㉡
①	옴니버스	액자형 플롯
②	액자형 플롯	옴니버스
③	피카레스크	옴니버스
④	피카레스크	액자형 플롯

18 액자형 플롯은 하나의 플롯 속에 또 하나의 플롯이 삽입된 것을 말한다. 옴니버스와 피카레스크는 하나의 주제를 중심으로 여러 사건이 전개된다는 점에서는 동일하지만, 옴니버스가 각 이야기의 주요 인물이 다른 반면 피카레스크는 주요 인물이 일정하다는 차이점이 있다.

19. 다음 설명에 해당하는 개념으로 적절한 것은?

이들은 한 사회의 집단이나 계층에 소속된 인물이며, 공통적으로 보여주는 기질이 있다. 어떤 계층의 성격적 특징을 대변하며, 사회로부터 고립되지 않고 소속되어 있기 때문에 이들에게는 어떤 공통된 성격이 부여된다.

① 전형적 인물
② 개성적 인물
③ 입체적 인물
④ 문제적 인물

19 ② 개성적 인물이란 전형적 인물에 대응하는 개념으로, 작가가 독특한 개성을 발휘하여 창조한 인물을 말한다.
③ 입체적 인물은 한 작품 안에서 성격이 거의 변하지 않는 평면적 인물과 달리 성격이 발전, 변화하는 인물이다.
④ 문제적 인물은 사회의 보편적 질서에 맞서는 인물로, 근대에 들어 새롭게 등장한 인물 유형을 가리킨다.

정답 18 ④ 19 ①

20 다음 내용에서 괄호 안에 들어갈 말로 가장 적절한 것은?

> ( )은 루카치의 『소설의 이론』에서 쓰인 용어로, 근대 이후에 등장한 소설의 새로운 인물 유형을 일컫는다. 이들은 자신이 속한 세계가 행복한 사회가 아니기 때문에 보편적 질서에 맞서는 인물로 나타난다. 예를 들어 「죄와 벌」의 라스콜리니코프, 「이방인」의 뫼르소, 「광장」의 이명준과 같은 이들이 여기에 속한다.

① 문제적 인물
② 입체적 인물
③ 개성적 인물
④ 해설적 인물

20
② 입체적 인물은 평면적 인물에 대응하는 개념으로, 작품 전개에 따라 성격이 발전 및 변화하는 인물을 말한다.
③ 개성적 인물은 전형성에서 탈피하여 작가의 독특한 개성이 발휘된 창조적 인물이다.
④ 해설적 인물이라는 개념은 없다. 다만 인물 제시 방법으로써 인물의 성격을 작가가 직접적으로 제시하는 경우, 이를 해설적으로 제시한다고 할 수 있다.

21 다음 제시된 부분의 시점으로 옳은 것은?

> 나는 그녀가 일기를 쓴다는 것을 몰랐다. 뭘 쓴다는 것이 그녀에게는 도무지 안 어울리는 일이었다. 자기반성이나 자의식 같은 것이 일기를 쓰게 하는 나이도 아니었다. 그렇다고 학생 때 무슨 글을 써 봤다는 소리도 듣지 못했다. 내게 쓴 연애편지 몇 장도 그저 그런 여자스러운 감상을 담고 있을 뿐 글재주 같은 건 없었다.
> 그날 나는 낮 시간에 집에 있었다. 간밤에 초상집에 갔다가 새벽에 들어와서 열두 시가 넘도록 늘어지게 잤던 것이다. 자고 일어나 보니 집에는 아무도 없었다. 그녀는 아이들을 데리고 시장에라도 간 모양이었다. 물을 마시려고 자리에서 몸을 일으키던 나는 화장대 위에 웬 노트가 놓여 있는 걸 보았다. 당연히 가계부인 줄 알았다. 그런데 일기장이었다.

① 전지적 작가 시점
② 1인칭 관찰자 시점
③ 1인칭 주인공 시점
④ 3인칭 관찰자 시점

21 제시된 작품은 은희경의 「빈처」의 시작 부분이다. 이 작품은 남편이 우연히 발견한 아내의 일기장을 봄으로써 드러나게 되는 아내의 삶, 그리고 부부간의 소통과 사랑의 문제를 다루고 있다. 제시된 부분은 '나(남편)'라는 작품 속 서술자를 내세워 서술하고 있으므로 전지적 시점이나 3인칭 시점이 아닌 1인칭 시점이다. 또한 이 작품에서 주된 서술의 대상은 '나(남편)'의 시선에 의해 드러나는 아내의 삶이므로, 주인공 시점이 아니라 관찰자 시점이다.
③ 문제에 제시된 부분은 아니지만, 이 작품에서 아내의 일기 내용이 언급되는 부분은 1인칭 주인공 시점으로 서술된다.

정답 20 ① 21 ②

22 다음 중 뮤어의 소설 분류에 대한 설명으로 옳지 않은 것은?

① 성격 소설은 개성적이고 새로운 성격을 지닌 인물을 표현하는 것에 중점을 둔다.
② 행동 소설은 호기심을 유발하는, 박력 있는 사건을 통해 즐거움을 제공하는 것을 중시한다.
③ 극적 소설은 플롯에 초점을 맞추어 주인공의 완결된 체험을 제시하는 데 초점을 둔다.
④ 시대 소설은 탄생, 성장, 죽음의 시간 순서에 의해 구성되는 외적 진행으로 이루어진다.

22 시대 소설은 한 시대의 풍속을 반영한 것으로 한 시대의 분위기나 환경, 역사적 흥미나 관심을 제공하는 데 중점을 둔다. 개인의 '탄생, 성장, 죽음의 시간 순서에 의해 구성'되는 것은 연대기 소설에 대한 설명이라 할 수 있다.

23 단편 소설과 장편 소설에 대한 설명으로 옳지 않은 것은?

① 단편 소설은 기교 중심의 글이지만, 장편 소설은 주제와 사상의 초월에 집중하는 글이다.
② 단편 소설은 집중적이고 압축적인 구성을 지니지만, 장편 소설은 복잡하고 발전적인 구성을 지닌다.
③ 단편 소설은 인생의 단면을 예각적으로 제시하는 반면, 장편 소설은 인간과 사회를 총체적으로 보여준다.
④ 단편 소설은 인물을 평면적 성격으로 제시하는 게 유리하고, 장편 소설은 입체적 성격으로 제시하는 게 유리하다.

23 단편 소설은 장편 소설에 비해 기교적인 면에서 두드러지지만, 그렇다고 단편 소설이 기교 중심의 글인 것은 아니다. 단편 소설은 압축된 구성을 통해 인생의 단면을 예리하게 그려내는 과정에서 뛰어난 표현기교를 사용하게 될 뿐이다.

24 문학비평에 대한 설명으로 옳지 않은 것은?

① 문학비평이란 작품을 판단하고 식별하는 것이다.
② 문학비평이란 작품의 가치를 평가하는 과정을 포함한다.
③ 문학비평에서는 작품 감상도 문학비평의 일종으로 본다.
④ 문학비평에서는 작품의 부정적 면모를 부각하는 것이 최종 목표이다.

24 문학비평의 최종 목적은 가치 판단에 있다. 비평을 통해 작품의 부정적 면모에 대한 비판적 검토가 이루어질 수는 있어도 그것이 비평의 최종 목표는 아니다.

정답 22 ④ 23 ① 24 ④

25 문학비평의 대상이 되는 것은 문학 작품을 창작한 작가의 생애이지 비평이론가의 생애가 아니다.

25 다음 중 문학비평의 대상이 아닌 것은?

① 문학적 텍스트
② 비평이론가의 생애
③ 대중매체와의 연관성
④ 텍스트 생산의 사회·역사적 상황

26 제시문은 역사·전기적 비평의 관점을 보여준다.
① '심리'는 심리주의 비평과 관련되는 것으로, 심리주의 비평에서는 인간의 내면세계를 분석함으로써 창작 심리를 해명하고자 한다.
③·④ 사상, 세계관 연구는 작가의 전기 연구를 통해 드러나는 것이라 보는 게 타당하다.

26 다음 내용에서 괄호 안에 들어갈 말로 가장 적절한 것은?

> 문학적 산물은 한 사람의 전체 성격과 구별할 수 없다. 개별 작품을 즐길 수는 있지만, 그 사람 자체를 알지 못하고 작품만 독립적으로 판단할 수는 없다는 뜻이다. "열매를 보면 그 나무를 알 수 있다."라는 말이 바로 그러하다. 즉, 문학 연구는 인간 그 자체 (　) 연구로 옮겨진다.

① 심리(心理)
② 전기(傳記)
③ 사상(思想)
④ 세계관(世界觀)

27 ① 신비평에서는 문학작품 자체에 집중한다.
② 구조주의 비평은 역사주의 비평과 대립되는 관계로, 작품의 역사성을 배제하고 작품의 현재성 및 구조 파악에 초점을 맞춘다.
③ 원형주의 비평에서는 문학작품 속에 나타난 신화의 원형을 찾고자 한다.

27 다음 내용에서 괄호 안에 공통으로 들어갈 비평의 종류는?

> (　)은 문학, 역사, 현실 관계를 중시하는 태도에서 기초하였다. 이 관점에서는 문학작품 출현을 역사적 사건처럼 취급한다. 특히 문학의 기원, 갈래의 발생, 문학작품의 시대적 변천은 (　)의 중요한 관심사이다. 또한 (　)에서는 문학의 사회·역사적 의미에 대한 가치 추출이 중요하다.

① 신비평
② 구조주의 비평
③ 원형주의 비평
④ 역사주의 비평

정답 25 ② 26 ② 27 ④

28 다음 중 괄호 안에 들어갈 용어로 가장 적절한 것은?

> 형식주의 비평가들은 관습적 반응과 새로운 지각, 기계적 인식과 발견의 대립에 기초해서 (　　)을(를) 처음으로 제시하였다. 이것은 예술과 삶의 경험에 대한 인간 감각을 새롭게 한다는 점에서 출발하였다.

① 낯설게 하기
② 무의식의 세계
③ 의식의 흐름
④ 구조적 상동성

29 다음 중 사회·문화적 비평의 한계에 해당하는 것은?

① 경직된 목적의식이 있어 관념에 사로잡히기 쉽다.
② 공시적 관점에 주목하여 역사적 변화를 도외시한다.
③ 문체, 이미지, 상징 등에 대한 이해가 부족할 수 있다.
④ 심층 심리에 지나치게 관심을 보여 과도한 해석을 하기도 한다.

30 다음 어휘들과 관련된 비평론으로 가장 적절한 것은?

> 프로이트, 라캉, 꿈, 무의식, 자아,
> 초자아, 이드, 욕망, 상상계, 상징계

① 원형 비평
② 심리주의 비평
③ 구조주의 비평
④ 사회 문화적 비평

---

28 ②·③ 무의식의 세계, 의식의 흐름은 심리주의 비평가들이 주목한 것이다.
④ 구조적 상동성은 구조주의 비평가들의 주목 대상이다.

29 ① 마르크스주의 비평의 한계에 대한 설명이다. 마르크스주의 비평이 사회·문화적 비평의 한 부분에 해당하긴 하지만, 이를 전반적인 사회·문화적 비평의 한계라고 할 수는 없다.
② 구조주의 비평의 한계에 대한 설명이다.
④ 심리주의 비평의 한계에 대한 설명이다.

30 제시된 단어들은 모두 심리주의 비평과 관련된 것들이다. 프로이트는 정신분석학을 통해 심리주의 비평의 장을 연 인물이며, 라캉은 프로이트의 이론에 구조주의 언어학을 첨가하여 심리주의 비평을 발전시켰다. 심리주의 비평에서는 꿈, 무의식, 자아, 초자아, 이드, 욕망, 상상계, 상징계 등을 통해 작품 및 작가, 독자의 심리를 해명한다.

정답 28 ① 29 ③ 30 ②

31 경수필과 중수필에 대한 설명이 서로 바뀌었다. 경수필이 개인적·주관적·정서적인 것인 반면, 중수필은 사회적·논리적이다.

31 **다음 중 수필의 특징으로 가장 적절하지 않은 것은?**
① 동양의 수필은 서양의 에세이와 유사한 속성이 있다.
② 수필은 시나 소설과 달리 형식적 요건을 필요로 하지 않는다.
③ 수필은 인생과 자연을 자유롭게 표현하는 산문 문학이다.
④ 경수필은 사회적·논리적이며, 중수필은 개인적·주관적·정서적이다.

32 수필의 종류를 구분하는 기준은 여러 가지가 있다. 이 중 『미국백과사전』의 10종설은 가장 세분화된 구분이다. 이에 따르면 특수한 형태에 해당하는 수필에는 담화 수필(서사 수필), 서한 수필, 사설 수필이 있다. 지식적 수필은 일본의 히사마츠 센이치가 『수필과 문학의식』에서 분류한 수필의 3종설(문학적 수필, 문학론적 수필, 지식적 수필)에 해당한다.

32 **다음 중 괄호 안에 들어갈 수필의 종류에 해당하지 않는 것은?**

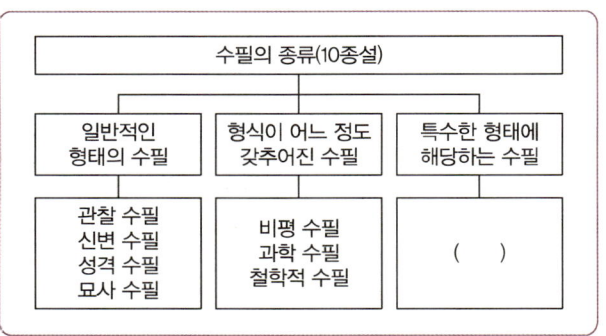

① 담화 수필
② 서한 수필
③ 사설 수필
④ 지식적 수필

정답 31 ④ 32 ④

33 다음 내용에서 괄호 안에 들어갈 표현으로 가장 적절한 것은?

> 서술자가 독자에게 사건을 전달하는 것은 서사에 해당한다. 한편 화자가 독자에게 자신의 생각이나 정서를 전달하는 것은 서정에 해당한다. 한편, 희곡은 (   )을(를) 통해 관객에게 사건을 직접 보여주는 것이다.

① 인물의 말과 행동
② 가상의 공간과 상황
③ 실제 인물인 배우
④ 무대와 객석의 소통

33 희곡은 무대 상연을 전제로 대화와 행동을 통해 관객에게 작가의 의도를 직접 전달하는 문학장르이다.

34 다음 중 연극의 네 가지 요소가 아닌 것은?

① 희곡
② 노래
③ 무대
④ 관객

34 연극의 4요소는 희곡, 무대, 관객에 '배우'를 합한 것이다.

35 다음 내용에서 괄호 안에 들어갈 개념으로 옳은 것은?

> (   )는 『시학』에 나오는 용어로, 비극이 관객으로 하여금 등장인물에 대하여 느끼는 연민과 두려움을 통해 감정의 정화를 일으키게 하는 것을 의미한다.

① 미토스
② 카타르시스
③ 파토스
④ 하마르티아

35 ① 미토스는 플롯을 뜻한다.
③ 파토스는 격정적인 감정 혹은 열정을 뜻한다.
④ 하마르티아는 비극에서 주인공을 파멸에 이르게 만드는 주인공 자신의 선천적인 결함이나 성격을 의미한다.

정답 33 ① 34 ② 35 ②

36 5단 구성은 발단, 상승(전개), 정점(위기, 절정), 하강(반전), 결말(대단원)로 구성된다.
①·④ 하강에 대한 설명이다.
② 상승(전개)에 대한 설명이다.

36 희곡의 5막 구성 중 발단에 해당하는 설명으로 옳은 것은?
① 관객의 긴장을 새로운 방향으로 전환시킨다.
② 극적 행동에 대한 관객의 흥미와 주의를 집중시킨다.
③ 플롯의 실마리가 드러나고 사건의 방향성을 제시한다.
④ 논리적이고 필연적인 반전을 통해 긴장감을 느슨하게 만든다.

37 「호신술」은 송영의 작품으로, 일제 치하 자본가들에 대한 비판과 풍자의 내용을 담고 있다.

37 다음 중 작품과 그 작가가 잘못 연결된 것은?
① 「토막」 – 유치진
② 「호신술」 – 채만식
③ 「원고지」 – 이근삼
④ 「파수꾼」 – 이강백

38 서사극에서는 연극과 이성적 판단과의 객관적 거리를 유지하도록 하는 극적 장치를 사용한다.
② 사실주의극은 합리주의 사상과 과학정신을 토대로 객관성을 중시하여 인간 사회의 부정, 불균형의 원인을 있는 그대로 묘사하는 데 초점을 둔다.
③ 부조리극은 인간에 대한 냉혹한 시선과 실소가 주를 이루는 극이다.
④ 낭만주의극은 자유롭고 복합적인 무대에서 다양한 내용을 추구하였다.

38 다음 내용에서 괄호 안에 들어갈 극의 종류는?

( )은 관객이 정서의 지배를 받지 않고, 비판적 판단을 하도록 유도한다. 이는 플롯을 따르는 것이 아니라 사건 과정 자체를 서술하는 데 초점을 두는 것이다. 이러한 과정은 관객의 몰입을 차단하며, 낯설게 하기를 유발할 수 있다.

① 서사극
② 사실주의극
③ 부조리극
④ 낭만주의극

정답 36 ③ 37 ② 38 ①

39 다음 내용에서 밑줄 친 부분에 해당하는 비교문학의 단계는?

> 이 시대에는 개개의 작가와 작품 사이의 유사성에 주목하여 연구 논문을 발표하기도 했다. 하지만 아직 사실 관계나 실증적 영향 관계의 규명을 체계적으로 하는 단계는 아니었다.

① 비교문학의 선사시대
② 비교문학의 중세시대
③ 비교문학의 전환시대
④ 비교문학의 근대시대

39 비교문학은 1920년대를 기준으로 선사시대와 역사시대로 구분한다. 이 중 제시된 선사시대는 비교문학의 초기 단계에 해당한다.

40 다음 중 '발신자 – 전신자(매개자) – 수신자'라는 비교문학 연구의 도식을 만든 인물은?

① 카레
② 방 티겜
③ 귀야르
④ 발당스페르제

40 방 티겜은 '발신자 – 전신자 – 수신자'라는 비교문학 연구의 중요한 틀을 세운 인물이다. 발신자란 영향을 준 쪽의 작가, 작품, 사고를 말하고, 수신자는 영향을 받은 쪽의 작가, 작품, 페이지, 사상, 감정 등 도착점에 해당하는 것을 말한다. 발신자에서 수신자로의 전달은 개인 또는 단체, 원작의 번역 내지 모방을 매개로 하여 이루어지는데, 이를 전신자라고 한다. 즉 전신자는 두 나라 사이의 문학적 접촉과 교환을 뜻하며, 비교문학의 연구 대상은 바로 전신자를 다루는 것이 된다.

정답 39 ① 40 ②

2023년 기출복원문제

문학개론

※ 기출문제를 복원한 것으로 실제 시험과 일부 차이가 있으며, 저작권은 시대에듀에 있습니다.

01 다음 중 문학적 언어의 특징으로 옳지 않은 것은?

① 함축적
② 정서적
③ 지시성
④ 개성

02 다음 설명에 해당하는 비평 이론은?

- 작품의 구조, 리듬, 수사법, 이미지, 시상 전개 등을 중심으로 분석한다.
- 엘리엇은 "시는 그 시로써 취급되어야 한다."라는 말을 통해 "분석과 감상은 작가가 아닌 작품을 향한다."는 점을 강조했다.
- 작가, 독자, 사회 현실 등 작품의 외적 조건이 아니라 내적 조건을 중시한다.
- 작품 중심의 문학 비평 방법이다.

① 신비평
② 역사 비평
③ 전기 비평
④ 인상 비평

---

01 지시성은 언어와 그 언어가 지시하는 대상 사이의 정확한 대응을 중시하는 과학적·철학적 언어의 특징이다. 문학적 언어는 주관적인 언어이므로 지시성이 중시되지 않는다.

02 신비평은 1930년대 후반부터 1950년대까지 주로 미국에서 행해진 것으로, 작품에 대한 철저한 분석을 중시한 비평 이론이다.
② · ③ 역사 비평, 전기 비평은 작가와 작품의 역사적 배경, 사회적 환경, 작가의 전기 등을 작품과 관련지어 연구하는 것으로, '작품 자체를 경시'한다는 지적을 받기 때문에 신비평과 반대되는 위치에 서 있다.
④ 인상 비평은 비평가의 개인적·주관적 인상을 토대로 한 비평 방법이다.

정답 01 ③ 02 ①

03 다음 중 괄호 안에 들어갈 용어를 순서대로 옳게 고른 것은?

> 윈체스터는 문학의 특성을 (㉠)과 (㉡)이라고 설명하였다. 전자는 시대를 초월한 인간의 정서, 사상을 담아 감동을 준다는 것을 의미하고, 후자는 공간을 초월하여 인류에게 감동을 주는 보편적 인간 정서를 다룬다는 것을 의미한다.

	㉠	㉡
①	항구성	보편성
②	항구성	개성
③	보편성	항구성
④	보편성	개성

03 윈체스터는 문학의 특성으로 항구성, 보편성, 개성을 들었다. 이 중 항구성은 시간성과 관련되는 요소이고, 보편성은 공간성과 관련되는 요소이다. 한편, 개성은 문학의 본질이자 생명에 해당하는 것으로, 문학이 작가 개인의 주관적 체험으로서 갖게 되는 특이성을 의미한다. 이것은 독창성과 관련된다.

04 다음 설명과 가장 관련 없는 것은?

> 의사가 어린이에게 쓴탕을 먹이려 할 때 그릇의 거죽에 달콤한 꿀물을 칠해서 먹이는 것처럼, 문학도 꿀물과 같은 역할을 해서 시인이 말하려는 철학의 쓴 약을 꿀물인 달콤한 운문으로 독자 앞에 내놓아야 한다.
> – 『문학비평용어사전』, 한국문학평론가협회

① 문학쾌락설
② 플라톤
③ 호라티우스
④ 문학당의설

04 해당 제시문은 로마의 시인 루크레티우스의 문학관을 표현한 '문학당의설(文學糖衣設)'에 해당하는 설명으로, 문학의 쾌락적 요소는 쓴 알약을 쉽게 삼키도록 감싼 당의(糖衣, 달콤한 설탕 껍질)와 같고, 문학이 주는 교훈은 알맹이에 해당하는 쓴 약과 같다는 관점이다. 이는 문학의 쾌락적 기능을 교훈 전달의 수단, 즉 부차적인 것으로 보는 시각으로, 호라티우스도 이러한 관점을 지지했다. 또한, 플라톤은 문학의 교시적 기능을 주장했으므로 쾌락적 요소를 부차적인 것으로 보는 시각과 일맥상통한다. 그러나 문학쾌락설은 문학이 주는 쾌락적 요소를 문학의 본질적 기능으로 보는 입장이므로, 문학당의설과 다른 관점이라 할 수 있다.

정답 03 ① 04 ①

05 다음 중 문학의 쾌락적 기능에 대한 설명으로 옳은 것은?
① 작가는 구체적 형상화를 통해 독자들에게 삶의 진실을 전달한다.
② 독자들에게 반성적 성찰의 기회를 제공함으로써 사회적 교화를 목적으로 한다.
③ 문학은 작품의 아름다움을 경험함으로써 독자들이 즐거움을 얻는 것을 추구한다.
④ 작품에서 얻는 감동을 통해 도덕과 윤리를 중시하게 한다.

06 다음 중 시어의 특징으로 옳지 않은 것은?
① 운율적
② 내포적
③ 외연적
④ 압축적

07 시어의 애매성에 대한 설명으로 옳지 않은 것은?
① 시어의 함축성을 낮추는 특성이다.
② 두 가지 이상의 의미로 해석이 되도록 한다.
③ 미묘한 의미를 가지고 있어 시적 깊이를 증대시킨다.
④ 엠프슨은 동음이의어도 애매성의 일종으로 보았다.

---

05 ①·②·④는 문학의 교시적 기능에 대한 설명이다. 문학의 교시적 기능을 중시하는 입장에서는 문학이 독자들로 하여금 새로운 세계를 발견하고 주위의 사물을 새롭게 인식하여 자신의 행위를 돌아보게 하고 교훈을 주는 것이라고 본다. 반면, 문학의 쾌락적 기능을 중시하는 입장에서는 문학이 독자에게 감동과 즐거움을 주는 것이라고 본다.

06 언어를 외연적으로 사용한다는 것은 개념의 정확성을 목표로 한다. 따라서 직접적이고 객관적인 과학어의 특성에 해당한다. 반면, 시어는 언어를 내포적으로 사용한다. 이는 하나의 언어에 여러 가지 의미를 포함시켜 함축적·압축적으로 사용한다는 의미이다.

07 애매성은 의미 해석이 두 가지 이상으로 가능한 시어의 특성으로 인해 생겨나는 것이다. 이러한 애매성은 시어의 함축성을 높이는 역할을 한다.

정답 05 ③ 06 ③ 07 ①

08 다음 중 운율에 대한 설명으로 옳지 않은 것은?

① 이미지 자질에 영향을 준다.
② 리듬을 형성함으로써 미감을 느끼게 한다.
③ 음성적 형상화를 통해 감흥을 불러일으킨다.
④ 대비되는 구조로 병렬을 이룸으로써 운율이 생겨나기도 한다.

08 시의 이미지는 언어의 의미에 따라 떠오르는 것으로, 운율에 의해 형성되는 것은 아니다.

09 다음 시에 대한 설명으로 옳지 않은 것은?

> 향료를 뿌린 듯 곱—다란 노을 위에
> 전신주 하나하나 기울어지고
>
> 먼— 고가선 위에 밤이 켜진다.
>
> 구름은
> 보랏빛 색지 위에
> 마구 칠한 한 다발 장미.
>
> 목장의 깃발도, 능금나무도
> 부을면 꺼질 듯이 외로운 들길.
>
> — 김광균, 「데생」

① 도시적 이미지를 형상화하는 시어를 사용했다.
② 색채적 이미지가 두드러진다.
③ 외로움의 정서가 드러난다.
④ 시각적 이미지만 강조하고 운율은 드러내지 않았다.

09 김광균의 시는 이미지를 중시하는 경향이 강하지만 자유시가 지닌 내재율 역시 드러난다. 행과 연의 구분, '~듯', '~도'의 반복, '먼–'을 늘여 쓰는 방식 등을 통해 운율이 드러난다.
① '전신주', '고가선' 등의 시어를 통해 도시적 이미지가 드러난다.
② '노을', '보랏빛 색지' 등의 시어를 통해 색채적 이미지가 두드러진다.
③ '외로운 들길'이라는 시어를 통해 외로움의 정서가 직접적으로 드러난다.

정답 08 ① 09 ④

10 수사법에는 비유법, 강조법, 변화법이 있다. 비유법은 원관념을 보조관념에 빗대어 표현하는 것으로 은유, 직유, 의인, 대유 등이 있다. 강조법은 특별히 강조하거나 두드러지게 표현하는 것으로 과장법, 반복법, 열거법, 대조법 등이 있다. 변화법은 표현하려는 문장에 변화를 주어 단조로움을 피하는 방법으로 도치, 대구, 역설, 반어, 인용 등이 있다. ①·②는 은유, ③은 직유로 모두 비유법이 쓰인 반면, ④는 변화법 중 반어법이 쓰였다.	**10** 다음 중 수사법이 <u>다른</u> 하나는 무엇인가? ① 당신은 나의 태양이로소이다. ② 내 마음은 호수요, / 그대 노 저어 오오. ③ 도라지꽃처럼 파랗게 멍든 새벽길 간다. ④ 나 보기가 역겨워 / 가실 때에는 / 죽어도 아니 눈물 흘리우리다
11 '하이힐'이 '숙녀'를 의미하는 것은 환유(換喩)에 해당한다. 환유와 제유(提喩)는 둘 다 대유법에 해당하지만, 환유는 사물의 한 부분이 그 사물과 관계가 깊은 다른 어떠한 것을 나타내는 것이고, 제유는 한 부분이 전체를 나타내는 것이다.	**11** 환유와 제유에 대한 설명으로 옳지 <u>않은</u> 것은? ① 제유는 부분이 전체를 대표하는 것이다. ② '하이힐'이 '숙녀'를 의미하는 것은 제유에 해당한다. ③ 둘 다 대유법에 해당한다. ④ 환유는 시공간적 확장을 가능하게 한다.
12 김광균의 「외인촌」 중 일부이다. 청각의 시각화의 예로, 공감각적 표현에 해당한다. ① 김종길의 「성탄제」 중 일부로, 촉각적 이미지이다. ② 김종길의 「성탄제」 중 일부로, 시각적 이미지이다. ④ 신경림의 「가난한 사랑 노래」의 일부로, 청각적 이미지이다.	**12** 다음 설명에 해당하는 것으로 적절한 것은? 공감각적 이미지란 한 종류의 감각이 다른 종류의 감각으로 전이되는 것을 의미한다. 예를 들어, 어떤 특정한 음의 소리를 듣고 색채를 떠올리는 색청이 이에 해당한다. ① 젊은 아버지의 서느런 옷자락에 ② 어두운 방 안엔 / 바알간 숯불이 피고 ③ 분수처럼 흩어지는 푸른 종소리 ④ 눈을 뜨면 멀리 육중한 기계 굴러가는 소리.

정답 10 ④ 11 ② 12 ③

13 다음 중 상징에 대한 설명으로 옳지 <u>않은</u> 것은?

① 원관념이 표면에 드러나지 않는다.
② 인습적 상징과 개인적 상징으로 구분할 수 있다.
③ 개인적 상징이란 작가가 특별한 의미를 부여한 것이다.
④ 하나의 상징은 반드시 하나의 원관념만을 가지고 있다.

13 상징은 원관념과 보조관념의 관계가 일대다(1 : 多)의 관계를 갖고 있으므로, 하나의 상징은 여러 가지 원관념을 가질 수 있고, 하나의 원관념이 여러 가지 상징으로 나타날 수도 있다.

14 다음 중 소설의 특징으로 옳지 <u>않은</u> 것은?

① 현실을 있는 그대로 재현한 것이다.
② 작가가 만들어낸 허구적인 이야기이다.
③ 고대에 발생하기 시작하여 근대에 발전하였다.
④ 신을 모방하여 인간성을 표현하고자 하였다.

14 소설은 현실을 바탕으로 하지만, 현실을 있는 그대로 재현하는 게 아니라 작가에 의해 꾸며진 현실을 보여준다.

15 다음 중 소설의 '리얼리티'에 대한 설명으로 옳지 <u>않은</u> 것은?

① 그럴듯하게 꾸며 사실인 것처럼 느끼게 하는 것이다.
② 내적 일관성과 질서를 갖추게 하는 것이다.
③ 현실 사회에서 보는 사실 그 자체이다.
④ 작가 정신의 산물이다.

15 소설은 인간의 구체적인 삶과 깊은 관계를 가진다. 그러나 리얼리티는 현실 사회에서 보는 사실 그 자체가 아니라 사실이 갖는 보편적 호소력에서 생겨난다.

정답 13 ④ 14 ① 15 ③

16 서술자가 작품 속 등장인물이 아니며, 등장인물인 정주사의 속마음을 모두 알고 있는 시점이므로, 전지적 작가 시점에 해당한다.

16 다음 글의 시점으로 적절한 것은?

> 정주사는 마침 만조가 되어 축제 밑에서 늠실거리는 강물을 내려다본다.
> 그는, 죽지만 않을 테라면은 시방 그대로 두루마기를 둘러쓰고 풍덩 물로 뛰어들어 자살이라도 해보고 싶은 마음이다.
> 젊은 녀석한테 대로상에서 멱살을 따잡혀, 들을 소리, 못 들을 소리 다 듣고 망신을 한 것이야 물론 창피다. 그러나 그러한 창피까지 보게 된 이 지경이니 장차 어떻게 해야 살아가느냐 하는 것이, 창피고 체면이고 다 접어놓고, 앞을 서는 걱정이다.
> — 채만식, 「탁류」

① 전지적 관찰자 시점
② 1인칭 관찰자 시점
③ 전지적 작가 시점
④ 1인칭 주인공 시점

17 소설 구성 단계에 대한 설명은 순서대로 다음과 같다.
- 발단 : 갈등의 실마리가 제시되는 부분으로, 인물과 배경이 제시된다.
- 전개 : 갈등이 표출되며 사건의 구체화가 이루어진다.
- 위기 : 갈등이 고조 및 심화되며 사건 전환의 계기가 마련된다.
- 절정 : 갈등이 최고조에 이르는 부분으로, 해결의 실마리가 드러난다.
- 결말 : 갈등이 해소되며, 주인공의 운명이 정해진다.

17 다음 설명에 해당하는 소설의 구성 단계는?

> 작품의 사건 진행이나 갈등이 최고조에 달하는 부분이다.

① 발단
② 전개
③ 위기
④ 절정

정답 16 ③ 17 ④

18 다음 설명에 해당하는 것은 무엇인가?

> 행동의 개연성을 만들어 내는 사건의 인과적 짜임새

① 플롯
② 스토리
③ 내러티브
④ 구조

19 다음 중 소설의 인물에 대한 설명으로 적절한 것은?

① 입체적 인물이란 작품 안에서 성격이 변화하는 인물이다.
② 평면적 인물이란 특정 계층이나 집단을 대표하는 인물이다.
③ 개성적 인물이란 타인에게 관대하며 사교적인 인물이다.
④ 전형적 인물이란 작품 안에서 성격이 변하지 않는 인물이다.

20 다음 설명에 해당하는 소설의 인물 유형은?

> 소설에는 작품 속의 주인공에 맞서거나 주인공의 앞길을 방해하는 인물이 등장한다.

① 개성적 인물
② 입체적 인물
③ 반동적 인물
④ 주동적 인물

---

18 플롯은 스토리와 달리 인과관계에 중점을 둔다.
② 스토리는 시간적 순서대로 배열된 사건의 서술, 즉 이야기 그 자체를 말한다.
③ 내러티브는 일반적으로 스토리와 스토리를 전달하는 방식을 모두 포괄하는 뜻으로 사용된다.
④ 구조는 짜임새를 뜻하는 말로, 소설에서만이 아니라 다양한 분야에서 사용되며, 플롯보다 큰 개념이다.

19 ② 평면적 인물은 작품 속에서 성격이 거의 변하지 않는 인물이다.
③ 개성적 인물은 작가의 독특한 개성이 발휘된 창조적 인물이다.
④ 전형적 인물은 한 사회의 어떤 계층이나 집단의 공통된 성격적 기질을 보여주는 인물이다.

20 소설의 인물을 역할에 따라 나누면 주동 인물과 반동 인물로 나눌 수 있다. 주동 인물은 소설의 주인공으로 사건과 행동의 주체가 되는 인물이고, 반동 인물은 소설 속에서 주인공의 의지와 행동에 맞서 갈등을 만들어내는 인물이다.
개성적 인물은 전형성에서 탈피하여 자기만의 뚜렷한 개성을 지닌 인물이고, 입체적 인물은 작품에서 성격이 변화하는 인물이다.

정답 18 ① 19 ① 20 ③

21 주제는 작가가 작품을 쓰고자 한 의도나 목적과 긴밀히 관련되지만, 그 의도나 목적 자체가 주제인 것은 아니다.	**21** 다음 중 소설의 주제에 대한 설명으로 옳지 <u>않은</u> 것은? ① 작품을 관통하는 중심 사상에 해당한다. ② 장편 소설에서는 여러 개의 부수적 주제가 존재할 수 있다. ③ 작품의 스토리와 캐릭터에 대한 해석에 따라 달라진다. ④ 작가가 작품을 쓰고자 한 의도가 곧 주제이다.
22 프로이트의 정신분석학이 나타난 이후 발달하게 된 심리주의 비평에 대한 설명이다. 프로이트는 인간의 심리를 자아, 초자아, 무의식으로 나누었는데, 무의식은 모든 심적 에너지의 원천으로 원시적·동물적·본능적 요소이다. 프로이트의 이론은 이후 아들러, 융, 라캉 등에 의해 발전적으로 계승되었다.	**22** 다음 설명에 해당하는 개념은 무엇인가? 프로이트는 인간 본성이란 본디 비이성적이고 비합리적인 것이라 보았다. 즉, 인간의 본성이란 무의식의 영역으로, 작품은 무의식의 반영이다. 따라서 작가의 내면세계를 분석함으로써 작가와 작품의 관계를 설명할 수 있다. ① 고전주의 비평 ② 낭만주의 비평 ③ 사실주의 비평 ④ 심리주의 비평
23 뮤어는 행동 소설, 성격 소설, 극적 소설, 연대기 소설, 시대 소설의 5가지로 소설을 분류했다. 심리 소설은 루카치의 소설 분류에 해당하는데, 루카치는 소설을 추상적 이상주의 소설, 심리 소설, 교양 소설, 톨스토이의 소설형으로 구분했다.	**23** 다음 중 뮤어의 소설 분류에 해당하지 <u>않는</u> 것은? ① 성격 소설 ② 극적 소설 ③ 연대기 소설 ④ 심리 소설

정답 21 ④ 22 ④ 23 ④

24 다음 글과 관련 있는 소설의 기법은?

> 조선 후기에는 평민의식의 성장과 더불어 평민층이 주된 창작층인 사설시조가 등장하였다. 사설시조는 기존의 평시조에서 일부가 길어지는 형태를 띤다. 이는 산문정신의 발전이 밑바탕에 깔린 것이었다. 사설시조는 이전에 존재했던, 양반들이 평시조에서 사용했던 표현 기법을 비틀어 서민들의 생활 감정을 진술하고 사실적으로 표현했다. 또한 구체적인 이야기, 대담한 비유, 강렬한 애정, 자기 폭로 등이 표현되었다. 이로써 현실의 모순을 직시하게 하여 비판을 가하고 기존의 고정관념을 깨부수는 풍자와 해학의 효과가 나타났다.

① 낯설게 하기
② 언어의 상징성
③ 산문의 이미저리
④ 정치·역사적 기호

24 '낯설게 하기'란 러시아 형식주의자들이 처음 사용한 말로, 일상의 언어 규범에 작가가 의도한 조직적인 폭력을 가해 일상성에서 일탈시킴으로써 낯선 언어 규범을 만들어 내는 문학 기법을 말한다. 사설시조가 형식과 표현 등의 측면에서 기존 양반들의 평시조와 다른 표현 기법을 사용함으로써 새로운 장르를 만들어냈다는 것은 소설의 '낯설게 하기'에 해당한다.

25 다음 설명과 관련 있는 비평은 무엇인가?

> 작품을 현실이나 독자 또는 작가로부터 독립된 내적 원리를 지닌 것으로 보고 객관적으로 평가하고자 한다.

① 모방론
② 효용론
③ 존재론
④ 표현론

25 객관론이라고도 불리는 존재론에 대한 설명이다.
① 모방론은 문학작품이 인간의 삶 또는 우주의 만상을 얼마나 진실하게 반영하고 있는지에 관심을 둔다.
② 효용론은 작품이 독자에게 미치는 영향을 척도로 삼아 작품을 판단한다.
④ 표현론은 작품을 작가 정신의 산물로 보고, 작가에 초점을 맞춘다.

정답 24 ① 25 ③

| 26 | 작품의 내적 요소와 구조를 중시한 것은 형식주의 비평의 특징으로, 이 방법에서는 텍스트를 고유하고 객관적인 구조를 지닌 것으로 본다. |

26 다음 중 역사·전기적 비평의 특징으로 옳지 <u>않은</u> 것은?

① 문학을 연구할 때 작가와 작품의 역사적 배경과 작품이 지니는 관계를 중시하였다.
② 작품을 쓴 작가에 대한 지식 없이는 작품을 이해할 수 없다고 보았다.
③ 내적 요소와 구조를 중시하여 상세한 분석에 집중하였다.
④ 문학작품의 출현을 역사적 사건으로 취급하였다.

| 27 | 역사·전기적 비평에 대한 설명으로, 현재를 버리고 과거를 중시하는 관점은 인간의 의식구조상 불가능하고 불필요한 것이라고 볼 수 있다. 구조주의 비평은 작품의 역사성을 배제하고, 작품의 현재성 및 작품을 있게 만드는 구조를 파악하는 것을 목표로 한다. 따라서 과거를 중시한다는 설명은 잘못되었다. |

27 다음 중 구조주의 비평의 한계로 옳지 <u>않은</u> 것은?

① 과거를 중시하여 반현재적 오류를 범할 수 있다.
② 추상적 구조를 중시하여 작품의 개성과 가치를 무시할 수 있다.
③ 텍스트 속에 숨겨진 구조 찾기를 목표로 하여 문학 외적 요소를 외면할 수 있다.
④ 공시적 관점에만 집중하여 하여 역사적 변화를 도외시할 수 있다.

| 28 | '백마 타고 오는 초인'의 원형적 이미지를 통해 '광야'를 해석하는 것은 신화·원형 비평이 적용된 사례이다. |

28 다음 설명과 관련 있는 비평 이론은?

> 이육사의 「광야」는 광야의 과거, 현재, 미래에 이르는 모습을 보여주며 '백마 타고 오는 초인'을 통해 민족이 처한 암울한 현실 극복에 대한 희망을 노래하였다. '백마 타고 오는 초인'은 강력한 아버지의 모습으로, 결국 이 시는 아버지 신에게 바치는 초혼이라 해석할 수 있다.

① 원전 비평
② 러시아 형식주의 비평
③ 신화·원형 비평
④ 역사·전기적 비평

정답 26 ③ 27 ① 28 ③

29 다음 설명과 관련 있는 비평 이론은?

- 텍스트를 중시
- 텍스트 본래의 순수성 회복을 목적으로 함
- 판본의 상이점 조사
- 판본의 족보와 결정본 검토

① 원전 비평
② 심리주의 비평
③ 신화·원형 비평
④ 구조주의 비평

29 ② 심리주의 비평은 프로이트의 정신분석학이 나타난 이후, 내면세계를 분석함으로써 작가와 작품의 관계를 해명하고자 하는 비평이다.
③ 신화·원형 비평은 문학작품 속에 나타난 신화의 원형을 찾아내고 이 원형들의 재현 양상을 살핀다.
④ 구조주의 비평이란 작품 내의 구성요소들간의 상호 관계를 분석함으로써 의미를 밝히는 비평방법이다.

30 다음 내용에서 괄호 안에 들어갈 용어를 순서대로 옳게 고른 것은?

수필의 소재는 다양하다. 수필은 신변잡기적인 것을 다루는 (㉠)와(과) 철학적이고 논리적인 것을 다루는 (㉡)(으)로 나눌 수 있다.

	㉠	㉡
①	에세이	칼럼
②	경수필	중수필
③	에세이	미셀러니
④	칼럼	사설

30 수필을 두 종류로 분류할 때 일반적으로 경수필과 중수필로 분류한다. 경수필은 개인의 감정이나 심경 등 자기 주변적 색채가 짙어 주관적이고 개인적인 경향이 강하다. 반면, 중수필은 사회문제를 대상으로 하여 논리적·객관적인 성격을 지닌다.

31 다음 중 수필의 특징으로 옳은 것은?

① 허구의 산물이다.
② 운문 정신을 토대로 한다.
③ 전문가가 쓴 글이다.
④ '무형식의 형식'을 가진다.

31 수필은 작가의 체험을 바탕으로 하고, 생활 속의 산문 정신을 표현한 글이다. 또한 누구나 쓸 수 있어서 비전문성의 문학이라고 한다.

정답 29 ① 30 ② 31 ④

32 희곡은 대화와 행동을 통해 관객에게 작가의 의도를 직접 전달하는 문학이다. 따라서 대화의 비중이 압도적이다.

32 다음 중 희곡의 개념에 해당하지 않는 것은?
① 무대에서 상연될 것을 전제로 하여 쓰인 글이다.
② 인간의 행동을 표현한다.
③ 그리스어 'dran'에서 유래하였다.
④ 대화의 비중은 줄이고 장면의 묘사를 높인 글이다.

33 신이나 왕 중심의 사고방식은 고전주의의 바탕이며, 근대극의 바탕이 된 근대의식은 개인의식의 성장에서 나온 것이다.

33 다음 중 근대극의 특징으로 옳지 않은 것은?
① 대표적인 작가로는 입센, 버나드 쇼, 체호프 등이 있다.
② 신 중심의 근대정신을 반영하고 있다.
③ 결혼과 가정의 문제, 여권 신장 등을 주제로 한 글이 등장하였다.
④ 주인공이 귀족적 인물이어야 한다는 기존의 편견을 타파하기 시작하였다.

34 희곡의 삼일치론에 따라 고전극은 시간, 장소, 행동(사건)이 일치해야 한다. 그러나 구조의 일치와는 상관없다. 고전극은 3막 구성 혹은 5막 구성을 취할 수 있었다.

34 다음 중 고전극의 원칙에 해당하지 않는 것은?
① 장소의 일치
② 구조의 일치
③ 행동의 일치
④ 시간의 일치

정답 32 ④ 33 ② 34 ②

35 다음 중 희극의 대사에 대한 설명으로 옳지 <u>않은</u> 것은?

① 방백은 몇 사람만 듣는다는 가정으로 혼자 말하는 것이다.
② 독백은 배우가 하는 혼잣말이다.
③ 방백은 해설자의 역할을 하는 배우가 관객들에게 설명을 하는 것이다.
④ 방백은 보통 가장 짧은 형태로 제시된다.

35 방백은 배우가 관객들에게 하는 말이다. 그러나 이것은 설명이 아닌 대사의 일종이며, 방백을 하는 배우가 해설자의 역할을 맡고 있는 것도 아니다. 희곡에서 무대, 등장인물, 시간, 장소 등에 대한 설명은 희곡의 가장 앞부분에 있는 해설 부분에서 이루어진다.

36 다음 설명에 해당하는 작품의 제목과 작가가 옳게 연결된 것은?

> 주인공은 어느 날 자기가 아버지를 죽이고 어머니를 아내로 맞을 운명이라는 신탁을 듣게 된다. 이를 피해 집을 떠나 길을 가다가 한 노인과 시비가 붙어 그 노인을 죽이는데 그 노인은 사실 주인공의 친부였다. 또한 주인공은 길을 가다 만난 스핑크스가 낸 수수께끼를 맞히고 테베의 왕으로 추대받는다. 그리고 전 왕이었던 남편을 잃은 왕비가 자신의 친어머니인 줄도 모르고 어머니와 결혼하게 된다. 나라에 퍼진 역병의 원인을 찾다가 결국 이 모든 사실을 알게 된 주인공은 자신의 눈을 찌르고 방랑의 길을 떠난다.

① 「안티고네」 – 소포클레스
② 「안티고네」 – 볼테르
③ 「오이디푸스 왕」 – 소포클레스
④ 「오이디푸스 왕」 – 볼테르

36 ①·② 「안티고네」가 소포클레스의 작품인 것은 맞지만, 해당 설명에 맞는 작품은 「오이디푸스 왕」이다. 「안티고네」는 오이디푸스의 딸 안티고네가 왕의 명령을 어기고 오빠의 시신을 매장했다가 사형당하는 이야기이다.
④ 볼테르는 18세기 프랑스의 계몽주의 작가로 소설 「캉디드」를 썼다.

37 다음 중 비극의 특징으로 옳지 <u>않은</u> 것은?

① 간단한 형식은 소극이라고 한다.
② 주어진 운명 앞에 패배하는 인간의 모습을 소재로 한다.
③ 복잡하지만 치밀한 구조를 가지고 있는 경우가 많다.
④ 'tragoidia'라는 말에서 유래하여 '비극', '산양의 노래'라는 의미를 가지고 있다.

37 '소극(笑劇)'은 희극의 한 종류로, 희극의 가장 간단한 형태이다.

정답 35 ③ 36 ③ 37 ①

38 다음 중 희극의 특징으로 옳지 <u>않은</u> 것은?

① 웃음을 통하여 현실의 문제점을 제시한다.
② 비극적 상황에서 행복한 상황으로 전환되며 작품이 마무리된다.
③ 유형적 인물을 내세워 시대에 대한 풍자를 시도한다.
④ 해학, 골계, 풍자, 조소를 통하여 웃음을 유발한다.

38 비극적 상황에서 행복한 결말로 전환하여 막을 내리는 것은 희극이 아니라 희비극에 대한 설명이다. 희비극은 희극적 요소와 비극적 요소가 융합된 것으로, 대표작으로는 셰익스피어의 「베니스의 상인」, 체호프의 「곰」, 임희재의 「고래」 등이 있다.

39 다음 중 비교문학에 대한 설명으로 옳지 <u>않은</u> 것은?

① 귀야르는 실증주의 비교문학자다.
② 민족문학들 간의 공통점보다 차이점을 찾는 데 초점을 둔다.
③ 국민문학들끼리 비교하는 것 이상의 목적을 지닌 문학연구 방법이다.
④ 웰렉은 실증적 경향에서 나아가 비교문학의 영역을 역사, 이론, 비평 등을 포괄하는 범위로 넓혀 총체적으로 연구하고자 했다.

39 비교문학은 민족문학 또는 여러 작품들 사이의 차이점뿐만 아니라 공통점과 작품의 영향 및 차용관계를 밝히는 것을 목적으로 한다.

정답 38 ② 39 ②

40 다음 중 비교문학의 영향의 범주에 대한 설명으로 옳지 <u>않은</u> 것은?

① 암시는 수용자의 작품 제작 동기가 발신자에 의해 마련된다.
② 표절은 수용자의 고의적 은폐가 이루어진 것이다.
③ 차용은 표절과 달리 빌려왔음을 밝힌 것이다.
④ 모방은 영속적이고 무의식적으로 이루어진다.

40 모방은 특별히 선호하는 발신자를 의식적으로 닮고자 하는 수신자의 의도가 있을 때 이루어지는 것으로 비교적 단기간이다. 영속적·무의식적으로 이루어지는 것은 '영향'에 대한 설명이다.

정답 40 ④

교육은 우리 자신의 무지를 점차 발견해 가는 과정이다.

– 윌 듀란트 –

제1장

총설

- 제1절 문학을 어떻게 볼 것인가
- 제2절 문학의 속성, 언어 예술성
- 제3절 문학을 보는 관점 – 모방의 이론
- 제4절 문학의 기능 – 효용론
- 제5절 제작자의 문제와 의도
- 제6절 구조의 이론
- 제7절 문학의 장르
- 제8절 스타일론
- 실전예상문제

합격을 꿰뚫는 기출 키워드

제 1 장 총설

문학, 문학적 언어, 정서·사상·상상·형식, 모방이론, 아리스토텔레스의 『시학(詩學)』, 효용론, 카타르시스, 문학의 교시적 기능과 쾌락적 기능, 영감설·장인설, 의도의 오류, 의도 비평, 존재론, 장르, 서정·서사·극, 스타일론, 어조

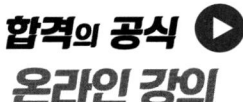 

보다 깊이 있는 학습을 원하는 수험생들을 위한
시대에듀의 동영상 강의가 준비되어 있습니다.
www.sdedu.co.kr ➡ 회원가입(로그인) ➡ 강의 살펴보기

제1장 총설

제1절 문학을 어떻게 볼 것인가

1 문학의 정의

문학을 한 마디로 규정하는 것은 어려우며, 문학이라는 말이 내포하는 의미는 포괄적·가변적이다.

(1) Litera

문학은 문자로 기록된 모든 지식을 포함한다.

(2) 언어예술

① 문학은 '언어'를 표현매체로 하며, 동시에 그것을 예술적으로 가다듬은 것이어야 한다. '언어'는 문학을 다른 예술과 구분해 주는 본질적 요소이다.
② 문학은 전통적으로 과학이나 실용적 지식에 반대되는 개념의 예술에 속한다. → 인간의 감성에 호소

(3) 삶의 재창조(모방)

문학은 사물 자체, 삶의 원리, 자연의 실재 등 삶의 현실을 언어로 재현 또는 재창조하는 것이다. → 현실의 반영, 자연의 재현, 객관적 제시

(4) 상상력의 소산

① 문학은 작가의 사상과 감정을 수정·종합하는 상상력의 과정이다. → 작가의 특수한 체험이 곧 작품으로 외면화
② 문학작품은 허구(Fiction)의 세계로 이루어져 있다.
③ 작품 속에서의 '나'는 재창조된 '나'이다.

(5) 문자예술

① 문학은 문자를 통해 일정한 형식으로 기록된 것이다.
② 문자를 통해 인간의 사상과 감정을 표현하고, 독자에게 즐거움을 준다.

> **더 알아두기**
>
> **문학(文學)의 정의**
> - 광의(廣義)
>   - 문자로 기록되거나 책으로 인쇄된 모든 것
>   - 인간에 의해 기록된 모든 것
> - 협의(狹義)
>   - 잘 써진 글
>   - 정서적 표현예술(언어 : 표현매체)
>   - 상상의 산물, 일반적 지식에 호소
>   - 가치 있는 체험의 형상화 → 예술적 승화, 작품화
>   - 개연성(가능성) 있는 허구

2 문학과 문학연구

(1) 문학
① 문학은 시·소설·희곡 등 창작된 작품을 말한다.
② 문학은 예술의 범주에 포함되며, 문학작품 자체를 떠나서 문학을 논할 수 없다.
③ 문학작품은 인간의 정신 및 정서를 대상으로 하기 때문에 단순·명백하지 않아 객관성을 확보하기 어렵다.

(2) 문학연구
① 문학연구는 문학작품을 대상으로 하는 연구 활동을 말한다. → 학문(學文), 이론
② 이론은 작품을 이해하는 하나의 방법이며, 그것이 곧 작품 그 자체는 아니다.
③ 문학을 연구하기 위해서는 자연과학적 정밀성과는 다른 체계적 지식을 수립해야 한다.
④ 문학을 연구하는 사람은 작품이 지닌 '의미'를 이해해야 하므로, 이론적 체계 및 예술적 감수성을 지녀야 한다.
⑤ 자연과학이 보편적 법칙을 지향하는 데 반해, 문학연구는 문학작품의 독자성과 개별성을 지향한다.

3 문학의 기능

(1) 문학과 경험
　① 문학은 가치 있는 인간 체험의 요소를 조직적으로 기록하므로, 독자는 작품을 통해 직접적·구체적 체험을 얻을 수 있어야 한다.
　② 좋은 작품을 읽는다는 것은 일상 경험에 대한 새로운 가치 척도를 세우는 일이다.
　③ 문학 활동이란 불규칙한 일상 경험에 새로운 질서를 부여하는 것이다.
　④ 문학작품을 통해 타인의 경험을 소유함으로써 개별성을 보편적인 것으로 만들 수 있어야 한다.
　⑤ 작품의 보편성과 개성은 상호 보완관계를 이루어야 한다.

(2) 감수성·취미의 교정
　① 새로운 작품을 통한 체험은 인간의 감수성을 함양시킨다.
　② **비평(批評)의 이용**
　　㉠ 비평을 통해 작품을 접할 때 갖게 되는 편견을 수정할 수 있으며, 취미를 교정할 수 있다.
　　㉡ 작품의 감상능력을 향상시킬 수 있다.

4 문학의 기원

(1) **심리학적 기원설** 기출 24
　① **모방본능설 – 아리스토텔레스**
　　㉠ 문학은 언어를 수단으로 하여 인간의 경험을 재현한 것이다.
　　㉡ 모방은 인간의 본능이며, 모방을 통해 희열을 느낀다.
　② **유희본능설 – 칸트, 스펜서** 기출 21
　　㉠ 문학은 인간이 지니는 유희본능에서 시작되었다.
　　㉡ 스펜서는 '정력의 과잉'에 의해 유희본능이 생기며, 그 본능이 문학과 예술을 창조한다고 보았다.
　　　→ '무목적의 목적'
　③ **흡인본능설 – 다윈 등 진화론자**
　　인간에게는 남을 끌어들이려는 흡인본능이 있으며, 이 때문에 문학이 발생하였다.
　④ **자기표현본능설 – 허드슨**
　　자기 자신을 표현하고자 하는 본능에서 문학이 발생하며, 문학은 곧 인간의 사상·감정의 표현물이 된다.

(2) 발생학적 기원설 - 헌(Hirn), 그로세(Grosse)
문학예술의 발생은 실제 활동과 관련되어 있으며, 또한 실용성에 의해 비롯된 것이다.

(3) 발라드 댄스설 - 몰턴
문학은 음악·무용·문학이 미분화된 상태의 원시종합예술에서 분화·발생하였다.

○✕ 로 점검하자 | 제1절

※ 다음 지문의 내용이 맞으면 ○, 틀리면 ✕를 체크하시오. (01~09)

01 문학은 '언어'를 표현매체로 한다. (   )

02 문학은 전통적으로 과학이나 실용적 지식에 반대되는 개념의 예술이다. (   )

03 문학은 일정한 형식을 필요로 하지 않는다. (   )

04 문학은 인간의 감성에 호소하는 것이다. (   )

05 문학을 통해 취미를 교정할 수 있으며, 감수성을 키울 수도 있다. (   )

06 문학의 기원을 언어를 수단으로 하여 인간의 경험을 재현한 것으로 보는 것은 '흡인본능설'이다. (   )

07 독자는 작품을 통해 구체적 체험을 얻는 것보다는 정서의 감흥을 얻는 것을 더 중요시한다. (   )

08 작품의 보편성과 개성은 상호 보완관계를 이루어야 한다. (   )

09 다윈 등 진화론자는 문학의 흡인본능설을 주장하였다. (   )

정답 1 ○ 2 ○ 3 ✕ 4 ○ 5 ○ 6 ✕ 7 ✕ 8 ○ 9 ○

제1절 핵심예제문제

01 문학을 인간에 의해 기록된 모든 산물로 보는 것은 문학의 광의(廣義)의 정의에 포함된다.

01 다음 중 좁은 의미에서 문학의 정의가 아닌 것은?
① 인간에 의해 기록된 모든 것
② 가치 있는 체험의 형상화
③ 개연성 있는 허구
④ 언어를 통한 정서적 표현 예술

02 문학작품 속의 '나'는 작가 자신을 형상화하기도 하지만, 일반적으로 작품 속에서 재창조된 인물이다.

02 다음 중 문학의 개념에 대한 설명으로 적절하지 않은 것은?
① 문학은 인간의 감성에 호소하는 것이다.
② 문학은 언어를 통해 삶을 재창조하는 것이다.
③ 문학작품 속의 '나'는 일반적으로 작가 자신을 형상화한다.
④ '문자'라는 일정한 형식을 통해 기록한다.

03 자연과학이 보편적 법칙을 지향하는 것과 달리 문학은 작품의 독자성과 개별성을 지향한다.
① 이론은 작품을 이해하는 수단일 뿐, 작품 자체를 의미하지는 않는다.
② 자연과학은 관찰의 대상이 단순·명백하여 객관성을 확보하기 용이하지만, 문학은 복잡한 인간의 감정 및 체험을 다루므로 자연과학에 비해 객관성을 확보하기 어렵다.
③ 현실의 보편적 법칙을 밝히는 데 주력하는 것은 자연과학이다.

03 다음 중 문학과 관련된 설명으로 옳은 것은?
① 문학연구는 작품과 관련된 이론 자체를 작품으로 보기도 한다.
② 문학은 자연과학에 반해 객관성을 확보하기 쉽다.
③ 문학연구는 현실의 보편적 법칙을 밝히는 데 주력한다.
④ 문학은 작품의 독자성과 개별성을 지향한다.

정답 01 ① 02 ③ 03 ④

제2절 문학의 속성, 언어 예술성

1 문학의 속성 기출 23

(1) 체험의 표현 – 개성
① 문학은 단순히 인간의 체험을 의미할 뿐 아니라, 가치 있는 인간 체험의 표현이다.
② 가치는 희귀성으로 평가되며, 정신세계에 있어 희귀성은 곧 특이성으로 나타난다.
③ 문학에서의 특이성은 개성(個性)을 의미하는데, 개성은 문학의 본질이자 생명이다.

(2) 전달 – 보편성
① 문학은 곧 전달이며, 전달은 인간의 공통 기반에서만 성립한다. 이는 문학이 언어를 표현매체로 한다는 사실을 통해 알 수 있다.
② 체험은 환경과 유기체의 상호 작용으로써 설명할 수 있다. 객관적 환경은 인류 공통의 요소이고, 이러한 공통 요소들은 문학에서 보편성(普遍性)으로 나타난다. 문학에서 개성과 보편성은 서로 분리할 수 없다.

(3) 기록 – 항구성
① 일단 문자로 기록된 문학은 책으로 남아 보편성과 결합된 개성을 내포하는데, 이를 곧 문학의 항구성(恒久性)이라 한다.
② 문학의 생명을 '개성', 육체를 '보편성'이라 할 때, 생명과 육체가 결합하여 문학으로서의 기능을 발휘하는 '항구성'은 그 생리라 할 수 있다.

> **체크 포인트**
>
> **문학의 3대 특성과 요소**
> - 문학의 3대 특성: 항구성(시간성・역사성), 보편성(공간성), 개성(독창성)
>   ※ 문학의 시간성과 공간성을 지니면서도 독창성을 지닌 요소: 정서
> - 문학의 요소: 정서(심미성), 사상(위대성), 상상(창조성), 형식(예술성)

2 문학의 언어의 특징 기출 21

문학은 **언어를 표현매체로 하는 예술**이며, 이는 다른 예술과 구분되는 가장 근본적 요소가 된다. → 언어의 질서화를 통해 의미 형성

(1) 모순
① 문학적 언어는 과학자에게는 거짓된 것이지만, 상상의 세계에서는 진실이라 말할 수 있다. 때문에 문학적 진리는 비유적·상징적·직관적 진리이다.
② 시적 진리는 '언어를 통해 언어로부터 해방되려는 언어를 사용'함으로써 '언어를 쓰지 않은 언어'가 되려는 불가능하고 모순된 노력이다. 따라서 시적 언어는 비정상적이고 모순된 언어로 나타난다.

(2) 의미와 체험
① 문학의 언어는 일상의 언어가 아닌 **상상력의 언어**이다.
② 문학의 언어는 단순히 의미를 전달하는 것이 아니라 체험을 전달하는 것이므로 표현의 매체가 되며, 이때의 언어는 언어 그 자체가 체험의 구조가 된다.
③ 문학적 언어를 통한 표현은 의미의 전달이 아닌 '의미의 변용'이므로, 언어를 통해 독자로 하여금 그 의미를 다양하게 해석할 수 있게 한다.

(3) 말 없는 소리
① 문학은 그냥 쓴 글이 아니라 의도적으로 잘 쓴 글이기 때문에, 한마디로 문학은 언어예술이다. 또한 대상을 그대로 복사하는 것이 아니라 주관에 의해 재구성한 것이다.
② 시의 언어는 일상어의 부정이면서 동시에 새로운 의미의 창조이며, 그 중심에서 의미가 확장된다.
③ 문학은 언어를 통해 사물과 사물을 관련지어 인간과 세계를 연결한다.

(4) 기술적 묘사와 표현적 묘사
① 기술적 묘사는 어떤 것을 지시하는 직접적인 일이며, 표현적 묘사는 주어진 대상을 미적 대상으로 구체화하는 일이다. 모든 언어는 일반적으로 기술과 표현의 의미가 다르지만, 그렇다고 그 두 가지를 전혀 별개의 것으로 구분할 수는 없다.
② 정치·경제·법률 서적은 언어를 매체로 하여 쓰였다는 점에서 문학과 같지만, 이는 문학과는 다른 세계의 글로 기술적 묘사만을 사용한 것이다.

(5) 외연적(外延的) 사용과 내포적(內包的) 사용
① 외연적 사용 → 과학적·철학적 사용
언어의 외연적 사용은 개념의 정확성을 목표로 하기 때문에 그 언어와 언어가 지시하는 대상 사이에는 일대일의 정확한 대응관계가 성립한다. 따라서 '언어'는 곧 '대상'으로 볼 수 있다.

② **내포적 사용 → 문학적·시적 사용**
  ㉠ 문학에서 사용되는 언어는 표현적 묘사이므로, **주관적·함축적**이다. 따라서 표현적 묘사는 언어의 기술적 의미에서 벗어나 독특하고 개성적인 의미를 추구한다.
  ㉡ 언어의 내포적 사용이란 표현적 측면에서 사용되는 언어를 말하는 것으로, 하나의 단어 안에 여러 가지 의미를 포함시킬 수 있으며 주관 및 상황에 따라 이미지를 다르게 구체화할 수 있다.
  ㉢ 언어의 내포적 사용은 그 '언어'와 관련된 다양한 경험이 동시에 재현될 때 성립한다.

> **더 알아두기**
>
> **과학적 언어와 문학적 언어** 중요 기출 25, 24, 23
>
> | 과학적 언어 | 문학적 언어 |
> |---|---|
> | 직접적·외연적 | 함축적·내포적 |
> | 개념의 정확성 | 개념의 다양성 |
> | 사실의 설명에 기반 | 비유, 상징 등의 표현을 통한 이미지의 구체화 실현 |
> | 관찰·보고 | 느낌·해석 |

○✕로 점검하자 | 제2절

※ 다음 지문의 내용이 맞으면 ○, 틀리면 ✕를 체크하시오. (01~08)

01 문학의 본질이자 생명은 곧 개성(個性)이다. (   )

02 문학의 3대 특성은 '항구성, 보편성, 개성'이다. (   )

03 문학의 언어는 일상 언어와 의미가 같다. (   )

04 언어의 외연적 사용은 그 언어와 언어가 지시하는 대상 사이에 다대일(多對一)의 대응관계가 성립한다. (   )

05 주어진 대상을 미적 대상으로 구체화하는 일은 기술적 묘사이다. (   )

06 과학적 언어가 개념의 정확성을 추구하는 것이라면, 문학적 언어는 개념의 다양성을 추구하는 것이다. (   )

07 문학적 언어는 과학자에게는 거짓된 것이지만, 상상의 세계에서는 진실이라 말할 수 있다. (   )

08 문학적 언어는 의미 변용을 할 수 없다. (   )

정답 1 ○ 2 ○ 3 ✕ 4 ✕ 5 ✕ 6 ○ 7 ○ 8 ✕

제2절 핵심예제문제

01 문학에 대한 설명으로 적절하지 않은 것은?

① 문학의 '보편성'은 문학의 본질이자 생명이다.
② 문학은 가치 있는 인간 체험의 표현이다.
③ 문학에서 '개성'과 '보편성'은 서로 분리할 수 없다.
④ 문학에서의 특이성은 '개성(個性)'을 의미한다.

> **01** 문학의 본질이자 생명이 되는 것은 문학의 '개성(個性)'이다.

02 다음 중 '문학의 언어'의 특징으로 올바른 것은?

① 언어의 외연적 의미에만 의존한다.
② 언어의 정확한 개념만을 추구한다.
③ 독자의 상상력을 자극한다.
④ 표현대상과 실제의 뜻이 언제나 동일하다.

> **02** 문학의 언어는 단순히 의미를 전달하는 일상의 언어가 아닌, 독자의 상상력을 자극하는 상상력의 언어이다. ①·②·④는 과학적 언어, 일상어의 특징이다.

03 시간성과 공간성을 지니면서도 동시에 독창성을 지니고 있는 문학의 요소는?

① 사상
② 상상
③ 형식
④ 정서

> **03** 문학의 요소에는 '정서, 사상, 상상, 형식' 등이 있으며, 이 중 '시간성·공간성·독창성'을 동시에 지닌 것은 '정서'이다.

정답 01 ① 02 ③ 03 ④

제3절 문학을 보는 관점 - 모방의 이론

1 플라톤 - 『공화국(국가)』

(1) 주요 이론 중요

① 최초로 모방론을 제기하였으며, 플라톤에게 있어 '모방(模倣)'은 '흉내'와 '가짜'에 불과한 허상의 세계이다. → 문학과 모방을 부정적으로 인식
② 이 세상에 존재하는 모든 현상물은 허상에 불과하며, 가치 있는 진리는 눈에 보이는 현상에 있는 것이 아니라 현상들의 피안(彼岸)에 존재한다고 보았다.
③ 피안(彼岸)의 세계는 영원불변하고 절대적 질서와 조화가 실현된 관념적 철학의 세계이다.

(2) 시인추방론(詩人追放論)

① 『공화국』에서 시인은 부도덕하고 무가치한 대상(허상)을 모방하므로 진리의 세계에 도달할 수 없다고 하였다. '공화국'은 '국가, 국가론' 등으로 번역되기도 한다.
② 플라톤에게 있어 공화국이란 이상국(理想國)을 의미한다. → 진리가 이념이 되고 정의가 실현되는 곳
  ㉠ 진리 : 사물에 내재하는 본질적인 것으로, 우리 눈으로 볼 수 있는 현실 세계가 아닌 실존의 세계에 속한다. → 이데아(Idea) : 순수한 이성을 통해서만 포착할 수 있으며, 만물의 영원한 본질
  ㉡ 감정은 비이성적이며 문학이 가지고 있는 유일한 효용은 감정적 쾌락뿐이다.
③ **시(문학)** : 시 또는 문학은 일차적으로 눈에 보이는 사물이나 현상만을 대상으로 삼는 데 그치기 때문에 진리와 멀어져 있다.
④ **탁자이론** : 기술자인 목수는 탁자를 만들지만 화가가 그린 탁자 그림은 실제적 용도마저 없는 허상에 불과하며, 예술가의 창작이란 '진리(이데아)'로부터 3단계나 벗어나 있다.
  ㉠ 제1단계(신) : '탁자'의 이데아를 지니고 있는 자 - 창조주
  ㉡ 제2단계(목수) : 실제로 '탁자'를 만들어 내는 자
  ㉢ 제3단계(시인 또는 화가) : '탁자'를 대상으로 하여 예술작품을 만들어내는 자 - 모방

2 아리스토텔레스 - 『시학(詩學)』 중요

(1) 주요 이론

① 문학적 보편성은 사물 자체에 내재하며, 사물의 본질이란 개개의 사물의 본질이 완전히 드러날 때를 의미한다.
② 모방은 인간의 본능적 행위이며, 동시에 즐거운 행위이다.

③ 인간은 세상에서 모방을 가장 잘하는 동물이며, 또한 모방에 의해 배운다. → 모방을 **긍정적으로** 인식
④ 문학의 목표는 '개연성의 탐구'이며, 개연적 세계는 인간에게 보편적 진리로 느껴지는 세계이다. → 통일성의 세계

> **체크 포인트**
> **허구**: 개연성을 부여하기 위한 요소

⑤ 문학은 개연성에 의해 일반적·보편적인 것이 될 수 있다.
⑥ 역사는 실재적 사실들을 기록하는 데 반해 문학은 있을 수 있는 사실들을 표현함으로써 문학을 가치 있게 만든다.

> **체크 포인트**
> **역사와 문학의 차이**
> • 역사: 실재적 사실을 있는 그대로 기록, 특수성의 세계를 모방
> • 문학: 꾸며낸 이야기, 개연성·보편성의 세계를 모방

(2) 모방의 대상
① 예술적 모방의 대상을 초월적 관념(Idea)이 아닌 우주 만물의 본성(Nature)으로 파악하였다.
② 문학은 인간의 보편적·개연적 행위에 대한 모방이며, **인간의 행동을 모방함으로써 이념의 세계를** 형상화한다.
  ㉠ 비천한 인물을 모방 - 희극
  ㉡ 고상한 인물을 모방 - 비극
③ 작가의 의도에 따라 대상을 예술적으로 모방할 때, 예술적 쾌감과 흥미를 유발할 수 있다. → 모사(模寫)와는 다름

(3) 모방충동설(Imitative impulse)
① 모방의 충동이 곧 예술을 창조하는 원동력이다.
② 시인의 기능은 실제로 일어난 사실에 관여하지 않고, 일어날지도 모르는 것, 즉 개연성과 필연성의 법칙에 따라 가능한 것에 관여한다. → 사물이 그렇게 되어야 하는 상태

(4) 비극의 구조와 효과

① **특징**: 비극에서는 서로 모순되는 두 개의 정서(감정)인 공포와 연민을 통해 독자의 마음이 흥분되기도 하고 안정되기도 하는데, 이것이 카타르시스(Catharsis)이다.

② **카타르시스(Catharsis)**: 아리스토텔레스의 『시학(詩學)』에 나오는 용어로, 정화·배설이라고도 한다. 비극은 관객으로 하여금 자신과 주인공을 동일시함으로써 공포와 연민의 감정을 느끼게 하고, 관객은 이러한 감정을 배설함으로써 마음이 정화된다. 기출 25, 21

> **체크 포인트**
> - **플라톤의 모방**: 복사, 모사, Copy
> - **아리스토텔레스의 모방**: 재창조, Recreate

○✕로 점검하자 | 제3절

※ 다음 지문의 내용이 맞으면 ○, 틀리면 ✕를 체크하시오. (01~08)

01 아리스토텔레스는 최초로 모방론을 제기하였다. (   )

02 플라톤은 『공화국』을 통해 시인추방론(詩人追放論)을 제시하였다. (   )

03 플라톤은 문학이 가지고 있는 유일한 효용은 감정적 쾌락뿐이라고 보았다. (   )

04 플라톤은 모방을 긍정적으로 인식하였다. (   )

05 아리스토텔레스는 모방을 인간의 본능적 행위라고 하여 긍정적으로 보았다. (   )

06 아리스토텔레스는 『시학(詩學)』에서 비천한 인물을 모방하는 것을 '비극', 고상한 인물을 모방하는 것을 '희극'이라 하였다. (   )

07 문학은 독창성에 의해 일반적·보편적인 것이 될 수 있다. (   )

08 아리스토텔레스에게 있어 예술적 모방의 대상은 초월적 관념(Idea)이다. (   )

정답 1 ✕ 2 ○ 3 ○ 4 ✕ 5 ○ 6 ✕ 7 ✕ 8 ✕

제3절 핵심예제문제

01 '모방'이란 말을 최초로 사용한 학자는 플라톤이다.

01 최초로 모방론을 제기한 학자는 누구인가?
① 칸트
② 플라톤
③ 아리스토텔레스
④ 프로이트

02 시는 모방의 과정에서 개연적 세계, 즉 인간에게 보편적 진리로 느껴지는 세계를 모방하며, 개연성의 발견이 곧 진리에 이르는 길이라고 본 학자는 아리스토텔레스이다.

02 플라톤의 모방론에 대한 설명으로 틀린 것은?
① 모방을 부정적으로 인식하였다.
② 작품은 진리가 아닌 현상의 세계를 모방한 것에 불과하다.
③ 개연성의 발견이 곧 진리에 이르는 길이라고 보았다.
④ 사물 속에 내재하는 본질적인 것을 '이데아(Idea)'로 보았다.

03 모방은 서정적 양식에서는 시인의 주관적 측면인 정서와 밀착되며, 극적 양식에서는 주관성이 배제되고 극도의 객관성을 유지한다.

03 아리스토텔레스의 모방이론에 대한 설명으로 옳지 않은 것은?
① 예술적 모방의 대상은 우주 만물의 본성이다.
② 고상한 인물을 모방할 때 비극이 된다.
③ 모방은 인간의 본능적 행위이다.
④ 모방은 서정적인 양식에서는 주관성이 배제되고 극도의 객관성이 나타난다.

정답 01 ② 02 ③ 03 ④

제4절 문학의 기능 – 효용론

1 문학의 효용

(1) 근대의 문학
① 르네상스 시대의 문학의 목적은 교훈을 주는 것이었기 때문에 문학의 미적 구조에는 관심을 두지 않았다.
② 낭만주의는 인간 개개인의 감성을 추구하였으며, 즐거움과 쾌락을 문학의 본질로 보았다.
③ 사실주의와 자연주의 사조에서는 문학을 과학적 사실의 기술적 처리 작용으로 파악하였다.

(2) 특징
① 문학을 독자와의 연관성 위에서 바라볼 때 효용론이 제기되며, 문학이 독자에게 쾌락을 제공해야 하는가, 가르침을 제공해야 하는가에 대한 문제이다.
② 문학이 독자에게 어떤 영향을 주는지, 문학이 궁극적으로 지향하는 바가 무엇인가를 규명하고자 한다.

2 문학의 교시적(敎示的) 기능과 쾌락적(快樂的) 기능 중요 기출 23

(1) 문학의 교시적 기능 기출 24, 22
① 정의
  ㉠ 문학의 교시적 기능이란 작품을 통해 독자들로 하여금 새로운 세계를 발견하고 주위의 사물을 새롭게 인식하여 자신의 행위를 돌아보게 하고 교훈을 주는 것을 말한다.
  ㉡ 문학은 철학·과학처럼 관념적 지식을 전달하는 것에 그치는 것이 아니라, 구체적 형상화를 통해 인생의 진실과 사상을 체험하게 하는 것이다.

> **체크 포인트**
> - **교육(教育)**: 교훈 또는 지식을 일방적으로 전달 → 알게 하는 것
> - **교시(教示)**: 독자의 자발적 참여를 통해 스스로 깨닫게 하는 정신의 변화를 의미 → 느끼게 하는 것

② 특징
  ㉠ 문학작품이 교시적이라 해도 독자를 직접적인 진술로써 가르치는 것은 아니다.
  ㉡ 독자를 가르치는 방식이 강제적·규범적이지는 않으며, 자신의 행위에 대한 반성적 성찰이나 사물과 세계에 대한 새로운 인식을 얻는 것에 의의를 둔다.
  ㉢ 독자에게 감동을 주며, 인간을 감정적·지적·도덕적으로 개발해 준다.
  ㉣ 작가는 구체적 형상화를 통해 삶의 진실을 제시해야 한다.
  ㉤ 플라톤(시인추방론)
    - 교시적 기능을 주창하였으며, 교육적 효과를 감안해 검열을 실시해야 한다고 주장하였다. → 문학적 아름다움이나 관심은 중요하지 않음
    - 문학은 도덕적 교육의 능력이 없으므로 문학의 사회적 효용이란 결국 비이성적 쾌락에 지나지 않는다고 보았다.
  ㉥ 문학 자체가 가지는 교시적 기능은 공리적 목적을 지향하는 목적문학·선전문학 등과는 구별되어야 한다.

> **더 알아두기**
>
> **문학당의정설(文學糖衣錠說)** 기출 23
> 교훈이나 지식을 전달하는 철학은 쓰디쓴 약이나 좋은 약에 해당되고, 운문으로 된 달콤한 노래, 즉 문학은 약효는 없으나 쓴 약을 감싸고 있는 당의정(달콤한 설탕 껍질)과 같다는 것으로, 이는 곧 먹을 때는 달고 먹고 난 다음에는 약효가 있는 당의정처럼 독자는 문학작품을 읽을 때는 쾌락을 얻고, 읽고 난 다음에는 교훈을 얻는다는 이론이다. 문학의 쾌락적 기능과 교훈적 기능이 적절히 통합되어야 참다운 감동을 줄 수 있다는 절충적 입장이지만, 쾌락과 교훈을 대등하게 강조하는 것이 아니라 교훈이 본질이며, 쾌락은 부차적인 것이라는 관점이다.

(2) 문학의 쾌락적 기능 기출 21

① **정의** : 문학은 예술가에 의한 상상적 창조물로, 독자에게 감동(재미)과 즐거움을 주는 것이다.
② **특징**
  ㉠ 문학을 통해 사물과 세계를 새롭게 인식하고 독자 스스로의 삶에 대한 성찰의 계기를 마련하는 교시적 기능만으로 문학의 기능을 따지는 것은 지극히 단편적인 주장이다.
  ㉡ 무목적(無目的)의 목적 : 창조의 목적은 작가 자신의 만족을 위한 자유로운 상상의 유희이므로, 그 자체가 목적이 되고 완전성을 가지며, 가치를 지닌다.
  ㉢ 콜리지 : 모든 예술의 공통적인 본질을 '미(美)'를 매개로 한 쾌락의 추구로 보았다.
  ㉣ 아리스토텔레스
    - 모방이란 즐거운 행위이며, 모방을 대하면 기쁨을 느낀다고 하였다.
    - 비극이 주는 즐거움이란 지나치지 고조된 감정들이 스스로 풀려나갈 때의 쾌감이다. 따라서 일상생활에서 해소되기 어려운 욕구 불만이 문학을 통해 해소될 수 있다고 보았다.

ⓜ 최재서 : 쾌락이란 하나의 체험이므로 진정한 문학작품의 쾌락은 지적인 체험이 되어야 한다고 주장했다. → 미적(美的) 영역을 폭넓은 체험의 부산물로 파악
- 관능적 쾌락 : 하등감각에서 오는 쾌락
- 감각적 쾌락 : 시각과 청각 등을 통해 느끼는 쾌락
- 지적 쾌락 : 인간의 이지(理智)를 통해 얻는 쾌락

ⓑ 작가는 문학을 통해 현실에서는 불가능한 욕망, 이상 등을 실현함으로써 자신의 억압된 욕망에서 해방된다.

ⓢ 쾌락적 기능에서는 관능적이고 저속한 쾌락이 아니라 정신적 즐거움, 즉 미적·지적 쾌락을 중요시한다.

(3) 교시적 기능과 쾌락적 기능의 관계

웰렉과 워런은 『문학의 이론』에서 교시적 기능과 쾌락적 기능은 독립하여 작용하는 것이 아니라 상호 보완적인 관계에서 작용해야 한다고 보았다.

> **더 알아두기**
>
> **교시적 문학작품**
> - 고대소설 : 권선징악(勸善懲惡)적 메시지
> - 이광수의 『무정』·『흙』, 심훈의 『상록수』 : 계몽주의
> - 볼테르·루소 : 프랑스 혁명의 계몽적 역할
> - 톨스토이·투르게네프 : 러시아 농노 해방 운동 추진
> - 입센의 『인형의 집』 : 근대 여성 운동의 선구 역할
> - 해리엇 비처 스토의 『톰 아저씨의 오두막집』 : 미국 남북 전쟁의 도화선 역할
> - 조세희의 『난장이가 쏘아올린 작은 공』 : 산업화 과정에서 소외된 도시 빈민, 노동자의 삶을 통해 사회의 부조리 고발

○× 로 점검하자 | 제4절

※ 다음 지문의 내용이 맞으면 ○, 틀리면 ×를 체크하시오. (01~08)

01 사실주의와 자연주의 사조에서는 인간 개개인의 감성을 추구하는 것에 관심을 두었다. (   )

02 문학작품은 독자를 직접적인 진술로써 가르친다. (   )

03 문학이 인간의 삶에 대한 반성적 성찰을 도모할 필요는 없다. (   )

04 문학은 도덕적 교육의 능력이 없으므로 문학의 사회적 효용이란 결국 비이성적 쾌락에 지나지 않는다고 주장한 학자는 플라톤이다. (   )

05 문학의 교시적 기능은 목적문학·선전문학 등과 그 기능이 같다. (   )

06 문학의 기능에는 교시적 기능과 쾌락적 기능이 있다. (   )

07 최재서는 진정한 문학작품의 쾌락은 지적인 체험이 되어야 한다고 주장했다. (   )

08 교시적 기능과 쾌락적 기능은 독립하여 작용하여야 한다. (   )

정답 1 × 2 × 3 × 4 ○ 5 × 6 ○ 7 ○ 8 ×

제 4 절 핵심예제문제

01 다음 중 문학의 쾌락적 기능 중 순기능에 속하는 것은?

① 도덕적 정신 함양
② 속악한 흥미 유발
③ 마음의 정화 작용
④ 대중적 오락성 충족

01 문학의 쾌락적 기능은 단순한 재미뿐 아니라 고도의 정신적 기쁨과 수준 높은 감동을 주는 미적 쾌락 및 인간의 이지(理智)가 결합되어 카타르시스(정화)의 경지에 이르는 것을 의미한다.

02 다음 중 문학의 교시적 기능과 관련된 작품이 아닌 것은?

① 이광수, 『무정』
② 심훈, 『상록수』
③ 아리스토텔레스, 『시학』
④ 플라톤, 『공화국』

02 아리스토텔레스의 『시학(詩學)』은 쾌락적 기능과 관련된 작품이다.

03 문학의 쾌락적 기능을 중시한 인물로 가장 거리가 먼 것은?

① 아리스토텔레스
② 최재서
③ 콜리지
④ 호라티우스

03 호라티우스는 시인의 소원은 '가르치는 일', '쾌락을 주는 일', '이 두 가지를 함께하는 일'이라 보고, 시인의 의무는 독자에게 교훈을 주는 것이라 하였다.
→ 공리주의

정답 01 ③ 02 ③ 03 ④

제5절 제작자의 문제와 의도

1 표현론 기출 22

(1) 존재론과 표현론
① **존재론**: 작품 자체를 대상으로 하여 그것의 실체를 규명하는 관점이다.
② **표현론**: 표현의 주체인 작가와의 연관 속에서 작품을 파악하는 관점이다.

> **체크 포인트**
> **모방론**: 문학을 인간의 현실·경험을 반영한 것으로 파악

(2) 주요 특징
① 문학을 작가와 연관하여 연구하는 것이다.
② 문학은 작가의 내면세계, 즉 지각·사상·감정 등을 '상징'을 통해 형상화한 것이다.
③ 문학은 작가의 개인적·주관적 체험을 표현한 것이다.

> **체크 포인트**
> • 표현론에서는 '자기 표현(Self expression)'을 문학의 목적으로 봄
> • 작가는 문학의 기능을 발휘하는 주체

④ 작가가 어떤 제재를 작품에 도입했다 하더라도 이는 단순히 '외부 세계를 모방(모방론)'한 결과가 아니라 작가의 내면적 정신을 통해 문학으로 전환한 것이다. → 투사(Projection)
⑤ 작품의 독창성은 작가의 끝없는 탐구의 결과이다. - 작가의 개인적 체험 및 상상의 결과
⑥ 작가에 대한 정보가 전혀 없는 상태에서 작품을 이해하는 것보다는 좀 더 깊이 있고 명확한 이해가 가능하다. 따라서 작품을 깊이 있게 이해하기 위해서는 작가에 대한 깊이 있는 연구가 필요하다.

(3) 영감설과 장인설
① **영감설(靈感說)** - 선천적
  ㉠ 낭만주의 사조에 기초한 것으로, 작품을 작가가 지닌 **광기(狂氣, Ecstacy)·천재성**의 산물로 보는 견해이다. - 감성·충동 중시
  ㉡ 작품은 광기(狂氣)의 상태에서 표현을 거쳐 이루어지는 것으로 본다. - 뮤즈(무당)에 접신된 상태에서만 작품을 쓸 수 있음(창조의 원동력)
  ㉢ 이백, 이규보 등이 속한다.

② **장인설(匠人說) - 후천적**
　㉠ 신고전주의 사조에 기초한 것으로, 장인(匠人)이 물건을 갈고 다듬는 것과 같이 문학적 표현 역시 작가의 **치밀**하고 **철저한 계획**에 의해 이루어지는 것으로 보는 견해이다. - 이성·합리성 중시
　㉡ 작품은 작가의 철저한 계산에 의해 이루어진 상상력의 산물이라고 본다. - 조형(造形)생리
　㉢ 워즈워스, 밀, 두보 등이 속한다.

> **더 알아두기**
> **'워즈워스'와 '밀'**
> • 워즈워스 : 낭만주의 문학관
> • 밀 : 작가의 정서·감정 중시(시의 진실을 이루는 것), 시(서정시)는 외부세계와 접촉하는 행위이며 진실이 되는 것은 감각의 대상이 아닌 작가 자신의 감정 및 정서

(4) 표현론의 한계

① **의도의 오류(Intentional fallacy)** 기출 21
　작가가 표현하고자 의도한 것과 그것이 실제로 표현된 결과인 작품이 일치하지 않을 수 있는 경우를 배제한 것에서 표현론은 '의도의 오류'를 보인다. 작가가 자신의 의도를 은폐하거나 의식하지 않은 채 작품을 창작하기도 하며, 창작의 의도와 완성된 결과 사이에는 완전한 일치가 이루어지기 어렵기 때문이다.
② 시인(작가)의 정신과 그것을 표현한 작품에 대해 세밀한 관심을 보이는 것은 시(작품)와 시의 근원을 혼동하는 것이며 이는 작가 심리학에 불과하기 때문에 작가의 의도를 중심으로 작품을 이해하는 것은 오류를 범하기 쉽다.
③ 작가의 의도가 항상 고스란히 작품에 반영된다는 보장이 없다.

> **체크 포인트**
> 문학작품을 올바르게 이해하기 위해서는 작품 자체의 의미와 작가가 작품을 통해 표현하고자 의도한 의미를 상호 연관시켜야 한다. → 실제적 의미 + 의도적 의미

> **더 알아두기**
> **문학관** 기출 23, 22
> • 모방론(반영론) : 현실 중시
> • 표현론(생산론) : 작가 중시
> • 효용론(영향론·수용론) : 독자 중시
> • 구조론(절대론·존재론) : 작품 자체 중시

2 의도 비평

(1) 개념
① 작품을 이해하기 위해서 작가의 의도와 계획을 파악하는 것으로, 작품 속에 작가의 의도가 어떤 방식으로 반영되어 있는지, 또는 그 방식이 성공적인지 등을 비평하는 것이다.
② '의도(Intention)'란 작가의 마음속에서 지속되는 '어떠한 것'을 의미하는 심리적 용어이며, 의도는 곧 작가의 상상 활동의 목적이 된다.

(2) 한계
작가의 의도는 작업을 수행하는 동안 수없이 변화할 수 있으므로, 명확한 의도를 알아내는 데는 한계가 있다.

> **체크 포인트**
> 웜제트와 비어즐리는 "의도 비평은 비판을 그르치는 일이다."라고 하여 의도 비평을 비판하였다.

○✕로 점검하자 | 제5절

※ 다음 지문의 내용이 맞으면 O, 틀리면 ✕를 체크하시오. (01~08)

01 표현론은 작품 자체를 대상으로 하여 그 실체를 규명하는 것이다. (   )

02 작품의 독창성은 작가의 개인적 체험 및 상상의 결과에서 비롯된다. (   )

03 영감설은 '후천적 요소'에, 장인설은 '선천적 요소'에 중점을 둔다. (   )

04 영감설은 작가의 감성・충동을 중시한다. (   )

05 장인설은 작품을 작가의 치밀하고 철저한 계획에 의해 이루어지는 것으로 본다. (   )

06 모방론에서는 작가를 중시하고, 효용론에서는 독자를 중시한다. (   )

07 작품을 이해하기 위해서 작가의 의도와 계획을 파악하는 것을 '의도 비평'이라 한다. (   )

08 의도 비평에서의 의도는 곧 작가의 상상 활동의 목적이 된다. (   )

정답 1 ✕ 2 ○ 3 ✕ 4 ○ 5 ○ 6 ✕ 7 ○ 8 ○

제5절 핵심예제문제

01 작품 자체를 대상으로 하여 실체를 규명하는 것은 '존재론'의 특징이다.

01 다음 중 표현론의 특징이 아닌 것은?

① 표현의 주체인 작가와의 연관 속에서 작품을 파악
② 문학은 작가의 내면세계를 상징을 통해 형상화한 것
③ 작품 자체를 대상으로 실체를 규명하는 것에 중점
④ 작가의 개인적·주관적 체험을 표현

02 장인설은 작품을 작가의 철저한 계산에 의해 이루어진 상상력의 산물로 본다. → 조형생리
①·②·③ 영감설에 대한 내용이다.

02 표현론의 '장인설(匠人說)'에 대한 설명으로 올바른 것은?

① 작품은 작가의 천재성의 산물이다.
② 시는 거센 감정의 자연적 범람이다.
③ 창작은 광기(狂氣)에 의해 이루어지는 것이다.
④ 상상력과 조형생리를 중시한다.

03 영감설은 작품을 선천적 능력의 산물로 본다.

03 표현론의 '영감설(靈感說)'과 관련되지 않은 것은?

① 후천적
② 뮤즈
③ 엑스터시(Ecstacy)
④ 낭만주의

정답 01 ③ 02 ④ 03 ①

제6절 구조의 이론

1 존재론

(1) 개념
① 존재론은 작품을 하나의 실체로 보고 **작품 자체를 중시**하는 견해로, 작품을 작가·독자·현실 세계와 독립한 것으로 본다.
② 작품의 평가 기준은 작품 고유의 존재 양식에 내재하는 내적 조건에 있다.

(2) 특징
① 한 편의 작품이 갖는 모든 가치는 그 언어의 구조 속에 내재되어 있다.
② 작품을 하나의 객관적 존재로 국한시키고 분석적 방법을 통해 규명한다.
③ 아리스토텔레스는 부분과 전체와의 유기적 연관성을 밝히는 데 주력하였다.
④ 엘리엇은 "시는 시 자체로 보아야 한다."라고 말했다.
⑤ 존재론은 곧 형식주의·구조주의·신비평과 연계된다.

(3) 한계
작품을 그 대상이나 작가·독자와 단절된 실체로 규명함으로써 작품의 인식 영역을 제한하였다.

2 구조의 이론 기출 22

(1) 주요 개념 기출 21
① 문학의 구조란 하나의 전체를 구성하는 **모든 요소의 총합**이다.
② 문학은 문학적 요소의 결합이며, 문학의 구조는 서로 유기적으로 연결되어 있다.
③ 작품이 완전성을 지니기 위해서는 완벽한 언어 구조를 가져야 한다.

(2) 구조
① **전체성**: 전체를 이루는 구성성분들의 규칙적 완결성 – 유의적 형태
② **변형성**: 구조화시키는 동적인 변화 – 역동적 구조
③ **자기 조정성**: 내적인 법칙성을 유지하기 위한 자체 완결적 배타성

> **체크 포인트**
> 개개의 문학작품은 잠재적 규범체계(Langue, 랑그)의 구체적 발현태(Parole, 파롤)이다.

(3) 유기체설
① 하나의 작품은 각 요소가 긴밀하게 연결되어 그 자체로 **완벽한 짜임새를 가진 조직체**로, 주로 낭만주의 문학가들이 사용한 이론이다. – 생물체로 파악
② '내용'은 '형식' 속에 존재하며, 형식을 통해서만 가치를 구현할 수 있으므로, 형식과 내용을 따로 구분하여 논의하는 것은 오류에 지나지 않는다. → "새로운 형식은 새로운 내용을 낳고, 새로운 내용은 새로운 형식을 낳는다."

(4) 형식적 관점
작품을 외부적 상황에서 독립시켜 오직 작품 자체로만 이해하는 것으로, 작품을 하나의 자기충족적 실체로 인식한다. → 작품의 구조 분석

(5) 동적(動的) 구조
① 작가는 인상 깊었던 미적(美的) 대상을 언어를 통해 표현하는데, 이때 각 부분의 요소들은 하나의 구조를 이루어 하나의 조직체로서의 구성요소가 된다.
② 대상을 단지 '재현'하는 것이 아니라 '표현'하는 것이므로, 본래의 언어 재료로서의 변별적 자질은 달라질 수 있다.
③ 문학작품은 시간·장소·대상에 따라 그 내용의 인식과 느낌이 달라지며, 독자의 인식능력 및 사고방식 역시 시대의 변화에 따라 달라진다.
④ 한 작품에 있어 구조의 근본적인 변화가 없더라도 그 구조를 이루고 있는 각 부분의 유기적 연관 관계는 다르게 파악될 수 있다.

(6) 구조 이론의 특징
① 문학의 자율성 확보 및 기존의 이분법적 이론의 모순 극복

> **체크 포인트**
> **이분법**: 내용 – 형식, 주제 – 형태

② 작품 감상의 편협적(偏狹的) 태도에서 탈피
③ 작품의 각 부분은 단순히 부분으로 이루어질 때보다 한 조직체의 구성 요소로 작용할 때 더 큰 의미를 가짐
④ 작품을 하나의 완전한 조직체로 파악
⑤ 문학을 진실 추구 외의 다른 목적으로 이용할 가능성을 막을 수 있음
⑥ 문학작품이 문학 외적인 것으로 환원되는 것을 막을 수 있음
⑦ 문학작품과 작품 이전의 소재를 구별하고 설명할 수 있음

더 알아두기

문학작품과 생물

구분	존재성	생명력
문학작품	가변적이지 않음	영원성[항구성(恒久性)]을 가짐
생물	가변적	생명에 한계가 있음

○✕ 로 점검하자 | 제6절

※ 다음 지문의 내용이 맞으면 ○, 틀리면 ✕를 체크하시오. (01~11)

01 존재론은 작가와의 연관 속에서 작품을 파악하는 것을 말한다. (　)

02 존재론에서는 한 편의 작품이 갖는 모든 가치는 그 언어의 구조 속에 내재되어 있다고 본다. (　)

03 "시는 시 자체로 보아야 한다."라고 말한 학자는 워즈워스이다. (　)

04 존재론은 형식주의·구조주의·신비평과 관련된다. (　)

05 존재론은 '의도의 오류'의 한계를 내포하고 있다. (　)

06 존재론은 작품을 독자와 단절된 실체로 규명하려 한다. (　)

07 문학의 구조는 서로 유기적으로 연결되어 있다. (　)

08 문학의 구조는 독립성·고정성·비규칙성의 특징을 갖는다. (　)

09 문학 구조의 유기체설은 주로 사실주의자들이 사용하였다. (　)

10 한 작품에 있어 그 구조를 이루고 있는 각 부분의 유기적 연관 관계는 항상 동일하게 파악된다. (　)

11 구조이론에서는 작품을 하나의 완전한 조직체로 파악한다. (　)

정답 1 ✕　2 ○　3 ✕　4 ○　5 ✕　6 ○　7 ○　8 ✕　9 ✕　10 ✕　11 ○

제6절 핵심예제문제

01 작품의 평가 기준은 작품 고유의 존재 양식에 내재하는 내적 조건에 있다고 보는 것은?

① 존재론
② 표현론
③ 모방론
④ 효용론

> 01 존재론은 작품을 하나의 실체로 보고 작품 자체를 중시하는 견해로, 작품 고유의 존재 양식에 내재하는 내적 조건을 중요시한다.

02 구조이론의 단점으로 가장 적절한 것은?

① 문학작품이 문학 외적인 것으로 환원되는 것을 막을 수 없다.
② 작품과 작품 이전의 소재를 구별 및 설명할 수 없다.
③ 문학작품의 항구적 생명력을 설명할 수 없다.
④ 문학을 진실 추구 이외의 다른 목적으로 이용할 가능성을 막을 수 없다.

> 02 구조이론은 생물체와는 달리 문학작품이 항구적 생명력을 가진다는 것을 설명하지 못한다.
> 구조이론은 문학작품이 문학 외적인 것으로 환원되는 것을 막을 수 있으며, 작품과 작품 이전의 소재를 구별 및 설명할 수 있다는 장점이 있다. 또한 문학을 진실을 추구하는 것 이외의 다른 목적으로 이용할 가능성을 막을 수도 있다.

03 다음 중 구조의 특징이 <u>아닌</u> 것은?

① 자기 조정성
② 변형성
③ 전체성
④ 고정성

> 03 구조의 특징은 '전체성, 변형성, 자기 조정성'이다.

정답 01 ① 02 ③ 03 ④

제7절 문학의 장르

1 장르의 개념

(1) 장르는 문학의 '종류'
① **어원**: 프랑스어인 'Genre'는 '종류', '유형' 등을 의미하는 라틴어 '게누스(Genus)', '게네리스(Generis)'에서 유래하였다.
② 본래 생물학에서 동·식물의 분류 및 체계를 설명할 때 사용하였다.

(2) 장르의 의미 중요
① 문학의 '갈래', 문학의 '종류'를 의미하는 것이지만, 문학의 종류가 모두 장르를 의미하는 것은 아니다.
② 문학의 종류를 작품 형성의 원리와 공통적인 질서에 따라 구분하는 것이다.
③ 문학이 무엇인가의 문제와 직접 관련된다. → 문학이론 성립에 중요한 역할

(3) 장르 연구
문학의 '종류'를 밝히는 것, 즉 문학을 분류하는 것을 말한다.

> **체크 포인트**
> 문학의 분류의 기본 원리는 '유사성'이다.

2 장르의 구분

(1) 일반적 기준 기출 25, 24, 21

장르 구분의 기준을 '서정시·서사시·극시'에 두는 전통적(역사적·관습적) 방법으로, 오늘날 문학을 '시, 소설, 희곡'으로 나누게 한 배경이 되었다. → 3분법

① **서정시(Lyric)**
  ㉠ 수금(竪琴, Lyre)의 반주에 의해 불리는 노래
  ㉡ 길이가 짧고 구성이 치밀함
  ㉢ 시인 자신의 현재의 주관적 감동 전달에 그침 → 직접적 경험이나 감정이 주를 이룸
  ㉣ 역사적·전설적·가공적 소재 사용
  ㉤ 주제: 사랑·슬픔 등의 개인적 감정 및 영웅들의 애국심 찬미, 신에 대한 경외 등

② **서사시(Epic)** 기출 21
  ㉠ 사건의 전개를 직접적으로 이야기함 : 호머의 『일리아드』・『오디세이』 등
  ㉡ 극시보다 길며, 구성이 산만함
  ㉢ 비극과 마찬가지로 소재를 새롭게 만들어 내지만, 그 근원은 역사나 신화에서 차용함
  ㉣ 주제 : 위인・영웅・신 등의 업적 찬미

③ **극시(Drama)**
  ㉠ 인간의 행위를 눈앞에서 표현함
  ㉡ 연극
    • 무대 위에서 배우들의 행동과 대사를 통해 관중에게 전달함
    • 프라이 : "연극은 관중 앞에서 연기되는 언어"
    • 절정과 대단원에 신속하게 이르며, 집약적 형태를 이룸
  ㉢ 주제 : 비극적・희극적

(2) 헤르나디 – 유사성에 따라 분류
① 작품 간의 유사성은 그 작품을 낳게 한 작가 간에 유사성이 있기 때문이다. → 작품을 자기 표현의 산물로 파악
② 유사한 종류의 작품은 독자에게 주는 효과 또한 유사하다. → 독자의 역할 및 기대에 따른 접근
③ 서로 다른 작품들의 언어가 세계를 드러내는 방법 사이에는 유사성이 있다. → 언어와 미적 현상을 환기하는 방법들 사이의 유사점
④ 세계를 그리는 방법과 무엇을 재현(모방)하려 했는지에 대한 유사성을 밝힐 수 있다. → 문학작품이 지향하는 세계의 유사성

(3) 댄지거와 존슨 – 일반적 기준 중요 기출 24
① **작품의 매체・형태에 따라**
  ㉠ 운문 : 함축적 언어 및 리듬을 가지며 행과 연을 지닌 형태
  ㉡ 산문 : 일상어를 통해 의미를 전달하는 줄글

> **더 알아두기**
>
> **자연시・예술시**
> • 자연시 : 한 집단이나 종족 내에서 구비・전승되다가 후에 기록되는 작자 미상의 시 – 민족시(민중의 공동참여를 통해 이루어짐)
> • 예술시 : 특정 작가에 의해 의식적으로 제작・창작된 시로, 처음부터 기록된 시

② **제재의 성격에 따라**
  ㉠ 농촌 소설 : 농촌을 배경으로 한 소설
  ㉡ 연애 소설 : 남녀 간의 애정을 다룬 소설

ⓒ 해양 소설 : 바다를 배경으로 한 소설
ⓔ 역사 소설 : 역사적 사실을 바탕으로 한 소설
③ **창작 목적에 따라**
㉠ 참여문학 : 지배 이데올로기 및 기존 질서에 대한 작가의 소신 구현
㉡ 계몽문학 : 독자를 계몽하는 것이 목적이며, 작가가 선구자적 역할을 함
㉢ 오락문학 : 독자에게 즐거움 제공
④ **독자와의 관계에 따라**
㉠ 순수문학 : 독자를 대상으로 순수예술세계를 추구하는 목적 배제의 문학
㉡ 대중문학 : 일반 대중을 대상으로 비교적 평이하게 쓰인 문학
㉢ 통속문학 : 통속적 재미를 제공하는 문학

> **체크 포인트**
> 대중문학이 독자의 수를 염두에 두는 반면, 순수문학은 독자층을 고려하지 않는 특징이 있음

> **더 알아두기**
> **제재의 성격에 따른 장르 구분 기준**
> • 공간 : 농촌/시정(市政) 소설
> • 시공(時空) : 역사/풍속 소설
> • 표현 대상 : 개인적/집단적 문학
>
> **언어의 전달방식** 기출 24
> • 구비문학 : 입에서 입으로 전달된 문학
> • 기록문학 : 글로 기록된 문학

3 장르사(史)

(1) **브륀티에르 – 질서의 원리**
① 자연과학의 분류 용어로 사용되던 장르를 생물학적 진화론에 입각하여 문학에 적용하였다.
② 장르의 존재, 분화, 정착, 변용, 전이변형 등을 제시하였다.
㉠ 존재 : 예술은 그 표현수단·목적·계통이 다르기 때문에 여러 가지 장르가 존재함
㉡ 분화 : 종자의 분화와 같이 장르의 분화는 특성적 차이에 의해 '일(一) → 다(多)', '단순 → 복잡', '동질 → 이질'로 분화함
㉢ 정착 : 장르는 '발생 – 성장 – 사멸(또는 완성) – 성취'의 단계를 거친다. → 정착성·영구성 없음

ⓔ 변용 : 변용은 '유전·민족성', '환경 조건(지리적·풍토적·사회적·역사적)', '개성'을 요인으로 한다.
ⓜ 전이변형 : 진화론의 적자생존 및 자연도태의 원칙과 동일한 법칙의 과정을 거친다.

> **체크 포인트**
> 브륀티에르는 "문학은 독자적 생리와 체질을 가진다."고 보았다.

(2) 웰렉과 워런

① 『문학의 이론』에서 작품을 외적 형식과 내적 형식으로 나누고 이에 따라 장르를 구분하였다.
  ㉠ 외적 형식 : 구조, 율격
  ㉡ 내적 형식 : 작가의 태도, 의도, 어조
② 웰렉은 '문학의 제도' 개념을 적용하여 장르는 문학적 제도이므로 이의 개조가 필요하다고 보았다.
  → 장르의 생성·소멸은 작가에 의해서도 가능하다고 봄

> **체크 포인트**
> 장르의 생성·소멸은 뛰어난 한 작가에 의해 가능한 것이 아니라, 그 움직임에 공감하는 많은 작가들의 동참과 추종이 필수적이다.

(3) 야우스

문학작품은 독자와 관중이 직면한 사회관계에 따라 이해되어야 하며, 장르사는 시대의 성격이나 독자, 관중과의 관계를 통해 생성 및 변천하는 과정을 다루는 관점에서 이루어져야 한다고 보았다.

4 장르 설정의 효용 및 특성

(1) 장르 설정의 효용

문학의 이해 및 설명에 유용하며, 작품 상호간의 관계를 체계적으로 정리 및 분류할 수 있다.

(2) 장르 설정의 특성

장르 설정은 규범적 측면과 관습적 측면에 따라 이루어진다.
① **규범적 측면** : 일단 정해진 장르의 내용은 문학 이해의 척도 역할을 한다.
② **관습적 측면** : 관습의 이행에 의해 장르 설정이 이루어진다.

5 국문학의 장르

(1) 국문학의 개념

국문학은 한 나라의 작가가 그 나라의 문자를 사용해 국민들의 사상과 감정을 표현한 문학이다.

(2) 국문학의 장르

① **양분설** : 이병기는 『국문학개론(國文學槪論)』에서 '시가(詩歌)'와 '산문(散文)'으로 양분하였다.
  ㉠ 시가(詩歌) : 잡가, 향가, 시조, 별곡체, 가사, 극가 등
  ㉡ 산문(散文) : 설화, 소설, 내간, 일기, 기행 등

② **3분설** : 조윤제의 『朝鮮詩歌(조선시가)의 硏究(연구)』
  ㉠ 가사(歌辭)의 성격을 중요시하여, 이를 별개의 장르로 독립시켰다.
  ㉡ 가사는 형식상으로는 '시가'이나 내용상으로는 '문필'에 속하므로, '시가, 가사, 문필'의 3분법을 제시하였다.

③ **4분설** : 박제가는 『국문학개설(國文學槪說)』에서 국문학을 '시가, 가사, 소설, 희곡'으로 구분하였다.
  ㉠ 시가(詩歌) : 향가(鄕歌), 장가(長歌), 경기체가(景幾體歌), 시조
  ㉡ 가사(歌辭) : 가사(歌辭)
  ㉢ 소설(小說) : 신화, 전설, 설화, 소설
  ㉣ 희곡(戲曲) : 가면극, 인형극, 창극

> **더 알아두기**
>
> **문학의 4대 장르(조동일) : 자아(주관·상상)와 세계(객관·체험)의 관계**
> - 서정(시) : 세계의 자아화(자아 > 세계)
> - 서사(소설) : 자아와 세계의 갈등(자아 ↔ 세계), 서술자의 개입이 가능
> - 극(희곡) : 자아와 세계의 갈등(자아 ↔ 세계), 서술자의 개입이 불가능
> - 교술(수필) : 자아의 세계화(자아 < 세계)

OX로 점검하자 | 제7절

※ 다음 지문의 내용이 맞으면 O, 틀리면 ×를 체크하시오. (01~13)

01 '장르'라는 말은 라틴어 '게누스(Genus)', '게네리스(Generis)'에서 유래하였다. (   )

02 장르는 본래 생물학에서 동·식물의 분류 및 체계를 설명할 때 사용하였다. (   )

03 문학의 종류는 모두 장르를 뜻하는 것이다. (   )

04 문학의 분류의 기본 원리는 '시대성'이다. (   )

05 장르 구분의 일반적 기준은 '서정시·서사시·극시'로 나누는 것이다. (   )

06 서정시(Lyric)는 시인 자신의 경험이나 감정이 주를 이룬다는 데 한계가 있다. (   )

07 호머의 『일리아드』·『오디세이』 등은 극시의 대표적 작품이다. (   )

08 서사시는 극시보다 길며, 구성이 산만하다는 특징을 갖는다. (   )

09 문학을 순수문학·대중문학·통속문학으로 분류하는 것은 제재의 성격에 따른 것이다. (   )

10 브륀티에르가 주장한 '분화'는 '다(多) → 일(一), 이질 → 동질'로 변화하는 것을 말한다. (   )

11 웰렉은 장르를 '발생 – 성장 – 사멸 또는 완성 – 성취'의 단계를 거친다고 보았다. (   )

12 국문학의 장르 구분 이론에는 '양분설, 3분설, 4분설, 6분설'이 있다. (   )

13 3분설은 문학을 '시가, 가사, 문필'로 분류하는 것이다. (   )

정답 1 O 2 O 3 × 4 × 5 O 6 O 7 × 8 O 9 × 10 × 11 × 12 × 13 O

제7절 핵심예제문제

01 문학의 분류의 기본 원리는 '유사성'이다.

01 문학을 분류하는 데 있어 기본 원리는 무엇인가?
① 유사성
② 독창성
③ 역사성
④ 보편성

02 전통적 장르 구분에서는 구분의 기준을 '서정시·서사시·극시'에 둔다.

02 문학의 전통적 장르 구분 기준에 포함되지 <u>않는</u> 것은?
① 서사시
② 자연시
③ 극시
④ 서정시

03 장르 구분의 일반적 기준은 '작품의 매체·형태, 제재의 성격, 창작 목적, 독자와의 관계' 등이다.

03 일반적인 장르 구분의 기준이 <u>아닌</u> 것은?
① 작품의 매체·형태에 따라
② 제재의 성격에 따라
③ 창작 목적에 따라
④ 작품이 창작된 시대에 따라

정답 01 ① 02 ② 03 ④

제8절 스타일론

1 문체(文體, 스타일)의 개념

(1) 문체

① 문체의 정의
  ㉠ 작가는 작품의 독창성을 위해 필연적으로 자신의 글의 문장을 특수하고 개성적인 것으로 만드는데, 이처럼 문학적 목적을 위해 독특하게 구성되는 문장의 특수성 및 개성을 '문체(Style)'라 한다.
  ㉡ 쉽게 말해 작품에 나타난 '글투나 글버릇, 또는 글솜씨'를 말한다.

② 문체의 특징
  ㉠ 문학의 개성, 독창성 등을 살려 준다.
  ㉡ J. M. 머리(Murry)는 문장의 개성이 곧 문체의 개성이라고 보았다.
  ㉢ 작가는 상투화된 일상적 언어를 의식적으로 왜곡하여 특수하고 개별적인 독특성을 가진 언어로 구현한다.
  ㉣ 문체는 작가가 현실을 인식하는 태도를 반영한다고 볼 수 있으며, 이는 곧 작가가 세계를 바라보는 눈과 일치한다.

> **체크 포인트**
> 문학을 현실에 대한 작가의 반영이라 한다면 이러한 반응은 곧 작가가 현실을 바라보는 태도의 차이 및 시대적 배경에 대한 서로 다른 인식의 상관관계 속에서 일어나는 것이므로, 작가마다 문체가 다를 수밖에 없다.

(2) 문체론(文體論)

① 작가가 표현한 문체의 특수성과 개성 등을 연구하는 것을 말한다.
② 문학이 사상과 감정의 개성적 표현인 이상 문체론은 문학의 근본적 특질이 될 수밖에 없다.
③ 문체를 '글솜씨'로 파악할 경우 표현론적 문체론이, '글버릇'으로 파악할 경우 현대문체론이 성립된다.
  ㉠ 표현론적 문체론
    • 좋은 글의 본질은 효과적인 문장 구성 능력에 있기 때문에 문체론은 문학론의 핵심적 과제가 되며, 따라서 잘 쓴 글은 작가의 개성적 솜씨가 나타난 글이라고 본다.
    • 낭만주의에서는 올바른 문학 창작은 올바른 문체(글솜씨)에 도달하는 것이라고 보았다.
    • 문체는 작가의 생각과 그 생각을 표현하는 솜씨를 보이는 작자의 개성이 결합되어 이루어지는 것이다.

ⓒ 현대문체론(실증주의적 문체론)
- 문체를 '글버릇'으로 보고, 글버릇이 없는 글은 존재하지 않으므로 모든 글은 문체론의 대상이 된다고 보는 견해이다.
- 문체란 비평 이전의 작업으로, 언어학적으로 기술할 수 있는 현상이다.
- 문장 자체를 개인의 개성과 관련시키기보다는 사회적 정황과 연관시켜 파악한다.
- 문장을 실증적으로 분석하여 작가 또는 한 시대의 글버릇을 유형적으로 분류할 수 있다.

2 문체의 결정 요소 및 문장

(1) 문체의 결정 요소 중요
① 사용 어휘 및 낱말
② 운율 및 비유적 언어의 사용 빈도와 유형
③ 문장의 구조 및 수사적 효과

(2) 문장
① 문장은 작품 및 문체를 구성하고, 표현·형상화하는 기본 단위이다.
② 문장의 개성은 문체의 개성을 의미하며, 이는 곧 작품의 개성으로 이어진다.

> **체크 포인트**
> 우리말은 자음의 삼중체계라는 특유의 음운 체계가 있고, 형용사(의성어·의태어 등)·부사어 등이 풍부하여 문체를 더욱 개성적·효과적으로 드러낼 수 있다.

3 어조(語調)

(1) 어조의 개념
어조(語調)는 '말의 가락'을 의미하는 것으로, 작품의 소재와 독자, 작가 자신에 대한 개성 있는 태도의 표현이다.

(2) 어조의 기능
① 글의 분위기를 파악할 수 있게 해 준다.
② 어조를 통해 화자의 인간됨·정신 상태 등을 드러낼 수 있다.
③ 비평가들은 어조를 '목소리', '함축된 작자'로 비유한다.

○✕로 점검하자 | 제8절

※ 다음 지문의 내용이 맞으면 O, 틀리면 ×를 체크하시오. (01~08)

01 문체는 문학의 개성, 독창성 등을 살려 준다. (   )

02 문체는 작가의 사상과는 관련이 없다. (   )

03 문체를 '글버릇'으로 보고, 글버릇이 없는 글은 존재하지 않으므로, 모든 글은 문체론의 대상이 된다고 보는 것은 표현론적 문체론이다. (   )

04 현대문체론은 실증주의적 문체론이라고도 한다. (   )

05 실증주의적 문체론에서는 문장 자체를 개인의 개성과 관련시켜 파악한다. (   )

06 작품 및 문체를 구성하고, 표현·형상화하는 기본 단위는 '문장'이다. (   )

07 어조(語調)는 '말의 가락'을 의미하는 것으로, 어조를 통해서는 글의 분위기를 파악할 수 없다. (   )

08 문체의 결정요소는 사용 어휘 및 낱말, 운율 및 비유적 언어의 사용 빈도와 유형, 문장의 구조 및 수사적 효과 등이다. (   )

정답 1 ○ 2 × 3 × 4 ○ 5 × 6 ○ 7 × 8 ○

제8절 핵심예제문제

01 문체를 결정하는 기본 요소에는 '어휘 및 낱말, 문장의 구조 및 수사적 효과, 비유적 언어의 사용 빈도'등이 있으며, 독자의 관념은 관계가 없다.

01 다음 중 문체를 결정하는 기본 요소에 포함되지 않는 것은?

① 사용 어휘 및 낱말의 선택
② 문장 구조
③ 독자들의 관습화된 관념
④ 비유적 언어의 사용 빈도

02 문체는 작가가 현실을 인식하는 태도를 반영한다고 볼 수 있으며, 이는 곧 작가가 세계를 바라보는 눈과 일치한다.

02 다음 중 문체의 특징과 관련이 없는 것은?

① 문학의 개성, 독창성 등을 살려 준다.
② 문체를 통해 현실을 반영할 수 있지만, 이는 작가의 세계관과는 거리가 멀다.
③ 문장의 개성이 곧 문체의 개성이다.
④ 문학은 현실에 대한 반영이므로, 작가마다 문체가 다를 수밖에 없다.

정답 01 ③ 02 ②

제1장 실전예상문제

01 문학의 본질에 대한 설명으로 거리가 먼 것은?

① 문학은 언어로 된 예술이다.
② 문학은 교훈과 감동을 준다.
③ 문학은 예술에 속하는 행위이다.
④ 문학 활동은 오직 개인적 행위이다.

> 01 문학은 언어를 매체로 하는 예술로, 독자에게 감동과 교훈을 주는 것이다. 작가 개인의 행위로 창작되지만 작품을 통해 인간의 삶과 정신에 영향을 주므로 '개인적 행위'로 보는 것은 적절하지 않다.

02 다음 중 문학의 특징으로 올바른 것은?

① '언어'는 문학을 다른 예술과 구분해 주는 본질적 요소에 해당한다.
② 문학은 일종의 실용적 지식에 해당하는 예술에 속한다.
③ 삶의 현실을 모방하는 것은 문학이 아니다.
④ 문학은 문학 자체가 예술이므로 따로 가다듬을 필요는 없다.

> 02 ① · ③ 문학은 언어를 표현 매체로 하여 삶의 현실을 재현 또는 재창조하는 것으로, 언어는 문학을 다른 예술과 구분해 주는 본질적 요소라 할 수 있다.
> ② 문학은 전통적으로 과학 또는 실용적 지식에 반대되는 개념으로서의 예술에 속한다.
> ④ 문학은 예술적으로 가다듬은 것이어야 한다.

03 문학을 다른 예술과 구분하는 기준은 무엇인가?

① 내용
② 표현 매체
③ 상상력
④ 개성

> 03 문학의 표현 매체인 언어는 문학을 다른 예술로부터 구분해주는 기준이 된다.

정답 01 ④ 02 ① 03 ②

04 작품의 보편성과 개성은 상호 보완 관계를 이루어야 한다.

05 문학작품은 인간의 정신 및 정서를 대상으로 하기 때문에 과학과 같이 단순·명백하지 않아 객관성을 확보하기 어렵다.

06 문학의 개연성은 현실에서 일어날 수 있는 가능성 있는 허구를 의미하는 것이다.

04 다음 중 문학의 기능으로 볼 수 없는 것은?

① 작품의 보편성과 개성은 각각 독립성을 띠어야 한다.
② 문학 활동은 불규칙한 일상 경험에 새로운 질서를 부여하는 것이다.
③ 비평(批評)을 통해 작품을 접할 때 갖게 되는 편견을 수정할 수 있다.
④ 작품을 통해 직접적·구체적 체험을 얻을 수 있다.

05 문학과 문학연구에 대한 설명으로 올바르지 않은 것은?

① 문학은 창작된 작품이다.
② 문학작품은 인간의 정신 및 정서를 대상으로 한다는 점에서 그 자체로 객관성을 확보할 수 있다.
③ 자연과학이 보편적 법칙을 지향하는 것이라면, 문학연구는 작품의 개별성을 지향하는 것이라 할 수 있다.
④ 문학연구가에게는 작품의 이해를 위한 이론적 체계 및 예술적 감수성이 요구된다.

06 다음 밑줄 친 부분이 의미하는 것은 무엇인가?

> 문학의 궁극적인 목적이 인간성을 구현하는 데 있는 것이라면, 이를 효과적으로 드러낼 수 있는 <u>현실의 가능성</u>을 찾아내고, 거기에 사람의 옷을 입혀 살아 숨 쉬게 하는 작업이 필요하다.

① 보편성
② 개연성
③ 개성
④ 항구성

정답 04 ① 05 ② 06 ②

07 다음 중 문학의 기원 이론과 학자가 바르게 연결된 것은?

① 모방본능설 – 칸트
② 유희본능설 – 다윈
③ 자기표현본능설 – 그로세
④ 발라드 댄스설 – 몰턴

07 발라드 댄스설은 몰턴이 주장한 것으로, 문학이 음악·무용·문학이 미분화된 상태의 원시종합예술에서 분화·발생하였다고 보는 것이다.
① 모방본능설: 플라톤·아리스토텔레스
② 유희본능설: 칸트·스펜서
③ 자기표현본능설: 허드슨

08 다음 중 문학의 속성으로 볼 수 <u>없는</u> 것은?

① 개성
② 존재성
③ 보편성
④ 항구성

08 문학의 속성은 개성(체험의 표현), 보편성(전달), 항구성(기록)이다.

09 문학의 특이성은 곧 무엇을 의미하는가?

① 문학의 독창성
② 문학의 기록성
③ 문학의 보편성
④ 문학의 역사성

09 문학의 특이성은 독창성(개성)을 의미하는 것으로, 독창성은 곧 문학의 생명이라 할 수 있다.

정답 07 ④ 08 ② 09 ①

10 일상 언어와 문학 언어의 특징이 올바르지 않은 것은?

① 일상 언어는 정확성을 추구한다.
② 문학 언어는 미적 표현을 추구한다.
③ '푸른 물결'의 문학적 의미와 일상적 의미는 동일하다.
④ 문학 언어는 함축적 의미를 중요시한다.

10 '푸른 물결'의 일반적 의미는 '물결이 푸르다.'이지만, 이 말이 작품에 사용될 때는 '끊임없이 흐르는 푸른 물결', '끊임없이 흐르는 역사' 등의 의미를 함축하는 내용으로 쓰일 수 있으므로, 문학적 의미와 일상적 의미는 동일하지 않다.

11 문학의 언어가 지닌 특성을 잘못 이해한 것은?

① 개념의 정확한 전달을 목적으로 한다.
② 방언의 효과를 살리는 것이 허용된다.
③ 내포적·함축적 표현을 사용한다.
④ 비유, 생략, 상징의 용법이 자주 나타난다.

11 개념의 정확한 전달을 목적으로 하는 것은 과학적 언어의 특징이다.

12 다음 괄호 안에 들어갈 말로 알맞은 것은?

> 문학작품은 말이나 글자를 그 ( )(으)로 택한다.

① 소재
② 내용
③ 목적
④ 매체

12 문학은 언어를 표현 매체로 하는 예술이다.

정답 10 ③ 11 ① 12 ④

13 플라톤의 모방론에 대한 설명으로 틀린 것은?

① 모방은 문학을 가치 있게 만드는 것이라고 보았다.
② 시인추방론과 탁자이론을 역설하였다.
③ '모방'이라는 말을 최초로 사용하였다.
④ 시인은 부도덕하고 무가치한 대상을 모방한다고 보았다.

> 13 플라톤은 모방을 부정적으로 인식하였으며, 문학 역시 인간 및 사회를 완성하는 데 장애 요소로 작용한다고 보았다.

14 플라톤의 『공화국』과 관련된 내용으로 잘못된 것은?

① 공화국 – 진리의 세계, 이상국
② 시인 – 부도덕하고 무가치한 허상을 모방
③ 진리 – 사물에 내재하는 본질적인 것, 즉 현실 세계
④ 문학 – 문학이 가진 유일한 효용은 감정적 쾌락뿐임

> 14 플라톤이 『공화국』에서 주장한 '진리'는 사물에 내재하는 본질적인 것으로, 우리 눈으로 볼 수 있는 현실 세계가 아닌 실존의 세계를 뜻하는 것이다.

15 플라톤의 탁자이론에 대한 설명으로 틀린 것은?

① 예술가의 창작은 '이데아'로부터 3단계나 벗어나 있다.
② 예술작품을 만들어 내는 화가(시인)는 이데아를 만든 창조주와 그 차원이 같다.
③ 창조주는 탁자의 이데아를 지니고 있는 자이다.
④ 실제로 탁자를 만들어 내는 자는 목수이다.

> 15 플라톤은 탁자이론을 통해 '탁자의 이데아를 지니고 있는 자(창조주), 실제로 탁자를 만들어 내는 자(목수), 탁자를 대상으로 하여 예술 작품을 만들어 내는 자(시인·화가)'를 구분하였는데, 모방자인 화가(시인)가 만들어낸 작품은 실제적 용도마저 없는 허상에 불과하므로, 이데아를 만든 창조주와는 그 차원이 다르다고 보았다.

정답 13 ① 14 ③ 15 ②

16 시인추방론은 시인은 부도덕하고 무가치한 대상(허상)을 모방하므로 진리의 세계에 도달할 수 없기 때문에 공화국에서 추방되어야 한다는 이론이다.

16 플라톤의 시인추방론에 대한 설명으로 올바른 것은?

① 시인은 부도덕하고 허상(虛像)을 모방하므로 진리의 세계에 도달할 수 없다.
② 플라톤에게 있어 공화국이란 현실의 세계를 의미한다.
③ 예술은 현상의 세계가 아니라 진리를 모방하는 것이며, 이성보다는 감성을 중요시해야 한다.
④ 현실에 대한 모방은 문학 자체를 부정하는 행위에 불과하다.

17 아리스토텔레스는 예술적 모방의 대상을 초월적 관념이 아닌 우주 만물의 본성으로 파악하여 인간의 행동을 모방함으로써 이념의 세계를 형상화할 수 있다고 보았다.

17 다음 중 아리스토텔레스의 모방이론에 대한 설명으로 적절하지 않은 것은?

① 모방의 대상 – 초월적 관념
② 모방의 양식 – 혼합적·서정적·극적 양식
③ 모방의 목적 – 이념의 세계를 형상화
④ 모방의 역할 – 예술 창조의 원동력

18 모방의 양식
- 혼합적 양식 : 설화성, 서정성, 극성의 혼합양식
- 서정적 양식 : 가장 순수한 양식으로, 시인이 자신의 감정을 노래(주관적)
- 극적 양식 : 두 번째로 순수한 양식으로, 작품 속 인물이 시인 자신을 모방하여 말함(객관적)

18 아리스토텔레스가 모방의 양식 중 가장 순수한 양식으로 파악한 것은?

① 혼합적 양식
② 서정적 양식
③ 극적 양식
④ 산문적 양식

정답 16 ① 17 ① 18 ②

19 다음 중 아리스토텔레스의 『시학(詩學)』과 거리가 먼 내용은?

① 문학의 모방본능설 및 시인추방론을 주장하였다.
② 문학의 갈래를 '서정·서사·극'으로 구분하였다.
③ 문학의 쾌락설과 카타르시스를 주장하였다.
④ 희곡이 지닌 시·공간의 제약을 인식하여 '희곡의 3일치법'을 제기하였다.

19 시인추방론을 제기한 학자는 플라톤이다.

20 아리스토텔레스의 모방이론의 특징으로 올바른 것은?

① 문학과 역사를 구분하였다.
② 시인의 기능은 실제로 일어난 사실에 관여하는 것이다.
③ 모방과 모사(模寫)는 같은 것이다.
④ 문학은 인간의 특수성의 세계를 모방한 것이다.

20 아리스토텔레스는 역사와 문학을 구분하여 역사는 실재적 사실들을 기록하는 데 반해 문학은 있을 수 있는 사실들을 표현함으로써 문학을 가치 있게 만든다고 보았다.
② 시인의 기능은 일어날지도 모르는 것, 즉 개연성과 필연성의 법칙에 따라 가능한 것에 관여한다.
③ 아리스토텔레스에게 있어 모방이란 작가의 의도에 따라 대상을 예술적으로 새롭게 재창조하는 것으로, 모사(模寫)와는 다른 것이다.
④ 문학은 개연성·보편성의 세계를 모방, 역사는 특수성의 세계를 모방한다고 보았다.

21 다음 중 아리스토텔레스와 관련이 없는 것은?

① 모방충동설
② 카타르시스
③ 시인추방론
④ 개연성 이론

21 시인추방론은 플라톤과 관련된 이론이다.

모방충동설(Imitative impulse)
모방충동이 곧 예술을 창조하는 원동력이며, 시인의 기능은 실제로 일어난 사실에 관여하지 않고, 일어날지도 모르는 것, 즉 개연성과 필연성의 법칙에 따라 가능한 것에 관여하는 것이다.

정답 19 ① 20 ① 21 ③

22 다음 ㉠, ㉡에 들어갈 말로 알맞은 것은?

> 아리스토텔레스는 문학은 (㉠)에 의해 일반적·보편적인 것이 될 수 있으며, (㉡)은(는) (㉠)을 부여하기 위한 요소라고 보았다.

	㉠	㉡
①	창조성	모방
②	독창성	모방
③	통일성	허구
④	개연성	허구

22 아리스토텔레스는 문학은 개연성에 의해 일반적·보편적인 것이 될 수 있다고 주장하며, 문학의 목표는 개연성의 탐구, 허구는 개연성을 부여하기 위한 요소라고 보았다.

23 다음 중 모방이론에 대한 설명으로 올바른 것은?

① 모방이론에서의 문학이란 현실에 대한 제작자의 일방적 모방 행위의 결과이다.
② 아리스토텔레스는 모방을 부정적으로 인식하였다.
③ 아리스토텔레스는 문학은 특수성의 세계를 모방하는 것이며, 역사는 보편성의 세계를 모방하는 것이라 보았다.
④ 플라톤은 모방은 인간의 본능적 행위이며, 동시에 즐거운 행위라고 보았다.

23 모방이론에서는 문학을 현실에 대한 제작자의 일방적 모방 행위의 결과로 간주한다.
② 모방을 부정적으로 인식한 인물은 플라톤이며, 아리스토텔레스는 모방을 긍정적으로 인식하였다.
③ 특수성의 세계를 모방하는 것은 역사, 보편성·개연성의 세계를 모방하는 것은 문학이다.
④ 아리스토텔레스의 견해이다.

24 다음 중 문학의 교시적 기능이 아닌 것은?

① 자신의 행위를 돌아보게 함
② 스스로 깨닫게 함
③ 직접적 진술을 통해 가르침
④ 인간을 감정적·지적·도덕적으로 개발시킴

24 문학작품이 교시적이라 해도 독자를 직접적인 진술로써 가르치는 것은 아니다.

정답 22 ④ 23 ① 24 ③

25 다음 중 문학의 교시적 기능과 관련된 것은?

① 강제적·규범적
② 일방적 전달
③ 자기반성적
④ 목적적·선동적

25 문학의 교시적 기능이란 작품을 통해 독자들로 하여금 새로운 세계를 발견하고 주위의 사물을 새롭게 인식하여 자신의 행위를 돌아보게 하는 것을 뜻하는 것으로, 독자의 자발적 참여를 통해 스스로 깨닫게 하는 정신의 변화를 의미한다.
①·② 강제적·규범적이지는 않으며, 교훈 또는 지식을 일방적으로 전달하는 교육과는 다른 의미를 갖는다.
④ 문학의 교시적 기능은 공리적 목적을 지향하는 목적문학·선전문학 등과는 구별되어야 한다.

26 다음 중 아리스토텔레스가 주장한 문학예술의 모방 대상은 무엇인가?

① 자연
② 사물의 외형
③ 우주
④ 인간의 행동

26 아리스토텔레스는 『시학』을 통해 문학예술의 모방의 대상을 '인간의 행위', 모방의 매체를 '언어', 모방의 방식을 '연기'라 보았다.

27 다음 중 교시적 기능을 가진 작품과 그 교훈이 바르게 연결되지 <u>않은</u> 것은?

① 이광수의 『무정』 – 계몽주의
② 입센의 『인형의 집』 – 근대 여성 운동의 선구 역할
③ 해리엇 비처 스토의 『톰 아저씨의 오두막집』 – 미국 남북전쟁의 도화선 역할
④ 플라톤의 『공화국』 – 프랑스 대혁명의 도화선 역할

27 플라톤의 『공화국』은 정의와 선의(善意)를 강조하였으며, 프랑스 대혁명의 도화선 역할을 한 것은 볼테르와 루소의 작품들이다.

정답 25 ③ 26 ④ 27 ④

28 쾌락적 기능에서는 관능적이고 저속한 쾌락이 아니라 정신적 즐거움, 즉 미적·지적 쾌락을 중요시한다.

28 문학의 쾌락적 기능과 관련된 내용으로 **틀린** 것은?

① 예술의 공통적인 본질은 '미(美)'를 매개로 한 쾌락의 추구이다.
② 진정한 문학작품의 쾌락은 지적인 체험이 되어야 한다.
③ 문학에서는 관능적이고 저속한 쾌락은 물론 미적·지적 쾌락 모두를 중요시한다.
④ 작가는 문학을 통해 현실에서는 불가능한 욕망, 이상 등을 실현함으로써 억압된 욕망에서 해방될 수 있다.

29 교시적 기능과 쾌락적 기능은 독립하여 작용하는 것이 아니라 상호 보완적인 관계에서 작용해야 한다.

29 교시적 기능과 쾌락적 기능의 관계로 알맞은 것은?

① 독립적
② 상호 보완적
③ 대립적
④ 형식적

30 아리스토텔레스는 모방이란 즐거운 행위이며, 모방을 대하면 기쁨을 느낀다고 하여 문학의 쾌락적 기능을 강조하였는데, 일상생활에서 해소되기 어려운 욕구 불만이 문학을 통해 비로소 해소될 수 있다고 보았다.

30 다음과 관련된 문학의 기능은 무엇인가?

> 아리스토텔레스는 모방이란 즐거운 행위이며, 모방을 대하면 기쁨을 느낀다고 하였다.

① 교시적 기능
② 쾌락적 기능
③ 표현적 기능
④ 존재론적 기능

정답 28 ③ 29 ② 30 ②

31 다음 중 문학의 쾌락적 기능과 관계가 가장 먼 것은?
① 계몽문학
② 미적 체험
③ 카타르시스
④ 감동과 즐거움

31 ①은 문학의 교시적 기능과 관계된 것이다.

32 다음 중 문학의 교시적 기능을 강조한 학자는?
① 플라톤
② 아리스토텔레스
③ 최재서
④ 콜리지

32 플라톤은 문학의 교시적 기능을 강조하며, 문학은 도덕적 교육의 능력이 없어 문학의 사회적 효용이란 결국 비이성적 쾌락에 지나지 않으므로 교육적 효과를 감안해 검열을 실시해야 한다고 주장하였다.
②・③・④는 문학의 쾌락적 기능을 강조하였다.

33 ㉠과 ㉡은 각각 무엇에 대한 설명인가?

㉠ 작품 자체만을 대상으로 하여 그것의 실체를 규명하는 것
㉡ 표현의 주체인 작가와의 연관 속에서 작품을 파악하는 것

	㉠	㉡
①	작품론	작가론
②	표현론	인식론
③	구조론	효용론
④	존재론	표현론

33 '존재론'은 작품 자체만을 대상으로 하여 그것의 실체를 규명하는 것이며, '표현론'은 표현의 주체인 작가와의 연관 속에서 작품을 파악하는 것이다.

정답 31 ① 32 ① 33 ④

34 표현론의 중심 과제는 문학을 작가와 관련시켜 연구하는 것으로, 작품을 깊이 있게 이해하기 위해서는 작가에 대한 깊이 있는 연구가 필요하다고 본다.
① 표현론에서의 문학의 목적은 자기 표현이다.
② 작가는 문학의 기능을 발휘하는 주체, 작품은 작가에 의해서 쓰인 것이다.
④ 문학은 작가의 내면세계, 즉 지각·사상·감정 등을 '상징'을 통해 형상화한 것이다.

34 표현론의 주요 개념과 거리가 먼 것은?
① 문학의 목적 – 자기 표현(Self expression)
② 작가 – 문학의 기능을 발휘하는 주체
③ 중심 과제 – 작품과 독자의 관계
④ 문학 – 작가의 내면세계를 상징을 통해 형상화한 것

35 장인설(匠人說)은 문학적 표현은 작가의 치밀하고 철저한 계획에 의해 이루어지는 것(조형생리)으로, 합리성 및 이성, 후천적 능력을 중시하는 이론이다.
영감설(靈感說)
선천적, 광기(狂氣), 천재성, 감성·충동 중시

35 다음 중 장인설의 특징이 아닌 것은?
① 천재성
② 합리성
③ 후천적
④ 조형생리

36 낭만주의 문학관을 제시한 학자는 워즈워스이다.
밀(J. S. Mill)
• 작가의 정서 및 감정을 중시(시의 진실을 이루는 것)
• 시(서정시)는 외부세계와 접촉하는 행위이며 진실이 되는 것은 감각의 대상이 아닌 작가 자신의 감정 및 정서임

36 다음 중 밀(J. S. Mill)과 관련된 내용이 아닌 것은?
① 낭만주의 문학관 제시
② 작가의 정서·감정 중시
③ 표현론의 개념 확충
④ 시를 완성하게 하는 것은 시인의 정신

정답 34 ③   35 ①   36 ①

37 다음 중 연결이 올바르지 않은 것은?

① 모방론 – 현실 중시
② 표현론 – 작가 중시
③ 효용론 – 독자 중시
④ 구조론 – 현실 중시

37 구조론은 현실이 아닌 작품 자체를 중시한다.

38 다음 중 표현론과 관련된 내용이 아닌 것은?

① 문학작품의 영향을 낳은 원인을 분석할 수 없다.
② 의도의 오류를 범할 수 있다.
③ 시인의 심리 구조와 관련하여 심리학에 대한 관심을 불러일으킬 수 있다.
④ 모방론에서 해결하지 못하는 문제, 즉 동일한 체험을 갖는 동일한 작가가 서로 다른 작품을 창조해 내는 것에 대한 문제를 해결할 수 있다.

38 표현론에서는 작품이 끼친 영향의 결과 및 그 결과의 원인을 작품과 작품의 행동 주체에서 찾기 때문에 문학작품의 영향을 낳은 원인을 쉽게 분석할 수 있다는 장점이 있다.
② 표현론은 작가가 표현하고자 의도한 것과 그것이 실제로 표현된 결과인 작품이 일치하지 않을 수 있는 경우를 배제하여 '의도의 오류'를 범할 수 있다.
③ 시인의 심리 구조와 관련하여 심리학에 대한 관심을 불러일으킬 수 있지만, 지나치게 몰입할 경우 문학 연구가 심리 위주로 흐를 위험성 또한 내포하고 있다.

39 표현론의 관점에서 문학을 바라보는 입장과 관계가 없는 것은?

① 낭만적 주관의 표출
② 제작자의 의도 중시
③ 장인정신의 강조
④ 작품 자체의 구조 분석

39 작품 자체의 구조를 분석하는 것은 구조론의 관점에서 문학을 바라보는 것이다.

정답 37 ④ 38 ① 39 ④

40 의도의 오류는 작가가 표현하고자 의도한 것과 그것이 실제로 표현된 결과인 작품이 일치하지 않을 수 있는 경우를 배제한 것에서 나타나는 오류로, 표현론이 지나치게 편협적 성격을 띨 때 나타나게 된다.

40 다음 중 의도의 오류에 대한 설명으로 올바른 것은?

① 결과적으로 심리 위주로 생각할 수 있다.
② 원인보다 결과를 중시한다.
③ 작품의 의도를 문제 삼아 작가를 이해할 때 생겨난다.
④ 표현론이 지나치게 편협성을 띨 때 나타난다.

41 의도 비평은 작가의 의도나 계획이 무엇인지, 어떤 방식으로 반영되어 있는지 등 작품을 이해하기 위해 작가의 의도를 문제 삼는 비평을 말한다.

41 작품을 이해하기 위해서 작가의 의도와 계획을 파악하는 것으로, 작품 속에 작가의 의도가 어떤 방식으로 반영되어 있는지 파악하는 것은?

① 사회 비평
② 구조 비평
③ 심리 비평
④ 의도 비평

42 윔제트와 비어즐리는 "의도 비평은 비판을 그르치는 일이다."라고 하여 의도 비평을 비판하였다.

42 다음 중 의도 비평을 비판적으로 평가한 학자는?

① 윔제트
② 그레브스타인
③ 르네 웰렉
④ 허시

정답 40 ④ 41 ④ 42 ①

43 다음 중 존재론에 대한 설명으로 틀린 것은?

① 형식주의・구조주의・신비평과 연계된다.
② 한 편의 작품이 갖는 모든 가치는 그 언어의 구조 속에 내재되어 있다.
③ 작품을 작가・독자와 단절된 실체로 규명함으로써 작품의 인식 영역을 제한한다는 단점이 있다.
④ 작품을 작가・독자・현실 세계와 관련시켜 하나의 유기체적 구조를 이루는 것으로 본다.

> 43 존재론은 작품을 하나의 실체로 보고 작품 자체를 중시하는 견해로, 작품을 작가・독자・현실 세계와 독립한 것으로 본다.

44 다음 중 구조 이론의 특징으로 올바른 것은?

① 구조는 한 작품이 갖는 형태와 의미 조직 등의 총체를 의미한다.
② 구조 이론은 작품 감상에 있어 편협적 태도를 갖는다는 단점이 있다.
③ 문학의 구조는 서로 독립적으로 존재한다고 본다.
④ 작품의 완전성과 언어 구조의 완전성은 별개의 문제이다.

> 44 ② 구조 이론은 작품 감상의 편협적(偏狹的) 태도에서 탈피할 수 있다.
> ③ 문학의 구조는 서로 유기적으로 연결되어 있다.
> ④ 작품의 완전성은 곧 언어 구조의 완전성을 의미한다.

45 다음 중 문학작품을 하나의 유기체적 형태로 볼 때의 관점으로 가장 알맞은 것은?

① 작품은 그 자체로 완벽한 짜임새를 갖는다.
② 작품의 각 부분은 독립적 기능을 할 수 있다.
③ 독자에 따라 작품을 다르게 해석할 수 있다.
④ 나무나 짐승 등의 생물처럼 성장・쇠퇴할 수 있다.

> 45 문학작품의 유기체설은 하나의 작품은 각 요소가 긴밀하게 연결되어 그 자체로 완벽한 짜임새를 가진 조직체로 파악하는 것이다.

정답 43 ④ 44 ① 45 ①

46 형식적 관점은 작품의 구조를 분석하는 것이다.

46 다음 중 형식적 관점의 특징이 아닌 것은?

① 작품을 외부적 상황과 독립시켜 이해한다.
② 작품의 구조가 아닌 내용을 분석한다.
③ 작품을 하나의 자기 충족적 실체로 인식한다.
④ 작품을 고유한 존재 양식에 내재하는 기준에 의해 평가한다.

47 문학의 동적 구조(역동적 구조)는 문학작품은 시간·장소·대상에 따라 그 내용의 인식과 느낌이 달라지며, 독자의 인식능력 및 사고방식 역시 시대의 변화에 따라 달라진다는 것으로, 한 작품에 있어 구조의 근본적인 변화가 없더라도 그 구조를 이루고 있는 각 부분의 유기적 연관 관계는 다르게 파악될 수 있다는 것이다.

47 문학의 동적 구조에 대한 설명으로 올바른 것은?

① 문학은 시간·장소·대상에 따라 내용이 다르게 파악되고 그 영향력 또한 달라진다.
② 문학은 대상을 단지 재현하는 것이므로, 본래의 언어 재료로서의 변별적 자질이 달라져서는 안 된다.
③ 문학작품을 대하는 독자의 인식능력 및 사고방식은 시대의 변화와 관계없이 동일해야 한다.
④ 한 작품에 있어 구조의 근본적인 변화가 없을 경우 구조를 이루고 있는 각 부분의 유기적 연관 관계 역시 동일하게 파악된다.

48 구조 이론은 문학작품이 문학 외적인 것으로 환원되는 것을 방지한다.

48 다음 중 구조 이론의 장점이 아닌 것은?

① 작품과 작품 이전의 소재가 구별될 수 있다.
② 이분법적 문학론의 모순을 극복할 수 있다.
③ 문학의 자율성 확보에 기여한다.
④ 문학작품을 문학 외적인 것으로 환원시킨다.

정답 46 ② 47 ① 48 ④

49 문학의 유형이나 종류를 무엇이라고 하는가?
① 모방
② 장르
③ 구조
④ 미디어

49 '장르'는 문학의 '갈래', 문학의 '종류'를 의미하는 것으로, 작품 형성의 원리와 공통적인 질서에 따라 구분하는 것이다.

50 다음 중 전통적인 장르 구분, 즉 3분법에 포함되지 않는 것은?
① 서정시
② 서사시
③ 극시
④ 비평

50 3분법은 장르 구분의 기준을 '서정시·서사시·극시'에 두는 것이다.

51 다음 중 한 집단이나 종족 내에서 구비·전승되다가 후에 기록되는 작자 미상의 시는 무엇인가?
① 예술시
② 서사시
③ 자연시
④ 극시

51 자연시는 한 집단이나 종족 내에서 구비·전승되다가 후에 기록되는 작자 미상의 시를 일컫는 것으로, 민족시라고도 하며, 민중의 공동참여를 통해 이루어진다.

52 다음 중 문학작품의 장르 구분의 기준이 아닌 것은?
① 제재의 성격
② 독자의 취향
③ 창작 목적
④ 독자와의 관계

52 문학작품의 장르를 구분하는 기준은 작품의 매체·형태, 제재의 성격, 창작 목적, 작가의 태도, 독자와의 관계 등이다. 독자의 취향과는 아무런 관련이 없다.

정답 49 ② 50 ④ 51 ③ 52 ②

53
- 창작 목적에 따른 분류 : 참여문학, 계몽문학, 오락문학 등
- 독자와의 관계에 따른 분류 : 순수문학, 대중문학, 통속문학 등
- 제재의 성격에 따른 분류 : 농촌 소설, 연애 소설, 해양 소설, 역사 소설 등

53 다음 중 창작 목적에 따른 작품 분류가 <u>아닌</u> 것은?

① 참여문학
② 계몽문학
③ 오락문학
④ 순수문학

54 브륀티에르는 자연과학의 분류 용어로 사용되던 장르를 생물학적 진화론에 입각하여 문학에 적용하였으며, 장르의 존재, 분화, 정착, 변용, 전이변형 등을 제시하였다.

54 자연과학의 분류 용어로 사용되던 장르를 생물학적 진화론에 입각하여 문학에 적용한 학자는?

① 야우스
② 브륀티에르
③ 웰렉
④ 워런

55 브륀티에르는 '일(一) → 다(多)', '단순 → 복잡', '동질 → 이질'로 분화한다고 보았다.

55 브륀티에르의 장르론과 관련된 설명이 <u>아닌</u> 것은?

① 존재 : 예술은 표현수단·목적·계통이 다르기 때문에 여러 가지 장르가 존재함
② 분화 : 종자의 분화와 같이 장르의 분화는 특성적 차이에 의해 '다(多) → 일(一)', '복잡 → 단순'으로 통합됨
③ 정착 : 장르는 '발생 – 성장 – 사멸 – 성취'의 단계를 거침
④ 변용 : '유전·민족성', '환경조건', '개성'을 요인으로 함

정답 53 ④ 54 ② 55 ②

56 웰렉과 워런은 작품을 외적 형식과 내적 형식으로 나누고 이에 따라 장르를 구분하였는데, 다음 중 작품의 내적 형식에 속하지 <u>않는</u> 것은?

① 작가의 태도
② 어조
③ 작가의 의도
④ 율격

56 작품의 구조·율격 등은 작품의 외적 형식에 속한다.

57 박제가가 제시한 국문학의 4대 장르가 <u>아닌</u> 것은?

① 시가
② 가사
③ 소설
④ 산문

57 박제가는 『국문학개설(國文學槪說)』에서 국문학을 '시가, 가사, 소설, 희곡'으로 구분하였다.

58 다음 중 문체론의 특징이 <u>아닌</u> 것은?

① 표현론적 문체론에서는 문체는 작가의 생각 및 그 생각을 표현하는 솜씨를 보이는 작가의 개성이 결합되어 이루어지는 것이라 본다.
② 실증주의적 문체론에서는 문장 자체를 개인의 개성과 관련시키기보다는 사회적 정황과 연관시켜 파악한다.
③ 문체를 '글솜씨'로 파악할 경우 실증주의적 문체론이, '글버릇'으로 파악할 경우 표현론적 문체론이 성립된다.
④ 문학이 사상과 감정의 개성적 표현인 이상 문체론은 문학의 근본적 특질이 될 수밖에 없다.

58 문체를 '글솜씨'로 파악할 경우 표현론적 문체론이, '글버릇'으로 파악할 경우 실증주의적 문체론이 성립된다.

정답 56 ④ 57 ④ 58 ③

59 어조(語調)는 '말의 가락'을 의미하는 것으로, 작품의 구조와는 관련이 없다.

어조의 기능
글의 분위기 파악, 화자의 인간됨· 정신상태·개성 등의 파악

59 다음 중 어조의 기능과 거리가 먼 것은?

① 글의 분위기 파악
② 화자의 정신상태 파악
③ 작가의 개성 파악
④ 작품의 구조 파악

60 좁은 의미에서의 문학의 범주는 시, 소설, 희곡, 수필, 비평 등이며, 역사서는 포함되지 않는다.

60 다음 중 좁은 의미의 문학의 범주에 포함되지 않는 것은?

① 희곡
② 수필
③ 역사서
④ 비평

61 문장의 개성은 문체의 개성을 의미하며, 이는 곧 작품의 개성으로 이어진다.

61 다음 중 문장에 대한 설명으로 틀린 것은?

① 문체를 구성하는 기본단위이다.
② 문장의 개성이 곧 작품의 개성을 의미하는 것은 아니다.
③ 표현·형상화의 기본단위이다.
④ 작품의 형태 및 구조를 구성한다.

정답 59 ④　60 ③　61 ②

62 문학작품의 형태나 구조를 구성하는 기본단위는 무엇인가?

① 스타일
② 문장
③ 개성
④ 독창성

63 문학 작용의 구조이론 중 역동성의 특징으로 가장 알맞은 것은?

① 누구에게나 동일하게 전달되는 주제의식
② 시대의 따라 부침하는 사조의 경향
③ 경우에 따라 달라질 수 있는 동적인 실체
④ 다른 과정을 적용할 수 없는 완벽한 구조

64 다음 중 문학의 언어의 특징이 아닌 것은?

① 상상력의 언어
② 말 없는 소리
③ 모순의 언어
④ 진술의 언어

---

62 문학작품의 형태나 구조를 구성하는 기본단위는 문장이다.

63 역동성(동적 구조)은 시간·장소·대상에 따라 작품의 내용 및 이를 인식하는 독자의 사고방식이 달라진다는 이론으로, 이는 문학의 구조가 경우에 따라 변화되는 동적 실체임을 의미한다.

64 '진술의 언어'는 과학적 언어·일상어의 특징이다.
① 문학은 인간의 체험을 언어를 통해 전달하는 것으로, 이때의 언어는 언어 그 자체가 체험의 구조가 되는 상상력의 언어이다.
② 문학의 언어는 일상어의 부정이면서 동시에 새로운 의미의 창조이며, 그 중심에서 의미가 확장된다. 또한 사물과 사물을 관련지어 인간과 세계를 연결하므로, 말 없는 소리라 할 수 있다.
③ 시적 진리는 언어를 통해 '언어로부터 해방되려는 언어를 사용' 함으로써 '언어를 쓰지 않은 언어'가 되려는 불가능하고 모순된 노력이다.

정답 62 ② 63 ③ 64 ④

합격의 공식 시대에듀

교육이란 사람이 학교에서 배운 것을 잊어버린 후에 남은 것을 말한다.
— 알버트 아인슈타인 —

제 2 장

시론

- 제1절 시와 언어
- 제2절 시의 운율
- 제3절 비유의 이해
- 제4절 시와 이미지
- 제5절 시와 상징
- 실전예상문제

합격을 꿰뚫는
기출 키워드

제 2 장 시론

시어, 시어의 함축성, 애매성, 긴장, 외형률·내재율, 반복·병렬, 정형시·자유시·산문시, 비유법(직유, 은유, 의인), 횔라이트, 이미지(시각, 청각, 후각, 미각, 촉각, 공감각 이미지), 상징, 재문맥화·장력상징

보다 깊이 있는 학습을 원하는 수험생들을 위한
시대에듀의 동영상 강의가 준비되어 있습니다.
www.sdedu.co.kr ➔ 회원가입(로그인) ➔ 강의 살펴보기

제 2 장 시론

제1절 시와 언어

1 시적 언어와 비시적 언어

(1) 시어(詩語)의 특성 기출 25, 23, 21

① 시어(詩語)는 사전적 의미를 이미 가지고 있는 언어를 사용하여 독자에게 감동을 전달하고자 한다.
② 시를 위한 언어가 따로 존재하는 것은 아니며, 일상적 문법체계를 변형 또는 파괴하여 시적 기능을 발휘한다.
③ 외연(外延)과 내포(內包)
  ㉠ 외연(外延) : 언어의 사전적·지시적 기능
  ㉡ 내포(內包) : 언어의 시적·함축적 기능

(2) 시적 언어와 비시적 언어

① **고전주의와 낭만주의의 관점**
  ㉠ 고전주의
    • 고전주의적 관점에서는 일상어와는 달리 시만을 위한 언어가 따로 존재한다고 보았으며, 시어를 일상어에 비해 보다 아름답고 고차원적인 언어로 여겼다.

> **체크 포인트**
> 시어는 '인위적·미적'이며, 일상어는 '자연스럽고 비속한' 것으로 파악

    • 동양의 한문학(漢文學)에서는 산문(散文)에 일상어를 사용하는 것을 금지하였다.
  ㉡ 낭만주의
    • 워즈워스
      - 인간의 정서를 소박하고 감동적으로 자연스럽게 표현한 일상적 언어야말로 진정한 시어라고 보았다. → 인간의 정서를 감동적으로 표현할 수 있는 것은 모두 '시어'
      - 인위적인 시어보다는 오히려 일상어가 더 훌륭하다고 보았으며, 인위성만을 따진 시어는 시인 자신과 시에 명예만을 안겨주는 수단일 뿐이라고 보았다.

- 콜리지
  - 워즈워스의 견해를 반박하여 시어와 일상어를 구분하였다.
  - 시에 사용된 언어(→ 시어)는 작품 속(문맥)에서 그 의미가 달라질 수 있다고 보았다.
② I. A. 리처즈
  ㉠ 시어의 정서적 기능을 중요시하였다.
  ㉡ 낭만주의를 '포괄(包括)의 시'와 '배제(排除)의 시'의 개념을 통해 비판하였다.

> **체크 포인트**
> - **포괄의 시** : 인간에게 줄 수 있는 여러 가지 충동을 시가 두루 포괄하여 수용
> - **배제의 시** : 시인이 자신이 원하는 충동만을 택하고 그 밖의 것은 제외

  ㉢ 시적 언어는 내용의 정확한 전달에 실패한다 하더라도 정서의 환기력이 클 경우 그 역할을 다한 것이라고 보았다.
  ㉣ 시의 표현 방법
    - 안정과 질서 지향(志向) → 심적 반응을 좁힘
    - 현실의 모순과 갈등 조정 → 심적 반응을 넓힘
③ R. P. 워런과 C. 브룩스
  포괄의 시와 비순수시를 좋은 시로 보았다.

> **더 알아두기**
> **시어와 과학어** 기출 25
> - **시어(문학어)** : 2차적, 간접적, 개인적, 주관적, 함축적, 내포적, 의사 진술, 리듬·이미지·어조 ○, 느낌, 태도, 해석
> - **과학어(일상어)** : 1차적, 직접적, 비개인적, 객관적, 지시적, 외연적, 의미 전달, 리듬·이미지·어조 ×, 사실, 관찰, 보고
>   → 실제적으로 확연한 구분은 없음

2 시어의 함축성

(1) **함축성의 의미** 기출 21
  ① 시어의 함축성이란 언어의 표면적 의미가 아닌 **작가가 의도하고자 한 의미와 정서**, 즉 내포적 의미를 말한다.
  ② 개념 지시에 충실한 언어는 '외연(外延)'에 충실한 언어이지만, 시어는 '내포'에 충실한 언어이다.

③ '**함축성**'의 예

> 한 송이의 국화꽃을 피우기 위해
> 봄부터 소쩍새는
> 그렇게 울었나 보다.
> ...
> 노오란 네 꽃잎이 피려고
> 간밤엔 무서리가 저리 내리고
> 내게는 잠도 오지 않았나 보다.
>
> — 서정주, 「국화 옆에서」

㉠ 이 시에서 국화는 단순한 소재, 다시 말해 사전적 의미 또는 외연적 의미로 쓰인 것이 아니다.
㉡ 국화는 온갖 역경을 헤쳐 온 누님의 모습, 원숙한 아름다움, 생명 탄생의 대상 등의 상징으로 사용되었다.

(2) I. A. 리처즈

① 언어를 과학적 언어와 예술적 언어(→ 시어)로 분류하였다.
　㉠ 과학적 언어 : 진술 → 증명 가능

> **체크 포인트**
> 소쉬르가 정의한 '외연(外延)'을 의미

　㉡ 예술적 언어 : 가진술 → 거짓
② **의사진술(Pseudo Statement)** : 과학적 언어는 객관적 타당성을 요구하므로 이는 '진술'에 해당하지만, 시어는 무엇을 증명하여 과학적으로 규명해야 하는 언어가 아니므로 지시대상 또는 진실과 부합하여 서술되어야 할 필요성이 없다. 또한 과학적 언어가 대상의 의미를 정확히 전달하는 기능을 갖고 있다면, 시적 언어는 비록 내용의 정확한 전달에는 실패하더라도 정서의 환기력이 크다면 제 몫을 다하는 것이므로, 정서적 기능을 중요시한다고 볼 수 있다. 따라서 시어는 '의사진술성'을 가지고 있다.
③ 시어는 모순·충돌을 통해 문맥 속에서 수용됨으로써 여러 가지 의미의 해석을 가능하게 한다.

> **체크 포인트**
> **정서환기성의 예**
> • 어져, 내일이야 그릴 줄을 모로드냐 – 회한(悔恨)
> • 길은 외줄기 남도 삼백 리 – 외로움, 고독

(3) F. 소쉬르
① **외연(外延)** : 사전적 의미의 언어를 말한다.
② **내포(內包)** : 시적 화자 또는 작가가 처한 상황에 따라 다르게 해석될 수 있으며, 여러 가지 의미를 포함할 수 있다.

> **더 알아두기**
>
> **시의 어조와 정서적 거리**
> • 어조의 종류
>   - 관조적, 교훈적, 낙천적, 낭만적(로맨틱), 냉소적(Cynical)
>   - 회화적(시각적·주지적), 비판적, 사색적, 염세적(Pessimistic)
>   - 예찬적, 종교적(소망적), 철학적, 풍자적, 해학적
> • 정서적 거리 : 서정적 자아(시 속의 주인공)인 '나'가 나오면 정서적 거리가 가깝다.

3 시어의 애매성(曖昧性)과 긴장 언어

(1) **애매성(曖昧性)** 기출 24, 23, 22, 21
① **개념** : 애매성이란 의미 해석이 두 가지 이상으로 가능한 시어의 특성으로, 이로 인해 다양성의 혼란과 이해 불가능의 상황을 맞게 된다.
② **특징**
  ㉠ 영국의 문학이론가 W. 엠프슨이 『애매성의 일곱 가지 형태』에서 언급한 용어로, 시의 특성을 밝히는 중요한 용어이다.
  ㉡ 엠프슨은 동일한 기호가 여러 가지 다른 반응을 독자에게 일으키는 것은 언어가 가지는 애매성 때문이라고 보았다. 이는 시인의 복잡한 경험을 여러 가지 언어의 애매성을 통해 전달하는 것과 마찬가지이다.
  ㉢ 애매성은 언어에 대해 선택적 반응을 할 여지를 주는 언어의 모든 복잡 미묘한 뉘앙스를 포함한다.
  ㉣ 일상적 언어는 가능한 한 명확한 의미를 전달하려 하지만, 시어는 언어의 애매성을 통해 정서적 깊이를 증대시킬 수 있다.
③ **W. 엠프슨이 말한 '애매성의 일곱 가지 형태'**
  ㉠ 하나의 단어 또는 문장이 동시에 다양한 효과를 나타내는 경우
  ㉡ 두 개 이상의 의미가 시인이 의도한 하나의 의미로 나타나는 경우
  ㉢ 일종의 동음이의어로서 하나의 단어가 동시에 두 가지의 뜻으로 표현되는 경우
  ㉣ 두 개 이상의 의미가 서로 모순되면서 결합하여 시인의 복잡한 정신 상태를 나타내는 경우

ⓒ 일종의 직유로서 그 직유의 두 관념은 서로 어울리지 않으나, 시인의 한 관념에서 다른 관념으로 전이되는 것, 즉 불명료에서 명료로 나타나고 있음을 보이는 경우
ⓑ 하나의 진술이 모순 또는 무의미하여 독자가 스스로 해석해야 하는 경우
ⓐ 하나의 진술이 근본적으로 모순되어 시인의 정신에 분열이 있음을 보이는 경우

④ '애매성'의 예

> 어져, 내일이야 그릴 줄을 모로드냐.
> 이시랴 ᄒ더면 가랴마는 제 구틔여
> 보뇌고 그리는 정은 나도 몰라 ᄒ노라.
>
> — 황진이의 시조
>
> → '제'가 '임'인지, '나(시적 화자)'인지 / 임을 보낸 자책과 후회인지, 자발적으로 보낸 것인지
>
> 가시리 가시리잇고 나는 / 브리고 가시리잇고 나는
> 날러는 엇디 살라 ᄒ고 / 브리고 가시리잇고 나는
> 잡ᄉ와 두어리마ᄂ 난 / 션ᄒ면 아니 올셰라
> 셜온 님 보내ᄋᆸ노니 나는 / 가시는 ᄃᆺ 도셔 오쇼셔 나는
>
> — 작자 미상, 「가시리」
>
> → '서러운' 게 '임'인지, '나'인지

체크 포인트

- **모호성(模糊性)**: 명료성과 반대되는 것으로, 기호 분해가 명료하지 않아 일어나는 이해 불가능을 의미
- **신기성(新奇性)**: 새롭기 때문에 습관적으로 훈련된 시에 대한 고정관념에 의해 기호 분해가 불가능할 때 일어나는 난해를 의미

---

(2) 긴장

① **개념**: '긴장(Tension)'은 A. 테이트가 사용한 용어이다. '긴장'이란 문학의 본질적 성격을 가리키는 개념으로, 하나의 문학 언어가 작품 외부를 향한 문자적 의미와 작품 내부를 향한 비유적 의미의 충돌에서 비롯되는 긴장을 품고 있다는 것을 의미한다. → '외연(Extension)'과 '내포(Intention)'

② **특징**
㉠ 테이트가 강조한 긴장은 문학적 언어가 작용하는 측면, 곧 '안'과 '밖'의 반대 방향에서 서로 당기는 힘을 의미하는 것으로, 훌륭한 작품은 이러한 의미의 힘을 가지고 있으며 그 힘은 한 단어 내에서 서로 반대되는 세력들의 밀고 당김에서 발생한다고 주장하였다.
㉡ 과거 학자들이 시의 내포적 의미만을 강조한 것을 비판하고, 외연과 내포의 긴장 관계를 중요시해야 한다고 보았다.

더 알아두기

시란 무엇인가
- **시의 특성**
  - 시는 말하는 그림이며, 가르치고 즐거움을 주는 것으로, 사물 그 자체, 특히 우주·자연의 실재·이념·진리 등을 모방 → 모방론과 효용론의 입장
  - 시는 단지 사물을 있는 그대로 묘사하는 데 그치지 않고 우주·자연 및 현실을 상징·구현하는 것 → 표현론의 입장
  - 19세기 낭만파들은 시의 존재 방식을 형태 면에서는 음악적 형식, 내용 면에서는 사상과 감정 자체에 두었음
    ※ 신고전주의에서는 시를 '독자를 가르치고, 그들에게 예술적 쾌락을 제공하기 위해 계획된 형태로 인생을 모방하는 것'이라고 보았음
  - 워즈워스 : 좋은 시는 '강력한 감정의 자발적인 넘쳐흐름'이라고 봄

  - **모방론** : 시를 자연이나 인생 등 다양한 세계상을 모방한 것이라고 이야기함
  - **효용론** : 시를 독자와의 상관관계에서 논하려고 하는 태도로 시가 주로 독자에게 어떤 영향을 미치는가에 관심을 둠
  - **표현론** : 시를 시인의 정신과 사상이 직접 드러난 것으로 이해하며 시인의 내면에 대한 탐구에 초점을 둠
  - **존재론** : 시를 하나의 독립된 형식 또는 그 자체의 구조로 보고 시의 외부적인 요소를 배제한 채 내부적으로만 시를 이해하려는 태도

- **시의 특징**
  - 운율(리듬) + 내포(함축) + 압축 → 4대 장르 중 가장 주관적이며 오래된 양식
  - 복잡하면서도 절제된 언어 및 압축된 형태로 표현
  - 시어는 일상어와는 현저히 구별되며, 동시에 상징성을 띰
  - "시는 미(美)의 운율적 창조물" → 앨런 포
  - 의미의 전달보다는 정서 환기가 주목적
  - 사상 및 주관적 감정(정서)의 표현 → 시적 화자는 곧 표현의 대리인

- **시인의 역할**
  시적 대상을 참신하고 새로운 눈으로 바라보아야 하며, 그것을 통해 사물의 실체와 교감할 수 있는 힘을 가져야 하고, 시인이 간직한 감성과 정서를 창조적으로 표현해야 함

○✕로 점검하자 | 제1절

※ 다음 지문의 내용이 맞으면 O, 틀리면 ✕를 체크하시오. (01~14)

01 언어의 사전적 · 지시적 기능은 언어의 내포적 기능이다. (   )

02 고전주의적 관점에서는 일상어와는 달리 시만을 위한 언어가 따로 존재한다고 보았다. (   )

03 동양의 한문학(漢文學)에서는 산문(散文)에 일상어를 사용할 수 없었다. (   )

04 워즈워스와 콜리지는 낭만주의의 대표적 시인이다. (   )

05 워즈워스는 일상어보다 인위적인 시어가 더 아름답다고 주장하였다. (   )

06 리처즈는 낭만주의를 '포괄(包括)의 시'와 '배제(排除)의 시'의 개념을 통해 비판하였다. (   )

07 리처즈는 시어가 안정과 질서를 지향할수록 심적 반응을 좁힌다고 보았다. (   )

08 워런과 브룩스는 포괄의 시와 비순수시를 나쁜 시로 보았다. (   )

09 시어의 함축성은 언어의 표면적 의미와 내포적 의미를 포괄한 것이다. (   )

10 테이트는 시의 내포적 의미에서 발생하는 긴장 관계를 중요시하였다. (   )

11 시어의 애매성이란 의미 해석의 다양성으로 인해 일어나는 이해 불가능의 상황을 말한다. (   )

12 엠프슨은 동일한 기호가 여러 가지 다른 반응을 일으키는 것은 언어가 가지는 다의성 때문이라고 보았다. (   )

13 시어는 가능한 한 명확한 의미를 전달하려 한다. (   )

14 시어의 신기성(新奇性)은 기호 분해가 명료하지 않아 일어나는 이해 불가능을 의미한다. (   )

정답 1 ✕ 2 ○ 3 ○ 4 ○ 5 ✕ 6 ○ 7 ○ 8 ✕ 9 ✕ 10 ✕ 11 ○ 12 ✕ 13 ✕ 14 ✕

제 1 절 핵심예제문제

01 개념 지시에 충실한 것은 일상적·과학적 언어의 특징이다.

01 다음 중 시어(詩語)의 특징과 관계가 먼 것은?
① 독자에게 감동을 전달
② 일상적 문법 체계 파괴
③ 개념 지시에 충실
④ 작가의 정서 표현

02 애매성이란 의미 해석이 두 가지 이상으로 가능할 때 일어나는 혼란을 말한다.

02 W. 엠프슨과 관련된 시어의 특성으로 올바른 것은?
① 함축성
② 애매성
③ 긴장성
④ 외연과 내포

03 A. 테이트는 과거 학자들이 시의 내포적 의미만을 강조한 것을 비판하고, 외연과 내포의 긴장 관계를 중요시해야 한다고 보았다.
④ '죽어도 아니 눈물 흘리오리다.'의 외연적 의미는 절대 눈물을 흘리지 않겠다는 것이지만, 그 안에는 뼈에 사무치는 이별의 정한이 내포되어 있으므로, '긴장'이 나타나고 있다.

03 '긴장(Tension)'과 관련된 설명으로 적절하지 않은 것은?
① A. 테이트가 사용한 용어이다.
② 문학의 본질적 성격을 가리키는 개념으로 사용된다.
③ 시의 내포적 의미만을 강조한 것이다.
④ '죽어도 아니 눈물 흘리오리다.'는 '긴장'이 나타난 표현이다.

정답 01 ③ 02 ② 03 ③

제2절 시의 운율

1 외형률과 내재율

(1) 운율(리듬·반복·율격) 기출 24, 23

① 운율의 개념
㉠ 운 : 위치(두운·요운·각운)
㉡ 율 : 음보율(끊어 읽기) 〉 음수율(숫자) 〉 음위율(위치) 〉 음성률(소리)

> **체크 포인트**
> - **외형률** : 운율이 겉으로 드러남 → 정형시
> - **내재율** : 운율이 속으로 숨어 있음 → 자유시(연과 행이 확실)
>   　　　　　　　　　　　　　　　　→ 산문시(연과 행이 불확실)

> **더 알아두기**
> **시와 운율 정리**
> - 한국시에서 가장 많은 율격 : 음보율
> - 현대시에서 가장 많은 율격 : 대구법/통사구조의 반복
> - 국문학의 대표적인 3음보 : 경기체가, 고려속요, 민요조의 시
> - 복합 율격 : 두 가지 이상의 율격적 자질이 서로 얽혀 복잡한 율격 체계를 형성하는 것으로, 한국시는 주로 단순 율격을 이룸 중요

② 특징 기출 25
㉠ 운율은 시 속에 표현된 음성적 조직의 질서를 통해 미감(美感)을 느끼게 해 준다.
㉡ 시의 아름다움은 시의 언어 조직이 실현하는 음악성을 통해 구체화되며, 운율은 소리가 발음되는 시간을 일정한 길이로 분할하여 무리를 지음으로써 감흥을 불러일으킨다.

③ 객관적 운율과 주관적 운율
㉠ 객관적 운율 : 시의 표면에 나타나 있는 형식·문체·형태 등처럼 실체를 쉽게 파악할 수 있는 운율을 말한다.
㉡ 주관적 운율 : 시의 내면에 잠복하고 있어 실체 파악이 어려운 경우로, 독자의 주관에 따라 운율 효과도 다를 수 있다.

(2) 외형률(外形律) 중요 기출 24, 22, 21

시의 외형상 분명히 드러나 있는 운율로 정형시에서 흔히 볼 수 있다.

① **음위율(音位律)**: 한시의 압운(押韻)처럼 일정한 음이 일정한 위치에 반복되는 운율을 말한다.
   ㉠ 두운(頭韻): 각 시행의 머리운을 일치시키는 방법
   ㉡ 요운(腰韻): 각 시행의 가운데 운을 일치시키는 방법
   ㉢ 각운(脚韻): 각 시행의 마지막 운을 일치시키는 방법

> **체크 포인트**
> 음위율은 음이 놓이는 위치의 규칙성에서 발생

② **음성률(音聲律)**
   ㉠ 음의 고저(高低), 장단(長短), 강약(强弱), 음질(音質) 등에 의해서 반복되는 운율을 말한다.
   ㉡ 서구시나 한시 등에 쓰이며 발전했지만, 우리 시에서는 거의 찾아볼 수 없다.

③ **음수율(音數律)** 기출 21
   ㉠ 일정한 수의 음절이 규칙적으로 반복되는 운율이다.
   ㉡ 시조나 가사 등의 고전시가는 4·4조의 반복, 민요는 3·3·4조가 반복되는 형태가 많다.
   ㉢ 이광수·조윤제 등에 의해 제기되었으며, 최남선·김억·김소월 등의 근대시는 7·5조가 되풀이되는 것이 일반적이다. 기출 22

> **체크 포인트**
> 음절이나 음보의 규칙적 반복에서 발생

④ **음보율(音譜律)** 기출 25
   ㉠ 일정한 수의 음절로 된 음보가 한 호흡 간에 3~4번 규칙적으로 반복되는 운율로서 우리 시에서 가장 두드러진 운율이다.
   ㉡ 음수율의 한계를 극복하고자 정병익에 의해 제기되었으며, 조동일·김흥규·성기옥 등에 의해 이론적으로 심화되었다.
   ㉢ 한국시가에서 가장 자주 쓰이는 것은 2음보, 3음보, 4음보이며, 2·3음보는 민요에, 4음보는 시조와 가사에 주로 쓰인다. 중요 기출 24

> **체크 포인트**
> • 3음보: 민요나 고려속요 등에 주로 나타나는 서민적 리듬, 전통적인 미의식 또는 서민 계층의 세계관과 감성 표현 예 멀위랑 / 드래랑 / 먹고
> • 4음보: 시조나 가사 등 사대부 문학에 주로 나타나는 리듬, 귀족 계층의 세계관과 감성, 예술적 완성도가 높은 반면 상당히 인위적인 리듬 예 가노라 / 삼각산아 / 다시보자 / 한강수야

   ㉣ 음절 수가 다르더라도 심리적으로는 동일한 길이로 인식할 수 있으므로, 음절이 다르더라도 동일한 음보를 형성할 수 있다.

(3) 내재율(內在律) 기출 24

외형상의 규칙성은 띠지 않지만 **작품의 내면에 흐르는 개성적 운율**로 자유시에서 흔히 볼 수 있다.

> **더 알아두기**
>
> **운율을 이루는 요소**
> - **동음 반복** : 특정한 음운을 반복하여 사용
> - **음수 반복** : 일정한 음절 수를 반복하여 사용
> - **의성어, 의태어 사용** : 감각적 반응을 일으킴
> - **통사적 구조** : 같거나 비슷한 문장의 짜임을 반복하여 사용

2 반복과 병렬

(1) 반복과 병렬

① **개념** : 같은 단위를 되풀이하거나 교차시켜 성립되는 운율

② **특징**
  - ㉠ 반복 : 같은 낱말·구절·행이 되풀이되며, 음운이 첨가 또는 생략될 수 있다.
  - ㉡ 병렬 : 넓은 의미에서 반복의 일종이지만, 대조의 개념과 관련이 깊다. → 대구(對句 : 한시에서 주로 사용)
  - ㉢ 현대시의 경우 반복과 병렬이 원형 그대로 쓰이는 경우는 거의 없지만, 이 두 개념을 작품의 배경에 두고 변형시켜 사용하는 경우는 종종 찾아볼 수 있다.

> **체크 포인트**
>
> 한국시에서 말하는 '운율'이란 소리의 반복을 뜻하는 '운(韻)'과 리듬의 반복을 뜻하는 '율(律)'을 의미한다.

(2) 소리와 리듬의 반복

① **소리의 반복**
  - ㉠ 소리의 위치, 즉 두(頭)·각(脚) 등에서 정해진 위치에 비슷한 소리를 반복함으로써 이루어지는 음색적 효과를 말한다. → 쾌미음(快美音)

> 내 마음의 어딘듯 한편에 끝없는 / 강물이 흐르네
> 돋쳐 오르는 아침 날 빛이 빤질한 / 은결을 도도네
>
>   - 김영랑, 「끝없는 강물이 흐르네」

ⓒ 두운(頭韻)과 각운(脚韻)
  - 두운 : 다양한 단어의 첫 자리 소리의 반복이거나 혹은 그 단어 속에 있는 자음의 반복을 의미
  - 각운 : 영시에서는 마지막에 악센트가 있는 모음과 자음의 반복을 의미
② **리듬의 반복**
  ㉠ 리듬이 반복되면 이를 수량적으로 표시할 수 있게 되는데, 율격은 일정한 거리를 두고 반복되는 양식을 수량적으로 다루는 것에서 이루어진다.

> **체크 포인트**
> **한국시가 주로 3·3조, 4·4조의 율조를 가지는 이유** : 한국어는 첨가어이므로 어간과 어미를 결합하여 문법적 관계를 나타내고 그 단위가 모여 한 문장을 이루는데, 어간과 어미(또는 조사)를 합하면 대개 2음절 이상 4음절이 되기 때문이다.

  ㉡ 운율 단위의 구성
  - 고저율론(高低律論) : 소리의 고저가 규칙적으로 교체·반복되는 율격으로 주로 한시에 사용되었다.
  - 강약률론(强弱律論) : 한 행의 시가 일정한 수의 악센트를 담고 있는 율격으로 영시에 주로 사용되며, 한 행 속에 들어 있는 음절의 수는 문제가 되지 않고 악센트의 수만 일치하면 된다.
  - 장단율론(長短律論) : 각 음절의 장단을 변화 있게 조직한 소리의 단위들로 이루어진 율격을 말한다.
  ㉢ 고저율론·강약률론·장단율론의 개념은 주로 외국시에 해당되며 한국시의 율격은 아니다. 다만 강약·고저·장단을 넘어서 한정된 범위 내의 음절들이 모여 이루는 음보의 규칙적 반복이 율격을 형성한다고 보는 것이 한국시에 대한 일반적 견해이다.

(3) 반복과 베리에이션(Variation, 변조)
① 시의 가장 중요한 특성은 소리와 리듬의 반복이며, 행과 연에 따라 소리와 리듬은 달라진다.

> **체크 포인트**
> '시행(詩行)'은 음보가 모여 이루어지며, 그 자체가 말소리의 한 단위를 나타내는 동시에 말뜻의 한 단위를 나타내기도 한다. 또한 '행'과 '연'은 그 자체가 하나의 변조이다.

② 가사와 시조는 정형시로서 기본을 따르지만, 현대시는 기본 율격의 극단적 변조를 사용하여 시의 리듬을 조성한다.

> 머언 산 청운사
> 낡은 기와집
>
> 산은 자하산
> 봄눈 녹으면

```
느릅나무
속잎 피어나는 열두 구비를

청노루
맑은 눈에

도는
구름
```
― 박목월, 「청노루」

작/품/해/제
- 가장 빠른 템포를 보이는 연 : 3연
- 주된 율조 : 2・3조의 반복과 변조
- 아늑하고 은은한 분위기를 내는 데 두드러진 자음 : ㄴ

3 정형시・자유시・산문시 중요 기출 22

(1) 정형시

① 시의 형식이 **일정한 규칙을 따르는** 시로, 보통 외형률에 의해 쓰인 시를 말한다. → 고정된 형식
② 행이 리듬의 단위가 된다.
③ 정형시는 균형과 절제의 고전주의적 정신이 시의 일정한 형식을 규제한다고 볼 수 있다.
④ 우리나라의 시조・민요・가사・창가 등은 완전한 규칙성에 의한 것은 아니지만 시행의 음절 수, 시행의 수, 연의 수 중 한두 가지의 규칙성을 따르고 있으므로, 정형시로 볼 수 있다.
⑤ 우리나라 시가에서 **가장 대표적인 정형시**는 '시조'이다. → 현재까지 명맥을 유지

```
태산이 높다 하되 하늘 아래 뫼(山)이로다.
오르고 또 오르면 못 오를리 없건마는
사람이 제 아니 오르고 뫼만 높다 하더라.
```
― 양사언의 시조

⑥ 현대 시조는 정형과 비정형 사이의 긴장감을 유지하고 있다.

(2) 자유시

① 자유시는 양식화된 정형률에 대한 저항에서 출발한 개성적인 자유에 의해 이루어진 시다. → 유기적 형식
② 일정한 외형적 형식에 얽매이지 않으며, 행이 리듬과는 상관없이 구분되는 경우가 많다.
③ 자유시는 자유로운 체험을 자유롭게 표현하려는 표현 욕구의 소산이며, 형식이 없는 시가 아니라 형식이 매우 다양한 시이다. 따라서 자유시가 내재율에만 의존해야 하는 것은 아니다.

> **체크 포인트**
> 자유시의 내재율은 작품마다 다르게 나타남

> 산에는 꽃 피네
> 꽃이 피네.
> 갈 봄 여름 없이
> 꽃이 피네.
> …
> 산에는 꽃 지네
> 꽃이 지네.
> 갈 봄 여름 없이
> 꽃이 지네.
>
> — 김소월, 「산유화」

④ 정형시인 시조를 제외한 시를 자유시로 본다.

(3) 산문시

① **개념**
  ㉠ 형태적인 면 : 산문시란 행과 연의 구분이 없는 시이다.
  ㉡ 정신적인 면 : 시적 운율을 의도적으로 배제한 시이다.
② 정형시가 운율적 요소를 지닌 데 반해 산문시는 운율적 요소를 가지지 않으며, 행과 연의 구분이 없다.
③ 산문시와 산문은 행과 연의 구분이 없다는 면에서는 일치하지만, 산문시는 산문에는 없는 시 정신(Poesie)이 담겨 있다. → 산문 형식 속에 시 정신을 담아 노래

> **체크 포인트**
> • 정형시에서는 형식이 내용을 결정하지만, 자유시에서는 내용이 형식을 낳는다.
> • 자유시는 산문에 가까운 시 형식을 가지며, 산문시는 산문으로 된 시 형식을 갖는다.

> **더 알아두기**
>
> **시의 분류** 기출 24
> - 형식상 : 정형시·자유시·산문시
> - 내용상
>   - 서정시 : 개인의 주관적 감정이나 정서를 다룬 시로 대부분의 현대시가 이에 속한다.
>   - 서사시 : 역사적 사실이나 위대한 인물들의 이야기를 다룬 시로, 소설의 원조라 할 수 있다.
>   - 극시 : 연극적인 내용을 시의 형식으로 표현한 것을 말한다. 셰익스피어의 희곡은 대부분 극시로 쓰였다.
> - 성격상
>   - 낭만시 : 비애, 울분과 같은 퇴폐적이고 감상적인 감정을 노래한 시이다.
>   - 전통시 : 우리 민족의 전통적인 정한(情恨), 유교적인 휴머니즘, 향토적 정서 등을 현대 감각으로 형상화한 시이다.
>   - 순수시 : 주옥같은 언어로 섬세한 정서의 순화를 미묘한 음악성을 살려 표현한 시로, 정치적 목적의식이 배제된다.
>   - 목적시 : 예술성보다는 어떤 정치나 도덕 등을 계몽·선전하기 위하여 쓰인 시로, '경향시'라고도 한다.
>   - 참여시 : 시인도 시대와 사회에 대해 책임과 사명을 가지고 현실에 대한 참여를 통하여 어떤 변혁을 촉구해야 한다는 의도에서 쓰인 시이다.
>   - 주지시 : 낭만적 감정과 음악성을 배격하고 이미지와 지성을 중시한 회화적인 시이다.
>   - 상징시 : 시에 있어서 의미보다도 음악적 리듬과 언어가 지닌 상징적 표현을 중요시한 시이다.
>   - 초현실주의시 : 인간의 내면세계를 중시하여 자동기술법을 바탕으로 쓰인 시이다.

○✕로 점검하자 | 제2절

※ 다음 지문의 내용이 맞으면 ○, 틀리면 ✕를 체크하시오. (01~14)

01 외형률은 운율이 속으로 숨은 것이다. (   )

02 한국시에서 가장 많은 율격은 음보율이다. (   )

03 정형시에서 많이 볼 수 있는 운율은 내재율이다. (   )

04 음위율은 한시의 압운(押韻)처럼 일정한 음이 일정한 위치에 반복되는 운율을 말한다. (   )

05 서구시나 한시 등에 쓰이며 발전한 것은 음수율이다. (   )

06 시조나 가사 등의 고전시가는 4·4조의 반복, 민요는 3·3·4조가 반복되는 형태가 많다.
　　(   )

07 한국시가에서 가장 자주 쓰이는 것은 2음보, 3음보, 7음보이다. (   )

08 음절이 다르면 동일한 음보를 형성할 수 없다. (   )

09 음위율, 음성률, 음수율, 음보율은 내재율에 속한다. (   )

10 대조의 개념과 관계있는 운율의 특징은 반복이다. (   )

11 음운은 첨가 또는 생략될 수 없다. (   )

12 영시에서 각운은 마지막에 악센트가 있는 모음과 자음이 반복되는 것을 의미한다. (   )

13 한국시는 고저율론·강약률론·장단율론을 중시한다. (   )

14 시의 가장 중요한 특성은 소리와 리듬의 반복이다. (   )

정답 1 ✕ 2 ○ 3 ✕ 4 ○ 5 ✕ 6 ○ 7 ✕ 8 ✕ 9 ✕ 10 ✕ 11 ✕ 12 ○ 13 ✕ 14 ○

제2절 핵심예제문제

01 시의 형식상 갈래로 볼 수 <u>없는</u> 것은?

① 정형시
② 자유시
③ 산문시
④ 서정시

> 01
> • 시의 형식상 갈래 : 정형시, 자유시, 산문시
> • 시의 내용상 갈래 : 서정시, 서사시, 극시

02 반복과 병렬에 대한 설명으로 올바른 것은?

① 반복과 병렬은 같은 단위를 되풀이하거나 교차함으로써 성립된다.
② 현대시의 경우 반복이나 병렬을 원형 그대로 사용한다.
③ 반복은 음운이 첨가 또는 생략될 수 없다.
④ 반복은 같은 낱말 또는 행 등이 되풀이되는 것이며, 병렬은 단순한 반복을 의미한다.

> 02
> ② 현대시의 경우 반복이나 병렬을 원형 그대로 사용하는 경우는 드물다.
> ③ 생략될 수 있다.
> ④ 병렬은 넓은 의미에서 반복의 일종이지만, 반복과는 달리 대조의 개념에서 출발한다.

03 다음 중 음보율에 대한 설명으로 <u>틀린</u> 것은?

① 우리 시에서 가장 두드러진 운율이다.
② 한국시가에서 가장 자주 쓰이는 것은 2음보, 3음보, 4음보이다.
③ 음절이 다르면 동일한 음보를 형성할 수 없다.
④ 정병익에 의해 제기되었다.

> 03 음절 수가 다르더라도 심리적으로는 동일한 길이로 인식할 수 있으므로, 음절이 다르더라도 동일한 음보를 형성할 수 있다.

정답 01 ④ 02 ① 03 ③

제3절 비유의 이해

1 비유(比喩)의 성립 요건

(1) 비유의 개념
① 비유는 어떤 사물의 모양이나 상태, 성질 등을 효과적으로 표현하기 위하여 그것과 비슷한 사물에 비교하여 표현하는 언어적 방법이다.
② 시 창작의 가장 중요한 원리이다. → 사물의 개성적·독창적 표현

(2) 주지(主旨)와 매체(媒體) - 리처즈 기출 22
① 개념 기출 25
  ㉠ 주지: 시인이 본래 표현하고자 하는 사상·정서 등의 주된 요소 → 원관념
  ㉡ 매체: 주지를 구체화하거나 변용·전달하는 데 사용되는 표현 방식 또는 수단 → 보조관념
② 특징
  ㉠ 주지와 매체의 상호 작용 관계는 비유의 본질이 될 뿐만 아니라 그 성격도 결정한다.
  ㉡ 주지와 매체가 비유로 성립하기 위해서는 두 관념 사이에 유추적 관계가 내포되어 있어야 하며, 유추적 관계는 상상력에 의해 발견되는 것이다.
  ㉢ 별개의 사물이 각각 원관념과 보조관념으로 결합될 수 있는 것은 이 두 사물 사이의 유사성 혹은 동일성을 바탕으로 하기 때문이다.

2 비유의 유형 기출 24, 23

비유는 표현하고자 하는 대상이나 관념(원관념)을 그것과 유사하거나 관련성이 있는 다른 사물(보조관념)에 빗대어서 표현하는 방법으로, 보조관념의 의미는 그 사물의 속성이나 전통적인 관념을 바탕으로 하여 의미가 형성된다. 비유의 종류로는 직유, 은유, 의인, 대유(환유·제유) 등이 있다.

(1) 직유
① 비유법 중 **가장 간단하고 명료한 형식**으로, 두 개의 **사물을 직접적으로 비교하여 표현하는 방법**이다.
  → 주지와 매체의 관계가 직선적
② 내포된 비유를 사용하는 은유법과 달리 겉으로 드러나는 비유이므로 묘사가 정확하고 논리적·설명적이다.
③ '~같은', '~인 양', '~처럼', '~듯이' 등의 형식으로 연결된다.
  예 내 누님같이 생긴 꽃이여
④ 'A는 B와 같다'의 의미적 유사성에 바탕을 둔다.

> **체크 포인트**
> 복잡한 유추 작용을 거치지 않고 가장 단순한 형태를 통해 일시적인 효과를 노리는 표현법이므로, 새롭고 참신한 매체를 선택하는 일이 매우 중요하다.

(2) 은유

① 원관념은 숨기고 보조관념만 드러내어 표현하려는 대상을 설명하거나 그 특질을 묘사하는 표현법으로, 원관념과 비유되는 보조관념을 같은 것으로 본다. 따라서 'A는 B이다'의 형태로 나타난다. → 숨겨진 비유
② 표현상으로 볼 때 **직유가 외적 유사성**에 바탕을 둔 직접적 비교라면, **은유는 내적 동일성**을 바탕으로 한 간접적 비교이다.
③ 은유는 기존의 언어와 의미의 연결 관계를 바탕으로 하는데, 기존의 의미 세계에 숨겨져 있는 새로운 세계를 발견하고, 그 이미지를 드러내는 것이 주된 목적이다.
④ 표현 매체로서의 장식적 기능 및 시의 본질 구조를 형성하는 방법론의 역할을 한다.
⑤ 은유를 통해 언어에 생명력을 부여하고, 시의 세계를 독창적·창조적으로 이루어낸다.

> 새가 우는 소리는 / 그의 영혼의 가장 깊은 속살을 / 쪼아대는 언어의 즙이다.
> → 'A(새가 우는 소리)는 B(언어의 즙이다)이다.'의 형식을 통해 현실적 고뇌의 모습을 유추

(3) 의인·대유

① **의인** : 사람이 아닌 것을 사람인 것처럼 표현하는 방법을 말한다. → 사물의 인격화
② **대유** : 사물의 명칭을 직접 쓰지 않고 사물의 일부나 특징을 들어서 그 자체나 전체를 나타내는 비유법으로, 환유(換喩)와 제유(提喩)로 구분된다. 기출 25
   ㉠ 환유 : 사물의 한 부분이 그 사물과 관계가 깊은 다른 어떠한 것을 나타내는 것, 즉 어떤 사물을 그것의 속성과 밀접한 관계가 있는 다른 낱말을 빌려서 표현하는 방법이다. 주지와 매체가 1:1의 관계를 형성한다. 기출 21
      예 흰 옷 → 우리 민족
   ㉡ 제유 : 어느 한 부분이 전체를 나타내는 것으로, 주지와 매체가 1:다(多)의 관계를 형성한다.
      예 인간은 빵만으로 살 수 없다. → '빵'은 식량의 한 종류이지만, 식량 전체를 의미

> **체크 포인트**
> 은유와 직유가 원관념과 보조관념이라는 서로 다른 두 개의 사물 사이에 있는 '유사성'을 근거로 하는데 반해 환유와 제유는 유사성보다는 두 사물 간의 '관련성', '인접성'을 근거로 한다.

3 휠라이트의 비유론

휠라이트는 비유가 이미 알려진 것, 체험된 것을 통해 새로운 경지를 제시하는 방편으로 사용되었기 때문에 서술의 형식을 지향하는 면이 있다고 지적하였다.

(1) 치환(置換)
① 휠라이트는 비유의 본질을 수사적이고 문법적인 차원을 벗어나 확대와 조합의 두 가지 원리로써 밝히며 치환의 원리를 제시하였다.
② 논리적 제약에 집착하면 시가 지닌 비논리적 특성을 모두 수용할 수 없게 되는데, 치환은 논리적 관계에 치중하는 비유를 의미한다.
③ 원관념과 보조관념 사이의 일상적 의미가 상호 친화적인 비교를 통해 전이되는 것으로, 주지와 매체의 관계를 유사성이나 연관성에 의해 파악할 수 있다.
④ 보조관념이 원관념을 대체하는 전통적 은유로, B를 이용하여 A를 더욱 효과적으로 제시할 수 있다.

> 내 마음은 호수요,
> 그대 노 저어 오오.
> 나는 그대의 흰 그림자를 안고, 옥같이
> 그대의 뱃전에 부서지리다.
>
> 내 마음은 촛불이요,
> 그대 저 문을 닫아 주오.
> 나는 그대의 비단 옷자락에 떨며, 고요히
> 최후의 한 방울도 남김없이 타오리다.
>
> — 김동명, 「내 마음은」
>
> → '내 마음'이 '호수', '촛불'로 치환되어 독자들의 상상력의 폭이 확대되었다.

(2) 병치(竝置) 기출 24
① 비논리적 관계를 통해 새로운 의미를 창출하는 것으로, 의미의 발견보다는 사물 자체를 추구한다.
② 시구와 시구를 병치하여 병렬과 종합을 통해 새로운 의미를 창조하는 것으로, 이때 사용된 두 사물 혹은 이미지 사이에서 유사성을 찾기는 어렵다. → 유사성이 배제된 상태의 은유
③ A는 A대로, B는 B대로 독립성을 갖게 되며, 원관념과 보조관념의 개념이 명확하게 드러나지 않는다.
④ 일상적으로 생각할 수 없는 것을 은유적 구조를 통해 새로운 이미지로 변화시킨다.

> 군중 속에서 유령처럼 나타나는 이 얼굴들
> 까맣게 젖은 나뭇가지 위의 꽃잎들
>
> — 에즈라 파운드, 「지하철 정거장에서」
>
> → 군중 속에서 사람들의 얼굴 모습을 나뭇가지에 매달린 꽃잎에 비유한 것으로, 피곤하고 우울한 군중들의 표정을 함축적으로 제시하였다. '군중 속의 이 얼굴들'과 '나뭇가지 위의 꽃잎들'은 아무런 상관관계를 맺지 않고 각각 독립성을 유지하고 있지만, 이 두 개의 이미지가 병치되면서 새로운 의미를 생산하고 있다.

4 막스 블랙의 비유론

막스 블랙(Max Black)은 은유에 관한 이론을 대치론, 비교론, 상호작용론으로 분류하였다.

(1) 대치론(代置論)
① 가장 일반적으로 통용되는 비유론이다.
② 비유의 역할은 문자 그대로의 뜻 또는 주지를 다른 형태로 바꾸어 놓는 것이다. → A가 B를 대치한다.
　　예 달덩이 : 희고 둥근 소녀의 얼굴 → 주지와 매체의 상관관계가 쉽게 유추되므로, 유추가 거의 필요 없음
③ 본래 의도한 것을 효과적으로 전달하기 위해 비유를 사용하는 것을 말한다.

(2) 비교론(比較論)
① 이질적인 두 개의 관념을 엉뚱하게 연결시키는 것을 의미한다.
② 비유의 형태는 대치(代置)나 치환(置換)이 아니라 비교(比較)와 병치(竝置)의 성격을 갖는다. 막스 블랙은 이러한 비유의 속성을 설명하기 위해 "리처드왕은 한 마리 사자와 같다."라는 예를 사용하였는데, 이는 "리처드왕은 용감하다."라는 속뜻을 지니고 있다. 즉, 리처드왕의 '용감함 → 사자 같다'는 대체 현상이 나타나고 있는 것이다(리처드왕과 사자가 서로 비교됨으로써 용감함을 비롯해 우두머리, 위엄 등의 속성을 교차시키고 있음).

(3) 상호작용론(相互作用論)

① "리처드왕은 사자다."라는 예문에서 비유를 형성하는 두 개의 관념, 즉 '리처드왕'과 '사자'는 제각기 독자성을 가지는데, 이때 주지는 매체에 작용하고, 매체 또한 주지에 작용한다. 따라서 양자는 서로 역동적인 상관관계를 가진다.
② 비유의 이러한 요소들은 시의 행과 연, 구조, 형태 등의 일부로 폭과 깊이를 확대시키는데, 막스 블랙은 이를 가리켜 상호작용론의 입장을 취할 필요가 있다고 보았다.
③ 상호작용론에서 비유는 끊임없이 시의 형태, 구조를 활성화시키는 역학적 실체로서 시의 필수 불가결한 요소라 할 수 있다.
④ 상호 모순되는 개념을 강제로 결합시켜 주지의 의미를 더욱 확장시키는 데 그 목적이 있다.

> **체크 포인트**
> 비유를 구성하는 두 관념이 이질적일수록 그 효과가 더욱 커짐

> 사랑하는 나의 하나님, 당신은
> 늙은 비애(悲哀)다.
> 푸줏간에 걸린 커다란 살점이다.
> 시인 릴케가 만난
> 슬라브 여자의 마음속에 갈앉은
> 놋쇠 항아리다.
>
> – 김춘수, 「나의 하나님」
>
> → 절대자인 '하나님(→ 주지)'을 '늙은 비애, 푸줏간에 걸린 커다란 살점, 놋쇠 항아리(→ 매체)' 등 세속적 단어로 전이시킴으로써 '하나님'의 의미를 더욱 확장시킴(주지와 매체가 유사성보다는 이질성·대립성을 띰)

> **더 알아두기**
>
> **죽은 비유**
> 일상생활에서 일반적으로 쓰이고 있는 식상한 비유로, 독창성·생명력을 갖지 못하므로 시에서는 가치가 없는 표현법을 의미한다. 죽은 비유는 별다른 유추 과정 없이 그 뜻을 쉽게 파악할 수 있다.
> 예 '앵두 같은 입술', '세월이 유수와 같다.' 등

○× 로 점검하자 | 제3절

※ 다음 지문의 내용이 맞으면 O, 틀리면 ×를 체크하시오. (01~14)

01 비유는 시 창작의 가장 중요한 원리이다. (   )

02 리처즈가 주장한 '주지'는 시인이 본래 표현하고자 하는 사상·정서 등의 주된 요소이다. (   )

03 리처즈는 주지와 매체가 각각 독립성을 띠어야 한다고 주장하였다. (   )

04 두 개의 사물을 직접적으로 비교하여 표현하는 것은 직유법이다. (   )

05 직유는 의미적 유사성에 바탕을 둔다. (   )

06 은유는 내적 동일성을 바탕으로 한 간접적 비교이다. (   )

07 '인간은 빵만으로 살 수 없다.'는 표현은 환유법의 예이다. (   )

08 환유와 제유는 두 사물 간의 유사성을 근거로 한다. (   )

09 휠라이트가 주장한 치환은 논리적 관계에 치중하는 비유이다. (   )

10 병치는 비논리적 관계를 통해 새로운 의미를 창출하는 것으로, 사물 자체보다는 의미의 발견을 추구한다. (   )

11 병치이론에서는 A는 A대로, B는 B대로 독립성을 갖는다. (   )

12 은유에 관한 이론을 대치론, 비교론, 상호작용론으로 분류한 학자는 막스 블랙이다. (   )

13 대치론(代置論)은 이질적인 두 개의 관념을 엉뚱하게 연결시키는 것이다. (   )

14 막스 블랙은 비유를 구성하는 두 관념이 이질적일수록 그 효과가 더욱 커진다고 주장하였다. (   )

정답 1 ○ 2 ○ 3 × 4 ○ 5 ○ 6 ○ 7 × 8 × 9 ○ 10 × 11 ○ 12 ○ 13 × 14 ○

제3절 핵심예제문제

01 다음 시에서 가장 많이 쓰인 비유법은 무엇인가?

> 언어는
> 소리와 뜻이 찢긴 깃발처럼
> 펄럭이다가
> 쓰러진다.
>
> 꽃의 둘레에서
> 밀물처럼 밀려오는 언어가
> 불꽃처럼 타다간
> 꺼져도
>
> — 문덕수, 「꽃과 언어」

① 은유법
② 직유법
③ 제유법
④ 환유법

01 '깃발처럼', '밀물처럼', '불꽃처럼' 등의 직유법이 가장 많이 사용되었다.

02 다음 중 직유와 은유의 특징이 올바르게 연결된 것은?

① 직유 – 외적 유사성, 은유 – 내적 동일성
② 직유 – 내적 동일성, 은유 – 외적 유사성
③ 직유 – 외적 유사성, 은유 – 외적 유사성
④ 직유 – 내적 동일성, 은유 – 내적 동일성

02 표현상으로 볼 때 직유가 외적 유사성에 바탕을 둔 직접적 비교라면, 은유는 내적 동일성을 바탕으로 한 간접적 비교이다.

정답 01 ② 02 ①

03 사물의 한 부분이 그 사물과 관계가 깊은 다른 어떠한 것을 나타내는 비유법은?
① 은유법
② 제유법
③ 환유법
④ 대유법

03 환유는 사물의 한 부분이 그 사물과 관계가 깊은 다른 어떠한 것을 나타내는 것, 즉 어떤 사물을 그것의 속성과 밀접한 관계가 있는 다른 낱말을 빌려서 표현하는 방법이다.

04 휠라이트의 비유론에 대한 설명으로 틀린 것은?
① 휠라이트는 확대와 조합의 두 가지 원리로써 치환의 원리를 제시하였다.
② A는 A대로, B는 B대로 독립성을 갖는 것은 병치이다.
③ 병치 비유에서 사용된 두 사물 혹은 이미지 사이에서 유사성을 찾기는 어렵다.
④ 치환은 비논리적 관계를 통해 새로운 의미를 창출하는 것을 말한다.

04 비논리적 관계를 통해 새로운 의미를 창출하는 것은 병치이며, 치환은 논리적 관계에 치중하는 비유를 의미한다.

정답 03 ③ 04 ④

제4절 시와 이미지

1 이미지의 개념

(1) 이미지(Image, 심상)란?

① 시를 구성하는 가장 중요한 요소로, 모든 시는 이미저리(Imagery : 여러 이미지들의 집합적 명칭으로, 여기서는 '감각 체험'을 의미)의 패턴을 포함하고, 모든 이미지는 그 자체가 하나의 패턴이다.

> **체크 포인트**
> 이미지는 실재(實在)에 대한 설명·형용 또는 대명사가 아니라 실재 그 자체이다.

② 대상을 감각적으로 정신 속에 재생시킬 수 있도록 자극하는 말로, 신체의 지각 작용에 의해 제작되는 감각의 마음속 재생으로 정의할 수 있다. → 시의 기능을 정서 환기에 한정하지 않고 대상에 대한 인식의 수단으로 파악

(2) 특징 기출 23

① 시의 이미지는 심리학·미술에서 말하는 이미지와 다른 의미를 가진다.

> **체크 포인트**
> 시의 이미지는 언어라는 매개체를 통해 제시된다.

② 근대 철학자들은 시인은 인위적이고 어른다운 추상적 관념을 배제하고 구체적인 이미지에 의존하여 감각적·구체적·감성적이고자 하며, 인간의 가장 순진한 상태는 언어의 상징적 기능, 즉 이미지를 통한 언어에 있다고 보았다.

③ 현대시에서는 독자의 관습화된 관념이나 인식을 깨뜨리기 위해 예상치 못했던 이미지를 돌발적으로 제시하기도 하며, 이미지를 도외시하고는 시를 생각할 수 없다.

2 이미지의 유형 중요

(1) 지각 이미지

지각 이미지는 인간의 감각을 통해 구체화되는 이미지를 의미하는 것으로, 시각 이미지, 청각 이미지, 후각 이미지, 미각 이미지, 촉각 이미지 등으로 나눌 수 있다.

① **시각 이미지 - 회화성** 기출 24
　㉠ 색채, 명암(明暗), 모양, 동작 등을 시각(눈)을 통해 떠올리는 이미지이다.
　㉡ 동양과 서양에서 모두 중요하게 생각하였다.

> 아! 강낭콩 꽃보다도 더 **푸른**
> 그 물결 위에
> 양귀비꽃보다도 더 **붉은**
> 그 마음 흘러라.
> 　　　　　　　　　　　　　　　　　　　　　　　　　- 변영로, 「논개」

② **청각 이미지**: 청각(귀)을 통해 떠올리는 소리에 대한 이미지이다.

> 눈을 가만 감으면 굽이 잦은 풀밭 길이
> **개울물 돌돌돌** 길섶으로 흘러가고,
> 백양 숲 사립을 가린 초집들도 보이구요.
> 　　　　　　　　　　　　　　　　　　　　　　　　　- 김상옥, 「사향」

③ **후각 이미지**: 냄새를 통해 구현되는 이미지를 말한다.

> 지금 눈 내리고
> **매화 향기** 홀로 아득하니
> 내 여기 가난한 노래의 씨를 뿌려라
> 　　　　　　　　　　　　　　　　　　　　　　　　　- 이육사, 「광야」

④ **미각 이미지**: 맛으로 구현되는 이미지를 말한다.

> 모밀묵이 먹고 싶다.
> 그 싱겁고 구수하고
> 못나고도 소박하게 점잖은
> 촌 잔칫날 팔모상(床)에 올라
> 새 사돈을 대접하는 것
> 　　　　　　　　　　　　　　　　　　　　　　　　　- 박목월, 「적막한 식욕」

체크 포인트

후각 이미지와 미각 이미지는 함께 나타나는 경우가 많음

⑤ **촉각 이미지**: 피부의 감각으로 구현되는 이미지를 말한다. 기출 24

> 나는 한 마리 어린 짐승.
> 젊은 아버지의 서느런 옷자락에
> 열(熱)로 상기한 볼을 말없이 부비는 것이었다.
>
> — 김종길, 「성탄제」
>
> 가난하다고 해서 사랑을 모르겠는가
> 내 볼에 와 닿던 네 입술의 뜨거움
> 사랑한다고 사랑한다고 속삭이던 네 숨결
>
> — 신경림, 「가난한 사랑 노래」

⑥ **공감각 이미지**: 하나의 감각이 다른 감각으로 전이되어 일어나는 심상이다. 기출 24, 23, 22

- 꽃처럼 **붉은 울음**을 밤새 울었다. → 청각의 시각화
- 흔들리는 **종소리의 동그라미** 속에서 / 엄마의 치마 곁에 무릎을 꿇고 → 청각의 시각화
- 즐거운 지상의 잔치에 / 금으로 타는 **태양의 즐거운 울림** → 시각의 청각화
- 삼월(三月)달 바다가 꽃이 피지 않아서 서글픈 / 나비 허리에 **새파란 초생달이 시리다** → 시각의 촉각화

더 알아두기

기관감각 이미지와 복합감각 이미지
- **기관감각 이미지**: 호흡, 맥박, 소화, 순환, 통증 등을 느끼는 신체적 기관들과 관련된 이미지로, 기본적 생명현상을 감각적으로 자극하여 만드는 이미지를 말한다.
- **복합감각 이미지**: 서로 다른 감각이 나열되어 나타나는 이미지이다.
  예 술 익는 마을마다 타는 저녁놀 → 후각 + 시각

---

(2) 비유적 이미지

① 비유적 이미지는 이미지가 생기도록 자극하는 비유적·묘사적인 이미지를 말한다.
② 원관념과 보조관념의 관계에 따라 이미지의 효과를 추구한다.
  ⊙ 원관념: 시인이 본래 표현하고자 한 관념
  ⓒ 보조관념: 원관념을 정확하게 전달하거나 효과적으로 표현하기 위해 끌어들인 또 하나의 다른 관념
③ 모순·충돌하는 서로 다른 두 개의 사물을 연결시킴으로써 깊이 있는 인식에 도달할 수 있다.
④ 대표적인 것은 직유·은유·의인·제유·환유 등이다.
⑤ 감각 기관에 직선적으로 대응하는 지각 이미지와는 달리 여러 가지 경험적 요소를 다양하게 포괄하는 특징을 갖는다.

> - 사랑하는 나의 하나님, 당신은 / 늙은 비애다. → 은유['하나님(원관념)'이 '늙은 비애(보조관념)'로 표현되어 하나님이 지니는 의미를 새롭게 부여]
> - 강나루 건너서 / 밀밭 길을 // **구름에 달 가듯이** / 가는 나그네 → 직유

(3) 상징적 이미지

① 상징적 이미지는 한 작품 속에서 반복적으로 사용되면서 시가 지니는 분위기를 응집시키는 기능을 한다.
→ 원초적·집단적
② 상징적 이미지가 반복되어 사용됨으로써 이루어지는 경우에는 상징적 이미지가 확연히 드러나기 때문에 원관념 또한 표면에 드러난다. → 반복적·유형적
③ 이미지가 중첩되어 사용됨으로써 이루어지는 경우에는 대체적인 윤곽만 드러난다.
④ **이미지 무더기**(Image cluster) : 비유적 이미지가 한 작품 또는 한 작가의 전체 작품, 문학 전통 등에서 특수한 배합방식을 가짐으로써 어떤 세계관 또는 진리를 상징적으로 나타내는 것을 말한다.

○× 로 점검하자 | 제4절

※ 다음 지문의 내용이 맞으면 ○, 틀리면 ×를 체크하시오. (01~10)

01 이미지는 실재(實在)에 대한 설명·형용이다. (   )

02 시의 이미지는 심리학·미술에서 말하는 이미지와는 다른 의미이다. (   )

03 지각 이미지는 인간의 감각을 통해 구체화되는 이미지이다. (   )

04 시각 이미지의 가장 중요한 특징은 '회화성'이다. (   )

05 '지금 눈 내리고 / 매화 향기 홀로 아득하니'는 시각적 이미지가 두드러지는 표현이다. (   )

06 '꽃처럼 붉은 울음을 밤새 울었다.'에서는 청각의 시각화가 이루어졌다. (   )

07 복합감각 이미지는 서로 다른 감각이 나열되어 나타나는 이미지를 말한다. (   )

08 상징적 이미지는 한 작품 속에서 반복적으로 사용되면서 시가 지니는 분위기를 응집시키는 기능을 한다. (   )

09 상징적 이미지가 반복되어 사용되면 원관념이 표면에 드러날 수 있다. (   )

10 비유적 이미지는 감각 기관에 직선적으로 대응하는 이미지이다. (   )

정답 1 × 2 ○ 3 ○ 4 ○ 5 × 6 ○ 7 ○ 8 ○ 9 ○ 10 ×

제4절 핵심예제문제

01 다음 중 '이미지'에 대한 설명으로 틀린 것은?

① 시의 기능을 정서 환기에 한정하지 않고 대상에 대한 인식의 수단으로 파악한다.
② 이미지를 도외시하고는 현대시를 생각할 수 없다.
③ 시의 이미지는 심리학·미술 등에서 말하는 이미지와 유사한 의미를 갖는다.
④ 이미지는 언어로 짜인 그림이라고 볼 수 있다.

> **01** 시의 이미지는 언어라는 매개체를 통해 제시되는 것이므로, 심리학·미술에서 말하는 이미지와는 다른 의미를 갖는다.

02 다음 중 이미지와 그 예가 바르게 연결된 것은?

① 시각 이미지 – 지금 눈 내리고 / 매화 향기 홀로 아득하니
② 촉각 이미지 – 젊은 아버지의 서느런 옷자락에 / 열로 상기한 볼을 말없이 부비는 것이었다.
③ 미각 이미지 – 어마씨 그리운 솜씨에 향그러운 꽃지짐
④ 청각 이미지 – 알락달락 알록진 산새알

> **02** 촉각 이미지는 피부의 감각으로 구현되는 이미지로, '서느런 옷자락'과 '열로 상기한 볼'에서 촉각 이미지를 파악할 수 있다.
> ①·③ 후각 이미지
> ④ 시각 이미지

03 상징적 이미지에 대한 설명으로 올바른 것은?

① 비유에 의해 이루어진다.
② 직유·은유·제유·환유 등이 속한다.
③ 감각 기관에 직선적으로 대응한다.
④ 유형화된 의미를 가지며 반복되어 나타난다.

> **03** 상징적 이미지는 원초적·집단적 특징을 갖는데, 대체로 보조적 이미지를 거느리면서 시의 중심 구조로 작용하고, 유형화된 의미를 가지며 반복되어 나타난다.
> ①·②는 비유적 이미지의 특징이다.
> ③은 지각 이미지의 특징이다.

정답 01 ③ 02 ② 03 ④

제5절 시와 상징

1 상징의 뜻

(1) 상징의 어원

상징(Symbol)의 어원은 희랍어인 'Symballein'으로, '던지다', '비교하다'를 의미하는 말이다. 또한 'Symballein'의 명사형인 'Symbolon'은 '표시', '표상' 등을 의미한다.

(2) 상징의 개념 기출 21

① 추상적인 사물이나 관념 또는 사상을 구체적인 사물로 나타내는 것으로, 서로 다른 대상이 결합되어 새로운 의미를 지니게 되는 것이다.
② 문학에서의 상징이란 가시(可視)의 세계가 연상의 힘에 의해 불가시(不可視)의 세계와 일치하게 되는 양식으로, 이미지와 관념이 결합된 형태이다.

> **더 알아두기**
>
> **기호와 상징**
> - 기호(Sign) : 현상을 의미, 단일한 관념 지시, 관습적 상상력 필요
> - 상징 : 본질을 의미, 복합적 관념 지시, 개인적 상상력 필요

2 상징과 은유 중요 기출 25, 24, 23, 22

(1) 상징은 다른 의미를 함축하고 있다는 점에서 은유의 일종이라 할 수 있다. 하지만 은유가 두개의 사실 사이의 유사성을 근거로 하는 데 반해 상징은 유추 관계를 근거로 하지 않는다.

(2) 상징은 상관성이 먼 상징어를 연결함으로써 의미가 확대·심화되는 언어 사용의 방법이다.

(3) 상징은 원관념이 상징 뒤에 숨어 있으며, 은유는 원관념과 보조관념의 상관관계가 명확하다.

(4) 상징은 은유에 비해 훨씬 고차원적인 유추 과정을 통해 이해될 수 있다.

(5) 상징은 공동체 구성원을 결속 또는 배제하는 기능을 한다.

> **더 알아두기**
>
> **은유와 상징**
> - 은유 : 유사성, 비슷비슷한 속성, 1 : 1(원관념 : 보조관념), 보조관념의 독립적 의미 없음
> - 상징 : 개별성, 관계없는 속성, 1 : 多(원관념 : 보조관념), 보조관념의 독립적 의미 있음, 원관념이 주로 생략됨

3 상징의 종류

(1) 원형적 상징 기출 25

① 원형(Archetype)은 하나의 사물이 지니는 근원적 양상으로, 모든 사건이나 사물은 그저 막연히 나타나는 것이 아니라 신화적인 원형의 변모된 모습이라고 보는 것이다.
② 신화는 그 신화를 창출해낸 사람들의 꿈과 의식을 담고 있는 것으로, 인간의 의식 속에 살아 있는 것이다.
  예 이상의 『날개』에서의 '방' - 『단군신화』의 '동굴'의 변용 → '동굴'의 원형 상징을 통해 인고의 과정을 표현

(2) 관습적 상징 - 인습적 상징

① 오랜 세월을 거치면서 인습적 친근함, 즉 사회적 공인을 지니게 된 상징을 의미한다.
② 기존의 의미를 작품 속에 부각시킬 수 있는 장점이 있지만, 자칫 신선함을 상실할 수 있다는 단점도 있다.
③ **관습적 상징의 예** 중요
   ㉠ 자연적 상징 : 하늘 → 신성함

> **체크 포인트**
> 인간의 보편적 심성으로 인해 거의 비슷한 경우가 많지만, 각 나라나 시대마다 약간의 차이는 존재

   ㉡ 제도적 상징 : 태극기 → 대한민국

> **체크 포인트**
> 한 민족이나 집단 내에서 존재

   ㉢ 알레고리컬 상징 : 매화 → 절개

> **체크 포인트**
> 막연하거나 암시적이지 않고 한 가지 의미로 명확하게 고착되어 있음

(3) 창조적 상징 - 개인적 상징 기출 25, 23, 21
① 한 개인의 독창적 체험에 의해 창출해낸 상징을 말한다.
② 이미 알고 있는 것이 아닌 개인(작가)이 자신의 개성이나 창조적 능력에 의해 독자적으로 생성한 것이다.
   예 서정주의 「국화 옆에서」에서 '국화'는 누님에서 다시 생명으로 의미가 심화됨으로써 지조와 정절이라는 관습적 상징의 범주를 넘어 창조적인 상징으로 재탄생

4 재문맥화와 장력상징

(1) 재문맥화
① 상징은 본래 전혀 이질적인 두 요소의 폭력적인 결합이라고 할 수 있으며, 이를 통한 문맥화에서 상징의 기능이 발휘되는 것이다.
② 이미 알려진 상징의 이미지에 새로운 의미를 부여하는 것으로, 그것을 가능하게 하는 것은 시의 언어 조직을 통해서이며, 또한 형태·구조상의 기법이 수반되어야 한다.

> **더 알아두기**
> 서정주의 「국화 옆에서」에서 '국화'는 일반적 의미인 '절개'의 상징에 지나지 않지만, 작가가 이를 재문맥화하여 이미 알려진 국화의 의미를 버리고 '중년 여인의 고결한 아름다움'이라는 새로운 의미를 부여하였다.

(2) 장력상징
① 휠라이트는 상징을 언어의 긴장감의 정도에 따라 협의상징과 장력상징으로 분류하였다.
② **협의상징 - 관습적 상징**
   이미 한 사회나 조직에서 되풀이되어 사용되어 온 것으로, 그 의미 해석의 테두리가 정해져 있는 것을 말한다.
③ **장력상징 - 개인적 상징**
   ㉠ 필연적으로 의미가 조작되며, 그 의미가 언제나 애매하다.
   ㉡ 장력상징은 개인의 상상력에 의해 만들어낸 것으로, 이는 곧 갓 태어난 상징의 의미를 독자들에게 각인시키기 위해서는 불가피하게 필연적인 의미의 조작이 필요하다는 것이다.
   ㉢ 상징은 의미의 애매함에 의해 연상 또는 상상력의 폭과 깊이를 확보할 수 있다.

더 알아두기

현대 시문학의 흐름
- 1910년대의 시문학 : 계몽(최남선)
  - 자유시의 등장 : 1919년 주요한의 「불놀이」 – 최초의 근대자유시
  - 상징주의 계열의 작가 : 주요한, 김억
- 1920년대의 시문학 : 낭만과 경향, 문단의 대립기, 김소월과 한용운의 활동
  - 3·1 운동 실패로 인한 무력감, 좌절감, 절망 → 퇴폐적·향락적인 초기 낭만주의(세기말, 데카당스, 댄디즘의 영향)
    예 홍사용의 「나는 왕이로소이다」, 황석우의 「벽모의 묘」, 이상화의 「나의 침실로」 등
  - '力(역)의 예술' 등장 : 신경향파(염군사 + 파스큘라) → 경향파 = KAPF = 예맹파 = 프로문학파 (좌익적 성향, 이념, 정치, 투쟁, 계급)
  - 문단의 대립기 : 좌익과 우익
- 1930년대의 시문학 : 반계급적 순수문학
  - 순수시 계승 동인지 : 시문학(1930) → 문예월간(1931) → 문학(1933) → 시원(1935) → 문장(1939)
  - 순수시 옹호 단체 : 구인회(1933)의 활동
  - 순수시파 → 주지시파 → 생명파 → 청록·자연파
  - 전원시 등장 : 신석정, 김동명, 김상용
- 1940년대의 시문학 : 문학의 공백기, 저항시인(참여시인)의 활동(이육사 + 윤동주)
  - 이육사 : 남성적, 의지적, 선비의 기질과 지조
  - 윤동주 : 순수와 자아성찰, 부끄러움의 미학
- 1950년대의 시문학 : 전쟁체험의 시 등장
  예 구상의 「초토의 시」, 박인환의 「검은 신」 등
- 1960년대의 시문학 : 다양, 현실참여시 등장
  예 현실참여적 성향 : 김수영의 「폭포」·「풀」, 신동엽의 「껍데기는 가라」, 신경림의 「농무」, 김지하의 「타는 목마름으로」 등

○× 로 점검하자 | 제5절

※ 다음 지문의 내용이 맞으면 ○, 틀리면 ×를 체크하시오. (01~11)

01 상징(Symbol)의 어원은 희랍어인 'Symballein'으로, '던지다', '비교하다'를 의미하는 말이다.
(　)

02 시에서의 상징이란 서로 유사한 대상이 결합되어 새로운 의미를 지니게 되는 것이다. (　)

03 상징은 '현상, 단일한 관념 지시, 관습적 상상력' 등을 특징으로 한다. (　)

04 은유는 원관념이 상징 뒤에 숨겨져 있으며, 상징은 원관념과 보조관념의 상관관계가 명확하다.
(　)

05 상징에서는 원관념이 주로 생략된다. (　)

06 모든 사건이나 사물은 신화적인 원형의 변모된 모습이라고 보는 것을 원형적 상징이라 한다.
(　)

07 관습적 상징은 기존의 의미를 작품 속에 부각시킬 수 있는 장점이 있다. (　)

08 알레고리컬 상징은 원형적 상징이다. (　)

09 제도적 상징은 한 민족이나 집단 내에서만 존재한다. (　)

10 이미 알려진 상징의 이미지에 새로운 의미를 부여하는 것을 재문맥화라 한다. (　)

11 장력상징은 필연적으로 의미가 조작되며, 그 의미가 언제나 뚜렷하다. (　)

정답 1 ○ 2 × 3 × 4 × 5 ○ 6 ○ 7 ○ 8 × 9 ○ 10 ○ 11 ×

제5절 핵심예제문제

01 상징과 은유에 대한 설명으로 틀린 것은?

① 상징은 공동체 구성원을 결속 또는 배제하는 기능을 한다.
② 은유는 원관념이 상징 뒤에 숨겨져 있으며, 상징은 원관념과 보조관념의 상관관계가 명확하다.
③ 상징은 은유에 비해 훨씬 고차원적인 유추 과정을 통해 이해될 수 있다.
④ 은유는 원관념(주지)과 매체(보조관념) 사이에 유사성이 존재한다.

> **01** 상징은 원관념이 상징 뒤에 숨겨져 있으며, 은유는 원관념과 보조관념의 상관관계가 명확하다.

02 다음 중 관습적 상징의 종류가 <u>아닌</u> 것은?

① 자연적 상징
② 제도적 상징
③ 알레고리컬 상징
④ 원형적 상징

> **02** 관습적 상징에는 '자연적·제도적·알레고리컬 상징'이 있으며, 원형적 상징은 사건이나 사물을 신화적 원형과 관련하여 파악하는 것이다.

03 재문맥화와 관련된 설명으로 틀린 것은?

① 상징의 기능은 이질적인 두 요소의 결합에 의한 문맥화를 통해 발휘된다.
② 재문맥화는 이미 알려진 상징의 이미지에 새로운 의미를 부여하는 것이다.
③ 재문맥화를 위해서는 언어 조직 및 형태·구조상의 기법이 수반되어야 한다.
④ 재문맥화를 위해서는 언어의 긴장감이 전제되어야 한다.

> **03** 언어의 긴장감과 관련된 것은 '협의상징'과 '장력상징'이다.

정답 01 ② 02 ④ 03 ④

제 2 장 실전예상문제

01 극적인 정화는 카타르시스를 느낄 수 있는 '희곡'의 특징이다.
- 시의 5대 특성: 음악성, 사상성, 정서성, 회화성, 압축성
- 시와 다른 문학 장르와의 구별: 시는 운율적·내포적 언어로 된 대표적인 언어예술

01 다음 중 시의 특징이 아닌 것은?

① 정서와 상상을 통한 문학이다.
② 내포적 언어에 의한 언어예술이다.
③ 압축적 형식미를 중시하는 문학이다.
④ 극적(劇的)인 정화(淨化)와 공감의 문학이다.

02 시는 무용, 음악, 노래 등이 미분화된 원시종합예술로부터 비롯되었다.
① · ③ 문학의 기원은 곧 시의 발생에서 비롯된 것으로, 시의 발생은 문학의 여러 장르 중 가장 먼저이다.
④ 시는 운율을 통한 음악성을 갖는다.

02 다음 중 시에 대한 설명으로 적절하지 않은 것은?

① 시는 문학의 장르 중 가장 오랜 역사를 지니고 있다.
② 시는 그 발생에서부터 독립된 예술양식이었다.
③ 고대에서 문학과 시는 동의어의 개념이었다.
④ 시는 문학의 다른 장르에 비해 현저하게 음악성에 의거하는 특징을 갖는다.

03 ① · ② · ④는 일상어의 특징이다.

시어의 특징
- 언어의 함축성에 의존한다.
- 간접적 · 개인적이다.
- 지시적 의미보다 정서적 의미로 사용된다.
- 표현을 중시하여 시의 감동을 높인다.

03 다음 중 시어(詩語)의 특징은?

① 언어의 개념 표시에 의존한다.
② 직접적 · 비개인적이다.
③ 언어의 함축성을 중시한다.
④ 지시적 기능을 중시한다.

정답 01 ④ 02 ② 03 ③

04 시어에 대한 설명으로 올바르지 <u>않은</u> 것은?
① 사전적 의미를 이미 가지고 있는 언어를 통해 독자에게 감동을 전달한다.
② 고전주의 시대에는 일상어와는 달리 시만을 위한 언어가 따로 존재한다고 보았다.
③ 동양의 한문학(漢文學)에서는 산문에 일상어를 사용하는 것을 금지하였다.
④ 외연(外延)에 충실하며, 일상적 문법체계를 변형하여 시적 기능을 발휘한다.

04 외연에 충실한 것은 과학적 언어이며, 시어는 시적·함축적 기능을 지닌 내포(內包)에 충실한 언어이다.

05 다음 중 시어에 대한 설명으로 올바르지 <u>않은</u> 것은?
① 시어를 통해 독자를 감동시킬 수 있다.
② 고전주의 시대에는 시어가 따로 존재한다고 보았다.
③ 현대시의 경우 시어와 비시적 언어가 더욱 뚜렷하게 구별되고 있다.
④ 시인의 태도로 인해 시어와 비시적 언어의 차이가 생긴다.

05 현대시에서는 시어와 비시적 언어의 구분이 없다.
① 작가는 시어를 통해 독자를 감동시킨다.
② 고전주의 시대에는 시만을 위한 언어가 따로 존재하며, 시어는 일상어에 비해 보다 아름답고 고차원적인 언어라고 보았다.
④ 동일한 언어라 하더라도 그것을 사용하는 시인의 태도에 따라 시적 언어가 될 수도, 비시적 언어가 될 수도 있다.

06 인간의 정서를 소박하고 감동적으로 자연스럽게 표현한 일상적 언어야말로 진정한 시어라고 주장한 학자는?
① 워즈워스
② 콜리지
③ 리처즈
④ 브룩스

06 워즈워스는 인간의 정서를 감동적으로 표현할 수 있는 것은 모두 '시어'이며, 인위적인 시어보다는 오히려 일상어가 더 훌륭하다고 보았다.

정답 04 ④ 05 ③ 06 ①

07 언어를 과학적 언어와 예술적 언어(시어)로 분류하였다.
① 시어는 어떤 대상을 지시하기 위한 것이 아닌 정서적 효과를 불러일으키기 위해 사용하는 것이라 보았다.
③ 시어를 과학적 진술과 구별하여 의사진술로 정의하였다.
④ 예술적 언어를 가진술로 보았다.

08 의사진술은 한 문맥 내에서의 모순·충돌을 수용하는 데 반해, 진술은 수용하지 않는다.

의사진술(Pseudo statement)
과학적 언어는 객관적 타당성을 요구하므로 이는 '진술'에 해당하지만, 시어는 무엇을 증명하여 과학적으로 규명해야 하는 언어가 아니므로 지시대상 또는 진실과 부합하여 서술되어야 할 필요성이 없다. 또한 과학적 언어가 대상의 의미를 정확히 전달하는 기능을 갖고 있다면, 시적 언어는 비록 전달 내용의 정확한 전달에는 실패하더라도 정서의 환기력이 크다면 제 몫을 다하는 것이므로, 정서적 기능을 중요시한다고 볼 수 있다.

09 리처즈는 '포괄의 시'와 '배제의 시'라는 개념을 통해 낭만주의를 비판하였다.
• 포괄의 시: 인간에게 줄 수 있는 여러 가지 충동을 시가 두루 포괄하여 수용
• 배제의 시: 시인이 자신이 원하는 충동만을 택하고 그 밖의 것은 제외

정답 07 ② 08 ① 09 ③

---

07 다음 중 리처즈와 관련된 내용이 <u>아닌</u> 것은?

① 시어의 정서적 기능 중시
② 언어를 일상어와 시어로 분류
③ 의사진술(Pseudo statement)
④ 진술의 차원에서 시어는 거짓에 속함

08 의사진술과 진술의 특징이 올바르지 <u>않은</u> 것은?

	〈의사진술〉	〈진술〉
①	모순·충돌을 한 문맥에서 수용하지 않음	모순·충돌을 한 문맥에서 수용
②	지시대상·진실과 부합하지 않음	지시대상·진실과 부합
③	정서적 기능 중시	지시적 기능 중시
④	시어	과학적 언어

09 낭만주의를 '포괄(包括)의 시'와 '배제(排除)의 시'의 개념을 통해 비판한 사람은?

① 워런
② 소쉬르
③ 리처즈
④ 워즈워스

10 각 학자의 견해가 바르게 연결되지 않은 것은?

① 콜리지 – 워즈워스의 견해를 반박하여 시어와 일상어를 구분하였다.
② 워즈워스 – 인위성만을 따진 시어는 시인 자신과 시에 명예만을 안겨주는 수단일 뿐이라고 보았다.
③ R. P. 워런과 C. 브룩스 – 배제의 시, 순수시를 좋은 시로 보았다.
④ 소쉬르 – 일상어를 외연과 내포로 구별하였다.

> 10 R. P. 워런과 C. 브룩스는 배제의 시보다는 포괄의 시를, 순수시보다는 비순수시를 좋은 시로 간주하였다.

11 의미 해석이 두 가지 이상으로 가능하여 이해 불가능의 상황을 초래하는 시어의 특성은 무엇인가?

① 인위성
② 외연성
③ 애매성
④ 긴장성

> 11 의미 해석이 두 가지 이상으로 가능하여 이해 불가능의 상황을 맞게 되는 것은 시어의 애매성 때문이다.

12 한용운의 「님의 침묵」에 나타난 '님'의 의미를 문학 언어의 속성을 고려하여 설명한 것은?

① 외연적 의미가 중요하다.
② 다양한 함축적 의미를 갖는다.
③ 조국으로만 해석될 수 있다.
④ 님은 표현 대상이 하나뿐이다.

> 12 '님'은 다양한 의미를 가질 수 있는데, 표면상 사랑하는 사람, 민족·조국 등을 의미하며, 내면상 생명의 근원, 진리의 총체 등을 의미한다.

정답 10 ③ 11 ③ 12 ②

13 다음 중 시어의 애매성과 관련된 설명으로 적절한 것은?

① A. 테이트가 제시한 개념으로, 시의 특성을 밝히는 중요한 용어이다.
② 시어는 언어의 애매성을 통해 가능한 한 명확한 의미를 전달하려 한다.
③ 시에서 애매성은 지양해야 할 언어의 자질 가운데 하나이다.
④ 언어에 대해 선택적 반응을 할 여지를 주는 언어의 모든 복잡한 뉘앙스를 포함한다.

13
① 영국의 문학이론가 W. 엠프슨이 『애매성의 일곱 가지 형태』에서 언급한 용어이다.
② 시어는 언어의 애매성을 통해 정서적 깊이를 증대시킬 수 있다. 명확한 의미를 전달하려 하는 것은 일상어·과학어의 특성이다.
③ 시에서 애매성은 지향(志向)해야 할 언어의 자질이다.

14 다음 중 '긴장(Tension)'의 개념을 제시한 학자는 누구인가?

① 테이트
② 앨런 포
③ 엠프슨
④ 콜리지

14 '긴장'은 A. 테이트가 사용한 용어이다.

긴장(Tension)
문학의 본질적 성격을 가리키는 개념으로, 하나의 문학 언어란 작품 외부를 향한 문자적 의미와 작품 내부를 향한 비유적 의미의 충돌에서 비롯되는 긴장을 품고 있다는 것을 의미한다.

15 김소월의 「진달래꽃」에서 시적 긴장감이 가장 강하게 나타나는 시행은?

① 말없이 고이 보내 드리오리다
② 죽어도 아니 눈물 흘리오리다
③ 사뿐히 즈려밟고 가시옵소서
④ 아름 따다 가실 길에 뿌리오리다

15 외연적인 의미는 절대로 눈물을 흘리지 않겠다는 것이지만 실제로는 작중 화자의 애절한 사랑과 슬픔, 한(恨)의 정서를 느낄 수 있는 부분으로, 시적 긴장이 나타나고 있다.

정답 13 ④ 14 ① 15 ②

16 시의 운율에 대한 설명으로 <u>틀린</u> 것은?

① 내재율은 정형시의 특징이다.
② 시의 아름다움은 운율을 통한 음악성으로 구체화된다.
③ 객관적 운율은 실체를 쉽게 파악할 수 있는 운율이다.
④ 운율은 나라마다 다르게 나타난다.

> 16 내재율은 자유시・산문시에서 주로 볼 수 있으며, 정형시에서 주로 볼 수 있는 운율은 외형률이다.

17 다음 중 운율의 특징이 <u>아닌</u> 것은?

① 운율은 시의 가장 중요한 요소이다.
② 운율을 형성하는 가장 본질적인 요소는 반복이다.
③ 운율을 의도적으로 배치하는 것은 바람직하지 않다.
④ 운율은 시의 가락・리듬・율격이다.

> 17 시의 운율은 '의도적 배치'라는 점이 반드시 고려되어야 한다.

18 음보율에 대한 설명으로 <u>틀린</u> 것은?

① 음수율의 한계를 극복하고자, 정병익에 의해 제기되었다.
② 일정한 수의 음절로 된 음보가 한 호흡 간에 3~4번 규칙적으로 반복된다.
③ 한국시가사상 가장 두드러진 운율이다.
④ 한국시가에서 가장 자주 쓰이는 것은 3음보, 4음보, 5음보이다.

> 18 한국시가에서 가장 자주 쓰이는 것은 2음보, 3음보, 4음보이며, 2・3음보는 민요에, 4음보는 시조와 가사에 주로 쓰인다.

정답 16 ① 17 ③ 18 ④

19 최남선·김억·김소월 등의 근대시는 7·5조가 되풀이되는 것이 일반적이다.

20 고저율·강약률·장단율은 영시의 주된 운율이다.

21 '오'·'고'(각운), 4음보(음보율), 4·4조(음수율)의 운율을 보이고 있다.

장단율(長短律)
각 음절의 장·단을 변화 있게 조직한 소리의 단위들로 이루어진 율격을 말한다.

정답 19 ① 20 ④ 21 ③

---

19 다음 중 음수율에 대한 설명으로 적절하지 <u>않은</u> 것은?

① 최남선·김억·김소월 등의 근대시는 4·4조가 되풀이되는 것이 일반적이다.
② 시조나 가사 등은 4·4조, 민요는 3·3·4조가 주로 반복된다.
③ 이광수·조윤제 등에 의해 제기되었다.
④ 음절이나 음보의 규칙적 반복에서 발생한다.

20 다음 중 한국시의 주된 운율은?

① 고저율
② 강약률
③ 장단율
④ 음수율

21 다음 시에 나타난 운율의 형태가 <u>아닌</u> 것은?

> 청석령(靑石嶺) 지나거야 초하구(草河口) 어디메오.
> 호풍(胡風)도 참도 찰샤 궂은비는 무슨 일고.
> 뉘라서 내 행색(行色)을 그려내어 님 계신데 드릴고.
>   – 봉림대군의 시조

① 각운
② 음수율
③ 장단율
④ 음보율

22 ⊙~ⓒ에 들어갈 말로 적절한 것은?

- (⊙) : 각 시행의 머리운을 일치시키는 방법
- (ⓒ) : 각 시행의 가운데 운을 일치시키는 방법
- (ⓒ) : 각 시행의 마지막 운을 일치시키는 방법

	⊙	ⓒ	ⓒ
①	두운	중운	결운
②	초운	중운	결운
③	두운	요운	각운
④	두운	중운	각운

23 다음 중 한국시의 기본 리듬이 아닌 것은?

① 4·4조   ② 7·5조
③ 3·3·4조   ④ 5·7조

24 다음 시에 나타난 운율의 형태가 아닌 것은?

> 물구슬의 봄 새벽 아득한 길
> 하늘이며 들 사이에 넓은 숲
> 젖은 향기 불긋한 잎 위의 길
> 실그물의 바람 비쳐 젖은 숲
> — 김소월, 「꿈길」

① 음수율   ② 강약률
③ 음보율   ④ 음위율

---

22 음위율
한시의 압운(押韻)처럼 일정한 음이 일정한 위치에 반복되는 운율
- 두운(頭韻) : 각 시행의 머리운을 일치시키는 방법
- 요운(腰韻) : 각 시행의 가운데 운을 일치시키는 방법
- 각운(脚韻) : 각 시행의 마지막 운을 일치시키는 방법

23 우리 시의 기본 음수율은 주로 '3·4조, 4·4조(시조·가사), 3·3·2조, 3·3·4조(민요), 7·5조(근대시)' 등이다.

24 '길'과 '숲'의 반복으로 음수율과 음위율이 나타나고 있으며, 3음보의 운율을 지니고 있다.

강약률
한 행의 시가 일정한 수의 악센트를 담고 있는 율격으로 영시에 주로 사용되며, 한 행 속에 들어 있는 음절의 수는 문제가 되지 않고 악센트의 수만 일치하면 된다.

정답 22 ③ 23 ④ 24 ②

25 다음 시의 운율을 형성하는 요소로 가장 거리가 먼 것은?

> 모란이 피기까지는
> 나는 아직 나의 봄을 기다리고 있을테요
> 모란이 뚝뚝 떨어져버린 날
> 나는 비로소 봄을 여읜 설움에 잠길테요
> 5월 어느 날, 그 하루 무덥던 날
> 떨어져 누운 꽃잎마저 시들어 버리고는
> 천지에 모란은 자취도 없어지고
> 뻗쳐 오르던 내 보람 서운케 무너졌느니
> 모란이 지고 말면 그뿐, 내 한 해는 다가고 말아
> 삼백 예순 날 하냥 섭섭해 우옵네다
> 모란이 피기까지는
> 나는 아직 기다리고 있을테요,
> 찬란한 슬픔의 봄을.
>   - 김영랑, 「모란이 피기까지는」

① 두운과 각운의 사용
② 반복적 언어의 사용
③ 수미상관(首尾相關)의 구성
④ 함축적 의미를 지니는 '뚝뚝', '하냥' 등의 부사어의 사용

26 다음 중 정형시에 대한 설명으로 가장 적절한 것은?

① 외형률에 의해 쓰인 시를 말한다.
② 연이 리듬의 단위가 된다.
③ 우리나라 시가에서 가장 대표적인 정형시는 가사이다.
④ 가사는 현재까지도 그 명맥을 유지하고 있다.

정답 25 ④ 26 ①

27 시어의 반복과 병렬에 대한 설명으로 잘못된 것은?

① 음운이 첨가·생략될 수 있다.
② 현대시의 경우 반복과 병렬이 원형 그대로 쓰이는 경우가 많다.
③ 병렬은 반복의 일종이다.
④ 같은 단위를 교차하거나 되풀이함으로써 생긴다.

27 현대시의 경우 반복과 병렬이 원형 그대로 쓰이는 경우는 거의 없지만, 이 두 개념을 작품의 배경에 두고 변형시켜 사용하는 경우는 종종 찾아볼 수 있다.

28 다음 중 율격에 대한 설명으로 적절하지 않은 것은?

① 복합 율격은 두 가지 이상의 율격적 자질이 서로 얽혀 복잡한 율격 체계를 형성한다.
② 한국시는 한시나 영시와 같은 복합 율격이 주를 이룬다.
③ 한시는 영시와 마찬가지로 운율의 규칙이 복잡한 편이다.
④ 시조나 가사에서는 고저, 강약, 장단과 같은 변화 있는 리듬을 구성하기 위해 필요한 운율적 요소가 발견되지 않는다.

28 복합 율격은 영시나 한시 등에 쓰이며 발전했으며, 한국시는 단순 율격이 주를 이룬다.

29 자유시와 산문시의 차이를 결정하는 가장 중요한 요소는?

① 운율의 유무
② 이미지의 유무
③ 비유의 유무
④ 행·연의 구분 유무

29 자유시는 일정한 외형적 형식에 얽매이지 않고 자유로운 형식으로 쓴 시이며, 산문시는 행과 연의 구분 없이 산문처럼 쓴 시로, 자유시는 운율을 갖지만 산문시는 운율을 갖지 않는다.

정답 27 ② 28 ② 29 ①

30 자유시와 산문시에 대한 설명으로 적절하지 <u>않은</u> 것은?

① 자유시는 시적 운율을 의도적으로 배제한 시이다.
② 우리나라에서는 시조만이 정형시로 인정되며, 나머지 시는 자유시에 속한다.
③ 산문시는 자유시의 극단적 양상이라 볼 수 있다.
④ 산문시는 행과 연의 구분을 없앤 시이다.

31 다음 중 시의 내용상 갈래로 볼 수 <u>없는</u> 것은?

① 서정시
② 서사시
③ 극시
④ 목적시

32 다음 중 시의 성격상 갈래로 볼 수 <u>없는</u> 것은?

① 낭만시
② 순수시
③ 상징시
④ 자유시

---

30 시적 운율을 의도적으로 배제한 것은 산문시이며, 자유시는 운율을 갖되, 다만 그 형식이 자유로운 것이다.

31 시의 내용상 갈래는 '서정시, 서사시, 극시'이며, 목적시는 시의 성격상 분류이다.

32 자유시는 시의 형식상 분류에 해당하는 것이다.

정답 30 ① 31 ④ 32 ④

33 다음 괄호 안에 들어갈 말로 알맞은 것은?

> (   )은(는) 주지(主旨)를 드러내기 위해 '다른 사물이나 관념'을 이용하는 표현 방법이다. 이때 주지와 매체는 유사성이나 동일성에 기반하여 1:1의 관계를 갖는다.

① 비유
② 상징
③ 반복
④ 생략

33 '주지'와 '매체'는 리처즈가 비유를 효과적으로 이해하기 위해 도입한 개념으로, 주지는 드러내고자 하는 사상(정서), 매체는 주지를 드러내는 수단 또는 표현을 의미한다.

34 주지(主旨)와 매체(媒體)에 대한 설명으로 틀린 것은?

① 주지는 원관념, 매체는 보조관념이다.
② 주지는 시인이 본래 표현하고자 하는 사상·정서 등이다.
③ 매체는 주지를 드러내는 수단이다.
④ 별개의 사물이 각각 원관념과 보조관념으로 결합될 수 있는 것은 두 사물의 이질성 때문이다.

34 별개의 사물이 각각 원관념과 보조관념으로 결합될 수 있는 것은 이 두 사물 사이의 유사성 혹은 동일성을 바탕으로 하기 때문이다.

35 다음 시에서 가장 많이 사용된 비유법은?

> 내용없는 아름다움처럼
>
> 가난한 아희에게 온
> 서양 나라에서 온
> 아름다운 크리스마스 카드처럼
>
> 어린양들의 등성이에 반짝이는
> 진눈깨비처럼
>   - 김종삼, 「북 치는 소년」

① 직유법
② 은유법
③ 제유법
④ 환유법

35 '아름다움처럼', '카드처럼', '진눈깨비처럼'의 시어를 통해 직유법이 가장 많이 사용되었음을 알 수 있다.

정답 33 ① 34 ④ 35 ①

36 다음 중 직유법의 특징이 아닌 것은?

① 비유법 중 가장 간단하고 명료한 형식
② 주지와 매체의 관계가 직선적
③ 내적 동일성에 근거함
④ '같이', '처럼', '듯' 등의 형태로 나타남

37 은유법에 대한 설명으로 올바르지 않은 것은?

① 원관념과 비유되는 보조관념은 다른 것이다.
② 숨겨진 비유이다.
③ 'A는 B이다'의 형태로 나타난다.
④ 표현(의미)의 범위를 확대시킨다.

38 밑줄 친 부분 중 함축적 의미가 다른 하나는?

> 이것은 소리 없는 아우성.
> 저 푸른 해원(海原)을 향하여 흔드는
> 영원한 노스텔지어의 손수건.
> 순정은 물결같이 바람에 나부끼고
> 오로지 맑고 곧은 이념의 푯대 끝에
> 애수는 백로처럼 날개를 펴다.
> 아! 누구던가
> 이렇게 슬프고도 애달픈 마음을
> 맨 처음 공중에 달 줄을 안 그는.
> 　　　　　　　　　－ 유치환, 「깃발」

① 소리 없는 아우성
② 영원한 노스텔지어의 손수건
③ 이념의 푯대
④ 슬프고도 애달픈 마음

---

36 직유법은 외적 유사성을 바탕으로 하며, 내적 동일성을 근거로 하는 것은 은유법이다.

37 은유법은 원관념은 숨기고 보조관념만 드러내어 표현하려는 대상을 설명하거나 그 특질을 묘사하는 표현법으로, 원관념과 비유되는 보조관념을 같은 것으로 본다.

38 '아우성, 손수건, 순정, 애수, 마음'은 모두 원관념인 '깃발'의 보조관념으로, 은유법이 사용된 것이다. 하지만 '이념의 푯대'는 '깃대'를 가리키는 것으로, 이상향에 대한 신념과 의지의 표상을 나타내는 것이다.

정답　36 ③　37 ①　38 ③

39 비유법에 대한 설명으로 올바른 것은?

① 의인법은 대유법의 일종이다.
② 환유는 주지와 매체가 1 : 다(多)의 관계를 형성한다.
③ 제유는 어떤 사물을 그 사물의 속성이나 특징으로 대치하는 것을 말한다.
④ 환유와 제유는 사물 간의 '유사성'보다는 '관련성'에 근거한다.

40 휠라이트가 제시한 치환 비유에 대한 설명으로 적절하지 않은 것은?

① 비논리적 관계에 치중하는 비유이다.
② 주지와 매체의 관계를 유사성이나 연관성에 의해 파악할 수 있다.
③ 일상적 의미가 상호 친화적인 비교를 통해 전이되는 것이다.
④ 보조관념이 원관념을 대체하는 전통적 은유에 해당한다.

41 병치(竝置)에 대한 설명으로 틀린 것은?

① 비논리적 관계를 통해 새로운 의미를 창출하는 것이다.
② 의미의 발견보다는 사물 자체를 추구한다.
③ 두 사물 간의 유사성을 근거로 한다.
④ 일상적으로 생각할 수 없는 것을 은유적 구조를 통해 새로운 이미지로 변화시킨다.

---

39 은유와 직유가 '유사성'을 근거로 하는 데 반해 환유와 제유는 유사성보다는 두 사물 간의 '관련성', '인접성'을 근거로 한다.
① 의인법은 사람이 아닌 것을 사람인 것처럼 표현하는 방법이며, 대유법은 사물의 명칭을 직접 쓰지 않고 사물의 일부나 특징을 들어서 그 자체나 전체를 나타내는 비유법이다. 대유법에는 환유와 제유가 있다.
② 환유는 주지와 매체가 1 : 1의 관계를 형성하며, 제유는 1 : 다(多)의 관계를 형성한다.
③ 어떤 사물을 그 사물의 속성이나 특징으로 대치하는 것은 환유이며, 제유는 어느 한 부분으로써 전체를 나타내는 것이다.

40 치환 비유는 논리적 관계에 치중하는 비유이다.

41 병치는 유사성이 배제된 상태의 은유로, 두 사물 혹은 이미지 사이에서 유사성을 찾기가 어렵다.

병치(竝置)의 특징
- 비논리적 관계를 통해 새로운 의미 창출
- 의미의 발견보다는 사물 자체를 추구
- 병렬과 종합을 통해 새로운 의미 창조
- A는 A대로, B는 B대로 독립성을 가짐
- 원관념과 보조관념의 개념이 명확하게 드러나지 않음
- 일상적으로 생각할 수 없는 것을 은유적 구조를 통해 새로운 이미지로 변화시킴

정답 39 ④ 40 ① 41 ③

42 막스 블랙(Max Black)은 은유에 관한 이론을 대치론, 비교론, 상호작용론으로 분류하였다.	**42** 은유에 관한 이론을 대치론, 비교론, 상호작용론으로 분류한 사람은? ① 휠라이트 ② 막스 블랙 ③ 앨런 포 ④ 워즈워스
43 대치는 본래 의도한 것을 효과적으로 전달하기 위해 비유를 사용하는 것으로, 주지와 매체의 상관관계가 쉽게 유추되므로, 유추가 거의 필요 없다.	**43** 다음 중 대치론(代置論)의 특징이 <u>아닌</u> 것은? ① 가장 일반적으로 통용되는 비유론이다. ② 의미 파악을 위해 반드시 유추가 필요하다. ③ 본래 의도한 것을 효과적으로 전달하기 위해 비유를 끌어들이는 것이다. ④ 비유의 역할은 문자 그대로의 뜻 또는 주지를 다른 형태로 바꾸어 놓는 것이다.
44 비교론(比較論) • 이질적인 두 개의 관념을 엉뚱하게 연결시키는 것 • 유추가 추가되며, 그만큼 더 많은 상상력을 필요로 함	**44** 막스 블랙의 비유론 중 이질적인 두 개의 관념을 엉뚱하게 연결시키는 것으로, 유추가 추가되는 만큼 더 많은 상상력을 요구하는 것은? ① 대치 ② 비교 ③ 상호 작용 ④ 치환

정답 42 ② 43 ② 44 ②

45 상호작용론에 대한 설명으로 적절하지 않은 것은?

① 서로 모순되는 개념을 강제로 결합시켜 주지의 의미를 더욱 확장시키는 데 그 목적이 있다.
② 비유를 구성하는 두 관념이 유사할수록 그 효과가 더욱 커질 수 있다.
③ 상호작용론에서의 비유는 시의 필수 불가결한 요소라 할 수 있다.
④ 비유를 구성하는 두 관념은 서로 역동적인 상관관계를 가진다.

45 상호작용론은 비유를 구성하는 두 관념이 이질적일수록 그 효과가 더욱 커진다.

46 ㉠~㉣ 중 ⓐ와 동일한 수사법이 쓰인 것은?

> ⓐ 내 마음은 호수요,
> ㉠ 그대 노 저어 오오.
> 나는 그대의 흰 그림자를 안고, ㉡ 옥(玉)같이
> 그대의 뱃전에 부서지리다.
>
> ㉢ 내 마음은 촛불이요,
> 그대 저 문을 닫아 주오.
> 나는 그대의 비단 옷자락에 떨며, 고요히
> ㉣ 최후의 한 방울도 남김없이 타오리다.
>
> — 김동명, 「내 마음은」

① ㉠
② ㉡
③ ㉢
④ ㉣

46 '내 마음은 호수요.'에서는 'A(내 마음)는 B(호수)이다.'의 형식인 은유법이 사용되었다. 이와 동일한 것은 ㉢ '내 마음(A)은 촛불(B)이요.'이다.

정답 45 ② 46 ③

47 ①·② 시의 이미지는 심리학·미술에서 말하는 이미지와 다른 의미의 것으로, 언어라는 매개체를 통해 제시된다.
③ 이미지는 다양하고 복합적인 체험을 실체로 제시할 수 있다.
④ 시의 기능을 정서 환기에 한정하지 않고 대상에 대한 인식의 수단으로 파악한다.

48 이미지의 유형
- 지각 이미지 : 인간의 감각을 통해 구체화되는 이미지 – 시각·청각·촉각 이미지 등
- 비유적 이미지 : 이미지가 생기도록 자극하는 비유적·묘사적 이미지 – 직유, 은유, 의인 등
- 상징적 이미지 : 한 작품 속에서 반복적으로 사용되면서 시가 지니는 분위기를 응집시키는 이미지

49 서정주의 「국화 옆에서」에서 '국화'는 젊은 날의 시련과 방황을 모두 이겨내고 성숙된 아름다움을 지닌 '누님'을 비유하는 것으로, 이는 곧 생명 탄생의 고귀함과 중년 여인의 원숙미를 상징하는 것이다.

50 ③은 청각(빗소리)의 시각화(청잣빛)가 이루어진 공감각적 표현이다.
① '푸른'
② '싱겁고, 구수하고'
④ '투명한(시각)', '겨울바람(촉각)' → 촉각의 시각화

정답 47 ① 48 ④ 49 ④ 50 ③

---

47 시의 이미지에 대한 설명으로 올바른 것은?

① 언어를 통해 제시된다.
② 시의 이미지와 심리학의 이미지는 같은 이미지이다.
③ 다양하고 복합적인 체험을 실체로 제시하지 못한다는 한계가 있다.
④ 시의 기능을 정서 환기에 한정시킨다.

48 다음 중 이미지의 유형이 <u>아닌</u> 것은?

① 지각 이미지
② 비유적 이미지
③ 상징적 이미지
④ 전통적 이미지

49 서정주의 시 「국화 옆에서」에서 국화가 상징하는 것은 무엇인가?

① 절개
② 사랑
③ 이별
④ 원숙미

50 다음 중 각 이미지의 연결이 바르지 <u>않은</u> 것은?

① 시각 이미지 – 아! 강낭콩 꽃보다도 더 푸른
② 미각 이미지 – 모밀묵이 먹고 싶다. / 그 싱겁고 구수하고
③ 청각 이미지 – 창문에 어룽지는 청잣빛 빗소리
④ 공감각 이미지 – 투명한 겨울 바람

51 다음 중 시각의 청각화가 이루어진 공감각적 표현은?

① 꽃처럼 붉은 울음을 밤새 울었다
② 이것은 소리 없는 아우성
③ 한 떨기 희망
④ 구수한 음악의 한 페이지

51 깃발('이것')이 흔들리는 모습(→ 시각)을 소리 없는 아우성(→ 청각)에 비유한 것이므로, 시각의 청각화가 이루어진 것이다.
① '붉은(시각) 울음(청각)'은 청각의 시각화가 이루어진 표현이다.
④ 서로 다른 감각이 나열된 복합감각적 이미지이다.

52 다음 시에 주로 사용된 이미지는?

> 머언 산 청운사
> 낡은 기와집
>
> 산은 자하산
> 봄눈 녹으면
>
> 느릅나무
> 속잎 피어나는 열두 구비를
>
> 청노루
> 맑은 눈에
>
> 도는
> 구름
>
>   – 박목월, 「청노루」

① 시각적 이미지
② 청각적 이미지
③ 후각적 이미지
④ 촉각적 이미지

52 '산, 청운사, 낡은 기와집, 청노루' 등의 청색과 '눈, 구름' 등의 백색의 색채 이미지가 대조되어 선명한 시각적 이미지를 드러내고 있다.

정답 51 ② 52 ①

53 김영랑은 우리말을 다루는 언어 감각을 통해 일체의 이념적·사회적 관심을 배제하고 오직 섬세한 언어의 아름다움과 그윽한 서정성을 추구하는 순수시를 지향하였다.

53 다음 중 일상어의 찌꺼기가 섞이지 않은 순수시를 창조한 대표적인 시인은?

① 한용운
② 이상화
③ 김영랑
④ 이육사

54 상징 이미지가 반복되어 사용되면 상징 이미지가 확연히 드러나기 때문에 원관념 또한 표면에 드러난다.
상징적 이미지의 특징
반복적·유형적·원초적·집단적

54 다음 중 상징적 이미지에 대한 설명으로 틀린 것은?

① 한 작품 속에서 반복적으로 사용되면서 시가 지니는 분위기를 응집시킨다.
② 상징 이미지가 반복되어 사용되어도 원관념은 표면에 드러나지 않는다.
③ 반복적·유형적 이미지로 제시된다.
④ 집단적·민족적 원형 또는 신화와 관련이 깊다.

55 ① 추상적인 사물이나 관념 또는 사상을 구체적인 사물로 나타내는 것이다.
③ 은유가 두 개의 사실 사이의 유사성을 근거로 하는 데 반해 상징은 유추 관계를 근거로 하지 않는다.
④ 문학에서의 상징이란 이미지와 관념이 결합된 형태이다.

55 다음 중 상징에 대한 설명으로 적절한 것은?

① 구체적인 사물을 추상적 사물이나 관념으로 나타내는 것
② 서로 다른 대상이 결합되어 새로운 의미를 지니게 되는 것
③ 유추 관계를 근거로 함
④ 이미지와 관념이 분리된 상태

정답 53 ③ 54 ② 55 ②

56 상징과 은유를 비교한 설명으로 적절하지 않은 것은?
① 상징은 은유의 일종이다.
② 상징은 상관성이 먼 상징어를 연결함으로써 의미가 확대·심화된다.
③ 은유는 상징에 비해 훨씬 고차원적인 유추 과정을 통해 이해될 수 있다.
④ 은유는 원관념과 보조관념의 상관관계가 명확하며, 상징은 원관념이 상징 뒤에 숨어 있다.

56 상징은 은유에 비해 훨씬 고차원적인 유추 과정을 통해 이해될 수 있다.

57 다음 중 관습적 상징의 종류가 아닌 것은?
① 자연적 상징
② 제도적 상징
③ 알레고리컬 상징
④ 창조적 상징

57 관습적 상징의 예
- 자연적 상징: 하늘 → 신성함
- 제도적 상징: 태극기 → 대한민국
- 알레고리컬 상징: 매화 → 절개

58 다음에서 설명하는 것은 무엇인가?

> 이미 알려진 상징의 이미지에 시인의 독창적 상상력을 통해 새로운 의미를 부여하는 것으로, 그것을 가능하게 하는 것은 시의 언어 조직을 통해서이며, 또한 형태·구조상의 기법이 수반되어야 한다.

① 재문맥화
② 장력상징
③ 창조적 상징
④ 알레고리컬 상징

58 재문맥화
- 상징은 전혀 이질적인 두 요소의 폭력적인 결합이라고 할 수 있으며, 이를 통한 문맥화에서 상징의 기능이 발휘된다.
- 이미 알려진 상징의 이미지에 새로운 의미를 부여하는 것으로, 이는 시의 언어 조직 및 형태·구조상의 기법이 수반되어야 한다.

정답 56 ③ 57 ④ 58 ①

59 다음 중 장력상징의 특징이 아닌 것은?
① 휠라이트가 제시한 개념이다.
② 관습적 상징에 해당한다.
③ 필연적으로 의미가 조작된다.
④ 의미가 언제나 애매하다.

60 다음 중 휠라이트와 관련된 개념이 아닌 것은?
① 장력상징
② 치환
③ 병치
④ 대치

61 다음 작품에서 두드러지게 발견할 수 있는 시적 수사법은?

> 내 마음은 호수요,
> 그대 노 저어 오오.
> 나는 그대의 흰 그림자를 안고, 옥같이
> 그대의 뱃전에 부서지리다.
> — 김동명, 「내 마음은」

① 상징
② 비유
③ 역설
④ 패러디

---

59 휠라이트는 상징을 언어의 긴장감의 정도에 따라 협의상징과 장력상징으로 분류하였는데, 장력상징은 개인적 상징, 협의상징은 관습적 상징에 해당된다.

60 대치는 막스 블랙이 제시한 개념이다.

61 '내 마음'은 '호수', 즉 비유법이 사용되었다.
③ 역설법 : 표면적으로는 모순되거나 부조리한 것 같지만 그 속에 중요한 진리를 함축하고 있는 표현법
④ 패러디(Parody) : 특정 작품의 소재나 작가의 문체를 흉내 내어 익살스럽게 표현하는 기법

정답 59 ② 60 ④ 61 ②

※ 다음을 읽고 물음에 답하시오. (62~63)

> 쫓아오던 ㉠ 햇빛인데
> 지금 교회당 꼭대기
> ㉡ 십자가에 걸리었습니다.
>
> 첨탑이 저렇게도 높은데
> 어떻게 올라갈 수 있을까요.
>
> ㉢ 종소리도 들려오지 않는데
> 휘파람이나 불며 서성거리다가,
>
> 괴로웠던 사나이
> 행복한 예수 그리스도에게
> 처럼
> ㉣ 십자가가 허락된다면
>
> 모가지를 드리우고
> 꽃처럼 피어나는 피를
> 어두워가는 하늘 밑에
> 조용히 흘리겠습니다.
>
> — 윤동주, 「십자가」

62 위의 시에서 '십자가'가 상징하는 것이 <u>아닌</u> 것은?

① 희생
② 장애물
③ 도덕적·종교적 생활의 목표
④ 헌신

63 ㉠~㉣ 중 상징의 성질이 <u>다른</u> 하나는?

① ㉠
② ㉡
③ ㉢
④ ㉣

62 윤동주의 「십자가」는 자기희생을 통한 구원의 의지를 나타낸 작품으로, '십자가'는 '희생, 헌신, 도덕적·종교적 생활의 목표'를 의미하는 시어이다.

63 ㉠·㉢·㉣은 모두 함축적 의미를 지니고 있지만, ㉡은 십자가라는 대상 자체를 가리키는 것이다.
  ㉠ 추구해 오던 대상, 정의로운 삶의 지표, 이상, 조국 광복
  ㉢ 희망, 은총
  ㉣ 시적 자아가 추구하는 종교적·도덕적 생활의 목표, 자기희생

정답 62 ② 63 ②

우리 인생의 가장 큰 영광은 결코 넘어지지 않는 데 있는 것이 아니라
넘어질 때마다 일어서는 데 있다.

– 넬슨 만델라 –

제3장

소설론

제1절	소설의 본질
제2절	소설의 요소
제3절	소설의 종류
실전예상문제	

합격을 꿰뚫는 기출 키워드

제 3 장 소설론

이야기, 픽션, 스토리, 서술, 개연성, 리얼리티, 로망스, 노벨, 슈로더, 플롯, 피카레스크식 구성, 옴니버스식 구성, 시점, 인물, 성격(Character), 프로타고니스트 · 안타고니스트, 입체적 인물 · 개성적 인물, 주제, 직접 묘사(Telling), 간접 묘사(Showing), 해부 · 고백, 루카치의 분류

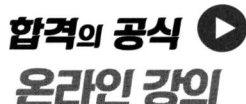 

보다 깊이 있는 학습을 원하는 수험생들을 위한
시대에듀의 동영상 강의가 준비되어 있습니다.
www.sdedu.co.kr → 회원가입(로그인) → 강의 살펴보기

제3장 소설론

제1절 소설의 본질

1 자의(字義)

(1) 소설(小說)의 자의

① **동양**
  ㉠ 小(작은 점 세 개), 說(言 + 兌) : 풀어 헤쳐 드러낸 작은 이야기
  ㉡ 『장자』의 「외물편(外物篇)」: "소설을 꾸며서 현의 수령의 마음에 들려는 자는 크게 되기 어렵다."
     → 소설은 상대방의 환심을 사기 위해 꾸며낸 재담
  ㉢ 환담의 『신론(新論)』: 소설가는 토막 난 작은 이야기들을 종합해서 비유를 취해 짧은 글을 짓는다. → 소설가는 자질구레한 짧은 말들을 모아 가까운 곳에서 비유적 표현을 취해 짧은 글을 만듦
  ㉣ 일본 : 이야기를 지칭하는 용어로 '物語'라는 말이 사용되다가 중국의 영향을 받아 '小說'이라는 말이 함께 사용되었다.
  ㉤ 우리나라 : 고려시대 이규보의 『백운소설』에서 '소설(小說)'이라는 용어가 처음 사용되었는데, 이때의 소설의 개념은 일종의 '잡록(雜錄 : 민중들 사이에서 구전되는 잡다한 이야기)'에 불과했다.

② **서양** : 서양은 소설을 의미하는 용어가 다양하다.
  ㉠ 노벨(Novel)
     • '조그맣고 새로운 것'을 의미하는 'Novella'에서 온 말이다.
     • '새로운 이야기(사실적인 사건)'라는 의미로 근대 이후 출현한 서사문학을 가리키는데, 보통 중편 이상의 길이를 가진 이야기를 뜻한다.

> **체크 포인트**
> 옥스퍼드 영어사전에서의 'Novel'의 정의 : "과거와 현재의 실생활을 표현하는 등장인물과 행동을 다소 복잡한 구성 속에 묘사한 길이가 긴 허구적인 산문 서사물이다."

  ㉡ 로망스(Romance) : 이국적 경향을 가지고 있는 중세의 서사문학을 뜻한다.

> **체크 포인트**
> 로망어로 쓰인 글로 보통 중세의 용감한 기사들의 무용담이나 사랑·모험 등의 이야기를 다룸

  ㉢ 픽션(Fiction) : 사실이 아닌 '**지어낸 이야기**'를 의미한다.
  ㉣ 스토리(Story) : 역사(History)와 같은 어원으로 '**사실의 이야기**'를 의미한다.

2 정의(定義)

(1) 학자들의 정의
① 소설은 대체로 연애를 우습고 재미있게 쓴 이야기이다. - S. 존슨
② 소설은 인생의 해석이다. - W. H. 허드슨
③ 소설은 이야기, 캐릭터에 대해 꾸며놓은 이야기이다. - C. 브룩스와 R. P. 워런
④ 소설은 적당한 길이의 산문으로 된 가공적인 이야기이다. - E. M. 포스터

(2) 일반적 정의 기출 24
소설은 허구적인 이야기와 서술적인 산문으로 삶의 세계를 표현하는 창작 문학의 한 장르이다. 중요

① **허구적인 이야기**
  ㉠ 소설은 작가에 의해 창조·가공된 이야기의 기록이다. → 보편성과 개연성

  > **체크 포인트**
  > - **역사**: 실제 있었던 일을 기록 - 사실성
  > - **소설**: 있을 수 있는 일을 기록 - 개연성

  ㉡ 개연성: 소설은 실제로 있었던 일은 아니나, 일어날 가능성이 있는 일을 실제로 있었던 것처럼 그럴 듯하게 꾸며내는 것이다. → 그럴 수 있다고 수긍할 수 있는 이야기
  ㉢ 허구(Fiction): 소설은 현실을 바탕으로 하지만, 어디까지나 작가의 상상에 의해 꾸며진 이야기로 현실보다 더 실감나게 표현된다. → 가공적(架空的) 사실, 참말 같은 거짓말(리얼리티) 기출 23
  ㉣ 진실성: 이야기의 전개나 인물의 설정 등에 있어서 진실성을 찾아내어 표현한 문학이어야 한다. → 객관적인 삶의 모습

② **서술적인 산문**
  ㉠ 소설이 다른 문학양식과 구별되는 중요한 요소는 '서술'이라는 기술 방법이다.

  > **체크 포인트**
  > 소설 → 서술, 희곡 → 표출(대화)

  ㉡ 서술의 방식을 이용하여 '화자'를 통해 독자에게 이야기의 의미를 전달한다.
  ㉢ 소설은 화자가 어떤 위치에 있느냐에 따라 시점이 달라진다.

[몰턴의 문학 형태도]

		시(Poetry) 창조적 문학		
서술 내레이터 (Narrator)가 청중과 내용과의 중간에 위치	서사시 서술 (말이 우세) ↙	서정시 명상 (음악이 우세) ↑	극시 표출 (동작이 우세) ↗	표출 청중은 내용에 직접 부딪힘
	Ballad dance(원시적 문학 형태) 말, 몸짓, 소리			
	역사 서술 ↙	철학 명상 ↓	웅변 표출 ↘	
		산문(Prose) 이미 존재하는 것을 토의		

※ 몰턴이 말하는 산문은 '문장의 성질'을 의미하는 것이며, 산문은 기왕의 존재하는 사실에 대한 기록이라는 뜻을 갖는다. → 토의 문학(역사・철학 등의 양식)

③ **삶의 세계를 표현하는 창작 문학**
㉠ 소설은 인간의 삶을 근거로 하는 인생 이야기이다.

> **체크 포인트**
> 소설이 인간의 삶을 근거로 한다는 것은 시와 구별되는 특징이다.

㉡ 소설은 인간의 구체적 삶과 관계가 깊다.

> **더 알아두기**
>
> **리얼리티(Reality)** 중요
> - 리얼리티는 작가의 상상력에 의해 거짓으로 꾸며낸 이야기를 사실인 것처럼 느끼게 하는 것으로, 소설에서의 진실성을 의미한다. → 사건의 필연성, 개연성
> - 브룩스와 워런 : "플롯의 여러 사건을 통일시키는 것은 동기화의 논리를 포함한 논리성이다." → 논리성이 곧 리얼리티
> - 소설은 현실생활처럼 잡다하고 무질서하고 우연히 허용되는 세계가 아니라, 플롯의 전개나 인물의 설정 및 배경의 변화 등에 있어서 전체적인 통일이 있어야 하며 질서가 주어져야 한다. 이를 가능하게 하는 것이 바로 리얼리티이다.
> - 소설의 리얼리티는 현실 사회에서 보는 사실 그 자체가 아니라, 사실이 갖는 보편적 호소력에 있다.

3 소설의 기원

(1) 개관
① 소설의 기원은 '고대 서사문학에서 출발했다고 보는 견해', '중세 로망스에서 찾으려는 견해', '근대 사회의 발달에서 출발했다고 보는 견해'로 구분할 수 있다. 이는 소설을 'Narrative · Romance · Novel' 등의 용어로 지칭하는 경우와 대응된다.
② 서양에서는 소설을 위의 용어 외에도 'Story', 'Fiction' 등 다양하게 지칭했지만, 동양에서는 '소설(小說)'이라는 단 하나의 용어가 오래 전부터 사용되어 왔다.

(2) 고대 서사문학에서 찾으려는 견해
① 소설의 특성을 '이야기(Story)'와 '서술(Narration)'에 있다고 보는 견해이다.
② **몰턴** : 서사시는 이미 우리가 보아온 바와 같이 고대의 운문설화와 근대소설을 포함한다고 보았다.
③ **허드슨** : 서사시의 종류를 '성장의 서사시, 예술의 서사시, 인생의 서사시'로 나누고, 근대소설을 '인생의 서사시'라고 하였다. 이는 소설의 모태를 고대 서사시에서 찾는 것이다.
④ **루카치** : 문학에서 서사 양식은 고대에는 서사시, 근대에는 소설로 나타난다고 보았다.

(3) 중세 로망스에서 찾으려는 견해
① 중세의 서사문학인 로망스에서 기원을 찾으려는 견해로, 로망스 역시 이야기 문학의 형식을 띠고 있는 것에 주목한 것이다.
② 로망스는 로망스어로 쓰인 무용담 · 연애담으로, 로망스 역시 소설과 같이 등장인물과 배경이 있다는 점에서 소설의 기원으로 본다.
예 『살르망 이야기』, 『아서왕 이야기』 등
③ 로망스는 11세기경 프랑스에서 발생해 12세기 말 스페인을 거쳐 유럽으로 전파되었는데, '서정성이 강한 서사시 → 공상적이며 서정미가 넘치는 사랑 이야기 → 몽상적 이야기'로 그 의미가 변화하였다.

(4) 근대사회의 발달에서 출발했다고 보는 견해
① '이야기'에 중점을 두는 로망스와는 달리 인간성의 탐구 및 인생의 표현에 중점을 둔다.
→ 리얼리즘을 강조

> **체크 포인트**
> 소설은 로망스의 '기사 · 귀족 등 특수한 신분의 등장인물의 비현실적 양식'을 거부하고 '평범한 인물'을 주인공으로 삼는다는 점에서 로망스와 가장 큰 차이를 보인다.

② **근대소설의 등장 배경에 대한 견해**
　㉠ 사회적・역사적 측면 : 사회적 변화에서 비롯된 것으로 파악한다.
　　'중세 봉건주의(영주) → 자본주의(서민)'로의 변화
　㉡ 문학양식의 발달사 또는 변천사적인 입장 : 로망스 양식에 대한 거부감에서 소설 양식이 등장했다고 파악한다.

> **체크 포인트**
> 근대소설은 자아의식과 체험에 대한 표현 충동에 의해 이루어진 것으로, 부르주아 계급의 등장과 함께 생겨났다.

③ 최초의 근대소설은 리처드슨의 『파멜라』로, 서간체의 자유로운 산문 형식을 띠고 있다.

> **체크 포인트**
> **근대소설의 발생 요인**
> - 근대적 인간관의 발견
> - 부조리한 세계에 대한 비판정신
> - 부르주아 계급의 등장

4 로망스와 소설(노벨)

(1) 슈로더 중요

① 슈로더는 소설의 발생 경로를 '신화에 대한 배반의 과정'으로 보았다.
② 신화의 주인공 - 신적(神的), 로망스와 노벨의 주인공 - 인간적

구분	로망스	노벨
양식	• 인플레이션 양식 • 과장되고 부풀린 삶 • 로망스에 등장하는 청년들은 전부 영웅, 상대방은 악마, 처녀들은 자연의 걸작으로 묘사	• 디플레이션 양식 • 리얼리즘의 방법, 즉 구성과 감정・사고 면에서 긴밀성과 절제의 논리에 따름 • 노벨은 로망스와 철학적 이야기 사이에 놓임
구조	모험・여행 등	형성・교육 등
아이러니	아이러니의 형질이 없음	아이러니컬한 허구 형태를 본질로 삼음

> **체크 포인트**
> - **소설과 로망스의 공통점** : 인간의 구체적인 삶과 경험의 세계를 직접 다룸
> - **소설과 철학의 공통점** : 인간의 삶에 대한 감상적 접근을 배제하고 계몽적 성격을 띰

(2) **아우어바흐** : 모방성의 유무(有無)를 통해 로망스와 소설의 차이를 설명하였다.
① **로망스** : 역사의식이 결핍되었으며, 삶의 일상적 문제를 대상으로 하지 않는다.
② **노벨** : 역사의식이 충분하며, 삶의 일상적 문제를 대상으로 한다.

(3) **몰턴**
로망스의 주인공은 구체적 삶 속의 인물이 아닌 현실 밖에 존재하는 색다른 존재로 보았다.
→ 현실 세계와 동떨어짐

더 알아두기

몰턴의 『산문의 분석』

구분	리얼리즘 소설	로망스
플롯	개연적	가능성 또는 초자연적
인물	다면성	신화성
문체	상식적·개성적	직설적·고풍적
작가의 모색	인생의 탐구	이상세계의 구가

○✕로 점검하자 | 제1절

※ 다음 지문의 내용이 맞으면 ○, 틀리면 ✕를 체크하시오. (01~12)

01 우리나라에서 '소설(小說)'이라는 용어가 처음 사용된 것은 이규보의 『백운소설』이다. (   )

02 서양에서는 소설을 '노벨, 로망스, 픽션, 스토리' 등으로 불렀다. (   )

03 소설의 '그럴듯함'과 관련 있는 것은 소설의 개연성이다. (   )

04 '서술'은 소설을 다른 양식과 구분해 주는 중요한 특징이다. (   )

05 리얼리티는 작가의 상상력에 의해 거짓으로 꾸며낸 이야기를 사실인 것처럼 느끼게 하는 것으로, 소설의 허구성을 의미한다. (   )

06 소설의 리얼리티는 현실 사회에서 보는 사실 그 자체에 있다. (   )

07 허드슨은 서사시를 고대의 운문설화와 근대소설을 포함한다고 보았다. (   )

08 문학의 서사 양식이 고대에는 서사시, 근대에는 소설로 나타나고 있다고 주장한 학자는 루카치이다. (   )

09 최초의 근대소설은 리처드슨의 『파멜라』이다. (   )

10 슈로더는 소설의 발생 경로를 '신화에 대한 배반의 과정'으로 보았다. (   )

11 아우어바흐는 모방성의 유무(有無)를 통해 소설과 로망스의 차이를 설명하였다. (   )

12 몰턴은 리얼리즘 소설을 직설적·고풍적·초자연적이라 보았다. (   )

정답 1 ○ 2 ○ 3 ○ 4 ○ 5 ✕ 6 ✕ 7 ✕ 8 ○ 9 ○ 10 ○ 11 ○ 12 ✕

제1절 핵심예제문제

01 소설의 기원을 근대사회의 발달에서 출발했다고 보는 견해는 '이야기'에 중점을 두는 로망스와는 달리 인간성의 탐구 및 인생의 표현에 중점을 둔다.

01 소설의 기원을 인간성의 탐구 및 인생의 표현에 주목하여 찾는 견해는 무엇인가?
① 중세 로망스에서 찾으려는 견해
② 근대사회의 발달에서 출발했다고 보는 견해
③ 고대 서사문학에서 찾으려는 견해
④ 현대소설의 발달에서 찾으려는 견해

02 과장되고 부풀린 삶을 다루는 것은 로망스의 특징이며, 노벨은 긴밀성과 절제의 논리에 따른다.

02 슈로더가 구분한 '로망스'와 '노벨'에 대한 내용으로 적절하지 <u>않은</u> 것은?

	〈로망스〉	〈노벨〉
①	긴밀성과 절제의 논리	과장되고 부풀린 삶
②	인플레이션 양식	디플레이션 양식
③	모험·여행 등의 구조	형성·교육 등의 구조
④	아이러니 형질 없음	아이러니컬한 허구 형태

03 '리얼리티(Reality)'는 현실 속에서의 사실 자체를 뜻하는 것이 아니라 필연성과 개연성, 소설 속에서의 진실성을 의미하는 것이다. 따라서 작품 세계와 현실 세계는 같지 않다.

03 다음 중 '리얼리티'에 대한 설명으로 틀린 것은?
① 사건의 필연성과 개연성, 소설 속에서의 진실성을 의미한다.
② 소설 속의 사건들이 유기적 구조를 이루어 하나의 생명체로서의 힘을 가질 수 있게 한다.
③ 현실 속에서의 사실을 뜻하며, 작품 세계와 현실 세계를 동일시하게 한다.
④ 거짓으로 꾸며낸 소설의 이야기를 참말인 것처럼 느끼게 한다.

정답 01 ② 02 ① 03 ③

제2절 소설의 요소

1 소설의 플롯 기출 23, 22, 21

(1) 플롯(Plot)의 개념

① 플롯은 일반적으로 소설의 구조, 짜임새 또는 틀을 말하는 것으로, 한 편의 소설에 나타난 '행위'의 구조이며, 이때 '행위'란 단순한 사건 자체가 아니라 그러한 사건의 연속체를 의미하는 것이다.
② 개별적 행동의 구조가 아니라 작품 전체를 엮는 행동의 구조, 즉 인과관계에 의한 일련의 사건을 뜻한다. → 전체를 구성하기 위한 부분들의 적절한 배치 중요 기출 25
③ 플롯은 주제를 구현하고 생활을 예술로 변모시키는 논리적·지적 기법이다.

> **체크 포인트**
> 아리스토텔레스는 '스토리'를 질서에 따른 진행, 즉 무질서하고 형태가 없는 실제 생활이라 하며, 플롯에 의해 질서와 형식을 갖게 된다고 보았다.

④ **시클롭스키**: '스토리가 낯설게 되고 창조적으로 뒤틀리고 소외되게끔 하는 방법을 제시하는 것'이라 하였다.

> **체크 포인트**
> **낯설게 하기**: 일상적 언어는 규범화된 언어 형식으로, 문학은 일상적 언어 규범에 작가가 의도한 조직적인 폭력을 가해 일상성에서 일탈시킴으로써 낯선 언어 규범을 만들어 내는 것 → 소외기법 기출 21

⑤ **포스터**: 『소설의 양상』에서 사건의 인과를 중심으로 플롯과 스토리를 구분하여 설명하였다.
  기출 25, 24
  ㉠ 플롯 중요
    • 사건의 서술이지만, 인과관계에 중점을 둠
    • 사건의 논리적 전개: 사실성·소설의 미학(美學)과 직결
    • 'Why(왜)'의 반응을 이끌어 냄
      예 "왕비가 죽자, 왕이 슬퍼서 울었다."
  ㉡ 스토리 중요
    • 시간적 순서대로 배열된 사건의 서술
    • 'And(그리고)'의 반응을 이끌어 냄
      예 "왕이 죽고, 왕비가 죽었다."

> **더 알아두기**
>
> **토마체프스키 – 『주제론』**
> 모티프의 집합 관계를 근거로 스토리와 플롯을 구분하였다.
> - 스토리 : 동적 모티프로만 이루어진 이야기 자체
> - 플롯 : 정적 모티프가 관여하는 이야기 줄거리를 알게 되는 경로

(2) 플롯의 유형 중요

① **형태 중심**

　㉠ 단순 플롯
- 단순·단일한 사건이 시간적 순서에 따라 진행되는 플롯(**순행적**)
- 단편 소설에서 주로 사용됨
- 장점 : 주제를 명확히 드러낼 수 있으며 쉽고 평이함
- 단점 : 인간과 사회를 총체적으로 그리기 어려움
　　예 김동인의 『감자』, 현진건의 『운수 좋은 날』 등

　㉡ 복합 플롯
- 하나의 소설 속에 둘 이상의 플롯이 중첩되어 진행됨으로써 많은 이야기가 전개되는 플롯 → 삽화 간에는 유기적 연관성이 있으며, 몇 개의 작은 플롯이 이어져 하나의 커다란 플롯을 이룸(**역행적**)
- 장편 소설에서 주로 사용됨
- 주된 사건과 부수적 사건이 교차되기도 하고, 동시에 진행되기도 함
　　예 이광수의 『무정』, 염상섭의 『삼대』 등

　㉢ 피카레스크(Picaresque) 기출 25, 24, 22
- 몇 개의 **독립된 스토리**가 그것을 종합적으로 이어 놓은 하나의 플롯 위에 배열되는 것으로, 사건이 연속적으로 전개됨 → 피카레스크식 소설의 구성법
　　예 김동인의 『여인』, 이태준의 『천변풍경』 등
- 로망스와 대립되는 개념으로, 주인공이 악인이며, 현실적·사실주의적 소극(笑劇)

　㉣ 액자형 플롯 기출 24, 22
- 하나의 플롯 속에 또 하나의 플롯이 삽입된 것으로, 중심 플롯과 액자 구실을 하는 플롯으로 구성
- 두 플롯은 상호 긴밀한 관계를 유지
　　예 김동인의 『배따라기』, 안국선의 『시골노인 이야기』 등

> **체크 포인트**
>
> **산만한 플롯**
> - 플롯에 대한 명확한 계획 없이 여러 가지 사건을 엮어서 묶어 놓은 것으로, 처음 쓰기 시작했을 때 어떤 결말에 도달할 것인지 예상하지 않은 채 이야기를 진행해 나가는 것
> - 이 경우 플롯의 전체적인 발전보다는 작가의 사상·관찰력·유머 등이 흥미의 중심이 됨

> **더 알아두기**
>
> **플롯과 사건**
> - **단순 구성** : 주제 하나에 사건 한 개
> - **복합 구성** : 주제 하나에 사건 두세 개
> - **피카레스크식 구성** : 주제 하나에 사건 여러 개, 주인공 일정, 사건 연결됨
> - **옴니버스식 구성** : 주제 하나 또는 동일한 주제 여러 개에 사건 여러 개, 주인공 다양, 사건 끊김(분리)

② **내용 중심 – 프리드먼**
 ㉠ 사건의 플롯 : 사회학적 상상력에 바탕을 둔 존재로서의 인간 및 사회적 동물로서의 인간에 관심을 둠
 ㉡ 인물의 플롯 : 심리주의 소설에서 사용
 ㉢ 사상의 플롯 : 종교적·철학적 소설 또는 계몽주의적 소설에서 사용

(3) **플롯의 진행**
 ① **사건의 진행 방법에 따라**
  ㉠ 람베르트 : 첨가형태·상관형태·인과론적 형태의 연결 방법으로 분류
  ㉡ 귄터 뮐러 : 계승적 방법, 반복적·지속적 방법, 절충적 방법으로 분류
 ② **일반적 분류 방법에 따라** 기출 24
  ㉠ 평면적 진행 기출 25
   - 과거·현재·미래의 시간적 순서에 따라 사건을 진행
   - 우리나라 고대소설이나 로망스에서 많이 쓰임
   - 현대소설에서는 거의 사용하지 않음
  ㉡ 입체적 진행
   - 사건을 시간적 순서가 아닌 역순으로 진행시킴 : 현재 – 과거 – 미래, 과거 – 미래 – 현재 등
   - 근대소설 이후 현대소설에서 주로 사용
  ㉢ 평행적 진행
   - 두 가지 이상의 사건을 동시에 진행시킴
   - 영화의 이중 노출 기법의 영향을 받음

(4) 플롯의 진행 – R. P. 워런과 C. 브룩스의 『소설의 이해』 기출 25, 23

① **발단** : 소설이 처음 시작되는 부분으로 사건의 윤곽이 드러나고 등장인물 및 배경이 제시된다. → 독자의 흥미 유발

② **갈등** : 발단이 발전하여 분규를 일으키는 부분으로, 사건과 사건이 복잡하게 얽히거나 등장인물의 내적·외적 갈등 등이 일어나면서 대립의 양상을 띤다. → 이야기의 발전·주제와 긴밀하게 연결

③ **절정(클라이맥스)** : 갈등이 고조되어 최고점에 이른 순간으로, 갈등에서 대립되는 요소들이 어느 정도 평형을 유지하지만, 절정에서는 그 대립이 첨예화되어 균형이 와해되고 분규가 해결되려는 조짐을 보인다. → 작품의 정점(頂點)

④ **결말(대단원)** : 주인공의 운명이 분명해지고 문제가 해결되는 부분으로, 절정(클라이맥스)으로 끝나는 경우도 있으며, 절정과 동시에 끝나지 않고 지금까지 얽힌 사건의 양상에 대해 설명하는 경우도 있다. → 작가가 가장 심혈을 기울이는 부분이며, 독자에게 가장 깊은 감동과 인상을 줌

(5) 시점

① **개념**
   ㉠ 시점은 소설에서 이야기를 서술하여 나가는 방식이나 관점으로 서술의 초점이 어디에 있느냐에 따라 달라진다.
   ㉡ '스토리를 누가 알고 있는가', '스토리를 누가 이야기하는가' 등의 문제는 일련의 사건들이 특정 인물들과 기능적 관련을 맺고 있다는 것을 의미한다.
   ㉢ 어떤 위치에서 말하는가 하는 것은 이야기의 내용에 대한 작가의 판단을 드러내는 것이므로, 시점 선택은 매우 중요하다.

② **시점의 종류** 중요 기출 25, 24, 23

구분	사건의 내적 분석	사건의 외적 관찰
화자가 소설 속의 등장인물	주인공이 자신의 이야기를 함 (1인칭 주인공 시점)	부수적 인물이 주인공(등장인물)의 이야기를 함(1인칭 관찰자 시점)
화자가 소설 속의 등장인물이 아님	분석적이고 전지적인 작가가 사상과 감정을 포함한 이야기를 함 (전지적 작가 시점)	작가가 관찰자로서 이야기함 (작가 관찰자 시점)

㉠ 1인칭 주인공 시점
  • 작품의 주인공이 자신의 이야기를 함
  • 인물의 초점과 서술의 초점이 일치
  • 독자와의 정서적 거리를 단축시켜 독자에게 친근감과 신뢰감을 줌
  • 사건의 내면적 분석에 의존하므로, 등장인물의 내면세계를 제시하는 데 가장 효과적
  • 서간체·고백체·일기체의 형식이 이에 속함
  • 이상의 「날개」, 김유정의 「동백꽃」 등

ⓒ 1인칭 관찰자 시점 – 제한적 시점
- 작품에 등장하는 부수적 인물이나 사건 밖에 있는 단순 관찰자가 주인공의 이야기를 함
- 관찰자의 눈에 비친 외면적 관찰의 기록
- 주관적 + 객관적 묘사를 통해 종합적 효과를 얻을 수 있지만, '나'의 눈에 비친 외부세계만을 다루는 제한이 있음
- 주요섭의 「사랑손님과 어머니」, 김동인의 「붉은 산」 등

ⓒ 3인칭 작가 관찰자 시점 – 극적 시점
- 작가가 관찰자의 입장에서 이야기함
- 작가는 하나의 관찰자이므로 주관을 배제하고 인물이 말하고 행동하는 것을 객관적으로 보여줌
- 해설이나 평가를 하지 않고 있는 그대로를 제시하여 작중인물의 실체를 독자에게 보여줌
- 생생하고 선명한 묘사를 가능하게 하지만, 단조롭고 평면적이어서 주제 표출에 한계가 있을 수 있음
- 장편 소설에는 적합하지 않음
- 인물의 감정, 심리상태 등을 구체적으로 제시할 수 없음
- 김동인의 「감자」, 황순원의 「소나기」 등

ⓔ 전지적 작가 시점 기출 22
- 작가가 전지(全知)의 입장에서 작중인물의 심리상태나 행동의 동기, 감정 등을 **해설·분석하여 서술**
- 작가는 인물들이 무엇을 생각하고 느끼는지와 동시에 다른 곳에서 일어나는 사건을 모두 알고 있으므로 전지전능(全知全能)함
- 작중인물과 작가의 거리가 좁혀짐
- 장편 소설에 유리함
- 나도향의 「벙어리 삼룡이」 등

③ R. 스탠턴의 분류
ⓐ 1인칭 중심인물 시점 : 주인공 혹은 그에 상응하는 인물이 자신의 목소리로 이야기를 이끌어감
ⓑ 1인칭 주변인물 시점 : 보조인물 또는 주변인물이 이야기를 전개
ⓒ 제한적 3인칭 시점 : 3인칭으로 된 한 인물에 의해 보이는 것, 아는 것만 서술
ⓓ 전지적 3인칭 시점 : 아무런 제한 없이 모든 사건과 생각 등을 서술

> **더 알아두기**
>
> **소설과 소설 구성의 3요소**
> - 소설의 3요소 : 주제, 구성, 문체
> - 소설 구성의 3요소 : 인물, 사건, 배경

2 소설의 인물

(1) 인물의 개념
① **인물**: 작가가 지니고 있는 사상이나 철학을 구체적으로 구현해 주는 존재를 말한다.
② **성격(Character)**: 대상의 내적 속성으로, 인물에서 가장 중요한 것이다.
　㉠ 작중인물이 하는 말이나 그들이 하는 일 속에서 '구현'된다. → 구현은 인물의 창조, 즉 허구를 의미
　㉡ 작중인물은 여러 가지 요소로 형성되어 있지만, 그중 **다른 작중인물과 구별되는** 성격을 중요시하여 인물이라는 용어 대신 성격이라는 말을 사용하기도 한다.

> **체크 포인트**
> 희곡에서는 일반적으로 '인물' 대신 '성격'이라는 용어를 사용한다.

　㉢ 작중인물의 성격은 일관성 및 개성을 통한 인간적 보편성을 지닐 때 독자를 매료할 수 있다.
③ 소설 속에 등장하는 인물들은 스토리를 이루는 다른 요소들과의 관계, 즉 소설 내적 구조의 일부분이다.

(2) 인물의 구분
① **인물의 구분**
　㉠ 주인공: 작품 속에서 사건을 주도해 나가는 인물이다.
　㉡ 조역: 부수적 인물이다.
② **프로타고니스트와 안타고니스트**: 대립과 갈등의 관계

프로타고니스트	작가 자신이 긍정하거나 그러한 긍정의 감정을 독자에게 전달하는 인물 → 작품 속에서 사건을 주도
안타고니스트	작가나 독자가 부정하거나 또는 부정해야 할 인물 → 프로타고니스트와 대립 관계

> **체크 포인트**
> 소설의 발달 과정을 통해 볼 때 인물의 신분은 계속 하락해 왔으며, 소설의 성패는 인물(성격) 창조에 달려 있다고 해도 과언이 아님

(3) 인물의 유형 중요 기출 25, 23, 22

① 평면적 인물과 입체적 인물

평면적 인물	입체적 인물(발전적 인물 · 동적 인물)
• 한 작품 속에서 **성격이 거의 변하지 않는다**. • 언제든지 등장만 하면 쉽게 알아볼 수 있다. • 환경의 변화에 영향을 받지 않아 작품이 사라져도 독자들의 기억에 남게 된다. • 쉽게 싫증나게 하는 단점이 있다.	• 작품 전개에 따라 **성격이 발전 · 변화한다**. • 작품 속에서 무궁한 인생을 갖고 있으며, 비극적 역할을 하기에 적합하다. • 독자들을 감동시켜 유머를 제외한 어떠한 감정에도 빨려 들어가 몰입할 수 있게 하며, **경이감을 준다**. • 독자의 예측과 상상력을 초월하므로 독자에게 강렬한 인상을 남길 수 있다.

② 전형적 인물과 개성적 인물 기출 24, 21

전형적 인물	개성적 인물
한 사회의 어떤 계층이나 집단의 공통된 성격적 기질을 대표	작가의 독특한 개성이 발휘된 창조적 인물로, 전형성에서 탈피

> **체크 포인트**
> 소설의 인물은 전형적이면서 동시에 개성적이어야 한다.

③ 심리학적 유형
  ㉠ 응집형 인물과 역동형 인물
    • 응집형 인물 : 내면세계와 외부 세계가 조화를 이루어 이를 응집시키는 인물
    • 역동형 인물 : 내면세계와 외부 세계가 조화를 이루지 못하는 자기 중심적 인물
  ㉡ 내향적 인물과 외향적 인물
    • 내향적 인물 : 주관적이며 자아 중심, 고독 · 침묵의 상태를 유지하려는 인물
    • 외향적 인물 : 타인에게 관대하며 사교적인 인물
  ㉢ 마조히즘적 인물과 사디즘적 인물
    • 마조히즘(Masochism)적 인물 : 노예근성을 지닌 인물
    • 사디즘(Sadism)적 인물 : 약자에게 강한 인물

(4) 인물 설정의 방법

① **직접 묘사** : 해설적 · 분석적 방법
  ㉠ 특징
    • 작가가 인물의 성격을 직접 설명 · 소개
    • 전지적 작가 시점, 1인칭 관찰자 시점에 적합
    • 설명적 · 분석적이므로 주인공의 성격을 독자가 쉽게 이해할 수 있음
  ㉡ 장점 : 등장인물의 대화나 행동 등을 통해 성격화할 때 요구되는 묘사와 사건 전개를 줄일 수 있으며, 성격이 잘못 이해될 수 있는 위험을 줄일 수 있음

ⓒ 단점 : 작중인물이 스스로 성격을 드러내지 않으며 독자 역시 독서 과정에서 작중인물의 성격을 창의적으로 파악하는 것이 아니므로 성격화가 추상적일 수 있음
② **간접 묘사** : 극적 방법
ⓐ 특징
- 등장인물의 행동·표정·대화 등을 중심으로 다른 인물에 대한 반응을 극적으로 드러냄
- 독자가 등장인물을 생동감 있게 접할 수 있음
ⓑ 장점 : 작가나 작중 삼자에 의한 개입을 받지 않고 독자가 직접 인물의 성격을 이해할 수 있음
ⓒ 단점 : 독자가 등장인물의 성격을 바르게 파악하지 못할 수 있음

> **체크 포인트**
> 소설에서는 직접 묘사와 간접 묘사를 적절히 사용하여 성격화를 이룬다.

[소설의 인물 제시·설명 방법] 중요

말하기(Telling)	보여주기(Showing)
• 작가가 인물을 직접 해설·분석·요약·편집 • 논평적 방법	• 작가가 대화나 행동만 보여줌 • 극적·입체적 방법
직접적 제시	간접적 제시
고대소설에 많음	현대소설에 많음
전지적 작가 시점	3인칭 관찰자 시점

> **더 알아두기**
> **문제적 인물(악마적 주인공) – 제라파의 『소설과 사회』** 기출 24
> - 인습과 순응으로 가득 찬 현실 세계에서 목표 의식을 갖지 못하면서 가치를 추구하는 인물형
> - 문제적 인물이 반드시 부정적인 것만은 아님
> - 현대소설의 주인공들은 문제를 지닌 인물로서, 작품의 현실감을 높일 수 있음

3 소설의 주제 기출 23

(1) 주제의 개념 중요

① 스토리나 소설의 중심적 의미로, 사건의 이면에 숨은 의미를 나타내는 것이 목적이다.

> **체크 포인트**
>
> 주제는 곧 작가의 인생관·세계관을 나타냄

② 작품 속에 구체적으로 나타내려는 작가의 의도 또는 작품의 핵심적 의미를 말한다.
③ 하나의 작품의 근본적 의도, 본질적 개념, 지배적 태도, 일관된 의의, 사상 등을 말한다.
④ 제재·스토리·인물·상황 등의 뒤에 숨어서 이 모든 것을 지배하는 작품의 근본적인 통일원리이다.
⑤ 작가가 작중인물에 대해 지니고 있는 느낌을 추상화한 것으로, 작가가 **소재에 대한 해석을 통해 느낀 인생의 의미를 구체화한 것이다.**

[소설의 주제와 제재] 기출 21

주제	• 소설이 말하고자 하는 '무엇'에 해당 • 제재의 속성을 추상화·일반화하여 얻은 것 • 주제 자체가 목적 • 추상화의 산물
제재	• 주제를 낳기 위해 동원되는 재료나 근거 • 특수한 상황이나 경우를 알려주는 것 • 주제를 나타내는 효과적 수단 • 구체적

(2) 주제의 특성

① 주제는 동기에서 비롯되지만, 동기 자체는 아니다.
② 주제는 작품 속에 형상화된 의미 내용이며 스토리나 캐릭터에 대한 해석이므로 반드시 작가의 인생관·세계관 또는 작가의 사상 그 자체를 의미하는 것은 아니다.
③ 작품에 사용된 제재 자체가 주제는 아니다.
④ 주제는 작가가 작품을 쓰고자 한 의도나 목적과 관련되어 있지만, 그 의도나 목적 자체가 주제는 아니다.
⑤ 주제는 작품의 플롯·캐릭터 등에 의해 형상화되어야 하며, 작가의 설명이나 기술의 형식으로 구현되어서는 안 된다.

(3) 주제와 문제 의식

① 여러 가지 제재 중에서 무엇인가를 선택하여 **소설**을 만드는 힘을 주제 의식 또는 문제 의식이라 한다.
② 주변에 수많은 제재가 있다 해도 그것이 작가의 문제의식에 포착, 새롭게 해석되어 의미를 얻어야만 하나의 작품이 될 수 있다.
③ 부스는 『소설수사학』에서 문제의식을 가능하게 하는 작가의 관심구조를 세 가지로 나누어 설명하였다.
   ㉠ 지적 혹은 인식론적 관심
      • 어떤 사실에 대해 강한 지적 호기심을 가지며, 가치론적·존재론적 문제에 주된 관심을 가짐
      • 사변적·철학적 성격을 지님
   ㉡ 미적 혹은 질적 관심
      • 문학에 대한 보편적인 여러 가지 요소에 관심을 가짐
      • 문장, 상징, 위트, 아이러니 등에 대한 관심이 이에 해당
   ㉢ 실제적 관심
      • 작중인물의 행복과 불행에 관심을 가짐
      • 작중인물에 대한 감정, 선호도 등이 해당

> **체크 포인트**
> 작가의 문제 의식은 작가의 내부적 욕구에 의해서뿐만 아니라 외부 조건에 의해서도 결정된다. → 독자 및 사회의 기대·욕구

(4) 주제와 갈등 구조

① 작가는 작품의 주제를 드러내기 위해 작품 속에 갈등의 양상을 제시한다.
② 개인의 내면세계에서 진행되는 갈등의 양상에 주목한다는 점에서 소설에서의 갈등은 정신분석학에서 다루는 갈등의 양상과 유사하다고 볼 수 있다.
③ **갈등 구조의 양상**
   ㉠ 근대소설 이전
      • 선한 자와 악한 자의 두 인물 간의 대립 – 멜로드라마
      • 개인과 사회의 대립 – 사회 소설
      • 개인의 내면적 갈등
   ㉡ 근대소설
      • 인간적·비인간적인 것의 대립
      • 가진 자와 못 가진 자의 대립
      • 낡은 것과 새로운 것의 마찰
      • 도시적·비도시적인 것의 대립
      • 전통적·외래적인 것의 충돌

- 개성적・상식적 삶의 대립
- 한 개인의 인간적 조건의 대립구조와 대결

> **체크 포인트**
> 근대소설 이후 갈등의 양상은 더욱 복잡・다양해짐

> **더 알아두기**
>
> **한국 현대소설의 흐름** 기출 21
> - 계몽주의 소설(1910년대) : 이광수의 『무정』・『흙』・『개척자』(민족개조론, 계몽주의, 이상적 민족주의)
> - 사실주의 소설(1920년대)
>   - 김동인의 『약한 자의 슬픔』・『감자』・『배따라기』(폐쇄적 예술지상주의, 탐미적 사실주의)
>   - 현진건의 『빈처』・『운수 좋은 날』・『고향』・『술 권하는 사회』 등
>   - 이효석의 『메밀꽃 필 무렵』・『돈(豚)』・『분녀(粉女)』 등
> - 다양(1930년대) : 본격적 현대소설의 출발
>   - 장편 소설 : 염상섭의 『삼대』・『만세전』・『두 파산』 등
>   - 풍자 소설 : 채만식의 『태평천하』・『탁류』・『치숙』・『레디메이드 인생』 등
>   - 해학 소설 : 김유정의 『동백꽃』・『봄봄』・『만무방』 등
>   - 농촌 계몽 소설 : 브나로드 운동의 영향 → 심훈의 『상록수』, 박화성의 『한귀』, 김정한의 『사하촌』, 이무영의 『제1과 제1장』, 박영준의 『모범경작생』 등
> - 초현실주의 소설 : 이상의 『날개』
> - 세태 소설 : 박태원의 『천변풍경』・『소설가 구보 씨의 일일』 등
> - 공백(1940년대) : 창작과 출판이 거의 없음
> - 실존주의 소설(1950년대) : 인간의 삶에 대한 근원적 통찰 → 장용학의 『요한시집』, 손창섭의 『잉여인간』, 김성한의 『오분간』, 선우휘의 『불꽃』, 오상원의 『유예』 등

○✕로 점검하자 | 제2절

※ 다음 지문의 내용이 맞으면 ○, 틀리면 ✕를 체크하시오. (01~11)

01 플롯은 인과관계에 의한 일련의 사건을 뜻한다. (   )

02 플롯은 'And(그리고)', 스토리는 'Why(왜)'의 반응을 이끌어 낸다. (   )

03 장편 소설에서 주로 사용하는 플롯은 복합 플롯이다. (   )

04 플롯의 진행에는 평면적 진행, 입체적 진행, 평행적 진행이 있다. (   )

05 플롯의 진행 중 사건과 사건이 복잡하게 얽히거나 등장인물의 내적·외적 갈등 등이 일어나는 부분은 '절정'이다. (   )

06 독자와의 정서적 거리를 단축시켜 독자에게 친근감과 신뢰감을 주는 것은 1인칭 주인공 시점이다. (   )

07 생생하고 선명한 묘사를 가능하게 하지만, 단조롭고 평면적이어서 주제 표출에 한계가 있는 것은 3인칭 작가 관찰자 시점이다. (   )

08 소설의 구성의 3요소는 '주제, 구성, 문체'이고, 소설의 3요소는 '인물, 사건, 배경'이다. (   )

09 입체적 인물은 환경의 변화에 영향을 받지 않는다. (   )

10 인물의 직접 묘사는 독자가 주인공의 성격을 쉽게 이해할 수 있게 한다. (   )

11 소설의 주제는 동기에서 비롯되지만 동기 자체는 아니다. (   )

정답 1 ○ 2 ✕ 3 ○ 4 ○ 5 ✕ 6 ○ 7 ○ 8 ✕ 9 ✕ 10 ○ 11 ○

제2절 핵심예제문제

01 다음 중 플롯의 특징이 아닌 것은?

① 논리적·지적 기법
② 소설의 짜임새
③ 주제를 구현하기 위한 기법
④ 시간의 흐름에 따른 사건의 배열

> **01** 플롯은 사건의 서술이지만, 인과관계에 중점을 둔다. 시간적 순서대로 배열된 사건의 서술은 '스토리'의 특징이다.

02 다음 중 스토리와 플롯의 차이점으로 올바르지 않은 것은?

① 스토리는 인과관계에 중점을 두고 사건을 서술한다.
② 스토리는 순행적 구조에 따라 정리된 사건의 서술이다.
③ 스토리는 '그리고', 플롯은 '왜'라는 반응이 나온다.
④ 플롯은 소설 속의 사건과 다른 사건을 연결시킬 수 있어야 한다.

> **02** 인과관계에 중점을 두는 것은 '플롯'이다.

03 다음 중 플롯의 유형에 대한 설명이 잘못 연결된 것은?

① 단순 플롯 – 단편 소설에서 많이 사용된다.
② 복합 플롯 – 하나의 소설 속에 둘 이상의 플롯이 중첩되어 진행된다.
③ 피카레스크 플롯 – 몇 개의 종속된 스토리가 역행적으로 전개된다.
④ 액자형 플롯 – 하나의 플롯 속에 또 하나의 플롯이 삽입된다.

> **03** 피카레스크 플롯은 몇 개의 독립된 스토리가 그것을 종합적으로 이어놓는 하나의 플롯 위에 배열되는 것으로, 사건이 연속적으로 전개된다. '역행적' 전개로 이루어지는 것은 복합 플롯의 특징이다.

정답 01 ④ 02 ① 03 ③

04 프리드먼은 플롯을 내용에 따라 '사건·인물·사상 플롯'으로 구분하였다.

04 프리드먼이 제시한 플롯의 유형이 <u>아닌</u> 것은?

① 사건
② 인물
③ 사상
④ 배경

05 ①은 입체적 진행, ③·④는 평행적 진행의 특징이다.
평면적 진행은 사건을 시간적 순서에 따라 진행시키는 것으로, 우리나라 고대소설이나 로망스에서 많이 사용되었으며, 현대소설에서는 거의 사용하지 않는다.

05 플롯의 진행 중 평면적 진행에 대한 설명으로 적절한 것은?

① 사건을 시간적 순서가 아닌 역순으로 진행시킨다.
② 우리나라 고대소설이나 로망스에서 많이 쓰였다.
③ 두 가지 이상의 사건을 동시에 진행시키는 것이다.
④ 영화의 이중 노출 기법의 영향을 받았다.

06 인물의 초점과 서술의 초점이 일치하는 것은 1인칭 주인공 시점이며, 1인칭 관찰자 시점은 작품에 등장하는 부수적 인물이나 사건 밖에 있는 단순 관찰자가 주인공의 이야기를 하는 것으로, 제한적 시점이라고도 한다.

06 시점의 특징이 올바르게 연결되지 <u>않은</u> 것은?

① 1인칭 주인공 시점 – 주인공이 자신의 이야기를 함
② 1인칭 관찰자 시점 – 인물의 초점과 서술의 초점이 일치
③ 3인칭 작가 관찰자 시점 – 주관을 배제하고 인물이 말하고 행동하는 것을 객관적으로 보여줌
④ 전지적 작가 시점 – 작중인물과 작가의 거리가 좁혀짐

07 ②·③·④는 간접 묘사의 특징이다.

07 다음 중 직접 묘사의 특징은?

① 해설적·분석적
② 극적
③ 언어 행위 중심
④ 등장인물을 생동감 있게 접할 수 있음

정답 04 ④ 05 ② 06 ② 07 ①

제3절 소설의 종류

1 뮤어의 분류에 따른 종류 〈중요〉 〈기출〉 24, 23, 22, 21

(1) 행동 소설
① 스토리 중심의 소설로, 호기심과 기대감을 유발한다.
② 박력 있는 사건들로 즐거움을 제공한다.
③ 로망스가 포함되는 행동 소설에는 모험 소설·범죄 소설·탐정 소설 등이 포함된다.
④ 현실 세계에서 실현될 수 없는 욕망을 그린다.
⑤ 인물들이 플롯에 맞게 고안되었다.
⑥ 초보 단계의 소설이며, 리얼리즘과는 거리가 있다.
   예 루이스 스티븐슨의 『보물섬』, 월터 스콧의 『아이반호』, 마크 트웨인의 『톰 소여의 모험』 등

(2) 성격 소설
① 본격적인 소설의 첫 단계이다.
② 등장인물의 성격을 공간적으로 설명·탐구하므로, 공간 소설이라고도 할 수 있다.
③ 사건보다는 인물에 초점을 맞춘다.
④ 공간적·평면적 사회를 배경으로 하여 당시의 생활상과 주인공의 성격 등을 표현한다.
   예 새커리의 『허영의 시장』 등

(3) 극적 소설
① 작중인물과 플롯이 거의 완벽하게 결합된 것으로, 행동 소설과 성격 소설이 종합된 소설이다.
② 작중인물의 특징이 사건을 일으키고 그 일련의 사건이 인물을 변화시킨다.
③ 현상과 진실이 일치하며, 절정에 이르면 시적 비극과 유사해진다.
④ 인물과 사건 사이의 긴장 관계를 드러내며, **사건의 집중적 진행과 해결에 중점**을 둔다.
⑤ 성격 소설이 공간 속에서 사건을 만들어 내는 것과는 달리 극적 소설은 시간 속에서 사건을 만들어 낸다.
   예 에밀리 브론테의 『폭풍의 언덕』, 제인 오스틴의 『오만과 편견』, 멜빌의 『모비딕』 등

(4) 연대기 소설
① 엄격한 구성과 자의적이면서 산만한 진행이 결합되어 이루어진 것으로, 시간과 공간을 **총체적**으로 그린 소설이다. → 개인의 편력을 거대한 사회를 배경으로 하여 그리기 때문
② 연대기 소설에서 가장 중요시되는 것은 시간 개념인데, 이는 극적 소설의 시간성과는 차이가 있다. 즉, 극적 소설에서의 시간은 내면적·본질적인 데 반해 연대기 소설의 시간은 형식적·외면적이다.

> **체크 포인트**
> 극적 소설에서의 시간은 작중인물의 심리상태로 전환되는 데 비해 연대기 소설에서의 시간은 작중인물의 내면 심리 속에서 아무런 제한도 받지 않으며 재구성되지 않은 채로 흘러간다.

③ 성격 소설과 극적 소설의 이중적 효과를 얻을 수 있다.
  ㉠ 성격 소설 : 한정된 시간, 자유로운 공간
  ㉡ 극적 소설 : 한정된 공간, 자유로운 시간
④ 극적 소설의 플롯이 엄격하면서 논리적인 구조인 데 반해 연대기 소설의 플롯은 외적 시간의 틀 속에서 몇 가지의 삽화가 허술하게 묶여 있다.
  예 허버트 로런스의 『아들과 연인』, 제임스 조이스의 『젊은 예술가의 초상』, 버지니아 울프의 『야곱의 방』 등

(5) 시대 소설

① 한 시대의 풍속을 반영한 소설로, 대상을 특수한 것, 상대적·역사적인 것으로 파악한다.

> **체크 포인트**
> 시대 소설은 모든 시대에 공통된 삶과 인간 등을 제시하지는 않는다.

② 한 시대의 분위기나 환경, 역사적 흥미나 관심을 제공하는 것에 그친다.
  예 드라이저의 『아메리카의 비극』 등

2 프라이의 분류에 따른 종류 기출 21

프라이는 허구적인 것(이야기가 어떻게 진행될 것인가)과 주제적인 것(이야기가 말하려는 것)을 포괄하여 소설의 유형을 다음과 같이 분류하였다.

(1) 로망스(Romance)
비현실적 인물을 그린다. → 시대적·사회적 맥락에서 설명할 수 없는 진공관 속의 인물 유형

(2) 노벨(Novel)
한 사회나 집단을 대표하는 인물을 그린다. → 의미를 푸는 '열쇠'로서의 존재

(3) 해부 - 외향적
① 프라이가 처음 사용한 용어이다.
② '해부' 양식은 허구적 성격보다는 주제적 성격이 강한 산문 유형으로, 작중인물이 일정한 관념이나 사상의 용기라는 전제 위에 서 있는 것이 특징이다.
③ 인물이나 사건 자체에 대한 관심보다는 인물이나 사건을 매개로 하여 전개될 수 있는 **사상이나 관념**에 관심을 갖는다.
④ 대상에 대해 지적으로 접근하는 것으로, 소설 공간을 심포지엄, 토론, 지적 서술이 담길 수 있는 곳으로 여긴다.
⑤ 관념 소설, 주제 소설 등이 이에 속한다.

(4) 고백 - 내향적
① 자서전적 소설을 말한다.
② 서술의 대상이 실제 인물이 아닌 가공인물이어야 하며, 실제 있었던 과거사가 아닌 만들어 낸 사건이어야 한다.
③ 현대소설이 주요한 형태이다.
  예 성 아우구스티누스의 『고백록』, 루소의 『참회록』, 몽테뉴의 『수상록』 등

체크 포인트

해부와 고백의 차이점
- 해부: 사회에 대한 관심이 많음, 외향적 · 지적
- 고백: 개인에 대한 관심이 많음, 내향적 · 지적

구분	외향적	내향적
개인적(에토스)	노벨(Novel)	로망스(Romance)
지적(디아노이아)	해부(Anatomy)	고백(Confession)

---

3 루카치의 분류에 따른 종류 기출 22

루카치는 주인공의 존재 양식을 기준으로 소설의 유형을 다음과 같이 분류하였다.

(1) 추상적 이상주의 소설
① 복잡한 세계와 연결된 주인공의 행동 양식이 좁은 의식에 의해 지배를 받으며, 맹목적 신앙에 가까운 형태를 취한다.
② 주인공 자신의 관념의 실현을 위해 직접적 · 직선적 행보를 보인다.

③ 주인공은 자신이 추구하는 가치의 추구를 위해 광신의 모습을 갖는다.
　　예 세르반테스의 『돈키호테』, 스탕달의 『적과 흑』 등

(2) 심리 소설
① 작중인물의 내면세계를 분석하는 데 주력하는 소설 유형이다.
② 정신분석학에 따라 인간의 의식 세계를 깊게 파고들 수 있게 되었다.
③ 주인공의 수용 세계와 의식 세계가 넓어 인습적인 세계로부터 만족을 느끼지 못한다.
　　예 곤차로프의 『오블로모프』 등

(3) 교양 소설
① 주인공이 일정한 삶의 형성이나 성취에 도달하기까지의 과정을 그린 소설 유형이다.
② 주인공은 인습의 세계를 맹목적으로 수용하는 것도, 세계와의 대립 과정에서 만들어지는 문제의 추구를 포기하는 것도 아니다. → 중간적 입장
③ '남성적인 성숙'이 곧 주인공의 특징이다.
　　예 괴테의 『빌헬름 마이스터』, 헤르만 헤세의 『싯다르타』 등

(4) 톨스토이의 소설형
① 문화를 초월하여 자연에 대한 본질적 체험 및 구체적·실제적 체험을 그린 소설 유형이다.
② 삶의 전체성의 범주를 다룬다.

4 단편 소설과 장편 소설 중요 기출 25, 24, 22

(1) 단편 소설 – 집중적
① **개념** : 압축된 구성을 통해 인생의 단면을 예리하게 그린 소설이다.
② **특징**
　㉠ 분량 : 한 번 앉아서 읽을 정도의 짧은 분량이다. → 200자 원고지 100매 내외
　㉡ 성격 : 압축성·집중성·강렬성을 갖는다.
　㉢ 단편 소설과 장편 소설을 구분하는 가장 중요한 특징은 '단일의 인상'이다. → 생략에 의한 통일성

> **체크 포인트**
> 단일한 작중인물, 단일한 사건 및 정서, 단일한 상황이 환기하는 계기적 정서를 다룸

ⓔ 표현기교가 뛰어나다.

> **체크 포인트**
> 단편 소설은 장편 소설보다 더 뚜렷한 주제가 필요하며, 간결하면서 생략적인 방법을 통해 주제를 효과적으로 형상화해야 한다.

(2) 장편 소설 – 확산적
① **개념**: 인간의 삶과 사회 전체를 총체적으로 그려 인생의 의미를 새롭게 해석·창조하는 소설이다.
② **특징**
　ⓐ 인생의 탐구: 인간의 감정과 욕망의 영향력·뒤얽힘·와해·성취 등을 반영한다.
　ⓑ 입체적 인물: 작중인물의 발전과 시간의 흐름이 주를 이룬다.
　ⓒ 복합 구성을 취하며 여러 개의 에피소드를 연결하여 구성을 발전시킨다. → **포용에 의한 통일성**
　ⓓ 시점의 이동: 삶을 총체적으로 그리기 위해 시점이 계속 이동한다.
　ⓔ 소설적 기교에 의존하지 않으며, 주제·사상 등을 중요시한다.

[단편 소설과 장편 소설의 차이]

단편 소설	장편 소설
단일성, 통일성(Unity)	총체성, 전체성(Totality)
인생의 단면	인생의 전면
단순 구성	복합 구성
김동인 • 단일묘사 방법 • 인물 하나에 초점 • 나머지 인물은 조종(인형조종술)	염상섭 • 복합묘사 방법 • 여러 인물에 초점

> **체크 포인트**
> • **콩트**: 단편 소설의 압축형, 집중·통일·배제의 원리 지향 [기출] 25
> • **중편 소설**: 장편 소설의 압축형, 확산·복합·포괄의 원리 지향

> **더 알아두기**
>
> **내용에 따른 소설의 분류**
> - 역사 소설 : 역사적 사실을 배경으로 함, 대체로 역사적 실존 인물 등장
>   - 역사(군담) 소설 : 실제 사건, 실존 인물, 사실적
>   예 『임진록』, 『임경업전』, 『곽재우전』 등
>   ※ 『박씨전』: 도술 소설, 여성 주인공, 병자호란 배경
>   - (창작) 군담 소설 : 실제 사건, 실존 인물 아님, 허구적
>   예 『유충렬전』, 『조웅전』, 『장국진전』 등
> - 입사 소설 : 성장기 소설, 통과제의 모티프(반드시 겪어야 할 과정) 제시
>   예 황순원의 『별』, 『소나기』 등
> - 세태 소설 : 당시의 유행, 풍속, 사회상을 적나라하게 반영함
>   예 박태원의 『천변풍경』 등
> - 가족사 소설 : 한 가족의 몇 대(代)에 걸친 이야기를 다룬 소설
>   예 염상섭의 『삼대』 등
> - 심리 소설 : 인간의 잠재의식을 다룬 초현실주의 소설, 심리적 배경
>   예 이상의 『날개』 등

OX로 점검하자 | 제3절

※ 다음 지문의 내용이 맞으면 O, 틀리면 ×를 체크하시오. (01~11)

01 프라이는 소설을 '행동 소설, 성격 소설, 극적 소설, 연대기 소설, 시대 소설'로 분류하였다. (   )

02 행동 소설은 스토리 중심이다. (   )

03 사건보다 인물에 초점을 맞추는 것은 성격 소설의 특징이다. (   )

04 극적 소설은 대상을 특수한 것, 상대적인 것으로 파악한다. (   )

05 에밀리 브론테의 『폭풍의 언덕』, 제인 오스틴의 『오만과 편견』은 행동 소설의 대표적 작품이다. (   )

06 해부 양식에서는 인물이나 사건 자체에 초점을 둔다. (   )

07 루카치가 분류한 추상적 이상주의 소설은 작중인물의 내면세계를 분석하는 데 주력하는 소설 유형이다. (   )

08 주인공이 일정한 삶의 형성이나 성취에 도달하기까지의 과정을 그린 소설 유형은 교양 소설이다. (   )

09 톨스토이의 소설형은 삶의 전체성의 범주를 다룬다는 특징이 있다. (   )

10 단편 소설은 확산성, 장편 소설은 집중성을 특징으로 한다. (   )

11 소설은 내용에 따라 '역사 소설, 군담 소설, 입사 소설, 세태 소설' 등으로 나눌 수 있다. (   )

정답 1 × 2 ○ 3 ○ 4 × 5 × 6 × 7 × 8 ○ 9 ○ 10 × 11 ○

제3절 핵심예제문제

01 심리 소설은 루카치의 분류에 따른 소설의 종류이다.

01 소설의 종류 중 뮤어의 분류에 따른 종류가 아닌 것은?
① 행동 소설
② 성격 소설
③ 극적 소설
④ 심리 소설

02 '해부' 양식은 허구적 성격보다 주제적 성격이 강한 산문 유형이다.

02 다음 중 '해부'에 대한 설명으로 틀린 것은?
① 프라이가 처음 사용한 용어이다.
② 허구적 성격이 강한 산문 유형이다.
③ 인물이나 사건 자체는 중요시하지 않는다.
④ 관념 소설, 주제 소설 등이 포함된다.

03 주인공이 일정한 생의 형성이나 성취에 도달하기까지의 과정을 그린 소설 유형은 교양 소설이다.

03 다음 중 심리 소설의 특징으로 올바르지 않은 것은?
① 작중인물의 내면생활을 분석하는 데 주력하는 유형이다.
② 주인공이 일정한 생의 형성이나 성취에 도달하기까지의 과정을 그린다.
③ 정신분석학의 도움을 받아 인간의 의식 세계에 보다 깊이 파고들게 되었다.
④ 주인공의 수용 세계와 의식 세계가 넓어 인습으로 가득 찬 세계로부터 결코 만족을 느끼지 못한다.

정답 01 ④ 02 ② 03 ②

제 3 장 실전예상문제

01 소설의 자의(字義)에 대한 설명으로 적절하지 <u>않은</u> 것은?

① 소설(小說) - 풀어 헤쳐 드러낸 작은 이야기
② 노벨(Novel) - 중편 이상의 길이를 가진 새로운 이야기
③ 로망스(Romance) - 이국적 경향을 가지고 있는 중세의 서사문학
④ 스토리(Story) - 사실이 아닌 지어낸 이야기

> 01 스토리(Story)는 역사(History)와 같은 어원으로 '사실의 이야기'를 의미하며, 사실이 아닌 지어낸 이야기를 의미하는 것은 픽션(Fiction)이다.

02 다음 중 소설의 정의로 옳지 <u>않은</u> 것은?

① 서술적 산문
② 허구적 이야기
③ 인생을 표현하는 창작적 문학 행위
④ 역사적 사건에 의존하는 가공의 이야기

> 02 소설은 허구적인 이야기와 서술적인 산문으로 삶의 세계를 표현하는 창작 문학의 한 장르이다.

03 일반적으로 중세의 용감한 기사들의 무용담이나 사랑·모험 등의 이야기를 다루는 문학을 뜻하는 말은 무엇인가?

① 로망스(Romance)
② 노벨(Novel)
③ 스토리(Story)
④ 픽션(Fiction)

> 03 로망스(Romance)는 이국적 경향을 가지고 있는 중세의 서사문학을 뜻하는 것으로, 로망어로 쓰였으며, 중세의 용감한 기사들의 무용담이나 사랑·모험 등의 이야기를 다룬다.

정답 01 ④ 02 ④ 03 ①

04 로망스 양식은 중세 기사들의 황당무계한 무용담, 연애담, 영웅적 일대기 등을 다룬 양식으로, 비논리적·현실도피적·비사실적 성격을 갖는다.

05 소설의 개연성은 실제로 있었던 일은 아니나 일어날 가능성이 있는 일을 그럴 듯하게 꾸미는 것이다.
①·④ 소설은 이야기의 전개나 인물의 설정 등에 있어서 진실성을 찾아내어 객관적인 삶의 모습을 표현한 문학으로, 허무맹랑한 거짓의 이야기가 아니다.

06 소설은 서술에 의존하는 산문으로, 바로 이 '서술'이라는 기술 방법으로 인해 대화(표출)에 의존하는 희곡과는 뚜렷한 차이를 보인다.

정답 04 ② 05 ② 06 ①

---

04 다음 중 로망스 양식의 개념과 관계가 <u>없는</u> 것은?

① 영웅의 일대기
② 리얼리즘 문학
③ 현실도피의 성격
④ 영원불멸의 인간 정신

05 다음 내용과 관계있는 소설의 특성은?

> 소설은 실제로 있었던 일은 아니나, 일어날 가능성이 있는 일을 실제로 있었던 것처럼 그럴 듯하게 꾸며내는 것이다.

① 객관성
② 개연성
③ 필연성
④ 진실성

06 소설이 희곡과 구별되는 중요한 요소는 무엇인가?

① 서술
② 인물
③ 사건 전개
④ 주제

07 소설의 개념적 입장에서 볼 때 소설이 시와 구별되는 가장 중요한 특성은 무엇인가?
① 삶의 교훈을 제시한다는 점
② 작가가 작중 화자를 통해 자신의 이야기를 한다는 점
③ 인간의 삶을 근거로 하는 인생 이야기라는 점
④ 가공된 이야기의 기록이라는 점

07 소설은 삶의 세계를 표현하는 창작 문학으로, 인간의 구체적 삶을 근거로 한 인생 이야기라는 점에서 시와는 뚜렷하게 구별된다.

08 소설의 리얼리티(Reality)가 의미하는 것이 아닌 것은?
① 필연성
② 개연성
③ 소설 속에서의 진실성
④ 현실에서의 사실 자체

08 리얼리티는 작가의 상상력에 의해 거짓으로 꾸며낸 이야기를 사실인 것처럼 느끼게 하는 것으로, 소설에서의 진실성, 사건의 필연성, 개연성을 의미한다.

09 다음 중 소설에 대한 설명으로 적절하지 않은 것은?
① 동양에서는 '소설(小說)'이라는 단 하나의 용어가 오래전부터 사용되어 왔다.
② 서양에서는 소설을 'Narrative', 'Romance', 'Novel' 등의 용어로 지칭하였다.
③ 우리나라에서 이제현의 『역옹패설』에서 '소설'이라는 용어가 처음 사용되었다.
④ 『장자』의 「외물편(外物篇)」에서는 소설은 상대방의 환심을 사기 위해 꾸며낸 재담이라고 보았다.

09 우리나라에서는 고려시대 이규보의 『백운소설』에서 '소설(小說)'이라는 용어가 처음 사용되었다.

정답 07 ③ 08 ④ 09 ③

10 소설의 기원을 근대사회의 발달에서 출발했다고 보는 견해는 소설이 인간성의 탐구 및 인생의 표현에 중점을 둔다는 점에 주목한 것이다. 또한, 소설은 로망스의 '기사·귀족 등 특수한 신분의 등장인물의 비현실적 양식'을 거부하고 '평범한 인물'을 주인공으로 삼는다는 점에서 로망스와 가장 큰 차이를 보인다.

10 소설의 기원과 그 근거가 바르게 연결되지 <u>않은</u> 것은?

① 고대 서사문학에서 찾으려는 견해 – '이야기(Story)'와 '서술(Narration)'에 주목
② 중세 로망스에서 찾으려는 견해 – '이야기 문학'의 형식을 띠고 있다는 점에 주목
③ 근대사회의 발달에서 출발했다고 보는 견해 – '이야기'에 중점을 두고 있다는 점에 주목
④ 고대 서사문학에서 찾으려는 견해 – 몰턴, 허드슨 등

11 문학양식의 발달사적·변천사적인 입장에서 보았을 때 근대소설은 로망스 양식에 대한 거부감에서 등장한 소설 양식이다.

11 다음 중 근대소설의 등장배경과 관련이 <u>없는</u> 내용은?

① 중세 봉건주의 사회에서 자본주의 사회로 변화하면서 등장하였다.
② 자아의식과 체험에 대한 표현 충동에 의해 이루어진 것으로, 리얼리즘을 강조하였다.
③ 로망스 양식을 수용하여 주인공의 일대기적·영웅적 삶을 증명하는 과정을 그려냈다.
④ 최초의 근대소설은 리처드슨의 『파멜라』이다.

12 루카치는 소설의 기원을 고대 서사문학에서 찾으려고 했던 인물로, 문학의 서사양식은 고대에는 서사시, 근대에는 소설로 나타나고 있다고 보았다.

12 다음 괄호 안에 들어갈 말로 알맞은 것은?

> 루카치는 문학에서의 서사양식은 고대에는 (㉠), 근대에는 (㉡)(으)로 나타나고 있다고 보았다.

	㉠	㉡
①	로망스	비극
②	서사시	소설
③	서정시	비극
④	서사시	서정시

정답 10 ③ 11 ③ 12 ②

13 슈로더가 구분한 로망스와 소설의 차이로 적절한 것은?

	〈로망스〉	〈소설〉
①	디플레이션 양식	인플레이션 양식
②	긴밀성·절제의 논리	과장되고 부풀린 삶
③	형성·교육 등의 구조	모험·여행 등의 구조
④	아이러니 형질 없음	아이러니의 형질 있음

13 [문제 하단의 표 참고]

[로망스와 노벨의 차이점(슈로더)]

구분	로망스	노벨
양식	• 인플레이션 양식 • 과장되고 부풀린 삶 • 로망스에 등장하는 청년들은 전부 영웅, 상대방은 악마, 처녀들은 자연의 걸작으로 묘사 • 절세가인·영웅호걸적 주인공	• 디플레이션 양식 • 리얼리즘의 방법, 즉 구성과 감정·사고 면에서 긴밀성과 절제의 논리에 따름 • 노벨은 로망스와 철학적 이야기 사이에 놓임 • 다양한 인간 유형
구조	모험·여행 등	형성·교육 등
아이러니	아이러니 형질 없음	아이러니컬한 허구 형태를 본질로 삼음

14 모방성의 유무(有無)에 따라 소설과 로망스의 차이를 설명한 학자는?

① 아우어바흐
② 몰턴
③ 슈로더
④ 허드슨

14 아우어바흐는 모방성의 유무(有無)를 통해 소설과 로망스의 차이를 설명하였다.
• 로망스 : 역사의식이 결핍되었으며, 삶의 일상적 문제를 대상으로 하지 않는다.
• 노벨 : 역사의식이 충분하며, 삶의 일상적 문제를 대상으로 한다.

정답 13 ④ 14 ①

15 리얼리즘 소설의 문체는 상식적·개성적이며, 로망스의 문체는 직설적·고풍적이라 보았다.

15 몰턴이 구분한 리얼리즘 소설과 로망스의 특징으로 적절하지 <u>않은</u> 것은?

	〈구분〉	〈리얼리즘 소설〉	〈로망스〉
①	플롯	개연적	초자연적
②	인물	다면성	신화성
③	문체	고풍적·직설적	개성적
④	작가의 모색	인간의 탐구	이상세계의 구가

16 플롯은 단순히 사건을 재구성하는 것이 아니라 인과관계에 중점을 두고 사건의 흐름을 전개·배열하는 것이다.
①·④는 스토리에 대한 설명이다.

16 소설의 플롯에 대한 설명으로 바른 것은?

① 사건을 시간적 순서대로 배열한다.
② 인과관계에 따라 사건을 전개한다.
③ 단순히 스토리를 재구성하는 것이다.
④ 사건에 대해 '그리고(And)'라는 반응이 나온다.

17 토마체프스키는 '스토리'를 동적 모티프로 이루어진 줄거리 자체라고 보았으며, '플롯'은 정적 모티프가 관여하는, 이야기의 줄거리를 알게 되는 경로라고 보았다.

17 다음 중 플롯의 특징이 <u>아닌</u> 것은?

① 소설의 구조, 짜임새
② 예술적 효과를 낳기 위한 서술상의 기술
③ 주제를 구현하기 위한 논리적 기법
④ 동적 모티프로 이루어진 줄거리 자체

정답 15 ③ 16 ② 17 ④

18 소설의 플롯 중 복합 플롯에 대한 설명으로 적절하지 <u>않은</u> 것은?
   ① 둘 이상의 플롯을 함께 진행시키거나 사건의 진행이 자연적인 시간의 순서이다.
   ② 주된 사건과 부수적인 사건이 교차되거나 동시에 진행된다.
   ③ 장편 소설에 많이 쓰인다.
   ④ 작가의 의도에 따라 전개되는 역행법을 따른다.

19 플롯의 유형별 특징이 <u>아닌</u> 것은?
   ① 단순 플롯은 단일한 사건이 시간적 순서에 따라 진행된다.
   ② 피카레스크는 몇 개의 독립된 스토리가 그것을 종합적으로 이어 놓는 하나의 플롯 위에 배열되는 것이다.
   ③ 액자형 플롯은 하나의 플롯 속에 또 하나의 플롯이 삽입된 것으로 두 플롯은 서로 관계없이 개별적으로 진행된다.
   ④ 복합 플롯은 주된 사건과 부수적 사건이 교차되기도 하고, 동시에 진행되기도 한다.

20 플롯의 특징이 <u>잘못</u> 연결된 것은?
   ① 단순 구성 – 주제 하나에 사건 하나
   ② 복합 구성 – 주제 하나에 사건 두세 개
   ③ 피카레스크식 구성 – 주제 하나에 사건 여러 개, 주인공 다양, 사건 끊김
   ④ 옴니버스식 구성 – 주제 하나 또는 동일한 주제 여러 개에 사건 여러 개, 주인공 다양, 사건 끊김

---

18 복합 플롯은 하나의 소설 속에 둘 이상의 플롯이 중첩되어 진행됨으로써 많은 이야기가 전개되는 플롯으로, 사건의 진행이 자연적인 시간의 순서와 상관없이 작가의 의도에 따라 전개된다.

19 액자형 플롯은 하나의 플롯 속에 또 하나의 플롯이 삽입된 것으로, 중심 플롯과 액자 구실을 하는 플롯으로 구성되며, 이 두 개의 플롯은 상호 긴밀한 관계를 유지하고 있다.

20 피카레스크식 구성은 하나의 주제에 여러 개의 사건이 전개되며, 각 사건이 연결되어 있다. 또한 주인공이 일정하다는 특징을 갖는다.

옴니버스식 구성
하나의 주제를 중심으로, 여러 개의 사건이 전개되는 것으로, 주로 영화에서 사용되는 기법이다. 하나의 주제에 몇 개의 독립된 이야기가 모여 있다는 점에서 피카레스크식 구성과 유사하지만, 옴니버스식 구성은 주인공이 다르며, 사건이 연결되지 않는 분리성을 갖는다.

정답   18 ①   19 ③   20 ③

21 ②·③ 복합 플롯
   ④ 단순 플롯

21 다음 중 액자형 플롯의 작품은?

① 김동인의 『배따라기』
② 이광수의 『무정』
③ 염상섭의 『삼대』
④ 현진건의 『운수 좋은 날』

22 평행적 진행은 두 가지 이상의 사건을 동시에 진행시키는 것으로, 영화의 이중 노출 기법의 영향을 받았다.

22 플롯의 진행 방법과 관련된 내용이 <u>잘못</u> 연결된 것은?

① 평면적 진행 – 시간적 순서에 따라 사건을 진행
② 입체적 진행 – 시간적 순서가 아닌 역순으로 사건을 진행
③ 평행적 진행 – 하나의 사건을 시간적 순서에 따라 진행
④ 현대소설 – 입체적 진행 방법을 주로 사용

23 갈등 단계는 발단이 발전하여 분규를 일으키는 부분으로, 사건과 사건이 복잡하게 얽히거나 등장인물의 내적·외적 갈등이 일어나면서 대립의 양상을 띤다.

23 워런과 브룩스가 제시한 플롯의 진행 과정 중 등장인물의 내적·외적 갈등이 일어나면서 대립의 양상을 띠는 단계는?

① 발단
② 갈등
③ 절정
④ 결말

정답 21 ① 22 ③ 23 ②

24 다음 중 주인공이나 그에 상응하는 인물이 그 자신의 목소리로 이야기를 이끌어 나가는 시점은?

① 제한적 3인칭 시점
② 전지적 3인칭 시점
③ 주변 인물로서의 1인칭 시점
④ 중심 인물로서의 1인칭 시점

25 다음 중 소설의 3요소가 <u>아닌</u> 것은?

① 주제
② 구성
③ 인물
④ 문체

26 작가가 해설이나 평가를 하지 않고 관찰자의 입장에서 있는 그대로를 제시하여 작중인물의 실체를 독자에게 보여주는 시점으로, 극적 시점이라고도 하는 것은?

① 1인칭 관찰자 시점
② 3인칭 작가 관찰자 시점
③ 1인칭 주인공 시점
④ 전지적 작가 시점

27 주관적·객관적 묘사를 통해 종합적 효과를 얻을 수 있는 시점은?

① 1인칭 관찰자 시점
② 1인칭 주인공 시점
③ 3인칭 작가 관찰자 시점
④ 전지적 작가 시점

---

24 R. 스탠턴의 시점의 분류
- 중심 인물로서의 1인칭 시점: 주인공 또는 그에 상응하는 인물이 그 자신의 목소리로 이야기를 전개
- 주변 인물로서의 1인칭 시점: 보조 인물 또는 주변 인물이 이야기를 전개
- 제한적 3인칭 시점: 작가가 3인칭으로 된 모든 작중인물들에 대해 언급하지만, 한 인물에게 보인 것, 들린 것, 생각된 것만을 제한적으로 서술
- 전지적 3인칭 시점: 작가가 3인칭으로 된 모든 인물에 대해 언급하며, 아무런 제한 없이 모든 사건과 생각 등을 서술

25 소설의 3요소는 '주제, 구성, 문체'이며, 소설의 구성의 3요소는 '인물, 사건, 배경'이다.

26 3인칭 작가 관찰자 시점 – 극적 시점
- 작가가 관찰자의 입장에서 이야기함
- 작가는 하나의 관찰자이므로 주관을 배제하고 인물이 말하고 행동하는 것을 객관적으로 보여줌
- 인물의 감정, 심리상태 등을 구체적으로 제시할 수 없음

27 1인칭 관찰자 시점은 작품에 등장하는 부수적 인물이나 사건 밖에 있는 단순 관찰자가 주인공의 이야기를 하는 것으로, 관찰자의 눈에 비친 주관적·객관적 묘사를 통해 종합적 효과를 얻을 수 있다는 이점이 있다.

정답 24 ④ 25 ③ 26 ② 27 ①

28 작가가 전지적 작가 시점에서 복녀의 생각과 행동을 분석·해설하고 있다.

28 다음 작품의 시점으로 적절한 것은?

> 복녀는 열심으로 송충이를 잡았다. 소나무에 사다리를 놓고 올라가서는, 송충이를 집게로 집어서 약물에 잡아 넣고 잡아 넣고, 그의 통은 잠깐 새에 차고 하였다. 하루에 삼십이 전씩의 공전이 그의 손에 들어왔다.
> 그러나 대엿새 하는 동안에 그는 이상한 현상을 하나 발견하였다. 그것은 다른 것이 아니라, 젊은 여인부 한 여남은 사람은 언제나 송충이는 안 잡고 아래서 지절거리며 웃고 날뛰기만 하고 있는 것이었다. 뿐만 아니라, 그 놀고 있는 인부의 공전은 일하는 사람의 공전보다 팔 전이나 더 많이 내어 주는 것이다.
> 감독은 한 사람뿐이지만 감독도 그들의 놀고 있는 것을 묵인할 뿐 아니라, 때때로는 자기까지 섞여서 놀고 있었다.
> 어떤 날 송충이를 잡다가 점심때가 되어서, 나무에서 내려와서 점심을 먹고 다시 올라가려 할 때에 감독이 그를 찾았다.
> …〈중략〉…
> 그날부터 복녀도 '일 안 하고 공전 많이 받는 인부'의 한 사람으로 되었다.
> 복녀의 도덕관 내지 인생관은 그때부터 변하였다.
> 그는 아직껏 딴 사내와 관계를 한다는 것을 생각하여 본 일도 없었다.
> …〈중략〉…
> 그러나 이런 이상한 일이 어디 다시 있을까. 사람인 자기도 그런 일을 한 것을 보면, 그것은 결코 사람으로 못 할 일이 아니었었다. 게다가 일 안 하고도 돈 더 받고, 긴장된 유쾌가 있고, 빌어먹는 것보다 점잖고…….
> – 김동인, 『감자』

① 1인칭 관찰자 시점
② 1인칭 주인공 시점
③ 3인칭 관찰자 시점
④ 전지적 작가 시점

정답 28 ④

29 다음 중 이상의 『날개』의 시점은?

① 1인칭 주인공 시점
② 전지적 작가 시점
③ 1인칭 관찰자 시점
④ 3인칭 관찰자 시점

> 29 이상의 『날개』는 매춘부인 아내에 붙어사는 무기력한 '나'를 통해 자아의 분열을 그린 한국 최초의 심리주의 소설로, 1인칭 주인공 시점이다.

30 오늘날 인물의 창조에서 가장 중요하게 고려되는 것은?

① 성격 창조
② 외모 묘사
③ 이름 짓기
④ 영웅적 요소

> 30 성격(Character)은 대상의 내적 속성으로, 인물에서 가장 중요한 것이다.

31 인물에 대한 설명이 잘못 연결된 것은?

① 주인공 – 작품 속에서 사건을 주도해 나가는 인물
② 조역 – 부수적 인물
③ 프로타고니스트 – 사건을 주도하는 인물
④ 안타고니스트 – 작가 자신이 긍정하는 인물

> 31 안타고니스트는 작가나 독자가 부정하거나 또는 부정해야 할 인물로, 프로타고니스트와 대립 관계를 이룬다.

정답 29 ① 30 ① 31 ④

32 쉽게 싫증나는 인물 유형은 평면적 인물이다.

입체적 인물
- 발전적·동적 인물
- 작품 속에서 무궁한 인생을 갖고 있음
- 비극적 역할을 하기에 적합
- 독자들을 감동시켜 경이감을 줌
- 독자에게 강렬한 인상을 남길 수 있음

33 전형적 인물은 한 사회의 어떤 계층이나 집단의 공통된 성격적 기질을 대표하는 인물 유형이다.
① 어떤 개인의 독특한 기질을 표현하고 전형성에서 탈피한 인물 유형은 개성적 인물이다.

34 [문제 하단의 표 참고]

---

32 다음 중 입체적 인물의 특성이 아닌 것은?

① 발전적
② 동적
③ 독자에게 경이감을 줌
④ 쉽게 싫증남

33 전형적 인물 유형의 개념으로 가장 적절한 것은?

① 어떤 개인의 독특한 기질을 표현한다.
② 어떤 집단의 공통된 인상을 대표한다.
③ 어떤 개인의 사회적 능력을 측정한다.
④ 어떤 집단의 공익적 가치를 대신한다.

34 다음 중 인물의 간접적인 표현 방식은?

① 요약
② 서술자 해설
③ 보여주기
④ 말하기

[소설의 인물 제시·설명 방법]

말하기(Telling)	보여주기(Showing)
• 작가가 인물을 직접 해설·분석·요약·편집 • 논평적 방법	• 작가가 대화나 행동만 보여줌 • 극적·입체적 방법
직접적 제시	간접적 제시
고대소설에 많음	현대소설에 많음
3인칭 주인공 시점 (전지적 작가 시점)	3인칭 관찰자 시점

정답 32 ④ 33 ② 34 ③

35 다음 중 인물의 직접 묘사에 대한 설명으로 적절하지 않은 것은?

① 전지적 작가 시점, 1인칭 관찰자 시점에 적합
② 작가가 인물의 성격을 직접 설명·소개
③ 해설적·분석적 방법
④ 독자가 등장인물의 성격을 바르게 파악하지 못할 수 있음

> 35 직접 묘사는 작가가 인물의 성격을 직접 설명·소개하므로, 등장인물의 대화나 행동 등을 통해 성격화할 때 요구되는 묘사와 사건 전개를 줄일 수 있으며, 성격이 잘못 이해될 수 있는 위험을 줄일 수 있다.

36 다음 중 소설의 주제에 대한 설명으로 적절하지 않은 것은?

① 일반적으로 작가의 인생관·세계관을 나타낸다.
② 작가가 소재에 대해 느낀 인생의 의미를 구체화한 것이다.
③ 작가의 의도, 문제 의식 등을 구체적으로 드러낸 것이다.
④ 작품에 동원되는 재료로 특수한 상황이나 경우를 의미한다.

> 36 작품에 동원되는 재료로 특수한 상황이나 경우를 의미하는 것은 제재이다.

37 다음 중 소설의 주제의 특성으로 올바른 것은?

① 주제는 동기에서 비롯되는 것으로, 동기 자체를 의미하는 것이다.
② 작품에 사용된 제재 자체가 주제이다.
③ 주제는 작가의 인생관이나 사상 그 자체를 의미한다.
④ 주제는 작가의 직접적 설명이나 기술의 형식으로 구현되어서는 안 된다.

> 37 주제는 작품의 플롯·캐릭터 등에 의해 형상화되어야 하며, 작가의 설명이나 기술의 형식으로 구현되어서는 안 된다.

정답 35 ④ 36 ④ 37 ④

| 38 | 제재의 특징
• 구체적
• 주제를 낳기 위해 동원되는 재료나 근거
• 특수한 상황이나 경우를 알려주는 것
• 주제를 나타내는 효과적 수단

| 39 | 작가가 여러 가지 제재 중에서 무엇인가를 선택하여 소설을 만드는 힘을 주제 의식 또는 문제 의식이라 한다.

| 40 | 어떤 사실에 대해 강한 지적 호기심을 가지며, 가치론적·존재론적 문제에 주된 관심을 두는 것은 지적 혹은 인식론적 관심에 대한 내용이다. 실제적 관심은 작중인물의 행복과 불행에 관심을 갖는 것으로, 작중인물에 대한 감정, 선호도 등이 여기에 해당한다.

정답 38 ② 39 ① 40 ④

---

38 다음에서 설명하는 것은 무엇인가?

> • 주제를 낳기 위해 동원되는 재료나 근거
> • 특수한 상황이나 경우를 알려주는 것
> • 주제를 나타내는 효과적 수단

① 서술
② 제재
③ 배경
④ 인물

39 작가가 여러 가지 제재 중에서 무엇인가를 선택하여 소설을 만드는 힘을 뜻하는 것은?

① 문제 의식
② 소명 의식
③ 현실 의식
④ 역사 의식

40 작가의 문제 의식에 대한 설명으로 올바르지 않은 것은?

① 작가의 문제 의식은 작가의 내부적 욕구에 의해서뿐만 아니라 외부 조건에 의해서도 결정된다.
② 지적 혹은 인식론적 관심은 사변적·철학적 성격을 지닌다.
③ 미적 혹은 질적 관심은 상징, 아이러니 등 문학에 대한 보편적인 여러 가지 요소에 관심을 갖는 것이다.
④ 실제적 관심은 어떤 사실에 대해 가치론적·존재론적 문제에 주된 관심을 갖는 것이다.

41 다음에서 설명하는 소설 유형은 무엇인가?

- 스토리 중심의 소설
- 현실 세계에서 실현될 수 없는 욕망을 그림
- 초보 단계의 소설로, 리얼리즘과는 거리가 있음
- 인물들이 플롯에 맞게 고안됨

① 행동 소설
② 성격 소설
③ 극적 소설
④ 연대기 소설

41 행동 소설
- 스토리 중심의 소설로, 호기심과 기대감을 유발
- 박력 있는 사건들로 즐거움 제공
- 현실 세계에서 실현될 수 없는 욕망을 그림
- 인물들이 플롯에 맞게 고안됨
- 초보 단계의 소설이며, 리얼리즘과는 거리가 있음

42 다음 중 행동 소설이 아닌 것은?

① 루이스 스티븐슨, 『보물섬』
② 월터 스콧, 『아이반호』
③ 마크 트웨인, 『톰 소여의 모험』
④ 멜빌, 『모비딕』

42 에밀리 브론테의 『폭풍의 언덕』, 제인 오스틴의 『오만과 편견』, 멜빌의 『모비딕』 등은 극적 소설이다.

43 뮤어의 분류에 따른 소설의 종류 중 본격적인 소설의 첫 단계로, 사건보다는 인물에 초점을 맞추는 소설은?

① 행동 소설
② 성격 소설
③ 극적 소설
④ 연대기 소설

43 성격 소설은 본격적인 소설의 첫 단계이다. 등장인물의 성격을 공간적으로 설명·탐구하므로 공간 소설이라고도 할 수 있으며, 사건보다는 인물에 초점을 맞춘다.

정답 41 ① 42 ④ 43 ②

44 공간 속에서 사건을 만들어 내는 것은 성격 소설의 특징이며, 극적 소설은 성격 소설과는 달리 시간 속에서 사건을 만들어 낸다.

45 연대기 소설은 시간과 공간을 총체적으로 그린 소설로, 성격 소설과 극적 소설의 이중적 효과를 얻을 수 있다.

46 극적 소설의 플롯이 엄격하면서 논리적인 구조인 데 반해 연대기 소설의 플롯은 외적 시간의 틀 속에서 몇 가지의 삽화가 허술하게 묶여 있다.

44 극적 소설의 특징이 <u>아닌</u> 것은?

① 작중인물과 플롯이 거의 완벽하게 결합
② 공간 속에서 사건을 만들어 냄
③ 현상과 진실이 일치하며, 절정에 이르면 시적 비극과 유사해짐
④ 사건의 집중적 진행과 해결에 중점을 둠

45 다음 중 성격 소설과 극적 소설의 이중적 효과를 노릴 수 있는 소설은 무엇인가?

① 시대 소설
② 행동 소설
③ 연대기 소설
④ 로망스

46 극적 소설과 연대기 소설의 차이로 적절하지 <u>않은</u> 것은?

① 극적 소설에서의 시간은 내면적·본질적이며, 연대기 소설에서의 시간은 형식적·외면적이다.
② 극적 소설에서의 시간은 작중인물의 심리상태로 전환되지만, 연대기 소설에서의 시간은 작중인물의 내면 심리 속에서 아무런 제한도 받지 않는다.
③ 극적 소설의 플롯이 비논리적인 데 반해 연대기 소설의 플롯은 논리적으로 묶여 있다.
④ 극적 소설은 공간 의식이 희박하며, 연대기 소설은 시간과 공간을 총체적으로 그린다.

정답 44 ② 45 ③ 46 ③

47 다음 중 연대기 소설은 무엇인가?

① 버지니아 울프, 『야곱의 방』
② 새커리, 『허영의 시장』
③ 제인 오스틴, 『오만과 편견』
④ 드라이저, 『아메리카의 비극』

48 프라이가 분류한 소설의 종류 중 다음과 같은 인물이 등장하는 소설의 유형은?

- 비현실적 인물
- 시대적·사회적 맥락에서 설명할 수 없는 진공관 속의 인물

① 로망스(Romance)
② 노벨(Novel)
③ 스토리(Story)
④ 픽션(Fiction)

49 프라이가 제시한 소설의 양식 중 '해부' 양식의 성격으로 적절한 것은?

① 사상·관념보다는 인물이나 사건에 중점을 둔다.
② 내향적 성격이 강하다.
③ 관념 소설, 주제 소설 등이 속한다.
④ 자서전적 형식을 취한다.

---

47 ② 성격 소설
③ 극적 소설
④ 시대 소설

연대기 소설
허버트 로런스의 『아들과 연인』, 제임스 조이스의 『젊은 예술가의 초상』, 버지니아 울프의 『야곱의 방』 등

48 프라이는 '이야기가 어떻게 진행될 것인가'와 '이야기가 말하려는 것'을 포괄하여 소설의 유형을 '노벨, 로망스, 고백, 해부' 양식으로 구분하였다.
- 로망스(Romance) : 시대적·사회적 맥락에서 설명할 수 없는 비현실적 인물을 그림
- 노벨(Novel) : 한 사회나 집단을 대표하는 인물을 그림

49 ① 인물이나 사건보다는 사상이나 관념에 중점을 둔다.
②·④ '고백' 양식의 특징이다.

정답   47 ①   48 ①   49 ③

50 교양 소설은 주인공이 일정한 삶의 형성이나 성취에 도달하기까지의 과정을 그린 소설 유형으로, 주인공은 인습의 세계를 맹목적으로 수용하는 것도, 세계와의 대립 과정에서 만들어지는 문제의 추구를 포기하는 것도 아니다. 또한, 남성적인 성숙이 곧 주인공의 특징이다. 괴테의 『빌헬름 마이스터』, 헤르만 헤세의 『싯다르타』 등이 속한다.
①·③은 추상적 이상주의 소설, ②는 심리 소설이다.

51 루카치는 주인공의 존재 양식을 기준으로 소설의 유형을 '교양 소설, 심리 소설, 톨스토이의 소설형, 추상적 이상주의 소설'로 분류하였다.

52 심리 소설의 주인공은 수용 세계와 의식 세계가 넓어 인습적인 세계로부터 만족을 느끼지 못한다.

53 교양 소설의 주인공은 인습의 세계를 적극적으로 수용하는 것도, 세계의 복잡성을 거부하는 것도 아닌 중간적인 입장을 취한다.

정답 50 ④ 51 ④ 52 ③ 53 ③

---

50 루카치의 분류에 따른 교양 소설에 해당하는 작품은?

① 『적과 흑』
② 『오블로모프』
③ 『돈키호테』
④ 『빌헬름 마이스터』

51 루카치가 분류한 소설의 유형이 아닌 것은?

① 교양 소설
② 심리 소설
③ 톨스토이의 소설형
④ 이상 소설

52 다음 중 심리 소설의 특징이 아닌 것은?

① 작중인물의 내면세계를 분석하는 데 주력한다.
② 정신분석학에 따라 인간의 의식 세계를 깊게 파고들 수 있게 되었다.
③ 주인공의 수용 세계와 의식 세계가 좁다.
④ 곤차로프의 『오블로모프』가 대표적 작품이다.

53 다음 중 교양 소설에 대한 설명으로 적절하지 않은 것은?

① 주인공이 일정한 생의 성취에 도달하기까지의 과정을 그린다.
② 남성적 성숙을 이룬 주인공이 등장한다.
③ 주인공은 인습의 세계 및 세계의 복잡성을 수용한다.
④ 대표작은 괴테의 『빌헬름 마이스터』이다.

54 다음 중 장편 소설의 특징이 <u>아닌</u> 것은?

① 인간의 삶을 총체적으로 그린다.
② 주제와 사상보다는 기교에 더 중점을 둔다.
③ 여러 개의 에피소드를 연결시켜 복합적으로 구성한다.
④ 등장인물들은 평면적이기보다는 입체적 인물이 알맞다.

54 장편 소설은 소설적 기교에 의존하지 않으며, 주제·사상 등을 중요시한다.

55 다음 중 단편 소설의 특징이 <u>아닌</u> 것은?

① 한 번 앉아서 읽을 정도의 짧은 분량이다.
② 인생의 전면을 예리하게 그린다.
③ 단일한 작중인물, 단일한 사건 및 정서를 갖는다.
④ 표현기교가 뛰어나다.

55 단편 소설은 압축된 구성을 통해 인생의 단면을 예리하게 그린 소설로, 인생의 전면을 그리는 것은 장편 소설의 특징이다.

56 다음 중 단편 소설과 장편 소설에 대한 설명으로 적절하지 <u>않은</u> 것은?

① 단편 소설은 집중적, 장편 소설은 확장적 성격을 지닌다.
② 단편 소설과 장편 소설을 구분하는 가장 중요한 특징은 '단일의 인상'이다.
③ 단편 소설은 포용에 의한 통일성, 장편 소설은 생략에 의한 통일성을 갖는다.
④ 단편 소설은 단순 구성, 장편 소설은 복합 구성을 갖는다.

56 단편 소설은 짧은 분량, 단일한 구조로 이루어져 있으므로 장편 소설보다 더 뚜렷한 주제가 필요하며, 간결하면서 생략적인 방법을 통해 주제를 효과적으로 형상화해야 한다. 포용에 의한 통일성을 갖는 것은 장편 소설이며, 단편 소설은 생략에 의한 통일성을 중요시한다.

정답 54 ② 55 ② 56 ③

얼마나 많은 사람들이 책 한 권을 읽음으로써 인생에 새로운 전기를 맞이했던가.

– 헨리 데이비드 소로 –

제4장

비평론

- 제1절 문학비평의 어원과 개념
- 제2절 문학비평의 특성
- 제3절 문학비평의 좌표와 평가기준
- 제4절 문학비평의 방법론
- 제5절 현상학적 비평·수용미학 이론 및 기타의 비평방법론
- 실전예상문제

합격을 꿰뚫는 기출 키워드

제 4 장 비평론

비평, 지음, 해설·평가·이해·해석, 모방론, 효용론, 표현론, 객관론, 효용성의 평가 기준 – 쾌락과 교훈, 독창성의 평가 기준 – 작품 자체와 작가와의 관계, 역사·전기적 비평, 형식주의 비평, 구조주의 비평, 사회·문화적 비평, 심리주의 비평, 신화·원형 비평

보다 깊이 있는 학습을 원하는 수험생들을 위한
시대에듀의 동영상 강의가 준비되어 있습니다.
www.sdedu.co.kr → 회원가입(로그인) → 강의 살펴보기

제 4 장 비평론

제1절 문학비평의 어원과 개념

1 비평의 어원

(1) 동양
① 批(비) : 한 작품에 대한 나름의 표시를 통해 좋고 싫음이나 가부(可否)에 대해 내리는 가치 판단을 의미
② 評(평) : '言 + 平'으로, 말을 바르고 공평하게 한다는 것을 의미

(2) 서양
비평을 뜻하는 'Criticism'의 어원은 다음과 같다.
① Krinein(그리스어) : '나누다, 식별하다, 의견을 말하다'의 의미
② Criticus(라틴어) : '재판관·심판관·감정가' 등을 의미
③ Critical(영어) : '비평적, 위태로운' 등을 의미
④ Crisis(영어) : '위기'를 의미

2 비평의 개념

(1) 사전적 정의
① 문예작품의 구조 및 가치, 작가의 창작 방법, 세계관 따위를 일정한 기준에 따라 검토하고 판단하는 일 → 문예평론·문학비평·문학평론
② 작품의 감상에 의거하여 예술적 가치, 특성 또는 그 성립에 관한 판단을 적극적으로 발전시켜 이것을 유효하게 독자(또는 비평가)에게 전달할 수 있게 표현하는 것
③ 텍스트 인물, 구성, 문학론을 다룬 비평적인 작가의 문학, 또는 예술적인 본질과 평가의 기술
④ 예술작품에 관하여 의식적으로 평가·감상하는 일

(2) 비평의 개념
① 일반적인 의미는 사물의 옳고 그름, 아름다움과 추함 따위를 분석하여 가치를 논하는 것이다.
② **문학비평** : 평론과 유사 기출 24
  ㉠ 문학비평이란 문학이란 무엇인가, 문학은 어떻게 이루어져 있고 어떻게 읽고 이해할 것인가 등을 논의하는 것이다. → 문학에 관한 실제적·이론적 논의

ⓒ 작품을 대상으로 독자가 가치 판단이나 문학 전반에 대해 심미적 판단을 내리는 모든 행위이다.
　　　→ 문학작품이 주는 의미는 무엇인가, 작가 및 작품의 가치는 어떠한가, 작품의 구조와 당대 현실의 사회 구조의 관련성은 어떠한가, 작가의 역할은 무엇인가 등
　　ⓒ 작가 또는 작품을 분석·평가하는 것이다.
　　ⓔ 좋은 작품과 나쁜 작품을 식별하고, 그 의미와 가치를 해석·평가하며 바르게 감상하는 것이다.

③ 知音(지음)
　　㉠ 중국 양나라의 유협은 『문심조룡(文心雕龍)』에서 비평을 '知音(지음)'이라 하였다.
　　㉡ 작품의 평가에 사심을 섞지 않고 개인의 애증에 편벽되지 않을 때만 거울처럼 공정하게 논리를 펼 수 있고, 거울처럼 명료하게 표현을 분석할 수 있다는 의미를 갖는다.
　　㉢ 문학의 정신을 고찰하기 위한 6가지 평가 기준(6관)을 제시하였다.
　　　• 일관위체(一觀位體) : 형체는 어떠한가?
　　　• 이관치사(二觀置辭) : 조사는 어떠한가?
　　　• 삼관통변(三觀通變) : 전통의 계승과 변혁은 어떠한가?
　　　• 사관기정(四觀奇正) : 정통적인가, 이단적인가?
　　　• 오관사의(五觀事義) : 내용, 주장은 어떠한가?
　　　• 육관궁상(六觀宮商) : 음악적 효과는 어떠한가?

> **더 알아두기**
>
> **비어즐리, '비평 행위의 원형'**
> • X는 좋다.
> • X는 나쁘다.
> • X는 Y보다 좋다(나쁘다). 왜냐하면 …… (이유 제시)
> 　→ X는 비평의 대상, Y는 또 하나의 비평 대상을 의미
> 　→ 비평이란 '대상에 대한 평가', '그 평가에 대한 이론적 근거를 제시하는 것' 모두를 의미

3 비평의 준거

(1) 주관비평과 객관비평

① **주관비평**
　　㉠ 창작예술의 관점에서의 문학작품은 감상적·주관적 산물이므로 주관지향성을 강조하게 된다는 것이다.
　　㉡ 주관은 취미나 기호와 같이 사람에 따라 다르기 때문에 작가·작품에 대한 비평은 주관적·개인적일 수밖에 없다.

② **객관비평**
    ㉠ 비평은 객관적인 작품을 대상으로 하는 체계적 지식이라고 본다.
    ㉡ 작품의 의미나 가치는 어느 정도 공통의 규범을 갖기 때문에 충분히 객관적일 수 있다.

> **체크 포인트**
> 주관과 객관이 조화되었을 때 비로소 비평다운 비평이 이루어질 수 있다.

(2) 작품에 대한 해석(이해·설명)에 두는가, 평가(판단·시비)에 두는가?
① **해석적 비평**
    ㉠ 비평가가 독자에게 지식을 부여하고 작품의 감상 및 이해에 도움을 주는 것이다.
    ㉡ 가치에 대한 시비나 평가보다는 작품의 구조 분석 및 이해에 관심을 둔다.
    ㉢ 문학의 체계와 의미 구조를 밝혀 내고 이론적 체계를 마련하고자 한다.
        예 신화 비평, 해석학 등
② **평가적 비평**
    ㉠ 작품의 일반 원리나 구조에 대한 해석보다는 작품의 좋고 나쁨을 구분·비판하는 것에 관심을 둔다.
    ㉡ 작품의 선택 행위 자체에 이미 평가 과정이 게재된다는 점에 주목한다.
    ㉢ 가치평가를 전제하지 않고서는 이론적 체계화가 제대로 성립될 수 없다고 본다.
    ㉣ 평가가 제대로 이루어지기 위해서는 충실한 해석 및 이론적 뒷받침이 뒤따라야 한다.
    ㉤ 비평의 목적은 작품의 구조를 깊이 있게 해석하고 그 의미를 올바르게 평가함으로써 작가의 창작을 자극하고 독자를 바람직한 방향으로 이끌어가는 것이다.

> **체크 포인트**
> '해석'과 '평가'가 유기적으로 통합되어야 한다.

(3) 문학비평의 기준이 문학 내적인 것에 있는가, 문학 외적인 것에 있는가?
① **내적 기준 - 본질적 연구**
    ㉠ 문학 자체로써 문학에 접근하는 것으로, 문학적 구조 및 방법을 연구한다.
    ㉡ 문학 연구의 출발은 문학작품 자체의 해석 및 분석이므로, 작가의 생애와 작품의 환경은 문학작품을 비평하는 데 보조 자료로서의 의미만을 갖는다.
    ㉢ 문학을 지나치게 문학 자체로 한정하는 단점이 있다.
    ㉣ 형식주의 비평, 신화주의 비평이 이에 속한다.
② **외적 기준 - 외재적 연구(사회적 연구)**
    ㉠ 문학작품을 그것이 형성된 역사적 배경이나 사회적 환경, 외부적 원인 등에 비추어 비평하는 것이다.
    ㉡ 작가의 개성과 생활을 통해 접근하는 전기적 비평 방법을 비롯, 작가의 심리학적 메커니즘이나 창작 과정, 작품 속에 나타난 심리 유형 등을 연구하는 데 주안점을 둔다.

© 문학이 사회의 반영이라는 점을 지나치게 강조한 나머지 문학 나름의 독자적 방법이나 목적을 제한한다는 단점이 있다.
② 마르크스주의 문학비평, 리얼리즘 비평이 이에 속한다.

4 문학비평의 조건과 기능

(1) 문학비평의 조건 중요 기출 25

① 가치 판단의 기준 및 높은 가치 의식을 지니고 있어야 한다.
② 위기의식에 투철하여 작품의 가치를 공정하게 평가해야 하며, 이때 평가에는 판단과 식별이 선행되어야 한다.

> - P. 발레리 : "비평가는 작품을 재구성하면서 비평가가 바라보는 것에 의해서 한 '판단'에 도달하는 것이다."
> - W. H. 허드슨 : "문학비평에는 해석과 판단의 두 가지 기능이 있다. 비평가는 판단을 내리는 것이 목적이며, 동시에 목적에 도달하려는 방법으로 해석이 있어야 한다."

③ 판단은 작품의 이해 및 감상에서 출발해야 한다.

> - 티보데 : "비평은 작품을 내면에서부터 이해하고 깊은 공감을 가지고 출발해야 한다."
> - T. S. 엘리엇 : "문학비평의 기본적 기능은 문학의 이해와 향수(享受)를 촉진하는 것이다."

④ 비평가는 작가와 독자의 중간에서 작품의 이해를 돕고 매개해 주어야 한다. → 작가 및 독자와 관련이 있어야 함
⑤ 비평은 가치를 평가하는 일뿐만 아니라 작품을 해석(이해의 과정)하고 감상(내면화의 과정)하는 일에서부터 시작되어야 한다.
⑥ 해석과 감상은 비평의 전제 조건이 되어야 한다.

체크 포인트
감상이란 작품에 나타난 의미를 자신의 세계에서 이해할 수 있게 재구성하는 과정이다.

(2) 문학비평의 기능 중요

문학비평은 작품의 존재 근거를 밝혀 주며, 작품을 통해 작가가 미처 알지 못한 부분에 대해 설명해 준다.

O X 로 점검하자 | 제1절

※ 다음 지문의 내용이 맞으면 O, 틀리면 ×를 체크하시오. (01~10)

01 비평은 문예작품의 구조 및 가치, 작가의 창작 방법, 세계관 따위를 일정한 기준에 따라 검토하고 판단하는 일이다. (　　)

02 유협이 『문심조룡(文心雕龍)』에서 비평을 의미하는 말로 사용한 것은 '知音(지음)'이다. (　　)

03 비어즐리는 '비평 행위의 원형'을 제시하였다. (　　)

04 주관비평은 창작예술의 관점에서의 문학작품은 감상적·주관적 산물이므로 주관지향성을 강조하게 된다는 것이다. (　　)

05 비평가가 독자에게 지식을 부여하고 작품의 감상 및 이해에 도움을 주는 것은 평가적 비평의 특징이다. (　　)

06 평가적 비평에서는 작품의 선택 행위 자체에 이미 평가 과정이 게재된다고 본다. (　　)

07 문학 자체로서 문학에 접근하는 것은 문학의 외재적 연구이다. (　　)

08 마르크스주의 문학비평, 리얼리즘 비평은 문학의 사회적 연구에 해당한다. (　　)

09 '이해'는 작품에 나타난 의미를 자신의 세계에서 이해할 수 있게 재구성하는 과정이다. (　　)

10 문학의 외재적 연구에서는 작가의 생애와 작품의 환경은 문학작품을 비평하는 데 보조 자료로서의 의미만을 갖는다고 본다. (　　)

정답 1 O　2 O　3 O　4 O　5 ×　6 O　7 ×　8 O　9 ×　10 ×

제1절 핵심예제문제

01 작품에 나타난 의미를 자신의 세계에서 이해할 수 있게 재구성하는 과정은 '감상'이다.

01 다음 중 문학비평에 대한 설명으로 <u>틀린</u> 것은?

① 문학에 관한 실제적·이론적 논의를 말한다.
② 작가 또는 작품을 분석·평가하는 것이다.
③ 좋은 작품과 나쁜 작품을 식별하고, 그 의미와 가치를 해석·평가하는 것이다.
④ 작품에 나타난 의미를 자신의 세계에서 이해할 수 있게 재구성하는 과정이다.

02 비평가는 작가와 독자의 중간에서 작품의 이해를 돕고 매개해주어야 하며, 작가 및 독자와 관련이 있어야 한다.

02 다음 중 문학비평의 조건이 <u>아닌</u> 것은?

① 가치 판단의 기준을 지니고 있어야 한다.
② 비평가는 작가 및 독자를 떠나 작품의 객관적 가치를 평가해야 한다.
③ 평가에는 판단과 식별이 선행되어야 한다.
④ 판단은 작품의 이해와 감상에서 출발해야 한다.

03 비평의 준거는 '주관비평인가, 객관비평인가?', '지향점을 작품에 대한 해석(이해·설명)에 두는가, 평가(판단·시비)에 두는가?', '문학비평의 기준이 문학 내적인 것에 있는가, 문학 외적인 것에 있는가?'이다.

03 다음 중 비평의 준거가 <u>아닌</u> 것은?

① 주관비평인가, 객관비평인가?
② 지향점을 작품에 대한 해석에 두는가, 평가에 두는가?
③ 비평의 기준이 문학 내적인 것인가, 문학 외적인 것인가?
④ 비평의 형식이 구조적인가, 기능적인가?

정답 01 ④ 02 ② 03 ④

제2절 문학비평의 특성

1 비평의 기능 (중요)

(1) 문학비평은 대체로 작품에 대한 해설과 평가를 동시에 의미한다.
   ① **해설** : 작품의 내용이 어떤 것인가를 밝히는 행위
   ② **평가** : 작품이 어떠한 가치를 지니고 있는지 검토하는 일

(2) 비평의 목적은 가치 판단에 있으며, 가치 판단의 기준에 따라 비평의 형태가 다양하게 나타난다.

> **체크 포인트**
> 가치 판단에 앞서 작품에 대한 이해·해석·감상이 이루어져야 함

2 비평의 특성

(1) R. 바르트의 견해
   ① 비평은 대상 언어(Object language)에 작용하는 메타 언어(Meta language)이다.
      ㉠ 대상 언어 : 사물에 대해 말할 경우 사용되는 일반적 언어체계 → 메타 언어의 대상이 되는 언어
      ㉡ 메타 언어 : 대상 언어의 구조에 대해 논할 때에 사용되는 고차적(高次的) 언어체계 → 다른 언어를 기술하거나 분석하는 데 쓰는 언어
   ② 비평은 진실을 발견하는 것이 아니라 유효성, 곧 논리적인 기호체계를 이루고 있는지를 발견하는 것이다. → 분석적·논리적
   ③ 비평 활동 시 주의할 점은 작가의 언어와 비평 언어와의 관계, 세계와 대상으로서의 언어의 관계를 고려하는 것이다.

(2) E. D. 허시의 견해
   ① 비평은 **작품에 대한 자신의 해석을 다른 사람이 이해할 수 있도록** 효과적으로 진술하는 문학 장르이다.
   ② '이해'와 '해석'은 구별되어야 한다.
      ㉠ 이해 : 텍스트의 기본적 의미 파악
      ㉡ 해석 : 파악된 의미를 다시 해설하는 것

> **체크 포인트**
> 해석은 '이해'한 의미의 내용을 독자를 의식하면서 '진술 및 전개'하는 기술로, 논거가 분명하고 설득적이어야 한다.

(3) T. S. 엘리엇의 견해
① 비평의 기본적 기능은 문학의 이해와 향수(享受)를 촉진하는 것이다.

> **체크 포인트**
> 비평은 이해와 향수 중 어느 한쪽으로 치우쳐서는 안 된다.

② 비평은 작품을 치밀하게 분석하여 그 참된 의미를 명확하게 해명·진술하기 위해 '해명 – 교정 – 이해·향수 – 설명'의 단계를 거친다.
③ 문예비평의 본질적 기능은 예술작품의 해명(解明)과 취미의 교정에 있다.
④ 비평은 작품을 평가하여 가치를 판단하는 작업으로, 가치 판단의 공정성에 대한 객관적 근거가 제시되어야 하며, 작품의 형식·언어의 미적 구조에 대한 이해 및 평가가 필요하다.
⑤ 작품을 있는 그대로 보아야 하며, 역사적·사회적 배경, 작가의 삶 등 작품 외적인 것에 대한 진실 규명이 필요하다.
⑥ 작품을 이해한다는 것은 곧 그것을 '즐긴다'는 의미와 동일하다.
⑦ 비평은 비평가의 주관적 진실에 의존한다.

○✗로 점검하자 | 제2절

※ 다음 지문의 내용이 맞으면 O, 틀리면 ×를 체크하시오. (01~07)

01 문학비평에서의 '해설'은 작품의 내용이 어떤 것인가를 밝히는 행위이며, '평가'는 작품이 어떠한 가치를 지니고 있는지 검토하는 것이다. (   )

02 비평을 대상 언어(Object language)에 작용하는 메타 언어(Meta language)로 파악한 학자는 허시이다. (   )

03 사물에 대해 말할 경우 사용되는 일반적 언어체계는 대상 언어이다. (   )

04 허시는 비평에 있어 '이해'와 '해석'을 구분해서는 안 된다고 주장하였다. (   )

05 텍스트의 기본적 의미를 파악하는 것은 '해석'이다. (   )

06 엘리엇은 비평의 기본적 기능은 문학의 이해와 향수(享受)를 촉진하는 것이라 보았다. (   )

07 엘리엇은 작품을 있는 그대로 보아야 하며, 역사적·사회적 배경, 작가의 삶 등 작품 외적인 것에 대한 진실 규명은 필요하지 않다고 주장하였다. (   )

정답 1 ○ 2 × 3 ○ 4 × 5 × 6 ○ 7 ×

제 2 절 핵심예제문제

01 엘리엇이 말한 비평의 기본적 기능은 문학의 이해와 향수(享受)를 촉진하는 것이다.
①은 허시의 견해이다.

01 **엘리엇이 말한 비평의 특성으로 적절하지 않은 것은?**
① 작품에 대한 자신의 해석을 다른 사람이 이해할 수 있도록 효과적으로 진술하는 것이다.
② 비평의 기본적 기능은 문학의 이해와 향수(享受) 촉진이다.
③ 비평은 '해명 – 교정 – 이해·향수 – 설명'의 단계를 거친다.
④ 비평은 작품을 있는 그대로 보는 것이다.

02 바르트는 비평을 대상 언어(Object language)에 작용하는 메타 언어(Meta language)로 보았다. 또한 유효성, 즉 논리적인 기호 체계를 이루고 있는지를 발견하는 것이 비평이라 하였다.

02 **비평을 대상 언어(Object language)에 작용하는 메타 언어(Meta language)로 파악한 학자는 누구인가?**
① 마르크스
② 엘리엇
③ 허시
④ 바르트

03 '이해'는 텍스트의 기본 의미 파악을 뜻한다.

03 **다음 중 비평과 관련된 용어의 설명이 틀린 것은?**
① 해설 – 작품의 내용이 어떤 것인가를 밝히는 행위
② 평가 – 작품이 어떠한 가치를 지니고 있는지 검토하는 일
③ 이해 – 작품이 의도하고자 한 의미를 밝히는 것
④ 해석 – 파악된 의미를 다시 해설하는 것

정답 01 ① 02 ④ 03 ③

제3절 문학비평의 좌표와 평가기준

1 문학비평의 좌표

(1) 문학비평의 네 가지 범주 중요 기출 25

① 작품
  ㉠ 사건들의 객관적 상태 또는 그 상태와 관계를 맺는 다른 무엇을 의미·반영하는 것으로, 주제를 내포하고 있다.
  ㉡ 작가가 창조해 낸 생산물, 예술적 부조물이다.

② 작가
  ㉠ 개성과 독창성을 가지고 미적 실체(작품)를 창조해 내는 존재이다.
  ㉡ 자연을 모방하거나 자신의 감정과 사상을 창조물로 전환시킨다.

③ 세계
  자연과 우주(행위, 이념, 감정, 초감각적 존재 등) 등을 그 대상으로 한다.

④ 독자
  ㉠ 청중이라고도 한다.
  ㉡ 작가가 의도하는 '참여하기'에 적극 가담하는 경험적 존재이다.

(2) M. H. 에이브럼스의 비평의 좌표 중요 기출 25, 23, 21

① 모방론(Mimetic theories) – 작품이 취급하고 있는 사물과의 상관관계 기출 22
  ㉠ 문학이 인간의 삶 또는 우주의 만상을 모방·반영·재현한다는 관점에서 작품이 이를 얼마나 충실하게 모방·반영·재현하는가를 평가하여 가치 판단을 내린다. → 실제 현실을 얼마나 진실되게 반영하고 있는가?
  ㉡ 인간·현실을 얼마나 사실적으로 실감나게 모방하였는가, 어떻게 진실을 깊이 있고 그럴듯하게 모방하였는가에 관심을 둔다.

> **체크 포인트**
> 모방 이론은 현대 리얼리즘 이론 정립에 크게 기여하였음

② 효용론(Pragmatic theories) – 작품이 독자에게 미치는 영향
  ㉠ 실용론이라고도 한다.
  ㉡ 작품이 독자 또는 사회에 어떤 영향을 미치는지의 문제, 즉 사회적 실용성과 예술적 효용성을 가치 판단의 척도로 삼는다.
  ㉢ 문학작품은 독자와 사회에 쾌락과 교훈을 주는 것이며, 쾌락과 교훈은 서로 통합·화해되어야 한다고 본다.
  ㉣ 작품이 감동이나 교훈을 얼마나 심도 있게 불러일으키는가에 따라 작품을 판단한다.

> **체크 포인트**
> - **아리스토텔레스**: 모방으로서의 예술은 사람의 본능상 바람직한 것이며, 문학은 사람의 모방 본능을 만족시켜 지식과 즐거움을 동시에 주는 것이라 보았다.
> - **호라티우스**: 문학은 즐겁고 유익한 것이며, 효용 가치가 있는 것이라 보았다.

③ **표현론(Expressive theories) – 창작의 주체인 작가와 작품과의 관계**
  ㉠ 작품은 작가 정신의 산물이며, 작가의 사상·감정·태도 등을 중요시한다. → 작가에 초점을 맞춤
  ㉡ 작품 안에는 작가의 생애 및 사상 등이 드러나 있다고 보고, 작가의 독창성, 개성 및 천재성을 가치 판단의 척도로 삼는다.
  ㉢ 워즈워스가 언급한 '시는 힘찬 감정의 자발적인 넘쳐흐름'의 낭만주의 문학관의 선언과 밀접한 관련이 있다.
  ㉣ 작품을 작가가 이성에 따른 객관화 과정을 거치기 이전 상태의 감정의 지배하에 있는 체험의 형상화로 파악한다.

> **체크 포인트**
> 문학은 작가의 개인적·주관적 체험이 구체화된 것

  ㉤ 작품은 본질적으로 내면적인 것이 외면화된 것이며, 작가의 사상·감정 등이 결합된 산물이라고 본다.
  ㉥ 제네바학파, 현상학적 비평가 등에 의해 전통이 계승되었다.

> **더 알아두기**
>
> **제네바학파**
> 문학작품은 작가 의식의 독특한 양식이 언어로 구체화된 것이라 파악
>
> **현상학적 비평가**
> 예술작품은 작가 의식의 지향 행위에 의해 발생한다고 파악

④ **객관론(Objective theories) – 작품 자체로서의 존재 양식의 문제**
  ㉠ 존재론이라고도 한다.
  ㉡ 작품을 현실이나 독자 또는 작가로부터 독립시켜 객관적 존재로서 평가하는 것이다.
  ㉢ 작품은 하나의 독립된 존재를 이루고 이를 지탱하기 위한 내적 원리를 지니고 있는 것으로, 작품의 배경이 되는 작가적 환경·시대의 상황보다는 플롯이나 성격 묘사·문체·목소리·상징 등 구조적 면을 분석의 대상으로 삼는다.
  ㉣ 분석의 대상들이 작품 전체에서 어떻게 통일성과 짜임새를 지니고 있는가에 평가의 주안점을 둔다.
  ㉤ 18세기 말~19세기 초, 객관적 관점이 시의 포괄적 접근 방법으로 대두되었다.

[각 이론의 기준]

모방론	현실의 반영도·진실성
효용론	쾌락과 교훈
표현론	독창성·성실성
객관론	통일성·구조적 짜임새

ⓗ 신비평가, 시카고학파, 러시아 형식주의 비평가, 롤랑 바르트 등이 프랑스의 구조주의자들의 이론 정립에 기여하였다.

> **더 알아두기**
>
> **문학비평의 관점**
> - 주관적 관점 : 작품의 가치를 평가하는 태도로 비평가 자신의 취미와 기질, 교양에 따라 작품에서 받는 주관적 반응을 중요시하는 방식
> - 객관적 관점 : 작품을 이해하고 설명하는 태도로 정신적 소산으로서 작품이란 대상을 평가하는 것이 아니라 설명함으로써 이해하는 데 있음
>
> **문학비평의 순서**
> - 이해 – 해석 – 교정 – 설명
> - 감상 – 해석 – 분류 – 평가
> - 판독 – 이해 – 해석 – 반응 – 감상 및 평가

2 문학비평의 평가 기준 종요

(1) 진실성의 기준 – 우주와 작품 구조와의 관계에 초점

① **개념** : 문학작품을 세계와 삶을 모방·반영·재현한 것으로 보고, 이의 진실성(모방·반영·재현에 대한) 여부에 따라 작품을 평가하는 것이다.

② **특징**
  ㉠ 진실성의 기준은 현대의 사실주의 비평의 특징이 된다.
  ㉡ 작품 속에 재현된 세계를 우리가 알고 있는 세계의 측면과 비교·판단한다. 이는 곧 독자의 체험에 의한 진실이 문학 평가의 기준이 된다는 뜻이다.
  ㉢ 당대 사회에서 주를 이루고 있는 이념을 잘 반영하였는지, 또한 주인공이 추구하는 사상 및 당대 사회가 공유하는 이념 사이에 차이가 없는지에 관심을 둔다.

ㄹ 존재 차원과 당위 차원으로 구분해 볼 수 있다.
- 존재 차원 : 현실에 존재하거나 존재했던 세계와 작품을 비교하고, 당대 사회의 통합성 및 총체성에 관심을 두고 있는지 파악
- 당위 차원 : 이데올로기의 변형·전환을 모색하였는지를 평가의 기준으로 삼음

(2) 효용성의 기준 – 쾌락과 교훈
① **개념** : 문학작품이 독자에게 미치는 효용 여부를 기준으로 하여 작품을 평가하는 것이다.
② **특징**
　㉠ 효용성의 기준은 쾌락과 교훈이다.
　　- 쾌락 : 쾌락적 욕구에 따른 효용성
　　- 교훈 : 도덕적 감화에 따른 효용성
　㉡ 효용성의 기준을 어디에 두는지에 따라 작품의 평가가 달라질 수 있다.
　　- 수사(修辭) 비평 : 작품에 대한 독자의 반응과 예술적 책략을 중시
　　- 롤랑 바르트 : 문학작품을 독자의 해석적 반응을 낳는 규약의 체계적 작용으로 분석
　㉢ 효용성에 근거한 작품들은 당대 사회의 역사적 상황과 필연적 관계를 맺는다.

> **체크 포인트**
> 감동·감화 : 쾌락과 교훈이 구분되지 않은 상태를 의미

(3) 독창성의 기준 – 작품 자체와 작가와의 관계
① **개념** : 작품을 작가의 독특한 생각의 소산이라 보고, 작품과 작가와의 관계를 기준으로 평가하는 것이다.
② **특징**
　㉠ 작품을 평가하는 척도를 '독창성'이라 보고, 이를 가장 중요시한다.
　㉡ 독창성은 개성적 생명력을 의미하는 것으로, 이는 곧 위대한 작가의 표지(標識)이다.
　㉢ 작품을 주관적인 것으로 보는 방식의 하나로, 낭만주의 비평가들에 의해 주로 발전하였으며, 특히 제네바학파, 정신분석학적 비평가들이 이에 속한다.
　㉣ 독창성은 반드시 완전히 새롭고 다른 어떤 것을 창조해 내는 것만을 의미하는 것이 아니라, 이전부터 내려오던 소재를 다시 다루는 데서 발견되는 것 역시 독창성이라 할 수 있다. → 얼마나 독창적으로 변용하였는지의 여부

> **체크 포인트**
> 시대적 전통과 당대 사회의 신념의 올바른 반영 여부 역시 독창성 발휘의 기준이 되기도 함

(4) 복잡성·일관성의 기준

① **개념** : 문학작품을 여러 부분이 서로 화합하여 하나의 전체를 이루는 것으로 보고, 작품 자체에 초점을 맞출 때 적용할 수 있는 기준이다.

② **특징**
  ⊙ 모든 작품은 부분의 면에서 볼 때 복잡성을 띠고, 전체의 면에서 볼 때 일관성을 띤다.
  ⓒ 복잡성과 일관성은 서로 충돌하는 개념이지만, 좋은 작품은 그 충돌을 무의미한 파괴로 보지 않고 생동하는 힘으로 본다. → '좋은 작품'이란 최대의 복잡성을 가지면서도 최대의 일관성을 이룬 작품
  ⓒ 단일한 전체를 구성하기 위해 사건의 배열은 서로 의미 있게 엮여야 한다고 본다.
  ② 형식주의·구조주의 비평가들의 주요 접근 방식이다.

체크 포인트

- **복잡성** : 문학작품을 부분의 측면에서 판단하는 가치 기준
- **일관성** : 단일한 전체로서의 가치 판단의 기준

더 알아두기

르네 웰렉의 비평의 기준 기출 22
- 외재적 비평(모방론·표현론·효용론) : 진실성·효용성·독창성 기준
- 내재적 비평(존재론) : 복잡성·일관성 기준

○✕로 점검하자 | 제3절

※ 다음 지문의 내용이 맞으면 ○, 틀리면 ✕를 체크하시오. (01~11)

01 문학비평의 네 가지 범주는 작품, 작가, 세계, 독자이다. (   )

02 비평의 좌표를 '모방론, 효용론, 표현론, 객관론'으로 분류한 학자는 에이브럼스이다. (   )

03 객관론은 실용론이라고도 한다. (   )

04 문학작품은 독자와 사회에 쾌락과 교훈을 주는 것이며, 쾌락과 교훈은 서로 통합·화해되어야 한다고 보는 것은 효용론이다. (   )

05 표현론은 작가와 작품과의 관계를 중요시한다. (   )

06 현상학적 비평가들은 문학작품은 작가 의식의 독특한 양식이 언어로 구체화된 것이라 보았다. (   )

07 객관론은 작품을 현실이나 독자 또는 작가로부터 독립시켜 객관적 존재로서 평가한다. (   )

08 객관론은 분석의 대상들이 작품 전체에서 어떻게 통일성과 짜임새를 지니고 있는가에 평가의 주안점을 둔다. (   )

09 문학비평의 일반적인 과정은 '해석 → 이해 → 교정 → 설명'이다. (   )

10 문학비평의 진실성의 기준은 현대의 사실주의 비평의 특징이다. (   )

11 문학비평의 효용성의 기준은 존재 차원과 당위 차원으로 구분할 수 있으며, 이데올로기의 변형·전환을 모색하였는지를 평가의 기준으로 삼는 것은 당위 차원의 특징이다. (   )

정답 1 ○ 2 ○ 3 ✕ 4 ○ 5 ○ 6 ✕ 7 ○ 8 ○ 9 ✕ 10 ○ 11 ✕

제 3 절 핵심예제문제

01 문학비평의 범주를 크게 네 가지로 구분할 때 이에 속하지 <u>않는</u> 것은?

① 작품
② 시대
③ 작가
④ 세계

> 01 문학비평의 네 가지 범주는 '작품, 작가, 세계, 독자'이다.

02 에이브럼스의 비평의 좌표에 대한 설명으로 적절하지 <u>않은</u> 것은?

① 워즈워스가 언급한 '시는 힘찬 감정의 자발적인 넘쳐흐름'이라는 말은 모방론과 관련이 있다.
② 작품은 본질적으로 내면적인 것이 외면화된 것이며, 작가의 사상·감정 등이 결합된 산물이라고 보는 것은 표현론의 특징이다.
③ 효용론에서 중점을 두는 것은 쾌락과 교훈이다.
④ 객관론은 존재론이라고도 한다.

> 02 워즈워스가 선언한 낭만주의 문학관, 즉 '시는 힘찬 감정의 자발적인 넘쳐흐름'은 표현론과 관련된 것이다.

03 문학비평의 평가 기준 중 '진실성'의 특징은 무엇인가?

① 수사(修辭) 비평
② 개성적 생명력
③ 단일성
④ 사회와 이념의 반영

> 03 진실성은 문학작품을 세계와 삶을 모방·반영·재현한 것으로 보고, 이의 진실성 여부에 따라 작품을 평가하는 것이다.
> ① 효용성
> ② 독창성
> ③ 복잡성·일관성

정답 01 ② 02 ① 03 ④

제4절　문학비평의 방법론 (중요)

1 역사·전기적 비평 기출 24, 23, 22

(1) 개념
① 작가와 작품의 역사적 배경, 사회적 환경, 작가의 전기 등 문학을 결정하는 여러 가지 체계와 관련시켜 작품을 연구하는 것이다.
② 어떤 작가의 작품도 그 작품을 쓴 인물에 대한 지식 없이, 또한 이 인물이 등장하게 된 배경으로서의 삶과 그 삶을 둘러싼 환경에 대한 지식 없이는 이해될 수 없다는 입장이다.
③ 역사주의 비평과 전기적 비평의 합성어로, 서지·주석적 비평을 포괄한다.

(2) 특징 기출 25
① J. 드라이든(17세기)과 S. 존슨(18세기)에서 비롯되었으며, 19세기 생트뵈브와 H. 테느에 의해 확립되었다.
② 작품의 위상 정립 및 텍스트 확정, 사용된 언어에 대한 해명, 작가에 대한 전기적 접근, 문학적 관습 및 전통성의 형성 여부 등을 연구 대상으로 한다.

(3) 주요 학자
① 생트뵈브
　㉠ 작가를 완전히 알아야 작품을 설명할 수 있다고 보고, 문학비평을 인간 그 자체, 즉 윤리 연구로 보았다.
　㉡ 전기적 방법에 의거하여 작가 개인의 역사를 재구성하는 것을 문학작품을 분석하는 첩경으로 보았다.
　㉢ 작가의 출신이나 교육의 정도, 취미, 동시대의 사회 환경 등을 면밀하게 검토하여 작품 분석의 준거를 삼는다. → '그 나무에 그 열매'
　㉣ 위대한 작품은 그것을 낳게 한 위대한 작가의 창조력이라 보았다.
　㉤ 실증주의적 면이 강하다.
② 테느
　㉠ 철학·문학·역사 등의 모든 정신과학에 자연과학적 방법을 접목시키려 하였다.
　㉡ 모든 현상은 인과의 필연적 법칙을 따르기 마련이므로, 인간의 정신은 시대와 환경에 의해 결정되는 것이라 보았다. → 자유의지·우연성은 존재하지 않음
　㉢ 문학 결정의 3요소
　　• 종족: 선천적·유전적 기질
　　• 환경: 후천적·사회적 환경
　　• 시대: 종족 및 환경이 이미 생산해 낸 작품이 다시 다음 작품을 생산하는 데 기여하는 것

③ 그레브스타인 – 역사·전기적 비평의 6가지 주요 요소 제시
  ㉠ 원본(원전)의 확정
    • 작가가 써 놓은 것, 즉 작가의 의도는 완성한 작품을 가능한 한 정확하게 확정하는 것을 목적으로 한다.
    • 현대어본과 구 철자본, 각종 이본을 검토하여 결정판(Definitive edition)을 선정한다.
  ㉡ 언어의 역사성
    • 역사·전기적 비평가는 작품에 사용된 언어가 당시의 문화적 배경 속에서 지니는 특수한 의미를 설명·이해하기 위해 그 작품이 제작된 특정 시간 및 공간에서 기능을 발휘했던 언어의 지식을 습득해야 한다.

> **체크 포인트**
> 역사적 비평가들은 '과거의 작가의 언어'와 '현재 언어'를 모두 다룰 줄 알아야 한다.

    • 음운·어휘·구문에 관해 고증·주석(註釋)한다.
    • 언어의 탐구를 위해서는 다음의 3가지 조건을 지켜야 한다.
      – 고어나 방언을 현대어나 표준어로 재생해야 한다.
      – 작품 속의 언어가 작품의 구조 속에서 어떤 기능을 하는지 파악해야 한다. → 사전적 의미가 아닌 함축적·상징적 의미를 가지고 있다.
      – 작품 속에 나오는 언어의 교정 문제에 주의해야 한다.
  ㉢ 작가 연구(전기) – 역사주의 비평의 핵심 영역
    • 역사적 비평가들이 가장 엄격하게 다루는 분야로, 수집 가능한 자료를 총망라하여 포괄적 연대기를 작성하고, 평전(비평적 전기)을 구성한다.
    • 작가의 생애와 외적 환경, 특히 작가의 창작 과정에 영향을 미친 것에 의거하여 작품을 탐구한다.
    • 작가의 정신적·물질적 조건, 교육 정도, 가족 관계 등 작품 형성에 영향을 미치게 될 삶의 모든 정보를 수집·정리한다.
  ㉣ 명성과 영향
    • 일반 독자나 동료·선후배 작가에 끼친 영향을 검토한다.
      – 외적 증거 : 영향을 받은 작가의 회고록이나 일기 등
      – 내적 증거 : 작품 내부에서의 관련성·유사성을 찾아내는 것
    • 작가와 작품을 그 이전의 작가와 작품 또는 동시대의 작가 및 작품과 비교한다.

> **체크 포인트**
> **작가의 명성을 알기 위한 자료**
> • 직접적 자료 : 일화, 일기, 회고록, 책 판매 부수, 출판 횟수 등
> • 간접적 자료 : 독자의 사상, 감정, 독서 경향, 취미 등

ⓜ 문화
- 역사·전기적 비평가는 작품을 한 시대의 소산으로 본다.
- 작품을 그 작품이 만들어진 시대의 문화에 대한 표현으로서, 그리고 당대 시대와 사회의 반영으로 이해한다.
- 역사·전기적 비평가는 문학작품의 과거성·현재성뿐만 아니라 문명이 변화하는 가치와 이념에 대해서도 관심을 기울인다.

ⓑ 문학적 관습
- 문학작품이 어떤 전통을 형성하고 문학적 관례에서 어느 위치에 있는가에 대한 것이다.
- 문학은 문화를 굴절시킨다고 본다.
- 문학은 그 문학이 속한 사회적 배경이나 문화 자체의 변천과 내부 요소들의 변화가 반드시 일치하지는 않는다.
- 작가는 작품 활동을 하기 전에 이미 관습적으로 수용한 사유 형식과 일반적으로 용인된 표현 형식의 지배를 받는다.

(4) 평가
① 작품을 이해하는 데 완전성 및 정확성을 기할 수 있어, 작품에 대한 통시적 안목을 넓힐 수 있다.
② 작품과 작가의 위치를 문학적·역사적 사건 속에 분명하게 설정할 수 있다.

(5) 비판
① **역사적 재구성 – 과거에 집착** 〈중요〉
  ㉠ 현재를 버리고 과거로 되돌아가는 것은 인간의 의식구조상 불가능할 뿐만 아니라 불필요한 일이다.
  ㉡ 작품이 시대의 소산물이라고는 하나 과거의 역사를 그대로 재현하는 것은 어려움이 있다.
② **발생론적 오류**: 작품 생산의 원천에 관한 치밀한 조사가 오히려 수단과 목적을 혼동시킬 수 있으며, 작품에 대한 지나친 지식으로 인해 작품 자체에 대해서는 소홀하게 된다.

> **체크 포인트**
> - **형식주의자들**: 역사·전기적 비평이 '작품 자체를 경시'하고 있음을 지적하였다.
> - **마르크스주의자들**: 역사주의의 '박물학적 몰가치주의'와 '동시대 문학에 대한 소극적 태도' 등을 문제 삼았다.

2 형식주의 비평 기출 21

(1) 개관
① 신비평, 시카고학파, 러시아 형식주의, 독일 문예학파 등이 포함되며, 문맥적 비평·본질적 비평이라고도 한다.
② 아리스토텔레스의 『시학(詩學)』 이후 가장 오래된 정통적 비평 방법이다.

(2) 특징 기출 25
① 문학이 문학다운 속성, 즉 '문학성'을 철저하게 그 언어적 조직과 일체화시켜 분석·기술한다.
② 상세한 기술과 분석에 관심을 집중한다.
③ 구조주의 비평과 관련이 있다.
④ 텍스트 자체를 고유한 자율적 존재를 가진 객관적 의미 구조로 파악한다.
⑤ '형식'의 의미를 '내용'과 대립되는 것이 아닌 '일체의 상관관계를 벗어나 그 자체에서 어떤 내용을 지니는 구체적·역동적인 하나의 전체'로 보았다.
⑥ 작품 자체에 대해 강조한다.

(3) 형식주의의 미학(美學) 이론
① **아리스토텔레스의 『시학(詩學)』**: 아리스토텔레스는 문예작품의 형식·구조·스타일 및 심리적 영향을 강조하였는데, 이는 작품의 내용 및 사회적·도덕적 영향을 강조한 플라톤의 문예관과 상반되는 것이다.
② **칸트와 콜리지**: 형식주의의 미학 원리에 직접적 영향을 준 학자는 칸트와 콜리지이다.
　㉠ 칸트: '심미적 자율성'과 '무목적의 합목적성' 강조

> **체크 포인트**
> **무목적의 합목적성**: 실제적 목적이 없는, 그 자체가 목적이 되는 경험이 바로 미적 경험이라는 것을 의미

　㉡ 콜리지: 예술가의 상상력 강조

(4) 주요 범주
① **러시아 형식주의**
　㉠ 개관
　　• 1925년 혁명 전야에 모스크바와 레닌그라드를 중심으로 전개된 문학 연구의 한 흐름이다.
　　• 1930년대 초에 소련 당국으로부터 탄압을 받자 체코슬로바키아로 활동 무대를 옮겨 프라크 언어학파를 형성하여 그 전통을 이어 나갔다.

> **체크 포인트**
> 프라크 언어학파에는 로만 야콥슨, 얀 무카로브스키, 르네 웰렉 등이 속했다.

 ⓒ 특징
- 1960년대를 통하여 프랑스 구조주의 발전에 중대한 역할을 하였다.
- 예술적 형식을 통한 지각이 독자로 하여금 인생과 경험에 대한 감각을 새롭게 해 준다고 보았다.
- 텍스트를 문학작품으로 만드는 기법, 즉 구성 법칙에 관심을 기울였다.
- 문학의 형식적 측면에 중점을 두었지만, 나아가 문학의 특성을 일반화하여 그 본질을 밝히고자 하였다.
- 종래의 문학이 예술의 모방이라는 시각을 부정하고 '형식'이 다른 모든 것을 지배한다고 주장하며, 문학을 자율적 실체로 파악하는 새로운 시도로서 서구 문학에 비평적 혁명을 이루어 냈다.
- 형식주의자에게 있어 새로운 작품이란 지나치게 친숙해져 버린 기법을 생소하게 하거나, 비기능적 수법을 전경화(前景化: 시에서 일상 언어들이 귀에 설게 만드는 것)하여 문학의 새로운 지각 가능성을 만드는 작품이다.
- 대표적 인물: 보리스 예이헨바움, 빅토르 시클롭스키, 로만 야콥슨 등

 ⓒ 낯설게 하기 – 시클롭스키 기출 24
- 텍스트를 문학작품으로 만드는 기법에서 가장 중요한 개념이다.
- 예술의 기능은 우리로 하여금 사물을 단순히 인지하게 한다기보다는 사물을 이해하게 하는 것이며, 주변 세계를 낯설게 하고 지각 작용이 자동화되는 경향을 깨뜨리는 것이다.
- 은유와 비유는 낯익은 것을 낯설게 하기 위해 사용되는 것이다.

> **체크 포인트**
> **난해하게 하기**: 미학적 목적을 위해 이야기를 일부러 어렵게 하거나 방해하는 것

 ② 로만 야콥슨
- 러시아 형식주의는 야콥슨의 '언어학'과 '시학'에의 공헌에 의해 알려졌다.
- 문예학의 주제는 문학이 아니라 '문학성', 즉 주어진 작품을 문학작품이게 하는 것이라 보았다.
- 예술의 형식은 예술 자체의 법칙에 따라 설명이 가능하므로, 연구의 영역은 예술 일반 고유의 성질에 집중하게 되는데, 이것이 바로 문학성의 특징이다.

 ⑩ 티니아노프
  문학을 '체계 중의 체계'라고 보고, 문학 현상은 정적(靜的)이라기보다는 역동성을 가진다고 주장했다.

② **신비평(New criticism)** 기출 25, 23, 21
  ㉠ 개관
   - 러시아 형식주의 및 프라크 학파의 구조주의 이론과 관계없이 독자적으로 이루어진 영·미의 형식주의의 움직임이다.
   - 현재는 1935년 이후 약 20년간 주로 미국에서 이루어졌던 활발한 비평 활동을 가리키는 말로 쓰인다.
  ㉡ 특징
   - 시를 일상적·과학적 언어와의 대립 관계에 의해 그 변별적 자질이 한정되는 특수한 언어 양식으로 간주한다.
   - 언어의 의미가 갖는 아이러니, 역설, 메타포 등이 한 작품 안에서 복잡하게 상호 작용하는 것을 중시하였다.
   - 역사·전기주의가 약해지면서 융성하였다.
   - 브룩스, 워런, 블랙머, 테이트 등 미국의 시 비평가와 영국의 리비스가 신비평의 이론을 바탕으로 비평 활동을 하였다.
   - '신비평'이란 말은 랜섬의 『뉴크리티시즘』에서 비롯된 것이다.
   - 설명과 정독(精讀)을 통해 한 작품 속에 내재한 구성 요소들의 복잡한 상호 관계를 정교하게 분석하였다.
  ㉢ 비판 대상
   - 의도의 오류 중요
     – 문학비평에 작자의 의도나 책략을 문제 삼으면 그것은 곧 의도의 오류가 된다.
     – 작가의 본래의 의도와 작품에서 성취된 의도 사이에는 근본적인 차이가 있으므로 이들을 혼동하는 데서 작품의 이해와 평가가 잘못된다고 보았다.
   - 감정적 오류 : 독자에게 주는 감정 효과에만 치중하는 것으로, 감정적 오류는 비평의 기준을 심리적 효과에서 끌어내리는 데서 시작한다. 기출 22
  ㉣ 신비평의 원리
   - 의미론에 입각한다.
   - 과학의 언어는 논리와 이성의 속성을 지니고 있어 정확하고 지시적인 것이며, 시는 정서적이고 순수하여 이성적 요소가 일체 배제된 것이므로 시와 과학의 구분을 지양하고자 하였다.
   - 낱말 간의 상호 관계와 의미의 세부적 파악, 애매성, 이미지, 연관성, 비유, 상징 등을 파악하는 것에 중점을 둔다.

> **체크 포인트**
> 이러한 언어적 요소들은 하나의 중심 의미 주위에 조직되어 있으며, 이 조직이 형성하는 시의 특징을 랜섬은 '결', 테이트는 '긴장', 리처즈는 '아이러니', 브룩스는 '패러독스'라 하였다.

ⓜ 주요 인물
- 랜섬
  - 구체적 사물의 직접적 촉감에 의해 경험되는 개념을 '결'이라 하고, 틀(논리적 구조)과 결은 서로 분리되거나 융합될 수 없다고 보았다.
  - 시와 과학을 민주주의 사회와 전체주의 사회에 비유하였다.
- 앨런 테이트
  - '긴장(Tension)'이라는 용어를 사용하였다.
  - 시는 외연과 내포가 충만하게 조직된 것이며, 외연과 내포는 긴장 속에서 공존한다고 보았다.
  - 문학에서 '내포'가 차지하는 비중이 큰 것은 사실이지만 외연의 요소가 절대로 사라지지는 않는다고 보았다.
- 리처즈
  '내포'만이 문학적이라고 생각하였다. → 테이트의 주장과는 다름
ⓑ 한계
- 주로 시카고학파 비평가들에 의해 비판을 받았다.
- 시인의 사상, 시대 정신을 보지 않고 어떻게 시의 의미를 완전히 파악할 수 있는가를 문제삼았다.
- 시의 구조 분석 및 이미지의 탐색에만 주력하여 시가 주는 전체적 효과를 무시하는 결과를 가져오고, 이는 곧 하나의 생명체로서의 시의 기능을 죽이는 결과라고 보았다.

③ **신아리스토텔레스학파**
  ㉠ 개관
  - 아리스토텔레스의 쾌락의 개념에 관심을 두었으며, 비평적 기법에 있어 다원적 태도를 보인다.

  > **체크 포인트**
  > 이들에게 있어 '쾌락'이란 작품을 읽어 나가는 동안 작품의 통일성·전체성을 발견하는 것

  - 플롯, 구성, 장르에 집중하였다.
  - 대표적 인물 : 크레인, 엘더 올슨 등
  ㉡ 웨인 부스
  - 엄밀하고 정확한 텍스트 분석을 하였다.
  - 서술과 극화 : 1930년 시카고 대학에서 일어났던 '시카고 신아리스토텔레스학파'에 의해 행해졌던 특별한 종류의 형식주의의 본보기이다.
  ㉢ 신비평가와의 비교
  - 공통점 : 작품 자체와 문학의 본질적 연구를 중시하였다.
  - 차이점 : 역사주의에 의존하는 경향이 신비평보다 농후하였다.

3 구조주의 비평 기출 23, 21

(1) 개관
① 언어학을 모델로 하여 문학작품을 분석·해석하는 방법이다.
② 소쉬르의 『일반언어학 강의』에서 비롯되었다.
③ 1960년대 들어 소쉬르의 방법과 통찰을 문학에 적용하면서 번성하였다.

(2) 특징
① 1950년대 이후 프랑스를 중심으로 현대 언어학의 이론 모형을 적용하여 문학작품을 분석하였다.
② 인간의 문화 활동의 전체성을 파악할 수 있는 과학적 방법에 대한 요구와 사상적 자각에서 비롯되었다.
  → 어떠한 문화 현상, 문화적 활동 및 산물도 결국 사회적 제도 혹은 '의미 체계'로 파악
③ '**구조**' - 질서화된 관계
  ㉠ 구조는 무엇 사이의 관계를 의미하는 것으로, 결합·연결의 조직이며, 그 전체 범위 안에서 파악해야 한다.
  ㉡ 구조적 탐구의 특성은 개별적 요소들이 분리 혹은 기계적 통합 안에 대두되는 것이 아니라 이들 요소의 상호 관계라는 정의와 구조 전체에 대한 관련으로 대두되는 것이다.
  ㉢ '질서화된 관계'라는 기본 원리에 추상화·일반성의 개념을 추가해야 한다.
④ 의미 자체보다 의미가 만들어지는 방식에 초점을 둔다. → 내재적 접근
⑤ 작품의 역사성을 배제하고 작품의 현재성은 물론, 작품을 있게 만드는 구조를 파악하는 것을 목표로 한다.
  → 역사주의와 대립
⑥ 하나하나의 작품을 언어학자들의 문학적 랑그(Langue : 관습적 언어 체계)에 속하는 법칙에 의해 형성된 파롤(Parole : 실제로 발음되는 언어의 측면)의 실례로 간주, 문학작품 자체를 중시하는 작품중심주의에서 접근하는 방법이다.
⑦ 문학작품 속에 내재된 구조를 밝힘으로써 구조적 전체 속에서 이루어지는 각 부분의 관계를 파악할 수 있으며, 이를 통해 작품을 더욱 깊이 있게 이해할 수 있다고 보았다.
⑧ 심층적 구조를 밝힘으로써 보편적 법칙을 발견하며, 이를 근거로 다양한 현상들을 파악하려는 시도이다.

> **체크 포인트**
> **구조주의 비평의 핵심개념** : 기표, 기의

(3) 비판
① 구조주의 비평에서 말하는 기본 구조는 매우 추상적이어서 문학의 질을 형성하는 모든 특수한 것들을 소홀히 다룬다는 비난을 면하기 어렵다.
② 공시적 관점에만 관심을 집중시켜 역사적 변화를 도외시한다.

(4) 주요 인물

① **소쉬르**
  ㉠ 소쉬르의 언어관은 '기표(記標, 시니피앙)'와 '기의(記意, 시니피에)'의 결합물로서의 기호의 개념으로, 메시지적 차원을 배제한다.

  > **체크 포인트**
  > - **시니피앙(Signifiant)** : 귀로 들을 수 있는 소리로써 의미를 전달하는 외적(外的) 형식을 이르는 말로, 말이 소리와 그 소리로 표시되는 의미로 성립된다고 할 때, 소리를 이른다.
  > - **시니피에(Signifié)** : 말에 있어서 소리로 표시되는 의미를 이른다.

  ㉡ 기호의 체계는 일정한 시점(공시적)에서 볼 때 완전한 체계로서 연구되어야 한다고 보았다.
  ㉢ 시니피앙과 시니피에의 관계는 자의적이라 보았다.
  ㉣ 사람들의 말을 가능하게 하는 기호의 객관적 구조인 랑그(Langue)에 관심을 두었다.

② **레비스트로스**
  ㉠ 소쉬르의 언어 연구를 시니피앙과 시니피에, 랑그와 파롤 사이의 역동적 관계를 제시하는 하나의 자족적 체계로 간주하였다. → 소쉬르의 언어관을 수용
  ㉡ 여기에 야콥슨의 음성학적 분석 모형을 더하였다.
  ㉢ 신화에 담긴 보편적 구조를 찾아내고 이를 사회의 모든 문화 현상에 적용하였다.
  ㉣ 신화의 항구성 및 지속성을 고찰하기 위해서는 그 항구성의 단위의 결합과 변형의 법칙을 적출할 수 있는 유효한 방법에 의거하지 않으면 안 된다고 보았다.
  ㉤ 구조적 분석의 궁극적 대상을 '관계'라고 보았다.

③ **피아제**
  ㉠ '전체성'이란 요소들의 단순 집합체가 아니라 체계를 특징으로 하는 내재적 법칙들에 따라 배합·구성되어 있는 것을 말한다. → 구조 전체는 구조의 법칙에 의존
  ㉡ 구조를 지배하는 법칙은 구조가 구조화되도록 작용한다.
  ㉢ '자동 조절성'은 자동 조절의 자율성이 스스로의 법칙에 의해 지속되는 구조의 보존성과 다른 종류의 구조들과 구별되는 폐쇄성을 동시에 지니고 있다는 것이다.

④ **야콥슨**
  시에서는 기호와 지시 대상 사이의 일반적 관계가 깨지며, 기호 자체가 가치 대상으로서의 독립성을 갖게 된다고 보았다.

⑤ **무카로브스키**
  '자율적 기호'의 개념을 정리하였다.
  ㉠ 자율성 : 기호는 실재 대상이나 상황을 반드시 지시해야 하는 것은 아니며, 현실에 관해 간접적 또는 비유적 의미를 가져도 상관없는 것이다.
  ㉡ 소통 기능 : 문학작품은 사상과 감정을 표현하고 상황을 묘사하는 언어이다.

⑥ 롤랑 바르트
　㉠ '이야기체 문학작품'에 대해 기호학적인 구조 분석을 시도하였다.
　㉡ 이야기체 문학작품의 층위
　　• 기술(기능) 단위의 층위
　　• 행위 단위의 층위
　　• 서술의 층위
　㉢ 이야기는 다층적 체계를 갖는 것이며, 그 체계의 분석을 통해 이야기의 진정한 의미를 인식할 수 있다고 보았다.

> **체크 포인트**
> 이러한 태도는 언어학에서 언어를 하나의 자료체로 생각하는 것과 같이 이야기의 분석이 이야기를 하나의 자료체로 생각하는 데서 기인한다.

⑦ 토도로프
　㉠ 다양한 이야기들에서 문법(규범)을 추출해낸 후 그것이 언어의 문법과 상응함을 밝혔다.
　㉡ 등장인물은 명사, 행위는 동사, 등장인물의 속성은 형용사로 간주하였다.

4 사회·문화적 비평 기출 24

(1) 개관
① 문학을 사회·문화적 배경과 관련하여 설명하는 것이다. 즉, 문학작품을 사회·문화적 요인의 복잡한 상호 관계의 반영이나 결과로 보는 것이다.
② 문학작품과 시대적 배경, 사회 현실과의 관련성에 초점을 둔다. → 역사적 인식에 바탕
③ 사회적 여건이 작가에게 결정적인 영향을 미친다는 입장이다.
④ 테느, 마르크스, 엥겔스의 문예관에서 비롯되었다.

(2) 특징 기출 25
① 문학과 사회제도, 작가의 사회적 지위, 문학적 소재로서의 사회의 양상 등을 주요 과제로 삼는다.
② 실증적이기보다는 이념적이며, 이데올로기를 내세운다.
③ 사회계층 간의 갈등이 작품을 낳는 전제가 되며, 작품은 그 갈등을 해결하는 것을 핵심으로 삼는다는 것이다.
④ 작가의 전기·장르·관습 등과 작품의 텍스트·언어 조건·전달의 방식 등에는 별 관심이 없다.

> **체크 포인트**
> 마르크스는 문학과 사회와의 관계에 대해, 문학이란 법률·정치·종교와 마찬가지로 생산적 제 관계(토대) 위에 세워진 사회의식의 상부구조라고 규정하였다.

(3) 비판
  ① 문체·이미지·상징 등에 대한 이해 및 설명이 부족하다는 단점이 있다.
  ② 작품 수용의 이해와 설명을 등한시하였다.

(4) 마르크스주의 비평 `중요`
  ① 특징
    ㉠ 문학에 대한 사회학적 접근에서 가장 두드러진 방식이다.
    ㉡ 문학은 사회주의 건설을 위한 계급투쟁의 표현이며 수단이라고 본다. → 유물사관에 입각
    ㉢ 무산자 계급의 투쟁의 현실을 반영(사회주의 리얼리즘)하여, 그러한 투쟁의 사상·행동·감정 등을 얼마나 잘 그려냈는지, 또한 그것이 무산자의 승리를 예견 또는 보장하는 것으로 잘 형상화 되었는지에 따라 문학의 가치를 평가한다.
    ㉣ 훌륭한 예술은 그 사회의 관례를 초월하는 것이라고 보았다.
    ㉤ 모방 이론의 형태를 취하였으며, 문학 사회학이 등장하는 계기로 작용하였다.
    ㉥ 테느의 '문학결정의 3요인설'에 경제적 요소를 첨가하였다.

> **체크 포인트**
> **문학결정 3요인설**: 인종, 환경, 시대

  ② 한계
    ㉠ 예술이 물질·경제적 생산에 의해 결정된다는 경직된 목적의식을 가지고 있었다.
    ㉡ 예술로서의 문학에 소홀한 채 공허한 관념에 사로잡힐 가능성이 높다.

(5) 주요 인물
  ① L. 골드만
    ㉠ 문학 사회학을 세 가지로 분류하였다.
      • 에스카르피류 문학 사회학: 문학작품의 출판, 배포, 수용 등의 문제를 다룸
      • 로웬탈류 문학 사회학: 문학 텍스트의 국면을 집단 의식의 징후 또는 변용 등으로 파악하여 연구
      • 문학 창조 문학 사회학: 문학 창조를 집단 창조로 파악

ⓒ 발생론적 구조주의
- 모든 인간 행위는 특수한 상황에 의미 있는 대답을 주려는 기도이며, 이를 통해 행동의 주체와 그 행동이 미치는 대상, 즉 주위의 외계 사이와의 균형을 지향하는 것에서 출발한다고 보았다.
- 소설이라는 문학 형식과 시장사회 내에서 일반적으로 인간과 상품 간의 일상적 관계, 나아가 인간들과 다른 인간들 간의 일상적 관계 사이에는 엄격한 상동관계가 존재한다고 보았다.
- 사회 구조와 소설 구조 사이에는 동질성이 존재하기 때문에 소설의 구조 분석을 통해 사회의 구조 분석에 도달할 수 있으며, 동시에 소설 구조를 사회 구조에 대비시켜 봄으로써 소설의 발생론적 의미화가 가능하다는 것이다.

② **루카치**
㉠ 보다 정제된 리얼리즘 이론으로 사회·문화적 비평의 새로운 지평을 열었다.
㉡ 미학비평의 중심 범주는 '총체성'과 '전형성'으로, 문학이란 객관적 현실을 전체적 관련 아래에서 파악하고 다루어야 한다고 주장하였다.
㉢ 루카치가 거부하는 두 가지의 '거짓 총체성'
- '예술의 보편적 인간 조건을 반영한다.'
  - 주로 실존주의를 기초로 삼는 모더니즘 작품들에서 나타난다.
  - 모더니즘 작품은 예술가 개인의 자본주의 사회로부터의 소외나 인간의 총체성에 심각한 영향을 끼치는 자본주의 사회를 불구화하는 요소들을 영원불변한 인간 조건으로 과장하고 있다.
- '한 예술작품의 모든 세부 항목들은 이것들에 대응하는 현실의 세부 항목들과 일치해야 한다.'
  → 예술은 삶의 한 단면의 복사여야 한다.
  - 여기에는 예술 자체를 과학화하려는 자연주의적 시도는 물론, 예술의 세부를 현실의 세부와 비교하려는 플라톤의 주장 등이 포함된다.
  - 개개의 예술작품이 하나의 자족적인 실체임을 인정하지 않으며, 부적절한 세부 묘사, 극단적 주관주의로 흘러 피상적 요소들을 예술작품의 제작과 평가에 강요하고 있다.
㉣ 루카치가 강조하는 올바른 총체성
- 외연적 총체성 : 인간에 대해 어떠한 의미를 갖는가를 따지지 않고, 객관적 현실에 속한 모든 요소를 포괄하는 것이다.
- 내포적 총체성
  - 인간의 총체성의 깊이를 의미한다.
  - 여기서 말하는 '인간'이란 자신의 사회·역사적 환경의 적절한 요소들과 충분한 상호 작용을 하는 인간이다.
  - 예술은 외연적 총체성이 아닌 내포적 총체성의 획득을 추구해야 한다.
  - 내포적 깊이는 자신의 구체적·개별적 형식을 잃지 않으면서 시대와 환경과 관련된 모든 사회적 과정을 자기 안에 담고 있는 전형적 인물을 통해 획득할 수 있다.
㉤ '전형성'의 의미
루카치가 말하는 전형성이란 일상적·평면적·세부적인 것에 함몰된 것이 아니라, 그 속에 포함된 모든 것이 지각할 수 있고 선명히 드러나 보이는 것이다.

③ **지라드**
　㉠ 『낭만적 허위와 소설적 진실』을 통해 소설의 주인공은 선망하는 모델을 모방하고자 하여 어떤 대상에게 욕망을 느낀다고 하였다.
　㉡ 서양소설들에 나타나는 공통 구조를 밝혔으며, 현대로 올수록 모방의 대상이 점차 내적인 매개로 이행된다고 보았다.
　㉢ 위대한 소설과 범용한 소설
　　• 위대한 소설 : '삼각형적 욕망'을 고발하는 소설

> **체크 포인트**
> **삼각형적 욕망** : 욕망의 주체 – 매개자 – 모방의 대상(욕망되는 대상)

　　• 범용한 소설 : 낭만적 허위의 환상을 끝까지 유지하는 소설 → 어떤 태도나 정열의 숭배를 통해 이룰 수 있음

5 심리주의 비평 기출 23, 22

(1) 개관
① 프로이트의 정신분석학이 나타난 이후 발달되었다.
② 현대는 인간 정신의 소산인 과학적 실증주의에 의해 좌우된다는 입장에서 출발한다.

(2) 특징 기출 25, 24
① 내면세계(무의식)를 분석함으로써 작가와 작품의 관계, 즉 창작 심리를 해명한다.
② 인간의 무의식의 심리를 의식 세계의 잠재작용의 원인으로 보는 정신분석학적 방법이다.
③ 작가의 창작 심리, 문학작품의 내적 심리, 문학작품을 수용하는 독자 심리 등의 영역을 인간의 심층 심리, 의식의 흐름, 리비도, 꿈 이론, 콤플렉스, 자동기술법 등의 방법으로 해명하는 것이다.
④ 다른 방법론으로는 설명하기 어려운 작가의 창작 심리나 독자의 수용반응 등에 대한 해명 및 작품의 주제나 상징적 요소에 대한 규명 등에 효과적이다.

> **더 알아두기**
> **심리주의 소설과 비평가**
> • 심리주의 소설 : 제임스 조이스의 『율리시스』, 버지니아 울프의 『댈러웨이 부인』, 이상의 『날개』 등
> • 심리주의 비평가 : 리드, 버크, 프라이 등

(3) 비판
① 작품에 대한 미적 가치 규명에 적절한 방법이 되지 못한다.
② 심리학에 근거하여 신경증이나 콤플렉스 등의 심층 심리에 바탕을 두고 작품을 분석하므로 엉뚱한 해석에 도달할 위험성이 존재한다.

(4) 프로이트 기출 24
① 인간의 심리 구조를 '에고(Ego)', '슈퍼에고(Superego)', '이드(Id)'로 분류하고, 이를 '리비도(Libido)'와 관련시켜 설명하였다.
　㉠ 에고(자아)
　　'이드'에서 얻은 에너지로, 지각·기억·판단 등의 정신 과정을 발달시켜 개체를 외적현실에 조화시키고 외계 지배력을 증가시키는 것이다.
　㉡ 슈퍼에고(초자아)
　　'이드'를 억제·조정하는 것으로, 도덕적 원칙에 의해 움직인다.
　㉢ 이드(무의식)
　　인간 정신의 밑바닥에 있는 원시적·동물적·본능적 요소로, 쾌락을 추구하는 쾌락 원칙에 지배되며 즉각적인 욕구 충족을 목적으로 한다. → 리비도(성적 충동)로부터 나온 모든 심적 에너지의 원천
② **오이디푸스 콤플렉스** : 아들이 어머니를 차지하고자 하는 욕망에 근거한 생각·원망·감정의 복합체로, 아버지에게 반감을 가지는 경향을 말한다.
③ 인간의 성장 과정을 '리비도적 욕구의 점진적인 조직화 과정'으로 보았으며, 인간의 정신 현상에 대한 해석을 '리비도의 변화와 발전'에 근거하여 설명하였다.
④ 작품은 무의식의 반영이며, 이 무의식이 작중인물의 성격이나 행동을 결정한다고 보았다.

(5) 프로이트 이론의 수정
① **아들러** : 무의식 속의 성욕을 공격성으로 바꾸었으며, 무의식 대신 자아의 역할을 강조하였다.
② **융**
　㉠ 신화에서 반복된 경험의 유형들의 정신적 잔재인 '원형'이 인간의 집단 무의식 속에 유전되며, 문학은 물론 종교·꿈·환상 등이 역사의 흐름 속에서 변형된 모습으로 반복되어 표현된다고 보았다.
　㉡ 도덕성·종교성을 강조하였다.

> **체크 포인트**
> 융은 '분석적 심리학'을 창시하였다.

③ **라캉** : 프로이트의 정신분석학에 구조주의 언어학을 첨가하였다. 기출 24
④ **홀랜드** : 문학작품을 무의식적 환상과 그에 대한 의식적 반응 간의 상호 작용을 독자의 마음속에 생기게 만드는 것으로 보았다.

6 신화·원형 비평 기출 22, 21

(1) 개관
① 일종의 문화인류학적 비평이다.
② 인류가 역사 이전에 체득한 원형적 패턴에 대한 연구가 선행되어야 하므로 인류학과 관련을 맺는다.
③ 케임브리지 인류학파의 프레이저, 프로이트의 심리학을 발전적으로 계승한 융이 각각 추구한 인류학 및 심층심리학 등을 이론적 근거로 삼는다.

> **체크 포인트**
> 신화·원형 비평은 문화인류학, 심리학, 사회학, 철학, 민속학, 종교학 등 다양한 학문에 의존한다.

(2) 특징 기출 25
① 문학작품 속에서 신화의 원형을 찾아내고, 이 원형들이 어떻게 재현·재창조되어 있는지를 살피는 방법이다.
② 비평에 있어서의 원형은 다양한 문학작품 속에서뿐만 아니라 신화·꿈·사회적 행동양식까지 찾아볼 수 있는 설화적 구상이나 인물 유형, 이미지 등에 활용된다.
③ 문학작품과 신화와의 관계를 매우 중시하며, 신화는 모든 문학작품의 원천을 이룬다고 보았다.
④ 신화는 언제나 그 원형을 유지하면서 문학작품으로 재현되며, 이 원형이 무엇인가를 밝히는 것이 바로 문학작품의 기본 뼈대나 구조 원리를 밝히는 작업에 해당한다고 믿는다.
⑤ 작품이란 형상을 원형의 반영으로 보고 그러한 원형이 시대와 개인에 따라 변형되는 모습을 추적한다.
⑥ 시공간을 초월한 집단 무의식이나 원형의 개념이 삶을 몇 개의 통과제의로 읽는 일은 소재나 플롯에 대해 일목요연한 분류표를 제공하는 데 기여한다.
⑦ 원형은 모든 민족 사이에서 동일하거나 유사한 방식으로 나타나는 '신화적 모티프들'로 발현되며, 현인의 무의식으로부터 자연 발생적으로 솟아나올 수 있다.

> **체크 포인트**
> 통과제의: 격리 → 입사 → 귀환

(3) 비판
문학에 재현되는 기본적인 신화 유형을 강조함으로써 서로 다른 개성을 지닌 작품들을 하나의 단일한 작품으로 뒤섞는 위험성이 있다. → 환원주의적 단순화

(4) 다른 비평 방식과의 유사성
① **역사주의 비평과의 유사성**: 신화적 모티프나 타입이 시대나 작가에 따라 어떻게 바뀌는가를 설명하기 위해 전기적 지식, 문학의 여러 관습 등을 활용한다.
② **형식주의 비평과의 유사성**: 숨어 있는 원형적 패턴을 밝히기 위해 모든 장르나 타입 그리고 각 작품들의 구조와 양태를 모두를 연구한다.
③ **사회 · 문화 비평과의 유사성**: 신화나 의식은 집단의 체험에서 발생하며 그 자체가 집단적 활동의 형태로서의 교의(敎義), 사회적 관습 등을 낳고, 문학은 이를 반영하기 때문에 문학과 사회의 관계에 초점을 둔다.
④ **심리주의 비평과의 유사성**: 문학은 인간의 감정과 경험의 표현 수단이며, 독자들로 하여금 감정을 불러일으킨다.
⑤ **구조주의 비평과의 유사성**: 신화를 심층 구조로 하는 표면 구조로서의 문학의 생성을 추적한다.

(5) 주요 인물
① **프레이저**
  ㉠ 프레이저의 『황금가지』는 세계 각지의 신화 및 전설·민담들을 집대성한 것으로, 원형 비평의 영향력 있는 고전이다.
  ㉡ 모든 민족의 신화 사이에 존재하는 상관관계를 깊이 있게 검토함으로써 신화와 제의(祭儀)에 대한 인식의 폭을 확장시켜 주었다.

> **체크 포인트**
> 인간에게는 시대를 초월하여 영적인 통일성이 있다고 보아 원시인의 관습·주술, 원시 신앙 등을 광범위하게 연구

  ㉢ 신화와 문학과의 밀접한 상관관계를 밝힘으로써 문학 연구의 새로운 가능성을 시사하였다.
② **융** `중요`
  ㉠ 『무의식의 심리학』에서 인류의 원시적 체험의 저장고라 할 수 있는 '집단무의식'의 개념을 제시하였다.
  ㉡ 개인은 고립된 개체 혹은 사회 속의 단순한 한 단위가 아니라 지금까지 생존한 무수한 개인의 집적임을 강조하였다.

> **더 알아두기**
>
> **융이 제시한 '원형'의 개념** 기출 22
> 융은 옛 조상들의 생활 속에서 되풀이되는 체험의 원초적 심상을 원형이라 보고, 이에는 페르소나, 아니마·아니무스, 그림자, 자기 등이 속한다고 보았다.
> - 페르소나 : 가면이라는 뜻. 집단사회의 행동규범 또는 역할. 그림자의 집단적 투사가 생기는 것은 구성원들이 페르소나를 공유하고 있기 때문. 자아와 페르소나가 동일시될수록 무의식과의 단절은 심해짐
> - 아니마와 아니무스 : 정신의 내면을 뜻하며, 남성의 경우 아니무스, 여성의 경우 아니마. 아니마의 원형은 남성이 갖고 있는 여성적 성격의 내적 인격이며, 아니무스의 원형은 여성이 갖고 있는 남성적 성격의 내적 인격임
> - 그림자 : 원형 중 인간의 기본적인 동물적 본성을 포함. 모든 원형 중 가장 강하며 위험함
> - 자기 : 자아와 무의식이 하나로 통합된 전체정신

③ 프라이
  ㉠ 집단무의식 이론을 결합시켜 새로운 비평 방법을 체계화하였다.
  ㉡ 『신화문학론』에서 신화적 비평의 본질적 요소를 제시하고, 『비평의 해부』에서 신화비평의 이론을 체계화하였으며, 동시에 여러 작품을 자신의 방법론에 의거하여 분석하였다.
  ㉢ 개별적 작품에서 보편적 의미를 탐구하고, 개개의 작품을 문학의 전체 구조의 어느 위계에 설정하느냐의 문제야말로 문학 비평가의 직능이라고 주장하였다.
  ㉣ 개개의 작품에 대해 독립적 분석 및 평가를 하는 것을 지양하고, 작품 상호간의 기본 질서를 찾는 데 중점을 둘 것을 강조하였다. 이는 작품의 우연적·부속적·지엽적 구성요소를 제거하고 다른 작품(신화)에서 원형을 찾아 그것을 체계화하는 것이다.
  ㉤ '원형'은 인생과 문학에서 끊임없이 되풀이되는 기본적 상황, 인물, 이미지 등을 지칭하는 것으로, 자연 신화에서는 다음과 같은 네 가지의 원형이 발생한다고 보았다.
   - 새벽 – 봄 – 출생 단계 : 영웅의 출생 신화, 부활과 재생의 신화, 창조의 신화, 암흑·겨울·죽음의 세력 등이 패배하는 내용의 신화 → 아버지와 어머니 등장, 로망스 및 대부분의 열광적 찬가, 서사시의 원형
   - 정오 – 여름 – 결혼 – 승리 단계 : 인간의 신격화, 신성한 혼인, 낙원 관련 신화 등 → 친구와 혼인한 신부 등장, 희극·전원시·목가의 원형
   - 석양 – 가을 – 죽음 단계 : 신의 죽음, 영웅의 급작스러운 죽음, 희생, 영웅의 고집과 관련된 신화 등 → 모반자와 유혹하는 자 등장, 비극과 엘레지(Elegy)의 원형
   - 어둠 – 겨울 – 해체 단계 : 이러한 세력들이 승리하는 신화, 영웅이 패배하고 혼란상태의 되풀이, 대홍수가 등장하는 신화 등 → 식인귀와 마귀 등장, 풍자 문학의 원형
  ㉥ 장르 발생 이전의 이야기 문학의 네 가지 요소인 뮈토스(Mythos)를 자연의 주기에서 찾았다.
   - 봄의 뮈토스 : 희극
   - 여름의 뮈토스 : 로맨스
   - 가을의 뮈토스 : 비극
   - 겨울의 뮈토스 : 아이러니·풍자

④ **보드킨**
  ㉠ 『영시의 원형적 유형』을 통해 문학작품 속에서 원형적 이미지를 찾아내 작품의 기본 구조를 밝혔다.
  ㉡ 문학작품을 원형의 재현으로 보고, 이것이 시대와 개인에 따라 어떻게 변용되는지를 탐구하였다.
  ㉢ 원초적 이미지의 원형은 곧 의식적이거나 명확한 의미를 넘어선 특수한 감정이라 하였다.
⑤ **그레브스타인**
  ㉠ 원형비평이 지니고 있는 문제점을 지적하였다.
  ㉡ 신화비평은 원형이나 신화소 또는 문학의 근본적 원리를 추구함에 있어 하나의 예견성이나 동일성에 빠질 위험성이 있다고 보았다.
  ㉢ 문학작품의 기법이나 예술적 성격보다도 주제나 소재 등을 세밀하게 살핌으로써 문학작품의 비평이 분석적이거나 기술적인 데 그치게 할 수 있다.

> **더 알아두기**
>
> **신화·원형 비평의 적용**
> - 이육사의 「광야」 기출 23
>   – '백마 타고 오는 초인': 강력한 아버지의 모습[부상(父像)]으로 해석
>   – 「광야」를 아버지 신에게 바치는 초혼으로 간주
> - 현길언의 『용마의 꿈』: 장수전설, 용마 전설의 모티프의 원형적 패턴을 밝힘
> - 이청준의 『침몰선』: 통과의례의 패턴
> - 한승원의 『바다의 뿔』: 통과의례의 패턴

○✕로 점검하자 | 제4절

※ 다음 지문의 내용이 맞으면 ○, 틀리면 ✕를 체크하시오. (01~11)

01 생트뵈브와 테느는 형식주의 비평가이다. (   )

02 역사·전기적 비평은 작가를 완전히 알아야 작품을 설명할 수 있다고 본다. (   )

03 테느는 '종족, 환경, 시대'를 문학 결정의 3요소라 하였다. (   )

04 지라드는 낭만적 허위의 환상을 끝까지 유지하는 소설을 위대한 소설이라 보았다. (   )

05 그레브스타인은 '원본(원전)의 확정, 언어의 역사성, 작가 연구, 명성과 영향, 문화, 문학적 관습'을 역사·전기적 비평의 6가지 주요 요소로 제시하였다. (   )

06 프라이는 신화 이론과 집단무의식 이론을 결합시켜 새로운 비평 방법을 체계화하였다. (   )

07 마르크스주의자들은 역사주의의 '박물학적 몰가치주의'와 '동시대 문학에 대한 소극적 태도' 등을 문제 삼고 이를 비판하였다. (   )

08 사회·문화적 비평은 '문학성'을 철저하게 그 언어적 조직과 일체화시켜 분석·기술한다. (   )

09 형식주의 비평에서는 텍스트 자체를 고유한 자율적 존재를 가진 객관적 의미 구조로 파악한다. (   )

10 칸트와 콜리지는 형식주의의 미학 원리에 직접적 영향을 주었다. (   )

11 신비평의 원리는 의미론에 입각한 것이다. (   )

정답 1 ✕ 2 ○ 3 ○ 4 ✕ 5 ○ 6 ○ 7 ○ 8 ✕ 9 ○ 10 ○ 11 ○

제4절 핵심예제문제

01 다음에서 설명하는 문학비평 방법은 무엇인가?

- 작가의 전기성에 대한 연구
- 역사과정에서 문학작품이 차지하는 위치와 의미를 해명하려는 연구방법

① 역사·전기적 비평
② 신화·원형 비평
③ 심리주의 비평
④ 구조주의 비평

> 01 역사·전기적 비평은 작가와 작품의 역사적 배경, 사회적 환경, 작가의 전기 등 문학을 결정하는 여러 가지 체계와 관련시켜 작품을 연구하는 것이다.

02 형식주의 비평에 대한 설명으로 <u>틀린</u> 것은?

① 구조주의 비평과 관련이 있다.
② 텍스트를 고유한 자율적 존재를 가진 주관적 의미 구조로 파악한다.
③ 작품 자체에 대해 강조한다.
④ '문학성'을 언어적 조직과 일체화시켜 분석한다.

> 02 형식주의 비평에서는 텍스트 자체를 고유한 자율적 존재를 가진 객관적 의미 구조로 파악한다.

03 다음 중 형식주의 미학 이론과 관련이 <u>없는</u> 학자는?

① 칸트
② 콜리지
③ 야콥슨
④ 아리스토텔레스

> 03 형식주의의 미학(美學) 이론은 칸트, 콜리지, 아리스토텔레스에 의해 정립되었다.

정답 01 ① 02 ② 03 ③

04 ④는 신비평의 특징이다. 신비평은 시를 일상적·과학적 언어와의 대립 관계에 의해 그 변별적 자질이 한정되는 특수한 언어 양식으로 간주하며, 언어의 의미가 갖는 아이러니, 역설, 메타포 등이 한 작품 안에서 복잡하게 상호 작용하는 것을 중시한다.

05 ① 구조주의는 역사주의와 대립되는 개념으로, 작품의 역사성을 배제한다.
③ 서지·주석적 비평을 포괄하는 개념은 역사·전기적 비평이다.
④ 구조주의는 문학작품 자체를 중시하는 작품중심주의에서 접근한다.

06 소쉬르의 언어관은 '기표(記標, 시니피앙)'와 '기의(記意, 시니피에)'의 결합물로서의 기호의 개념으로, 메시지적 차원을 배제한다.

04 다음 중 러시아 형식주의의 특징이 아닌 것은?

① 프랑스 구조주의 발전에 중요한 역할을 하였다.
② 텍스트를 문학작품으로 만드는 기법, 즉 구성 법칙에 관심을 기울였다.
③ 대표적 인물로는 보리스 예이헨바움, 빅토르 시클롭스키 등이 속한다.
④ 언어의 의미가 갖는 아이러니, 메타포 등이 한 작품 안에서 복잡하게 상호 작용하는 것을 중시하였다.

05 다음 중 구조주의 비평에 대한 설명으로 적절한 것은?

① 역사주의의 비평방식을 이어받아 작품의 역사성을 근간으로 작품의 현재성과 결합·연결의 구조를 분석한 것이다.
② 인간의 문화 활동의 전체성을 파악할 수 있는 과학적 방법에 대한 요구와 사상적 자각에서 비롯되었다.
③ 서지·주석적 비평을 포괄한다.
④ 문학작품 자체보다는 작가와 사회적 환경과의 관계를 중요시한다.

06 소쉬르의 이론과 관련이 없는 것은?

① 체계는 공시적 시점에서 볼 때 완전한 체계로서 연구되어야 한다.
② 시니피앙과 시니피에의 관계는 자의적이다.
③ 사람들의 말을 가능하게 하는 기호의 객관적 구조인 랑그(Langue)에 관심을 두었다.
④ 소쉬르의 언어관은 메시지적 차원을 포함한다.

정답 04 ④ 05 ② 06 ④

07 다음 중 롤랑 바르트가 분류한 이야기체 문학작품의 층위가 아닌 것은?

① 언어의 층위
② 기술 단위의 층위
③ 행위 단위의 층위
④ 서술의 층위

07 롤랑 바르트의 이야기체 문학작품의 층위
• 기술(기능) 단위의 층위 : 배열(기능 단위), 통합(징조 단위)
• 행위 단위의 층위
• 서술의 층위 : 행위 단위와 서술의 층위도 구조 언어학적 방법을 원용한 것으로, 하나의 문장이 음소, 형태소와 같은 수많은 요소들의 집합이라는 입장에서 분석

08 다음 중 마르크스주의 비평에 관한 설명으로 틀린 것은?

① 문학에 대한 형식주의적 접근에서 가장 두드러진 방식이다.
② 모방 이론의 형태를 취하였다.
③ 훌륭한 예술은 그 사회의 관례를 초월하는 것이라고 보았다.
④ 예술로서의 문학에 소홀한 채 공허한 관념에 사로잡힐 가능성이 높다는 단점이 있다.

08 마르크스주의 비평은 사회·문화적 비평으로, 문학에 대한 사회적 접근에서 가장 두드러진다.

정답 07 ① 08 ①

제5절 현상학적 비평·수용미학 이론 및 기타의 비평방법론

1 실존주의 비평

(1) 두브로브스키가 대표적이다.

(2) 문학비평이란 문학작품에 사용된 실존적 정신분석이라 보았다. → 사르트르의 실존주의 비평과는 다른 양상을 보임

(3) 문학작품의 보편적인 상징력과 신비를 그대로 받아들인다.

(4) 문학비평으로서의 실존적 정신분석은 작품 분석에 치중한다.

(5) 이해의 과정은 작품에서 작가로, 그리고 거기서 다시 작품으로 돌아와야 하는 것으로 되어야하며, 결코 작가에게서 작품으로 나아감으로써 작가의 연구가 분석의 전부가 되지 말아야 한다고 보았다.

(6) 수용미학 이론과 연계될 가능성이 있다.

2 현상학적 비평

(1) 후설(Husserl)의 현 상황에서의 개념과 방법을 근거로 하여 예술작품을 분석하는 것이다.

(2) 관념론과 경험론의 한계를 극복하려는 현상학을 바탕으로 한다.

(3) 비평가 자신의 이해 관계 및 선입견이 개입되는 능동적인 작품 해석을 비평으로 보는 이들에게는 비평의 역할에 의구심을 갖게 한다.

(4) 현상학
   ① **현상(가상)** : 인간의 눈앞에 보이는 사물의 형상 또는 인간이 감각적으로 알거나 경험할 수 있는 온갖 일이나 물건을 말하며, 후설은 이를 '가상'이라고 하였다.
   ② **현상학적 환원과 선험적 환원**
      ㉠ 현상학적 환원 : 본질학의 정립을 위해 모든 전제 및 선입견을 배제하고 본질에 시선을 돌려야 한다는 것

ⓒ 선험적 환원 : 항상 지향적이고 대상을 향하는 것으로, 후설은 '의식'이라는 일원적 행위를 통해 사고를 하는 주체와 주체가 지향 또는 의식하는 대상은 상호 불가분의 관계를 맺는다고 보았다.
→ 환원된 본질은 '의식'을 통해서만 파악할 수 있음

(5) 제네바학파
① 문학작품을 작가의 독특한 의식이 언어화된 형상화로 본다. → 문학을 주관적인 것으로 파악
② 후설의 이론을 문학비평에 적용하였다.
　㉠ 후설의 목표 : 모든 인간에게 공통된 의식의 본질적 특성을 기술
　㉡ 제네바 비평가들의 목표 : 개별적인 작가의 독특한 의식을 식별할 뿐만 아니라 그것과 일치시키는데 두었음
③ **대표적 인물** : 로만 잉가르덴, 메를로 퐁티, 조르주 풀레, 장루세 등이 포함된다.
④ 작가의 의식 양식을 경험하기 위해 작품을 읽은 후 그것을 비평가 자신의 글에 재투사하는 방법을 시도한다. → 무비판적·비평가적 분석
⑤ 현상학적 비평은 텍스트 자체는 작가의 의식의 순수한 구현체로 환원되며, 그 모든 문체적·어의적(語義的) 측면은 작가의 정신이라는 본질에 의해 통합되는 복잡한 총체의 유기적 부분으로 파악하였다.
⑥ 작품 자체에 나타나는 작가의 의식의 양상만을 참고해야 한다고 보았다.

3 수용미학 비평

(1) 독일 해석학의 영향을 받아 발전된 이론이다.

(2) 로만 잉가르덴
① 현상학적 방법론을 비평 이론에 도입하였다.
② 문학예술작품의 근원은 **작가 의식의 지향적 행위**에 있다고 본다.

> **체크 포인트**
> '지향적'이란 대상을 향해 방향을 정했다는 것을 의미

③ 지향 행위는 텍스트 속에 기록되어 독자가 자신의 의식 속에서 그 작품을 재경험하는 일을 가능하게 한다.
④ 능동적 독서는 텍스트의 잠재적이고 미결 상태인 국면들을 채워 나가는데, 이는 문학의 도식적 구조를 구체화하는 결과가 되며, 이러한 독서는 작가에 의해 기록된 의식의 과정과 공동 창조적 관계를 가진다.
⑤ 이를 통해 독자는 작품과 별개로 존재하는 실재가 아닌 현실적 허구의 세계를 볼 수 있으며, 그러한 가치가 주어진 미적 대상을 의식하게 해 준다.

(3) 볼프강 이저
① 잉가르텐이 자신의 분석을 독서 과정 일반에 관한 서술에만 국한시킨 데 반해 이저는 자신의 이론을 많은 개별적 문학작품, 특히 산문 소설 분석에 적용하였다.
② 문학 소통 이론을 전개하였으며, 수용미학 이론의 이론적 체계를 정립하였다.
③ 문학 텍스트는 작가의 지향적 행위들의 산물로서 부분적으로 독자의 반응을 통제하지만 언제나 많은 '틈' 또는 불확정성의 요소들을 포함한다고 보았다.

> **체크 포인트**
> **빈자리(틈)** : 문학 텍스트의 빈자리는 단순히 부족한 것이 아니라 텍스트의 효과를 위한 근본적 계기가 된다.

④ 독서는 텍스트의 의미를 창조적 사고(상상력 행위의 변형)를 통해 '틈'을 메우는 일이라 보았다.

(4) 야우스
① 텍스트의 수용의 문제에 초점을 둔다.
② 문학작품의 수용은 '작가 – 작품 – 독자'의 삼각관계에서 이루어진다고 보았다.
③ 독자를 수동적 대상이 아닌 역사를 형성하는 원동력으로 보았다.
④ **기대지평**
　㉠ '기대지평'의 재구성을 작품 수용의 전제로 하였다.
　　• 기대 : 창작 작품에 대한 독자의 기대를 의미
　　• 지평 : 수용자가 지닌 기대의 범주를 의미
　㉡ 작품의 '기대지평'이 수용자가 지닌 창작 작품에 대한 이해의 '기대지평'과 일치할 때 비로소 작품이 수용자에 의해 받아들여진다고 본다.
　㉢ 지평의 전환 : 새로운 작품이 독자에게 수용될지의 여부는 '지평의 전환'을 통해 이루어진다.

> **체크 포인트**
> **수용미학** : 기대지평 → 작품 감상 → 새로운 지평

4 해석학적 비평

(1) 20세기 들어 융성하였으며, 허시와 하이데거, 가다머 등에 의해 발전하였다.

(2) E. D. 허시
① 단지 하나의 텍스트 해석만이 존재한다는 것을 인정하지 않았다. → 하나의 텍스트는 서로 다르면서도 **타당한 해석들이 수없이 존재할 수 있다는 것을 의미**
② 모든 해석은 '전형적인 가망성과 가능성들의 체계' 내에서만 움직여야 한다고 보았다.
③ 작가는 '의미'를 부여하고, 독자는 '의의'를 부여한다고 보았다.
 ㉠ 의미 : 변화하지 않는 것
 ㉡ 의의 : 역사를 통해 변화하는 것

(3) 가다머
① 문학작품의 의미는 사회적·문화적 맥락의 변화로 인해 항상 새롭게 발견될 가능성이 존재한다고 보았다. → 유동성
② '유동성'을 작품 자체의 성격을 이루는 중요한 부분으로 보았다.
③ 모든 해석은 상황 및 특정 문화의 상대적 기준에 의해 형성 또는 제약되므로 문학 텍스트를 '있는 그대로' 알 수는 없다고 하였다.

> **체크 포인트**
> 문학작품의 해석이 다양한 이유는 '배경지식'의 차이 때문이다.

○× 로 점검하자 | 제5절

※ 다음 지문의 내용이 맞으면 ○, 틀리면 ×를 체크하시오. (01~11)

01 두브로브스키는 현상학적 비평의 대표적 인물이다. (   )

02 수용미학 이론과 연계될 가능성이 있는 것은 현상학적 비평 방법이다. (   )

03 실존주의 비평은 문학작품의 보편적인 상징력과 신비를 그대로 받아들인다. (   )

04 후설은 인간의 눈앞에 보이는 사물의 형상 또는 인간이 감각적으로 알거나 경험할 수 있는 온갖 일이나 물건을 '가상'이라 정의하였다. (   )

05 제네바학파는 후설의 이론을 문학 비평에 적용하였다. (   )

06 현상학적 비평은 비평가 자신의 이해 관계 및 선입견이 개입되는 능동적인 작품 해석을 비평으로 보는 이들에게는 비평의 역할에 의구심을 갖게 한다. (   )

07 수용미학 비평은 독일 해석학의 영향을 받아 발전하였다. (   )

08 현상학적 방법론을 비평 이론에 도입한 학자는 볼프강 이저이다. (   )

09 로만 잉가르덴은 문학 예술작품의 근원은 작가 의식의 지향적 행위에 있다고 본다. (   )

10 허시는 하나의 텍스트에는 하나의 해석만이 존재한다고 주장하였다. (   )

11 야우스는 문학작품의 수용은 '작가 – 작품 – 독자'의 삼각관계에서 이루어진다고 보았다. (   )

정답 1 × 2 × 3 ○ 4 ○ 5 ○ 6 ○ 7 ○ 8 × 9 ○ 10 × 11 ○

제5절 핵심예제문제

01 실존주의 비평의 특징이 <u>아닌</u> 것은?

① 두브로브스키가 대표적이다.
② 문학작품의 보편적 상징력, 신비를 사회적 맥락을 통해 이해한다.
③ 수용미학 이론과 연계될 가능성이 있다.
④ 실존적 정신분석은 작품 분석에 치중한다.

> 01 실존주의 비평은 문학작품의 보편적 상징력과 신비를 있는 그대로 받아들인다.

02 다음 중 수용미학 비평가가 <u>아닌</u> 사람은?

① 후설
② 로만 잉가르덴
③ 야우스
④ 볼프강 이저

> 02 후설은 현상학적 비평가이다.

03 다음 내용과 관련된 비평가는 누구인가?

> • 단지 하나의 텍스트 해석만이 존재한다는 것을 인정하지 않았다.
> • 모든 해석은 '전형적인 가망성과 가능성들의 체계' 내에서만 움직여야 하다고 보았다.
> • 작가는 '의미'를 부여하고, 독자는 '의의'를 부여한다고 보았다.

① 가다머
② E. D. 허시
③ 두브로브스키
④ 야우스

> 03 해석학적 비평가인 E. D. 허시와 관련된 내용이다.

정답 01 ② 02 ① 03 ②

제4장 실전예상문제

01 비평은 예술작품을 의식적으로 평가·감상하는 것이다.

01 비평의 개념과 관련이 없는 것은?
① 문예작품의 구조 및 가치, 작가의 창작 방법 등을 일정한 기준에 따라 검토·판단하는 것이다.
② 일반적인 의미는 사물의 옳고 그름, 아름다움과 추함 따위를 분석하여 가치를 논하는 것이다.
③ 예술작품에 관하여 무의식적으로 평가·감상하는 행위이다.
④ 작가 또는 작품을 분석·평가하는 것이다.

02 문학비평은 평론과 유사하다.

02 비평(批評)에 대한 설명으로 적절하지 않은 것은?
① '批(비)'는 한 작품에 대한 좋고 싫음이나 가부(可否)에 대해 내리는 가치판단을 의미한다.
② '評(평)'은 말을 바르고 공평하게 한다는 것을 의미한다.
③ 유협은 비평을 '知音(지음)'이라 하였다.
④ 문학비평과 평론은 서로 다른 개념이다.

03 문학비평이란 '문학이란 무엇인가?, 문학은 어떻게 이루어져 있고 어떻게 읽고 이해할 것인가?' 등의 문학에 관한 실제적·이론적 논의이다. 작품의 개연성을 부여하는 것은 비평의 기능이 아니다.

03 다음 중 문학비평에서 다루는 대상이나 영역이 아닌 것은?
① 문학이란 무엇인가?
② 작품의 개연성을 어떻게 부여할 것인가?
③ 한 편의 문학작품이 주는 의미는 무엇인가?
④ 작품의 가치는 어떻게 평가할 것인가?

정답 01 ③ 02 ④ 03 ②

04 다음 중 문학비평의 특성이 <u>아닌</u> 것은?

① 함축적 언어를 추구한다.
② 논리적으로 설득한다.
③ 작품의 구조를 밝혀낸다.
④ 설득 요인을 갖춘 주관적 진실에 의존한다.

> 04 문학비평은 작품의 구조 및 가치, 작가의 창작 방법, 세계관 따위를 일정한 기준에 따라 논리적으로 검토 및 판단하는 것으로, 객관적 설득 요인을 갖춘 비평가의 주관적 진실에 의존한다. 따라서 가치판단의 이해를 도모하기 위해 함축적 언어 사용을 지양하고 지시적·설득적 언어를 추구해야 한다.

05 다음 중 문학비평의 평가 기준이 <u>아닌</u> 것은?

① 독창성
② 효용성
③ 단순성
④ 진실성

> 05 문학비평의 평가 기준은 작품의 독창성, 효용성, 진실성, 일관성·복잡성 등이며, 단순성은 관련이 없다.

06 다음 중 평가적 비평 방법과 관련된 내용으로 올바르지 <u>않은</u> 것은?

① 작품의 일반 원리나 구조에 대한 해석에 관심을 둔다.
② 작품의 선택 행위 자체에 이미 평가 과정이 게재된다는 점에 주목한다.
③ 평가가 제대로 이루어지기 위해서는 충실한 해석 및 이론적 뒷받침이 뒤따라야 한다.
④ 가치평가를 전제하지 않고서는 이론적 체계화가 제대로 성립될 수 없다고 본다.

> 06 평가적 비평은 작품의 일반 원리나 구조에 대한 해석보다는 작품의 좋고 나쁨을 구분·비판하는 것에 관심을 둔다.

정답 04 ① 05 ③ 06 ①

07 형식주의 비평과 신화주의 비평은 작품의 본질적 연구에 해당하는 비평으로, 내적 기준에 의한 것이다. 작품의 외적 기준에 따른 비평에는 마르크스주의 문학비평, 리얼리즘 비평 등이 속한다.

07 다음 중 작품의 외적 기준에 의한 비평에 대한 내용으로 적절하지 <u>않은</u> 것은?

① 문학작품을 역사적·사회적 환경, 외부적 원인 등에 비추어 비평하는 것이다.
② 형식주의 비평, 신화주의 비평이 이에 속한다.
③ 작가의 심리학적 메커니즘이나 창작 과정, 작품 속에 나타난 심리 유형 등을 연구하는 데 주안점을 둔다.
④ 문학이 사회의 반영이라는 점을 지나치게 강조하여 문학 나름의 독자적 방법이나 목적을 제한할 수 있다는 한계가 있다.

08 비평가는 작가와 독자의 중간에서 작품의 이해를 돕고 매개해 주어야 한다.

08 다음 중 문학비평의 조건이 <u>아닌</u> 것은?

① 가치 판단의 기준을 지녀야 한다.
② 높은 가치 의식을 지니고 있어야 한다.
③ 판단은 작품의 이해 및 감상에서 출발해야 한다.
④ 비평가는 독자의 입장에서 작품의 이해를 돕고 매개해 주어야 한다.

09 ② 티보데
　③ 발레리
　④ 데이치스

09 다음 중 T. S. 엘리엇의 견해로 알맞은 것은?

① 문학비평의 기본적 기능은 문학의 이해와 향수(享受)를 촉진하는 것이다.
② 비평은 작품을 내면에서부터 이해하고 깊은 공감을 가지고 출발해야 한다.
③ 비평가는 작품을 재구성하면서 비평가가 바라보는 것에 의해서 한 '판단'에 도달하는 것이다.
④ 훌륭한 비평가는 걸작에 대한 일반적 논의와 그 영구한 의미에 대해 관심을 기울인다.

정답 07 ② 08 ④ 09 ①

10 다음 중 문학비평의 기능과 관련이 없는 것은?
① 작품의 존재 근거를 밝힐 수 있다.
② 작품을 통해 작가가 미처 알지 못한 부분에 대해 설명할 수 있다.
③ 작가의 위상을 통시적·공시적 관점에서 설정해 준다.
④ 작품의 역사성을 밝혀 장르 구분의 근거로 사용할 수 있다.

10 ④는 비평의 기능과 관련이 없다.
비평의 기능
- 작품의 존재 근거를 밝힘
- 작가가 알지 못했던 부분까지도 작품을 통해 해명할 수 있음
- 통시적·공시적 관점에서 작가의 위상을 설정해 줌

11 다음 중 비평의 기능에 대한 설명으로 적절하지 않은 것은?
① 문학비평은 작품에 대한 해설과 평가 모두를 의미한다.
② 해설은 작품의 내용이 어떤 것인가를 밝히는 행위이다.
③ 비평의 목적은 가치 판단에 있다.
④ 가치 판단은 작품에 대한 이해·해석·감상에 앞서 이루어져야 한다.

11 가치 판단에 앞서 작품에 대한 이해·해석·감상이 이루어져야 한다.

12 R. 바르트의 견해로 적절하지 않은 것은?
① 비평은 메타 언어(Meta language)에 작용하는 대상 언어(Object language)이다.
② 비평은 유효성, 즉 논리적인 기호 체계를 이루고 있는지 발견하는 것이다.
③ 비평은 논리적·분석적이다.
④ 작가의 언어와 비평 언어와의 관계, 세계와 대상으로서의 언어의 관계를 고려해야 한다.

12 바르트는 비평은 대상 언어(Object language)에 작용하는 메타 언어(Meta language)라 보았다.

정답 10 ④ 11 ④ 12 ①

13 허시는 비평을 '이해'와 '해석'의 개념을 통해 설명하였다.
④는 엘리엇의 견해이다.

14 비평은 비평가의 주관적 진실에 의존한다고 보았다.

비평에 대한 T. S 엘리엇의 견해
- 비평의 기본적 기능은 문학의 이해와 향수(享受)를 촉진하는 것
- '해명 – 교정 – 이해·향수 – 설명'의 단계를 거침
- 가치 판단의 공정성에 대한 객관적 근거가 제시되어야 함
- 작품의 형식·언어의 미적 구조에 대한 이해 및 평가가 필요
- 작품의 역사적·사회적 배경, 작가의 삶 등 작품 외적인 것에 대한 진실 규명이 필요
- 작품을 이해한다는 것은 곧 그것을 '즐긴다'는 의미와 동일

15 독자는 단순히 작가가 필요로 하는 수동적 위치로서의 존재가 아닌, 작가가 의도하는 '참여하기'에 적극 가담하는 경험적 존재이다.

정답 13 ④ 14 ② 15 ③

---

13 다음 중 E. D. 허시의 견해가 <u>아닌</u> 것은?

① '이해'와 '해석'을 구별해야 한다.
② 작품에 대한 자신의 해석을 다른 사람이 이해할 수 있도록 진술해야 한다.
③ 해석은 논거가 분명하고 설득적이어야 한다.
④ 작품을 이해한다는 것은 곧 그것을 '즐긴다'는 의미와 동일하다.

14 T. S. 엘리엇의 비평에 대한 견해로 적절하지 <u>않은</u> 것은?

① 이해와 향수(享受) 중 어느 한쪽으로 치우쳐서는 안 된다.
② 비평가의 주관적 진실에 의존해서는 안 된다.
③ '해명 – 교정 – 이해·향수 – 설명'의 단계를 거친다.
④ 작품의 역사적·사회적 배경 등 작품 외적인 것에 대한 진실 규명이 필요하다.

15 문학비평의 범주에 대한 설명으로 틀린 것은?

① 작품 – 작가가 창조해 낸 생산물, 예술적 부조물
② 세계 – 자연과 우주, 행위, 이념 등
③ 독자 – 작품을 객관적으로 평가하는 존재
④ 작가 – 미적 실체를 창조해 내는 존재

16 다음 중 에이브럼스가 제시한 비평의 좌표가 <u>아닌</u> 것은?
① 모방론
② 효용론
③ 표현론
④ 작가론

16 에이브럼스가 제시한 비평의 좌표는 모방론, 효용론(실용론), 표현론, 객관론(존재론)이다.

17 문학비평의 가치판단의 기준이 <u>잘못</u> 연결된 것은?
① 모방론 - 실제 현실을 얼마나 진실되게 반영하고 있는가?
② 효용론 - 작품이 독자 또는 사회에 어떤 영향을 미치는가?
③ 표현론 - 작가의 체험, 독창성, 개성 및 천재성 등이 어떻게 구체화되었는가?
④ 객관론 - 작가적 환경·시대의 상황 등이 작품 전체에서 어떻게 통일성과 짜임새를 지니고 있는가?

17 객관론은 작품을 현실이나 독자 또는 작가로부터 독립시켜 객관적 존재로서 평가하는 것으로, 작품의 배경이 되는 작가적 환경·시대의 상황보다는 플롯이나 성격 묘사·문체 등 구조적 면을 분석의 대상으로 삼고, 그 대상들이 작품 전체에서 어떻게 통일성과 짜임새를 지니고 있는가에 가치 판단의 기준을 둔다.

18 문학비평 이론의 주요 관심 대상이 <u>잘못</u> 연결된 것은?
① 모방론 - 작품이 취급하고 있는 사물과의 상관관계
② 효용론 - 작품이 독자에게 미치는 영향
③ 표현론 - 작품과 현실과의 관계
④ 객관론 - 작품 자체로서의 존재 양식의 문제

18 표현론은 창작의 주체인 작가와 작품과의 관계를 살펴보는 것으로, 작가에게 초점을 맞춘 비평 방법이다. 따라서 작품 안에는 작가의 생애 및 사상 등이 드러나 있다고 보고, 작가의 독창성, 개성 및 천재성을 가치 판단의 척도로 삼는다.

정답 16 ④ 17 ④ 18 ③

19
- 모방론: 문학이 인간의 삶 또는 우주의 만상을 모방·반영·재현한다는 관점에서 작품이 이를 얼마나 충실하게 모방·반영·재현하는가를 평가
- 효용론: 작품이 독자 또는 사회에 어떤 영향을 미치는지의 문제, 즉 사회적 실용성과 예술적 효용성 등을 평가

20 존재론(객관론)은 신비평가, 신아리스토텔레스학파(시카고학파), 러시아 형식주의 비평가, 롤랑 바르트 등 프랑스 구조주의자들의 이론 정립에 기여하였다.

21 문학비평의 순서는 '이해 – 해석 – 교정 – 설명' 또는 '감상 – 해석 – 분류 – 평가'이다.

19 다음 ㉠, ㉡에 들어갈 말로 알맞은 것은?

- (㉠)은 우주의 모든 양상을 문학작품이 반영한다고 설명하는 비평 이론
- (㉡)은 작품이 독자에게 기여하는 양상에 주로 초점을 맞추는 이론

	㉠	㉡
①	모방론	효용론
②	실용론	객관론
③	효용론	모방론
④	객관론	실용론

20 신비평가, 시카고학파, 러시아 형식주의 비평가 등 프랑스의 구조주의자들의 이론 정립에 기여한 비평 이론은?

① 모방론
② 실용론
③ 표현론
④ 존재론

21 다음 중 문학비평의 순서로 적절한 것은?

① 이해 → 해석 → 교정 → 설명
② 이해 → 설명 → 교정 → 해석
③ 해석 → 이해 → 설명 → 교정
④ 해석 → 교정 → 설명 → 이해

정답 19 ① 20 ④ 21 ①

22 다음 중 효용론의 관심사로 적절한 것은?

① 현실의 반영, 진실성
② 독창성, 성실성
③ 쾌락과 교훈
④ 통일성

22 효용론의 주된 관심은 쾌락과 교훈에 있다.
① 모방론
② 표현론(존재론)
④ 객관론(존재론)

23 문학비평의 평가 기준과 그에 대한 설명이 잘못 연결된 것은?

① 진실성 – 단일한 전체를 구성하기 위해 사건의 배열이 서로 의미 있게 연결되어 있는가에 기준을 둠
② 효용성 – 문학작품이 독자에게 미치는 효용 여부를 기준으로 함
③ 독창성 – 작품을 작자의 독특한 생각의 소산이라 보고 작품 자체와 작가와의 관계에 초점을 둠
④ 복잡성·일관성 – 문학작품을 여러 부분이 서로 화합하여 하나의 전체를 이루는 것으로 보고 작품 자체에 초점을 둠

23 진실성은 문학작품을 세계와 삶을 모방·반영·재현한 것으로 보고, 우주와 작품 구조와의 관계에 초점을 두는 것이다.
① 단일한 전체를 구성하기 위해 사건의 배열이 서로 의미 있게 연결되어 있는지를 살피는 것은 복잡성·일관성의 기준이다.

24 문학비평의 평가 기준 중 '수사(修辭)비평'과 관련된 것은?

① 진실성
② 효용성
③ 독창성
④ 복잡성

24 수사(修辭)비평은 작품 자체가 지닌 고유의 특성을 배제하지 않으면서도 작품에 대한 독자의 반응과 예술적 책략을 중시하는 것으로 효용성의 기준과 관련된 것이다.

정답 22 ③ 23 ① 24 ②

25 르네 웰렉의 비평의 기준
- 외재적 비평(모방론, 표현론, 효용론) : 진실성·효용성·독창성 기준
- 내재적 비평(존재론) : 복잡성·일관성 기준

25 다음 중 외재적 비평이 아닌 것은?

① 모방론
② 효용론
③ 표현론
④ 존재론

26 복잡성·일관성은 내재적 비평의 평가 기준이다.

26 다음 중 외재적 비평의 평가 기준이 아닌 것은?

① 진실성
② 효용성
③ 독창성
④ 복잡성·일관성

27 역사·전기적 비평은 작가와 작품의 역사적·사회적 환경, 작가의 전기 등 문학을 결정하는 여러 가지 체계와 관련시켜 작품을 연구하는 것이다.

27 다음에서 설명하는 문학비평은 무엇인가?

- 작품 텍스트의 존재 가치 확정
- 작가의 전기성에 대한 연구
- 작품의 역사적 위상 정립

① 역사·전기적 비평
② 신화·원형 비평
③ 심리주의 비평
④ 구조주의 비평

정답 25 ④ 26 ④ 27 ①

28 그레브스타인이 제시한 역사·전기적 비평의 6가지 주요 요소가 <u>아닌</u> 것은?

① 원본의 확정
② 언어의 역사성
③ 문학적 관습
④ 텍스트 자체

28 그레브스타인은 '원본의 확정, 언어의 역사성, 작가 연구(전기), 명성과 영향, 문화, 문학적 관습'을 역사·전기적 비평의 6가지 주요 요소로 제시하였다.

29 작가를 완전히 알아야 작품을 설명할 수 있다고 보고, 문학비평을 인간 그 자체, 즉 윤리 연구로 본 역사·전기적 비평가는?

① 생트뵈브
② 테느
③ 그레브스타인
④ 콜리지

29 생트뵈브
- 작가를 완전히 알아야 작품을 설명할 수 있다고 보고, 문학비평을 인간 그 자체, 즉 윤리 연구로 파악
- 전기적 방법에 의거하여 작가 개인의 역사를 재구성하는 것이 문학작품을 분석하는 첩경이라 봄

30 테느가 제시한 문학 결정의 3요소가 <u>아닌</u> 것은?

① 종족
② 환경
③ 언어
④ 시대

30 테느의 문학 결정의 3요소
- 종족 : 선천적·유전적 기질
- 환경 : 후천적·사회적 환경
- 시대 : 종족 및 환경이 이미 생산해 낸 작품이 다시 다음 작품을 생산하는 데 기여하는 것

정답 28 ④ 29 ① 30 ③

31 역사·전기적 비평은 작품의 위상 정립 및 텍스트 확정, 사용된 언어에 대한 해명, 작가에 대한 전기적 접근, 문학적 관습 및 전통성의 형성 여부 등을 그 대상으로 하여 작품을 이해하는 데 완전성 및 정확성을 기할 수 있어, 작품에 대한 통시적 안목을 넓힐 수 있다. 하지만 작품 생산의 원천에 관한 치밀한 조사가 오히려 수단과 목적을 혼동시킬 수 있으며, 작품에 대한 지나친 지식으로 인해 작품 자체에 대해서는 소홀해지는 발생론적 오류를 범할 수 있다는 한계를 갖는다.

31 역사·전기적 비평과 관련된 내용으로 올바르지 않은 것은?

① 역사적 비평가들은 '과거의 작가의 언어'와 '현재 언어' 모두를 다룰 줄 알아야 한다.
② 작품 자체를 중시하므로 작품을 이해하는 데 완전성 및 정확성을 기할 수 있다.
③ 작품과 작가의 위치를 문학적·역사적 사건 속에 분명하게 설정할 수 있다.
④ 작품의 위상 정립 및 텍스트 확정, 사용된 언어에 대한 해명 등을 연구 대상으로 한다.

32 형식주의 비평은 문학이 문학다운 속성, 즉 '문학성'을 철저하게 그 언어적 조직과 일체화시켜 분석·기술한다.

32 다음 중 형식주의 비평의 특징이 아닌 것은?

① '문학성'을 철저하게 그 언어적 조직과 분리하여 분석·기술
② 상세한 기술과 분석에 집중
③ 작품 자체에 대해 강조
④ 텍스트 자체를 고유한 자율적 존재를 가진 객관적 의미 구조로 파악

33 형식주의의 미학 원리에 직접적 영향을 준 학자는 칸트와 콜리지로, 칸트는 실제적 목적이 없는, 그 자체가 목적이 되는 경험이 바로 미적 경험이라는 '무목적의 합목적성'을 제시하였으며, 콜리지는 예술가의 상상력을 강조하였다.

33 형식주의 비평에 직접적 영향을 주었으며, '무목적의 합목적성'을 제시한 학자는?

① 콜리지
② 블랙머
③ 칸트
④야콥슨

정답 31 ② 32 ① 33 ③

34 다음 내용과 관련된 것은 무엇인가?

- 프랑스 구조주의 발전에 중대한 역할을 함
- 예술적 형식을 통한 지각이 독자로 하여금 인생과 경험에 대한 감각을 새롭게 해 준다고 주장
- 문학을 자율적 실체로 파악하였으며, 구성 법칙에 관심을 기울임
- 대표적 인물 : 보리스 예이헨바움, 빅토르 시클롭스키

① 신비평
② 신아리스토텔레스학파
③ 제네바학파
④ 러시아 형식주의

34 러시아 형식주의의 특징
- 1960년대를 통하여 프랑스 구조주의 발전에 중대한 역할을 함
- 예술적 형식을 통한 지각이 독자로 하여금 인생과 경험에 대한 감각을 새롭게 해 준다고 봄
- 텍스트를 문학작품으로 만드는 구성 법칙에 관심을 기울임
- 문학의 형식적 측면, 나아가 문학의 특성을 일반화하여 그 본질을 밝히고자 함
- 종래의 문학이 예술의 모방이라는 시각을 부정
- '형식'이 다른 모든 것을 지배한다고 주장
- 문학을 자율적 실체로 파악하는 새로운 시도로서 서구 문학에 비평적 혁명을 이루어 냄

35 문예학의 주제는 문학이 아니라 '문학성'이라 주장한 러시아 형식주의자는?

① 로만 야콥슨
② 티니아노프
③ 시클롭스키
④ 예이헨바움

35 야콥슨은 문예학의 주제를 문학이 아니라 '문학성', 즉 주어진 작품을 문학작품이게 하는 것이라 보았으며, 러시아 형식주의는 야콥슨의 '언어학'과 '시학'에의 공헌에 의해 알려졌다.
② 티니아노프는 문학을 '체계 중의 체계'라고 보고, 문학 현상은 역동성을 가진다고 주장하였다.

36 다음 중 신비평의 원리가 아닌 것은?

① 형태론에 입각
② 시와 과학의 구분을 지양
③ 낱말 간의 상호 관계, 애매성 등을 중시
④ 시는 정서적이고 순수하여 이성적 요소가 일체 배제된 것

36 신비평은 단어의 의미와 상호 작용, 비유, 상징 등 근본적으로 '언어'와 관련되어 있으며, 형태론이 아닌 의미론에 입각한 비평이다.

정답 34 ④ 35 ① 36 ①

37 리처즈는 언어적 요소들이 형성하는 시의 특징을 '아이러니'라 하였으며, 랜섬·테이트·브룩스 등은 이러한 특징이 다양한 충동들의 조화 내지 상반된 세력들의 균형 상태인 하나의 구조 속에서 나타난다고 보았다. '틀'은 구조를 의미하는 것으로 랜섬의 '결'과 연계된 것이다.

38 리처즈는 시는 외연과 내포가 충만하게 조직된 것이라 주장한 테이트와는 달리 내포만이 문학적이라고 생각하였다.

39 신비평은 비평적 기법에 있어 다원적 태도를 보인다.

정답 37 ③ 38 ② 39 ③

37 언어 조직이 형성하는 시의 특징과 관련된 학자들의 개념 연결이 올바르지 <u>않은</u> 것은?

① 랜섬 – 결
② 테이트 – 긴장
③ 리처즈 – 틀
④ 브룩스 – 패러독스

38 학자와 주요 이론이 올바르게 연결되지 <u>않은</u> 것은?

① 랜섬 – 구체적 사물의 직접적 촉감에 의해 경험되는 개념을 '결'이라 하였다.
② 리처즈 – 시는 외연과 내포가 충만하게 조직된 것이라 보았다.
③ 테이트 – 시란 관념과 사상 및 의사를 전달하기 위한 도구가 아니라는 '전달의 오류'를 제시하였다.
④ 엠프슨 – 한 작품 속에 내재한 구성 요소들의 복잡한 상호 관계를 '애매성'으로 표현하였다.

39 신아리스토텔레스학파와 관련된 내용이 <u>아닌</u> 것은?

① 아리스토텔레스의 쾌감관에 깊은 관심을 보였다.
② 플롯, 구성, 장르에 집중하였다.
③ 비평적 기법이 일원적이며, 언어나 상징주의 등에 중점을 두었다.
④ 작품 자체와 문학의 본질적 연구를 중시한다는 점에서 신비평가와 공통점을 갖는다.

40 구조주의 비평의 특징이 아닌 것은?

① 언어학을 모델로 하여 문학작품을 분석·해석한다.
② 공시적 관점에 치중하여 역사적 변화를 도외시한다.
③ 어떠한 문화현상, 문화적 산물도 결국은 사회적 제도 혹은 '의미 체계'라 간주하였다.
④ 문맥적 비평, 본질적 비평이라 한다.

41 다음 중 소쉬르의 견해와 일치하는 것은?

① 구조적 분석의 궁극적 대상을 '관계'라고 보았다.
② 언어는 기호들의 체계이며, 체계는 일정한 시점에서 볼 때 완전한 체계로서 연구되어야 한다.
③ 시에서는 기호 자체가 가치 대상으로서의 독립성을 갖는다.
④ 이야기는 다층적 체계를 갖는 것이며, 그 체계의 분석을 통해 이야기의 진정한 의미를 인식할 수 있다.

42 다음 중 사회·문화적 비평의 특징은?

① 문체·이미지·상징 등에 대한 이해 및 설명에 중점을 둔다.
② 작품 수용의 이해와 설명이 주를 이룬다.
③ 문학작품의 역사적 인식을 등한시한다.
④ 작품의 텍스트·언어 조건·전달의 방식 등에는 별 관심이 없다.

---

40 문맥적 비평, 본질적 비평은 형식주의 비평이다.
① 구조주의 비평은 언어학을 모델로 하여 문학작품을 분석·해석하는 방법으로 소쉬르의 『일반언어학 강의』에서 비롯되었다.
② 작품의 역사성을 배제하고 작품의 현재성은 물론, 작품을 의미있게 만드는 구조를 파악하는 것을 목표로 한다.
③ 인간의 문화 활동의 전체성을 파악할 수 있는 과학적 방법에 대한 요구와 사상적 자각에서 비롯된 것이라 보고, 어떠한 문화 현상, 문화적 활동 및 산물도 결국은 사회적 제도 혹은 '의미 체계'라고 주장하였다.

41 ① 레비스트로스, ③ 야콥슨, ④ 롤랑 바르트의 견해이다.

소쉬르의 견해
- 소쉬르의 언어관은 '기표(記標, 시니피앙)'와 '기의(記意, 시니피에)'의 결합물로서의 기호의 개념 → 메시지적 차원 배제
- 시니피앙과 시니피에의 관계는 자의적
- 기호의 체계는 일정한 시점(공시적)에서 볼 때 완전한 체계로서 연구되어야 함

42 사회·문화적 비평은 문학작품을 사회·문화적 요인의 복잡한 상호 관계의 반영이나 결과로 보는 것으로, 작가의 전기·장르·관습 등과 작품의 텍스트·언어 조건·전달의 방식 등에는 별 관심이 없다.
① 문체·이미지·상징 등에 대한 이해 및 설명이 부족하다는 단점이 있다.
② 작품 수용의 이해와 설명을 등한시한다는 한계가 있다.
③ 역사적 인식을 바탕으로 문학 작품과 시대적 배경, 사회 현실과의 관련성에 초점을 둔다.

정답 40 ④ 41 ② 42 ④

43 마르크스주의 비평은 작가가 사고·창작하는 방식을 결정하는 요인 중 당대의 사회적 현실에 초점을 두는 것으로, 문학에 대한 사회학적 접근 방법 중 가장 두드러지는 방식이다.

43 마르크스주의 비평이 속하는 비평은?

① 형식주의 비평
② 사회·문화적 비평
③ 신화·원형 비평
④ 구조주의 비평

44 루카치는 보다 정제된 리얼리즘 이론으로 사회·문화적 비평의 새로운 지평을 연 학자이며, 미학비평의 중심 범주는 '총체성'과 '전형성'으로, 문학이란 객관적 현실을 전체적 관련 아래에서 파악하고 다루어야 한다고 주장하였다.

44 미학비평의 중심 범주를 '총체성'과 '전형성'으로, 문학이란 객관적 현실을 전체적 관련 아래에서 파악하고 다루어야 한다고 주장한 학자는?

① 루카치
② 골드만
③ 피아제
④ 지라드

45 심리주의 비평은 작품에 대한 미적 가치 규명에는 적절한 방법이 되지 못하지만, 작품의 주제나 상징적 요소에 대한 치밀한 규명에는 많은 도움을 준다.

45 다음 중 심리주의 비평의 특성이 아닌 것은?

① 인간의 내면세계를 분석함으로써 창작 심리를 해명한다.
② 프로이트의 정신분석학이 나타난 이후 발달되었다.
③ 작품의 주제나 상징적 요소에 대한 규명에는 관심을 두지 않는다.
④ 문학을 지나치게 단순화하여 상투적 정형의 형성으로 치닫게 한다.

정답 43 ② 44 ① 45 ③

46 프로이트와 관련된 내용이 아닌 것은?

① '에고(Ego)', '슈퍼에고(Superego)', '이드(Id)'
② 오이디푸스 콤플렉스
③ 정신분석학
④ 집단무의식

46 집단무의식은 융과 관련된 내용이다. 프로이트는 인간의 심리 구조를 '에고(Ego : 자아)', '슈퍼에고(Superego : 초자아)', '이드(Id : 무의식)'로 분류하고, 이를 '리비도(Libido)'와 관련시켜 설명하였으며, 오이디푸스 콤플렉스를 주창하였다.

오이디푸스 콤플렉스
아들이 어머니를 차지하고자 하는 욕망에 근거한 생각·원망·감정의 복합체로, 아버지에게 반감을 가지는 경향

47 프로이트 이론과 관련 없는 학자는?

① 라캉
② 아들러
③ 융
④ 콜리지

47 ① 프로이트의 정신분석학에 구조주의 언어학을 더하여 연구하였다.
② 프로이트의 이론 중 무의식 속의 성욕을 공격성으로 바꾸었으며, 무의식 대신 자아의 역할을 강조하였다.
③ 분석적 심리학을 창시하였으며, 도덕성과 종교성, 집단무의식을 중시하였다.

48 신화·원형 비평에 대한 설명으로 적절하지 않은 것은?

① 문화 인류학, 심리학, 사회학, 철학, 민속학, 종교학 등 다양한 학문에 의존한다.
② 문학작품 속에서 신화의 원형을 찾아내고, 이 원형들이 어떻게 재현·재창조되어 있는지 살핀다.
③ 개별 문학작품의 개성이나 독특한 미적 가치를 간과할 가능성이 있다.
④ 롤랑 바르트, 소쉬르, 골드만, 하우저 등이 대표적이다.

48 골드만과 하우저는 사회·문화적 비평주의자이며, 바르트와 소쉬르는 구조주의 비평가이다.

정답 46 ④ 47 ④ 48 ④

49 신화·원형 비평과 심리주의와의 유사성이 아닌 것은?

① 문학이 인간의 감정과 경험의 표현수단으로 기능한다.
② 문학은 독자들에게 경험과 감정을 일으키는 도구이다.
③ 신화·문학, 꿈 사이에는 긴밀한 관련이 있다.
④ 신화나 의식 자체에 관심이 있는 것이 아니라, 신화나 의식이 궁극적으로 형상화된 것을 문학이라 하여 이에 관심을 둔다.

49 ④는 신화·원형 비평과 형식주의와의 유사성이다.
- 구조주의 비평과의 유사성: 신화를 심층 구조로 하는 표면 구조로서의 문학의 생성을 추적
- 사회·문화 비평과의 유사성: 신화나 의식은 집단의 체험에서 발생하며 그 자체가 집단적 활동의 형태로서의 교의(敎義), 사회적 관습 등을 낳고, 문학은 이를 반영하기 때문에 문학과 사회의 관계에 초점을 둠
- 형식주의 비평과의 유사성: 신화적 모티프, 유형 등이 시대와 작가에 따라 어떻게 변화하는지를 설명하기 위해 전기적 지식 문학의 여러 관례 등을 활용

50 다음 중 융과 관련된 내용이 아닌 것은?

① 집단무의식 이론
② 예술가에게 큰 존엄성을 부여
③ '관계의 꾸러미'를 발견하는 데 초점
④ 아니마와 아니무스

50 모든 신화학을 연결해 주는 '관계의 꾸러미'를 발견하는 데 초점을 둔 학자는 레비스트로스이다.

신화·원형 비평에서의 융의 영향
- 집단무의식 이론과 '원형'의 개념은 신화·원형 비평에 큰 영향을 줌
- 프로이트 이론에 비해 덜 결정론적이고 문화적으로 보다 넓은 관련을 가짐
- 예술가에게 큰 존엄성 부여

51 세계 각지의 신화 및 전설·민담들을 집대성한 것으로 원형 비평의 영향력 있는 고전으로 평가받고 있는 것은?

① 레비스트로스, 『신화의 구조적 연구』
② 프레이저, 『황금가지』
③ 보드킨, 『영시의 원형적 유형』
④ 말리노프스키, 『서태평양의 선원들』

51 프레이저의 『황금가지』는 세계 각지의 신화 및 전설·민담들을 집대성한 것으로 원형 비평의 영향력 있는 고전이며, 인간에게는 시대를 초월하여 영적인 통일성이 있다고 보아 원시인의 관습, 주술, 원시신앙 등을 광범위하게 연구하였다.

정답 49 ④ 50 ③ 51 ②

52 프라이가 제시한 신화의 단계로 올바르지 <u>않은</u> 것은?

① 새벽 – 봄 – 출생 단계 : 영웅의 출생신화, 부활과 재생의 신화 등
② 정오 – 여름 – 결혼 – 승리 단계 : 인간의 신격화, 신성한 혼인, 낙원 관련 신화 등
③ 석양 – 가을 – 죽음 단계 : 신의 죽음, 영웅의 급작스러운 죽음 등
④ 어둠 – 겨울 – 해체 단계 : 암흑, 겨울, 죽음의 세력 등이 패배하는 신화 등

53 프라이가 제시한 신화의 원형 중 희극과 전원시의 원형이 되는 단계는?

① 새벽 – 봄 – 출생 단계
② 정오 – 여름 – 결혼 – 승리 단계
③ 석양 – 가을 – 죽음 단계
④ 어둠 – 겨울 – 해체 단계

54 프라이가 제시한 뮈토스(Mythos) 중 여름의 뮈토스에 해당하는 것은?

① 희극
② 로맨스
③ 비극
④ 아이러니

55 신화·원형 비평이 형성되는 데 영향을 주지 <u>않은</u> 학자는?

① 프레이저
② 말리노프스키
③ 레비스트로스
④ 후설

---

52 '어둠 – 겨울 – 해체 단계'는 암흑·겨울·죽음의 세력들이 승리하는 내용으로, 영웅이 패배하고 혼란상태의 되풀이, 대홍수가 등장하는 신화 등이 이에 속한다.

53 ① 로망스 및 대부분의 열광적 찬가, 서사시의 원형
③ 석양 – 가을 – 죽음 단계: 비극과 엘레지(Elegy)의 원형
④ 어둠 – 겨울 – 해체 단계: 풍자문학의 원형

54 • 봄의 뮈토스 : 희극
• 여름의 뮈토스 : 로맨스
• 가을의 뮈토스 : 비극
• 겨울의 뮈토스 : 아이러니·풍자

55 프레이저, 말리노프스키, 레비스트로스, 융 등은 신화·원형 비평이 형성되는 데 영향을 주었으며, 후설은 현상학과 관련된 학자이다.

정답 52 ④ 53 ② 54 ② 55 ④

56 실존주의 비평학자는 두브로브스키가 대표적이다.

56 다음 중 실존주의 비평의 대표적 학자는?
① 후설
② 융
③ 두브로브스키
④ 보드킨

57 로만 잉가르덴, 메를로 퐁티, 조르주 풀레, 장루세 등은 모두 제네바학파이다.

57 다음 학자들과 관련된 것은?

> 로만 잉가르덴, 메를로 퐁티, 조르주 풀레

① 러시아 형식주의
② 시카고학파
③ 제네바학파
④ 신비평가

58 로만 잉가르덴
- 현상학적 방법론을 비평 이론에 도입하였고, 수용미학 이론이 전개될 이론적 바탕을 마련하였으며, 문학이나 예술작품은 작가의 의식의 지향 행위에서 비롯된다고 봄
- 작가의 지향 행위가 문학작품 속에 기록되는 것이며, 독자는 독자의 의식 속에서 작품을 다시 체험함
- 작품은 불확정적 측면이 있으며, 독자는 이 불확정인 측면을 채우는 능동적 독서행위를 하는 것임을 주장

58 다음과 관련된 학자는 누구인가?

> - 현상학적 방법론을 비평 이론에 도입
> - 문학이나 예술작품은 작가의 의식의 지향 행위에서 비롯된다고 봄
> - 작가의 지향 행위는 텍스트 속에 기록되어 독자가 자신의 의식 속에서 그 작품을 재경험하는 일을 가능하게 함

① 로만 잉가르덴
② 허시
③ 가다머
④ 야우스

정답 56 ③ 57 ③ 58 ①

59 수용미학 비평에서 기대지평 이론을 제시한 학자는?

① 야우스
② 볼프강 이저
③ 로만 잉가르덴
④ 후설

> **59** 야우스는 '기대지평'의 재구성을 작품 수용의 전제로 하였으며, 작품의 '기대지평'이 수용자가 지닌 창작 작품에 대한 이해의 '기대지평'과 일치할 때 비로소 작품이 수용자에 의해 받아들여진다고 본다.
> • 기대 : 창작 작품에 대한 독자의 기대를 의미
> • 지평 : 수용자가 지닌 기대의 범주를 의미

60 다음 중 허시의 견해가 <u>아닌</u> 것은?

① 단지 하나의 텍스트 해석만이 존재할 뿐이다.
② 모든 해석은 '전형적인 가망성과 가능성들의 체계' 내에서만 움직여야 한다.
③ 작가는 '의미'를 부여하고, 독자는 '의의'를 부여한다.
④ '의미'는 변화하지 않는 것, '의의'는 변화하는 것이다.

> **60** 허시는 하나의 텍스트는 서로 다르면서도 타당한 해석들이 수없이 존재한다고 보았다.

61 마르크스주의 비평에 대한 설명으로 적절하지 <u>않은</u> 것은?

① 문학은 사회주의 건설을 위한 계급투쟁의 표현이며 수단이라고 본다.
② 무산자 계급의 투쟁의 현실을 반영하여 얼마나 잘 형상화하였는지에 따라 문학의 가치를 평가한다.
③ 훌륭한 예술은 그 사회의 관례를 초월하는 것이라고 보고, 예술로서의 문학에 집착하였다.
④ 예술이 물질·경제적 생산에 의해 결정된다는 경직된 목적 의식을 가지고 있었다.

> **61** 마르크스주의 비평은 예술로서의 문학에 소홀한 채 공허한 관념에 사로잡힐 가능성이 높다는 비판을 받는다.

정답 59 ① 60 ① 61 ③

지식에 대한 투자가 가장 이윤이 많이 남는 법이다.

– 벤자민 프랭클린 –

제5장 수필문학론

- **제1절** 수필의 개념 및 장르의 설정
- **제2절** 수필의 어원
- **제3절** 수필의 특성
- **제4절** 수필의 종류
- **실전예상문제**

합격을 꿰뚫는
기출 키워드

제 5 장 　수필문학론

'Essay', 몽테뉴·베이컨, 「백운소설」, 피천득, 윤오영, 형식의 개방성, 자기 고백성, 다양한 제재, 유머와 위트, 간결한 산문 문학, 심미적·예술적, 비전문성, 경수필과 중수필

보다 깊이 있는 학습을 원하는 수험생들을 위한
시대에듀의 동영상 강의가 준비되어 있습니다.
www.sdedu.co.kr ➔ 회원가입(로그인) ➔ 강의 살펴보기

제 5 장 수필문학론

제1절 수필의 개념 및 장르의 설정

1 수필의 개념 중요 기출 25, 22

(1) '붓을 따라서', '붓 가는 대로' 그때그때 보고 듣고 느낀 것을 쓴 글이다.

(2) 형식이 자유로운 글이다.

(3) 글쓴이의 체험을 소재로 한 글이다.

(4) 개성적·고백적·서정적인 글이다.

(5) 인생이나 자연 또는 일상생활에서의 느낌이나 체험을 생각나는 대로 쓴 글이다.

(6) 문체가 정교하며, 산문적인 글이다.

> **더 알아두기**
>
> **피천득의 「수필」** 중요 기출 25
>
> 수필(隨筆)은 청자연적(靑瓷硯滴)이다.
> 수필은 난(蘭)이요, 학(鶴)이요, 청초(淸楚)하고 몸맵시 날렵한 여인(女人)이다. 수필은 그 여인이 걸어가는, 숲 속으로 난 평탄(平坦)하고 고요한 길이다. 수필은 가로수 늘어진 포도(鋪道)가 될 수도 있다. 그러나 그 길은 깨끗하고 사람이 적게 다니는 주택가(住宅街)에 있다.
> 수필은 청춘(靑春)의 글은 아니요, 서른여섯 살 중년(中年) 고개를 넘어선 사람의 글이며, 정열(情熱)이나 심오한 지성(知性)을 내포한 문학이 아니요, 그저 수필가(隨筆家)가 쓴 단순한 글이다.
> 수필은 흥미는 주지마는, 읽는 사람을 흥분시키지는 아니한다. 수필은 마음의 산책(散策)이다. 그 속에는 인생의 향취와 여운(餘韻)이 숨어 있다.
> 수필의 빛깔은 황홀 찬란(恍惚燦爛)하거나 진하지 아니하며, 검거나 희지 않고, 퇴락(頹落)하여 추(醜)하지 않고, 언제나 온아우미(溫雅優美)하다. 수필의 빛은 비둘기빛이거나 진주빛이다. 수필이 비단이라면, 번쩍거리지 않는 바탕에 약간의 무늬가 있는 것이다. 무늬는 사람 얼굴에 미소(微笑)를 띠게 한다.
> 수필은 한가하면서도 나태(懶怠)하지 아니하고, 속박(束縛)을 벗어나고서도 산만(散漫)하지 않으며, 찬란하지 않고 우아하며 날카롭지 않으나 산뜻한 문학이다.

2 수필의 장르

(1) 장르 분류의 세 가지 견해

① **수필을 잡문에 포함시키는 견해**: 장르 개념이 불분명하다는 단점이 있다.
  ㉠ 조윤제 : 국문학을 시가·가사·소설·희곡·평론·잡문 등으로 나누고, 수필은 잡문에 포함된다고 보았다.
  ㉡ 이병기 : 산문 문학의 하위 분류에 설화·소설·일기·내간·기행·잡문을 포함시키고, 수필을 잡문으로 보았다.

② **수필을 독자 장르로 설정하는 견해**
  ㉠ 김동욱, 김기동 등의 견해이다.
  ㉡ 현대 수필에 있어 가장 바람직한 견해이다.

③ **서정·서사·극 양식의 3분법에 교술 양식을 제4의 양식으로 포함시키자는 견해**
  ㉠ 조동일의 견해이다.
  ㉡ 기존의 3분법에서 어느 범주에도 포함시킬 수 없었던 경기체가·가전·비평·전기 등의 장르를 구분할 수 있지만, 서정 또는 서사 장르에 포함시킬 수 있는 장르가 교술 양식에 포함될 수 있다는 단점을 갖는다.

(2) 수필에 속하는 한문학 양식

청나라 요내(姚鼐)의 『고문사류찬』이라는 책에서 문장의 종류를 수십 가지로 분류하였다.

① 잡기·사부는 전형적인 수필이 될 것이며, 논변도 사화를 다듬은 것은 수필에 들어갈 수 있다.
② **잠명(箴銘)** : 자서전적인 참회록의 성격을 띠는 글로, 윤리적이면서도 풍부한 해학을 곁들여 격조가 높다.
  ㉠ 잠(箴) : 훈계 및 교훈의 글
    • 관잠 : 남을 훈계하는 글
    • 사잠 : 자신을 훈계하는 글
  ㉡ 명(銘)
    • 교훈을 주제로 한 글
    • 건전한 내용 및 교훈, 풍부한 해학
③ **서(書)**
  ㉠ 서간체 문학의 대표로, 동학(同學)이나 지인(知人)들끼리 서로 주고받는 편지이다.
  ㉡ 당시 사회상을 이해하는 데 도움이 되며, 작가 연구 자료로도 널리 쓰인다.
④ **서(序)와 발(跋)** : 저서의 처음과 끝을 부연하는 글로, 비평이나 수필에 가까운 글이라 할 수 있다.
⑤ **우리나라** : 『동문선』

> **체크 포인트**
> '잡저(雜著)'는 문인들이 자유로운 형식으로 쓴 수필 양식의 글을 의미한다.

(3) 한글 수필

일기・기행・내간, 기타 잡문, 제문(祭文) 등이 포함된다.

> **체크 포인트**
>
> **대표적인 한글 수필**: 『계축일기』, 『한중록』, 『산성일기』, 『조침문』, 『의유당일기』, 「규중칠우쟁론기」 등

> **더 알아두기**
>
> **조선 시대 3대 궁중수필**
> - 『계축일기』: 작자 미상, 인목대비와 영창대군의 비극
> - 『한중록』: 혜경궁 홍씨, 남편 사도세자의 비극
> - 『인현왕후전』: 숙종과 장희빈 풍자, 김만중의 『사씨남정기』와 비슷

○✕로 점검하자 | 제1절

※ 다음 지문의 내용이 맞으면 O, 틀리면 ×를 체크하시오. (01~05)

01 수필은 형식이 자유로운 글이다. (   )

02 조윤제는 국문학을 시가・가사・소설・희곡・평론・잡문 등으로 나누고, 수필은 잡문에 포함된다고 보았다. (   )

03 잠명(箴銘)은 서간체 문학의 일종이다. (   )

04 수필의 장르를 분류하는 견해로는 '수필을 잡문에 포함시키는 견해, 수필을 독자 장르로 설정하는 견해, 서정・서사・극 양식의 3분법에 교술 양식을 제4의 양식으로 포함시키자는 견해'가 있다. (   )

05 『계축일기』는 궁중수필이다. (   )

정답 1 ○ 2 ○ 3 × 4 ○ 5 ○

제1절 핵심예제문제

01 다음 중 수필의 특징이 <u>아닌</u> 것은?
① 문체가 정교한 글
② 글쓴이의 체험을 소재로 함
③ 개성적·고백적
④ 생각나는 대로 아무렇게나 쓴 글

> **01** 수필의 형식이 자유롭다는 것은 작품 하나하나가 완결된 형식을 갖는다는 말로, 수필 자체가 유기적 총체성을 가진다는 것을 뜻한다. 따라서 아무렇게나 써도 된다는 말은 아니다.

02 수필의 장르 분류 시 수필을 잡문에 포함시키자고 주장한 학자는?
① 조윤제
② 김동욱
③ 김기동
④ 조동일

> **02** 조윤제는 국문학을 시가·가사·소설·희곡·평론·잡문 등으로 나누고, 수필은 잡문에 포함된다고 보았다.

03 다음 중 자서전적인 참회록의 성격을 띠는 글은 무엇인가?
① 서(書)
② 잠명(箴銘)
③ 상화(想華)
④ 회(悔)

> **03** 잠명(箴銘)은 자서전적인 참회록의 성격을 띠는 글로, 윤리적이면서도 풍부한 해학을 곁들여 격조가 높다.

정답 01 ④ 02 ① 03 ②

제2절 수필의 어원

1 수필의 기원

(1) 중국 : 남송(南宋) 시대 홍매(洪邁)가 『용재수필(容齋隨筆)』에서 '수필(隨筆)'이란 용어를 맨 처음 사용하였다.

> "나는 습성이 게을러서 책을 많이 읽지는 못하였으나, 뜻하는 바를 따라 앞뒤를 가리지 않고 썼기 때문에 수필이라고 한다."

(2) 우리나라
① **이규보**의 『**백운소설**』 : 우리나라 수필류 책의 원조이다. (중요)
② **조성건**의 『**한거수필(閑居隨筆)**』 : 최초의 본격 수필이다.
③ **박지원**의 『**열하일기(熱河日記)**』 : 「일신수필(馹訊隨筆)」에서 '수필'이란 용어를 정식으로 사용하였다.

> **체크 포인트**
> 그 밖에 역사적 의미를 갖는 수필집 : 이제현의 『역옹패설』 등

④ '**수필**'이라는 용어의 정착 : 신문학기까지 '수상(隨想), 감상(感想), 상화(想華), 만필(漫筆), 수감(隨感), 수의(隨意)' 등의 명칭으로 창작되다가 1920년에 이르러 '수필'이라는 이름으로 정착되었다.

> **체크 포인트**
> 이 시기에 노자영은 '상화(想華)'라는 명칭으로 「우연애형에게」라는 수필을 발표하였다.

(3) 서양
① 현재 우리가 쓰고 있는 수필이라는 용어는 영어 '에세이(Essay)'를 번역해서 쓴 말이라고 할 수 있다. [기출 24]
② '**Essay**'의 의미 : 정확한 기획 및 일정한 형식에 의하지 않고 시험적으로 자유롭게 기술 또는 기술해 보이는 글을 뜻한다.
③ 'Essay'는 'Assay'에서 비롯된 말로, 'Assay'는 '시금(試金)하다', '시험하다' 등의 뜻을 갖는다.
④ 'Assay'는 프랑스어인 'Essai'에서 비롯되었으며, 'Essai'는 '계량하다', '음미하다'의 뜻을 가진 라틴어 'Exigere'에서 그 어원을 찾을 수 있다.
⑤ **몽테뉴** : 『수상록』에서 '에세이'라는 용어를 실제 작품에 처음으로 사용하였다. (중요) [기출 22]

> **더 알아두기**
>
> **몽테뉴와 베이컨**
> - 몽테뉴, 『수상록』 기출 22
>   - 에세이를 문학의 한 양식으로 출발하게 함
>   - 인생의 내면적 · 영적 문제를 주로 환상적 · 설화적 · 주관적으로 사색하는 수필
>   - 인포멀 에세이(Informal essay), 몽테뉴형 수필 → 비형식적 수필(개인적 수필)
> - 베이컨, 『수필집』
>   - 면밀하기보다는 시사적으로 쓴 짧은 비망록의 약간에 이름을 붙인 것
>   - 외부적 · 사회적 문제를 의론적 · 경구적 · 객관적으로 귀납하는 수필
>   - 포멀 에세이(Formal essay), 베이컨형 수필 → 형식적 수필

2 수필과 에세이

(1) 수필과 에세이를 동일시하는 견해

① 수필에서 다룰 수 있는 것은 에세이에서도 다룰 수 있고, 에세이에서 다룰 수 있는 것은 수필에서도 다룰 수 있다고 본다. → 속성 · 형식의 동일성
② 일반적인 의미에서 형식의 동일성에도 초점을 둔다.
③ 백철, 최승범, 정봉구 등이 속한다.

(2) 수필과 에세이를 서로 다른 영역에 속한 것으로 보는 견해

① 수필을 의미하는 말에는 '미셀러니(Miscellany)'와 '에세이(Essay)'가 있는데, 에세이라는 말에는 '평론'과 '수필'이라는 두 가지 의미가 있으므로, 수필과 에세이가 동일시되는 것은 아니라고 본다. → 우리나라에서 일반적으로 사용되고 있는 수필은 '미셀러니'라고 봄
② 곽종원, 문덕수 등이 속한다.

> **더 알아두기**
>
> **최초의 수필**
> - 동양 최초의 수필 : 홍매의 『용재수필』
> - 서양 근대 최초의 수필 : 몽테뉴의 『수상록』
> - 우리나라에서 '수필'이라는 말이 처음 나타나는 문헌 : 이민구의 『독사수필』 → 장르 개념이 아닌 독서 단평의 개념
> - 우리나라 근대 최초 기행문적 수필 : 유길준의 『서유견문』

○✕ 로 점검하자 | 제2절

※ 다음 지문의 내용이 맞으면 O, 틀리면 ✕를 체크하시오. (01~05)

01 중국에서 수필이라는 말을 맨 처음 사용한 것은 『용재수필(容齋隨筆)』이다. (   )

02 우리나라 최초의 본격 수필은 박지원의 『열하일기』의 「일신수필(馹訊隨筆)」이다. (   )

03 '상화(想華), 만필(漫筆)' 등은 신문학기의 수필을 이르는 말이다. (   )

04 현재 우리가 쓰고 있는 수필이라는 용어는 영어 '에세이(Essay)'를 번역해서 쓴 말이라고 할 수 있다. (   )

05 백철, 최승범, 정봉구 등은 수필과 에세이를 서로 다른 영역에 속한 것이라 본다. (   )

정답 1 ○ 2 ✕ 3 ○ 4 ○ 5 ✕

제2절 핵심예제문제

01 다음과 같이 말한 인물은 누구인가?

> 나는 습성이 게을러서 책을 많이 읽지는 못하였으나, 뜻하는 바를 따라 앞뒤를 가리지 않고 썼기 때문에 수필이라고 한다.

① 이규보
② 박지원
③ 홍매
④ 조성건

02 다음 중 몽테뉴형 수필의 특징은 무엇인가?

① 포멀 에세이(Formal essay)
② 의론적・경구적・객관적
③ 비형식적 수필
④ 비망록에 약간에 이름을 붙인 것

03 수필과 에세이를 동일시하지 <u>않는</u> 학자는?

① 백철
② 최승범
③ 정봉구
④ 곽종원

---

01 홍매(洪邁)는 『용재수필(容齋隨筆)』에서 '수필(隨筆)'이란 용어를 맨 처음 사용하면서 "나는 습성이 게을러서 책을 많이 읽지는 못하였으나, 뜻하는 바를 따라 앞뒤를 가리지 않고 썼기 때문에 수필이라고 한다."라고 말하였다.

02 몽테뉴형 수필은 인포멀 에세이(Informal essay)로, 인생의 내면적・영적 문제를 주로 환상적・설화적・주관적으로 사색하는 비형식적 수필이다.
①・②・④는 베이컨형 수필의 특징이다.

03 곽종원, 문덕수 등은 수필과 에세이를 서로 다른 영역에 속한 것으로 본다.

정답 01 ③ 02 ③ 03 ④

제3절 수필의 특성

1 수필의 일반적 특성 중요 기출 23, 22

(1) 형식의 개방성 – 무형식의 형식
① 수필은 형식상 제한이 없는 자유로운 문학양식으로, 이는 형식이 다양하다는 뜻이며 아무렇게나 써도 된다는 뜻은 아니다.
② 시·소설·희곡·평론 등이 지키는 형식상의 제한 요건이 없는 개방된 형식을 특징으로 한다.
③ 형식의 개방성은, 곧 내용의 다양함을 포괄하는 기본적 조건이다.
④ 문학에 있어 형식은 내용과 유기적으로 결합되어 장르를 설정해 주고, 그 장르마다의 독특한 미(美)와 예술성을 구현해 준다.
⑤ 다양한 내용을 자유롭게 수용하여 사상이나 감정·정서 등 문학 내적인 요소를 광범위하게 표현할 수 있는 여건을 제공한다.
⑥ 다른 문학 장르의 특성을 수용할 수 있는 기반이 되어 독자적 수필 영역을 개척할 수 있는 토대를 마련해 준다.
⑦ 개방된 형식을 통해 가치 있는 수필(좋은 수필)을 쓰는 데 어려움이 있다.

(2) 자기 고백성 – 개성 표출성
① 수필은 작가의 개성이 생생하게 드러난 글이다.
② 수필의 내용은 주관적·주정적이고, 독백에 가까운 것이 많다.
③ 작가의 인생관이나 사상, 감정, 체험 등이 표현되어 있다.
④ 이러한 개성적·자기표현적 특성은 작가 개인의 고백문학적 성격을 띤다.

> **체크 포인트**
> 수필의 이러한 특성으로 인해 글의 길이가 아무리 짧더라도 내용에 있어서는 매우 심오한 것, 광범위한 것이 많다.

(3) 제재의 다양성
① 인생이나 자연 등 소재를 어디에서나 구할 수 있다.

> **체크 포인트**
> 수필의 제재는 표현 가능한 모든 소재 → 무엇이든 담을 수 있는 그릇

② 글쓴이의 비평적 통찰력을 거쳐 그 어떤 것에도 창조적 생명력을 불어 넣을 수 있다.

(4) 유머와 위트, 비평 정신의 문학

① 유머, 위트, 비평 정신 등은 다른 문학 양식에서도 나타나지만, 어떤 사건의 구성이 없는 수필에서는 특히 중요한 요소가 된다.

> **체크 포인트**
>
> 수필이 단순한 기록이나 객관적 서술이 아닌 '수필다움'을 지니기 위해 유머와 위트는 수필의 한 특질로 작용한다.

② 유머·위트는 수필의 평면성·건조성을 구제해 주는 요소이며, 비평 정신은 수필의 아름다운 정서에 지적 작용을 더해 주는 요소이다.
③ 신변잡기나 잡문과 달리 냉철한 통찰력과 예리한 비평 정신을 담고 있다.
④ 유머와 위트는 섬세한 정서와 지적 감각을 내포하여 수필 문학을 보다 매혹적이고 찬란하게 다듬어 준다.

(5) 간결한 산문의 문학

① 수필은 간결하며, 비교적 길이가 짧은 산문 문학이다.
② 생활 속의 산문 정신을 그대로 표현한다.

> **체크 포인트**
>
> 소설이나 희곡도 산문이지만 이들은 다분히 의도적·조직적인 데 비해 수필은 비의도적이며 생활에서 자연스럽게 배어 나오는 산문이다.

(6) 심미적·예술적인 글

① 글쓴이의 심미적 안목과 철학적 사색의 깊이가 드러난다.
② 예술적인 언어를 바탕으로 한 예술의 한 분야이다.

(7) 비전문성의 문학

수필은 누구나 쓸 수 있다.

> **체크 포인트**
>
> 누구나 쓸 수 있지만, 사물에 대한 깊은 통찰력과 개성이 드러나야 한다.

2 수필의 특성에 대한 견해

(1) 윤오영

소설을 밤[栗], 시를 복숭아에 비유한다면, 수필은 감으로부터 만들어지는 '곶감'에 비유하였다.

- 감의 껍질을 벗겨 말린 후 여러 번 손질할 때 당분이 겉으로 배어나게 되고, 그 위에 시설(柹雪 : 곶감 거죽에 돋은 하얀 가루)이 앉게 되는 생명이 오래 가는 곶감을 바로 수필이라 하였다. 이는 수필이 만들어지는 과정이다.
- '시설(柹雪)'은 수필의 생명이라고 할 수 있다.
- 곶감을 납작하게, 네모지게, 타원형으로 매만지는 작업은 곧 수필의 스타일에 해당된다고 할 수 있다.
- 완숙하여 시설이 일어나 언제까지 둘 수 있고, 언제 먹어도 그 맛이 정답고 향그러운 곶감이야말로 수필의 운치가 깃든 것일지도 모른다.

(2) 박목월 - 『문장의 기술』

① **형식의 자유** : 형식적인 제한이 없는 자유로운 글이다.
② **시필성(試筆性)** : 확립된 신념이기보다는 시험적인 의견을 다루는 글이다.
③ **자기고백성** : 자기를 말하는 자기 고백체 문학이다.
④ **비전문성** : 자격이 요구되지 않는, 전문가가 따로 없는 글이다.

(3) 최승범

수필의 특성을 '형식의 자유성', '개성의 노출성', '유머와 위트성', '문체와 품위성', '제재의 다양성'으로 요약하였다.

> **더 알아두기**
>
> **수필의 특징**
> - 설득의 실용적인 공리성 : 문학의 4대 장르 중 범위가 가장 넓음
> - 직접적 전달양식 : 수필의 나 = 작자 자신

OX로 점검하자 | 제3절

※ 다음 지문의 내용이 맞으면 O, 틀리면 ×를 체크하시오. (01~08)

01 수필의 특성은 무형식의 형식, 자기 고백성, 제재의 다양성 등이다. (　)

02 수필은 형식상 제한이 없는 자유로운 문학양식으로, 이는 아무렇게나 써도 된다는 뜻이다.
(　)

03 수필은 작가 개인의 고백문학적 성격을 띤다. (　)

04 수필의 소재는 인생이나 자연 등 어디에서나 구할 수 있어 흔히 무엇이든 담을 수 있는 그릇에 비유된다. (　)

05 수필은 의도적·조직적인 특징을 갖는다. (　)

06 수필은 전문가들이 주로 쓰는 글이다. (　)

07 박목월은 확립된 신념이기보다는 시험적인 의견을 다루는 글이라는 점에서 수필의 시필성(試筆性)을 강조하였다. (　)

08 수필의 '나'는 작자 자신을 뜻한다. (　)

정답 1 O　2 ×　3 O　4 O　5 ×　6 ×　7 O　8 O

제 3 절 핵심예제문제

01 수필은 누구나 쓸 수 있는 비전문성의 문학이다.

01 다음 중 수필의 특징이 아닌 것은?
① 자기고백성
② 유머와 위트
③ 간결한 산문 문학
④ 전문성의 문학

02 유머, 위트, 비평 정신 등은 다른 문학 양식에서도 나타나지만, 어떤 사건의 구성이 없는 수필에서는 특히 중요한 요소가 되는 것이다.

02 다음 중 수필의 특성과 그에 대한 설명이 잘못 연결된 것은?
① 무형식의 형식 – 형식상 제한이 없는 자유로운 문학양식이다.
② 개성 표출성 – 작가의 인생관이나 사상, 감정, 체험 등이 표현되어 있다.
③ 유머와 위트 – 유머, 위트 등은 수필에서만 찾아 볼 수 있는 특징이다.
④ 제재의 다양성 – 인생이나 자연 등 소재를 어디에서나 구할 수 있다.

03 박목월은 수필의 특성을 '형식의 자유, 시필성(試筆性), 자기고백성, 비전문성'의 네가지로 제시하였다.

03 다음 중 박목월이 제시한 수필의 특성이 아닌 것은?
① 형식의 자유
② 시필성(試筆性)
③ 자기고백성
④ 문체와 품위성

정답 01 ④ 02 ③ 03 ④

제4절 수필의 종류

1 이종설

(1) **경수필과 중수필** 기출 24, 23

  ① **경수필 – 주정적 수필**
    ㉠ 주관적·개인적·사유적이다.
    ㉡ 인상적·감성적이다.
    ㉢ 대상에 대한 표현이 암시적·소극적이다.
    ㉣ 주제가 비교적 가볍다.
    ㉤ 정서적 이미지를 전달함과 동시에 작가의 개성을 잘 드러낼 수 있다.
    ㉥ 개인적 감정이나 심경 등 자기 주변적 색채가 중심이 된다.
    ㉦ 과다한 자기 감정의 노출로 신변잡기적일 수 있다.
    ㉧ 몽테뉴형 수필에 해당한다.

  ② **중수필 – 주지적 수필** 기출 25
    ㉠ 객관적·의론적(議論的)이다.
    ㉡ 사회적 문제를 대상으로 하되, 논리적·객관적인 자세로 귀납한다.
    ㉢ 과학적 사실이나 철학적 사고를 통해 자기 외적인 문제나 사회현상을 투시·비판한다.
    ㉣ 보편적인 것을 추구한다.
    ㉤ 지식을 바탕으로 체계화되고 논리적으로 정돈된 글이다.
    ㉥ 지나치게 지식을 강조하여 정서적인 면을 소홀히 하게 되면 글이 건조해지기 쉽다.
    ㉦ 베이컨형 수필에 해당한다.

[경수필과 중수필의 비교] 중요

경수필(Informal essay)	중수필(Formal essay)
문장의 흐름이 가벼운 느낌을 준다.	문장의 흐름이 무거운 느낌을 준다.
연(軟)문장적이다.	경(硬)문장적이다.
개인적·주관적인 표현이다.	사회적·객관적인 표현이다.
'나'가 겉으로 드러나 있다.	'나'가 겉으로 드러나 있지 않다.
개인적인 감성·정서로 짜여 있다.	보편적 윤리와 이성으로 짜여 있다.
시적이다.	소논문적이다.
정서적·신변적이다.	지적·사색적이다.

(2) **학자별 분류**

  ① **김종균**: 중수필·경수필
  ② **정한모**: 포멀 에세이·인포멀 에세이
  ③ **조연현**: 에세이·미셀러니

2 삼종설

(1) 종류
　① 문학적 수필
　② 문학론적 수필
　③ 지식적 수필

(2) 특징
　① 일본의 히사마츠 센이치가 분류한 것이다. -『수필과 문학의식』
　② 문학적 입장에 치우쳐 수필의 넓은 영역을 포괄할 수 없다.

3 오종설

(1) 제재에 관점을 둔 분류 - W. 배브콕
　① 작가 자신의 경험 또는 고백 따위로 결국 자기반성이라고 할 수 있는 것
　② 인생 및 인생에 관한 고려(考慮) 또는 사견(私見)이라고 할 수 있는 것
　③ 일상의 사소한 일에 대한 관찰
　④ 자연, 즉 천지·산천·초목·화본(花本) 혹은 금수(禽獸), 충어(蟲魚) 등에 관한 것
　⑤ 인간사에 대한 작가의 의견이라고 할 수 있는 것

(2) 한흑구(韓黑鷗)에 의한 분류
　① 작자 자신의 경험을 서술하는 주관적 산문
　② 인생에 대한 주관적인 견해
　③ 일상생활에 대한 관찰
　④ 자연계에 대한 사고와 관찰
　⑤ 세상에 대한 비판

> **체크 포인트**
> 이밖에 도가와 슈코쓰의 분류도 있다. -『현대수필론』

4 팔종설

(1) 공정호의 분류 - 내용의 성질에 따라 분류
    ① 과학적 수필
    ② 철학적 수필
    ③ 비평적 수필
    ④ 역사적 수필
    ⑤ 종교적 수필
    ⑥ 개인적 수필
    ⑦ 강연집
    ⑧ 설교집

(2) 백철의 분류
    ① 사색적 수필
    ② 비평적 수필
    ③ 스케치 수필
    ④ 담화(譚話) 수필
    ⑤ 개인 수필
    ⑥ 연단(演壇) 수필
    ⑦ 성격 수필
    ⑧ 사설 수필

(3) 문덕수의 분류 - 제재·주제·논점 등의 내용을 중심으로 분류
    ① 과학적 수필
    ② 철학적 수필
    ③ 비평적 수필
    ④ 역사적 수필
    ⑤ 종교적 수필
    ⑥ 개인적 수필
    ⑦ 강연집
    ⑧ 논설집

5 십종설 기출 24, 21

수필의 내용·서술 방법 등을 중심으로 『미국백과사전』에서 분류한 것으로, 가장 세분화된 수필유형이다.

(1) 여러 가지 타입의 수필
① 관찰 수필
② 신변 수필
③ 성격 수필
④ 묘사 수필

(2) 보다 형식적인 수필
① 비평 수필
② 과학 수필
③ 철학적 수필

(3) 다른 특수한 타입의 수필
① 서사 수필
② 서한(書翰) 수필
③ 사설 수필

더 알아두기

수필의 내용상의 종류
- 사색적 수필(思索的隨筆) : 인생의 철학적 문제를 다룬 글이나 감상문
- 비평적 수필(批評的隨筆) : 작가에 관한 글이나, 문학·음악·미술 등 예술작품에 대한 글쓴이의 소감을 밝힌 글
- 기술적 수필(記述的隨筆) : 주관을 배제하고 실제의 사실만을 기록한 글
- 담화 수필(譚話隨筆) : 시정(市井)의 잡다한 이야기나 글쓴이의 관념 따위를 다룬 글
- 개인적 수필(個人的隨筆) : 글쓴이 자신의 성격이나 개성, 신변잡기 등을 다룬 글
- 연단적 수필(演壇的隨筆) : 실제의 연설 초고는 아니나, 연설적·웅변적인 글
- 성격 소묘 수필(性格素描隨筆) : 주로 성격의 분석 묘사에 역점을 둔 글
- 사설 수필(社說隨筆) : 개인의 주관이나 의견이긴 하지만, 사회의 여론을 유도하는 내용의 글

○✕로 점검하자 | 제4절

※ 다음 지문의 내용이 맞으면 ○, 틀리면 ✕를 체크하시오. (01~11)

01 몽테뉴형 수필은 중수필, 베이컨형 수필은 경수필에 해당한다. (   )

02 경수필은 주관적·개인적·사유적이다. (   )

03 몽테뉴형 수필은 주제가 비교적 가볍다. (   )

04 베이컨형 수필은 정서적 의미를 전달함과 동시에 작가의 개성을 잘 드러낼 수 있다. (   )

05 중수필은 보편적인 것을 추구하며, 객관적·의론적(議論的)이다. (   )

06 중수필은 '나'가 겉으로 드러나 있다. (   )

07 중수필은 경(硬)문장적, 경수필은 연(軟)문장적이다. (   )

08 삼종설은 히사마츠 센이치가 수필의 종류를 문학적 수필, 문학론적 수필, 지식적 수필로 분류한 것이다. (   )

09 한흑구는 수필의 종류를 '작자 자신의 경험을 서술하는 주관적 산문, 인생에 대한 주관적인 견해, 일상생활에 대한 관찰, 자연계에 대한 사고와 관찰, 세상에 대한 비판'의 다섯 가지로 분류하였다. (   )

10 공정호와 백철은 수필의 오종설을 주장하였다. (   )

11 수필의 종류에 관한 학설에는 이종설, 삼종설, 오종설, 칠종설이 있다. (   )

정답 1 ✕ 2 ○ 3 ○ 4 ✕ 5 ○ 6 ✕ 7 ○ 8 ○ 9 ○ 10 ✕ 11 ✕

제4절 핵심예제문제

01 보편적 윤리와 이성으로 짜인 글은 중수필이다.

01 다음 중 경수필의 특징이 아닌 것은?
① 개인적·주관적
② 보편적 윤리·이성
③ 시적
④ 정서적·신변적

02 중수필은 '나'가 겉으로 드러나 있지 않다.

02 다음 중 중수필에 대한 설명으로 틀린 것은?
① 경(硬)문장적이다.
② 지적·사색적이다.
③ 문장의 흐름이 무거운 느낌을 준다.
④ '나'가 겉으로 드러나 있다.

03 수필의 '삼종설'은 '문학적 수필, 문학론적 수필, 지식적 수필'을 말한다.

03 수필의 삼종설에 포함되지 않는 것은?
① 문학적 수필
② 지식적 수필
③ 문학론적 수필
④ 비평적 수필

04 한흑구는 수필의 오종설을 주장한 인물이다.

04 다음 중 수필을 팔종설로 분류하지 않은 학자는?
① 한흑구
② 백철
③ 문덕수
④ 공정호

정답 01 ② 02 ④ 03 ④ 04 ①

제 5 장 실전예상문제

01 다음 중 수필의 명칭이 <u>아닌</u> 것은?
① 수상(隨想)
② 감상(感想)
③ 상화(想華)
④ 잡론(雜論)

01 수필의 명칭
수상(隨想), 감상(感想), 상화(想華), 만필(漫筆), 수감(隨感), 수의(隨意), 단상(斷想) 등

02 최승범이 제시한 수필의 특성에 포함되지 <u>않는</u> 것은?
① 형식의 일관성
② 개성의 노출성
③ 문체와 품위성
④ 제재의 다양성

02 최승범은 수필의 특성을 '형식의 자유성, 개성의 노출성, 유머와 위트성, 문체와 품위성, 제재의 다양성'으로 제시하였다.

03 다음 중 수필의 특성이 <u>아닌</u> 것은?
① 자유로운 형식의 문학
② 자기 고백의 문학
③ 전문적인 개성의 문학
④ 심미적·철학적 문학

03 수필은 일반적으로 누구나 쓸 수 있는, 전문성을 필요로 하지 않는 대중적인 문학이다.

정답 01 ④ 02 ① 03 ③

04 수필은 주제와 제재가 다양하다.

04 다음 중 수필의 특징이 아닌 것은?

① 형식이 자유로운 문학이다.
② 해학적이고 비평정신을 갖춘 문학이다.
③ 주제가 한정된 문학이다.
④ 개성적·고백적·서정적 특성을 갖는다.

05 이병기는 산문 문학의 하위 분류에 설화·소설·일기·내간·기행·잡문을 포함시키고, 수필을 잡문으로 보았다.

05 수필의 장르에 관한 학자들의 견해가 잘못 연결된 것은?

① 조윤제 – 국문학을 시가·가사·소설·희곡·평론·잡문 등으로 나누고, 수필은 잡문에 포함된다고 보았다.
② 이병기 – 산문 문학의 하위 분류에 설화·소설·일기·내간·기행·잡문을 포함시키고, 수필을 일기로 보았다.
③ 조동일 – 서정·서사·극 양식의 3분법에 교술 양식을 제4의 양식으로 포함시켰다.
④ 김동욱·김기동 – 수필을 독자 장르로 설정하였다.

06 ① 남송 시대에 홍매가 『용재수필(容齋隨筆)』에서 '수필(隨筆)'이란 용어를 맨 처음 사용하였다.
② 우리나라 수필류 책의 원조
③ 『열하일기』의 「일신수필(馹訊隨筆)」에서 '수필'이란 용어를 정식으로 사용

06 '수필'이란 용어를 가장 먼저 사용한 책은?

① 홍매, 『용재수필』
② 이규보, 『백운소설』
③ 박지원, 『열하일기』
④ 이제현, 『역옹패설』

정답 04 ③ 05 ② 06 ①

07 수필과 에세이를 동일시하는 근거는 무엇인가?
① 수필에서 다룰 수 있는 것은 에세이에서도 다룰 수 있으므로
② 서양에서는 '미셀러니(Miscellany)'와 '에세이(Essay)'가 동일한 의미로 쓰이고 있으므로
③ '에세이(Essay)'는 평론과 수필을 동시에 의미하는 말이므로
④ 형식은 다르지만 추구하는 가치관이 같으므로

07
- 수필과 에세이를 동일시하는 견해: 수필에서 다룰 수 있는 것은 에세이에서도 다룰 수 있고, 에세이에서 다룰 수 있는 것은 수필에서도 다룰 수 있음
- 수필과 에세이를 서로 다른 영역에 속한 것으로 보는 견해: 수필을 의미하는 말에는 '미셀러니(Miscellany)'와 '에세이(Essay)'가 있는데, 에세이라는 말에는 '평론'과 '수필'이라는 두 가지 의미가 있으므로, 수필과 에세이가 동일시되어서는 안 됨

08 우리나라 최초의 본격 수필은 무엇인가?
① 『한거수필』
② 『백운소설』
③ 『역옹패설』
④ 『서유견문』

08 우리나라 최초의 본격 수필은 조성건의 『한거수필(閑居隨筆)』이다.

이민구의 『독사수필』
우리나라에서 '수필'이라는 말이 처음 나타나는 문헌이지만, 장르 개념이 아닌 독서 단평의 개념으로 사용되었다.

09 다음 내용과 관련 있는 수필의 특성은?

- 수필이 단순한 기록이나 객관적 서술이 아닌 '수필다움'을 지니기 위해 특히 중요함
- 수필의 평면성·건조성을 구제해 주는 요소
- 섬세한 정서와 지적 감각을 내포하여 수필 문학을 보다 매혹적이고 찬란하게 다듬어 줌

① 형식의 개방성
② 자기 고백성
③ 유머와 위트
④ 심미적·예술적 특성

09 제시된 내용은 수필의 유머와 위트에 대한 내용이다. 유머, 위트, 비평정신 등은 다른 문학 양식에서도 나타나지만, 수필에서는 특히 중요한 요소로 작용하여 수필의 평면성·건조성을 구제해주며, 수필 문학을 보다 매혹적이고 찬란하게 다듬어 주는 역할을 한다.

정답 07 ① 08 ① 09 ③

10 제시된 내용은 피천득의 『수필』의 내용 중 일부로, 수필의 특성을 나타낸 것이다.

10 다음 내용과 관련된 문학 양식은 무엇인가?

> - 흥미는 주지마는, 읽는 사람을 흥분시키지는 아니한다. 그 속에는 인생의 향취와 여운(餘韻)이 숨어 있다.
> - 한가하면서도 나태(懶怠)하지 아니하고, 속박(束縛)을 벗어나고서도 산만(散漫)하지 않으며, 찬란하지 않고 우아하며 날카롭지 않으나 산뜻한 문학이다.

① 시
② 소설
③ 평론
④ 수필

11 『숙향전』은 작자 미상의 고전소설이다.

조선 시대 3대 궁중 수필
- 『계축일기』: 작자 미상, 인목대비와 영창대군의 비극
- 『한중록』: 혜경궁 홍씨, 남편 사도세자의 비극
- 『인현왕후전』: 숙종과 장희빈 풍자, 김만중의 『사씨남정기』와 비슷

11 조선 시대 3대 궁중수필이 <u>아닌</u> 것은?

① 『계축일기』
② 『한중록』
③ 『숙향전』
④ 『인현왕후전』

12 수필의 종류에 관한 학설에는 이종설, 삼종설, 오종설, 팔종설, 십종설이 있다.

12 수필의 종류에 관한 학설이 <u>아닌</u> 것은?

① 이종설
② 삼종설
③ 육종설
④ 팔종설

정답 10 ④ 11 ③ 12 ③

13 다음 중 경수필의 특성에 해당하는 것은?

① 베이컨적 수필
② 사회적·객관적 수필
③ 정서적·신변적 수필
④ 지적·사색적 수필

13 경수필은 시적·정서적·신변적 수필이다.
①·②·④는 중수필의 특징이다.

14 다음 중 중수필의 특징은 무엇인가?

① 인상적·감성적이다.
② 대상에 대한 표현이 암시적·소극적이다.
③ 자기 주변적 색채가 중심이 된다.
④ '나'가 겉으로 드러나 있지 않다.

14 경수필은 '나'가 겉으로 드러나 있는데 반해 중수필은 '나'가 겉으로 드러나 있지 않다.
①·②·③은 경수필의 특징이다.

15 다음 중 몽테뉴형 수필에 대한 설명으로 올바르지 않은 것은?

① 주제가 비교적 가볍다.
② 'Formal essay'를 이른다.
③ 과다한 자기 감정의 노출로 신변잡기적일 수 있다.
④ 연(軟)문장적이다.

15 'Formal essay'는 베이컨형 수필, 즉 중수필을 의미하는 것이다.

정답 13 ③ 14 ④ 15 ②

16 베이컨형 수필은 주지적 수필로, 객관적·지적·소논문적 특징을 갖는다. ②·③·④는 몽테뉴형 수필의 특징이다.

16 다음 중 베이컨형 수필의 특징은 무엇인가?

① 소논문적이다.
② 연(軟)문장적이다.
③ 시적이다.
④ 주정적 수필이다.

17 수필의 오종설(W. 배브콕)
• 작가 자신의 경험 또는 고백 따위로 결국 자기반성이라고 할 수 있는 것
• 인생 및 인생에 관한 고려(考慮) 또는 사견(私見)이라고 할 수 있는 것
• 일상의 사소한 일에 대한 관찰
• 자연, 즉 천지·산천·초목·화본(花本) 혹은 금수(禽獸), 충어(蟲魚) 등에 관한 것
• 인간사에 대한 작가의 의견이라고 할 수 있는 것

17 수필의 오종설에 따른 분류가 아닌 것은?

① 작가 자신의 경험 또는 고백 따위로 결국 자기반성이라고 할 수 있는 것
② 인생 및 인생에 관한 고려(考慮) 또는 사견(私見)이라고 할 수 있는 것
③ 사회·정치·경제 현상 등에 관한 이론이라 할 수 있는 것
④ 자연, 즉 천지·산천·초목·화본(花本) 혹은 금수(禽獸), 충어(蟲魚) 등에 관한 것

18 연단 수필은 백철의 분류에 따른 것이다.

수필의 팔종설 – 문덕수
과학적 수필, 철학적 수필, 비평적 수필, 역사적 수필, 종교적 수필, 개인적 수필, 강연집, 논설집

18 수필의 팔종설에 따른 분류 중 문덕수의 분류에 속하지 않는 것은?

① 과학적 수필
② 철학적 수필
③ 강연집
④ 연단(演壇) 수필

정답 16 ① 17 ③ 18 ④

19 수필의 종류와 내용이 바르게 연결되지 <u>않은</u> 것은?

① 사색적 수필(思索的隨筆) – 인생의 철학적 문제를 다룬 글이나 감상문
② 기술적 수필(記述的隨筆) – 주관을 배제하고 실제의 사실만을 기록한 글
③ 연단적 수필(演壇的隨筆) – 시정(市井)의 잡다한 이야기나 글쓴이의 관념 따위를 다룬 글
④ 사설 수필(社說隨筆) – 개인의 주관이나 의견이긴 하지만, 사회의 여론을 유도하는 내용의 글

20 다음 중 수필의 특성이 <u>아닌</u> 것은?

① 수필은 누구나 쓸 수 있다.
② 사물에 대한 통찰력이나 개성이 드러나지 않아도 된다.
③ 예술적인 언어를 바탕으로 한 예술의 한 분야이다.
④ 생활 속의 산문 정신을 그대로 표현한다.

19 연단적 수필(演壇的隨筆)은 실제의 연설 초고는 아니나, 연설적·웅변적인 글이다. 시정(市井)의 잡다한 이야기나 글쓴이의 관념 따위를 다룬 글은 담화 수필에 해당한다.

20 수필은 누구나 쓸 수 있는 글이지만, 그 안에는 사물에 대한 깊은 통찰력과 개성이 드러나야 한다.

정답 19 ③ 20 ②

행운이란 100%의 노력 뒤에 남는 것이다.

– 랭스턴 콜먼 –

제6장 희곡론

- **제1절** 희곡의 본질
- **제2절** 희곡의 요소
- **제3절** 희곡의 종류
- **제4절** 희곡의 삼일치론
- **실전예상문제**

합격을 꿰뚫는 기출 키워드

제 6 장 희곡론

희곡, 레제드라마, 연극성·행동성·대화성·현재성, 장·막, 플롯, 5막 구성(발단, 전개, 위기, 하강, 대단원), 지문, 독백, 방백, 돈키호테형·햄릿형 인물, 비극·희극·희비극, 희곡의 삼일치론(사건·시간·장소)

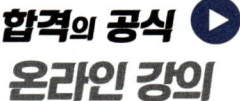

보다 깊이 있는 학습을 원하는 수험생들을 위한
시대에듀의 동영상 강의가 준비되어 있습니다.
www.sdedu.co.kr ➜ 회원가입(로그인) ➜ 강의 살펴보기

제 6 장 희곡론

제1절 희곡의 본질

1 희곡의 정의 기출 23

(1) 희곡의 기원 기출 25
① Drama : '행동하다, 움직이다'는 의미의 그리스어 'Dran'에서 유래하였다.
② Play : '유희하다'의 뜻으로, 우리의 전통극인 양주별산대놀음 등의 명칭과 유사하다.
③ **희곡의 발생** : 표출의 형태를 취한 극시에서 발생하였다.
④ 동서양의 연극 또는 희곡에 대한 발생은 그 뿌리가 같다.

(2) 희곡의 개념 기출 25
① 무대 상연을 전제로 대화와 행동을 통해 관객에게 작가의 의도를 직접 전달하는 문학이다.
→ 대사와 행동을 통한 직접적인 인생 표현 중요 기출 24

> **체크 포인트**
> 희곡은 무대 상연을 전제로 한 여러 가지 특수성 및 제약을 가지고 있어 문학성과 연극성의 이원론적 입장에서 이해되어야 한다.

② '희곡(戱曲)'이란 말 자체가 연극성을 내포하고 있다.
③ 연극의 대본으로서의 문학이며, 배우·관객·무대 등과 더불어 연극의 기본적인 구성 요소로 다루어진다. 기출 24
④ 등장인물의 행동과 언어를 통해 성격적·심리적 행위를 구축하고 이를 극적으로 구성하여 관객에게 보이기 위하여 무대에 나타내는 이야기이다.
⑤ 희곡은 인간 행동을 표현하는 문학이다. 즉, 배우의 연기를 지시하여 무대 위에서 인간의 행동을 표출하는 것이다. 따라서 희곡에서의 행동은 압축과 생략, 집중과 통일이라는 특성을 갖는다.

(3) 학자들의 정의
① **아리스토텔레스** : 극시는 이야기하는 형식에 의해서가 아니라 행동하는 인간에 의해서 보는 사람을 감동시키는 것이라 하였다(『시학』). → '희곡'의 정의에 대해 최초로 언급
② **볼턴** : 희곡작품은 단순히 읽기 위한 작품만은 아니며, 진정한 희곡작품은 3차원의 세계라 하였다(『희곡의 분석』). → 희곡과 다른 문학작품과의 차이를 밝혔음

③ W. 아처
  ㉠ 무대 상연을 전제로 하는 문학
  ㉡ 인간의 행동을 표출하는 문학
  ㉢ 가장 객관적인 형식의 문학
  ㉣ 대화가 유일한 표현 방식인 문학

> **더 알아두기**
>
> **희곡의 특징**
> - 연극 대본(Drama) : 단일 예술
> - 이원론적·양면적 성격 : 문학이면서 동시에 연극이 될 수 있는 요소가 있음
> - 4대 장르 중 시공간적 제약이 가장 많음 → '무대'라는 특성 때문
> - 대사와 행동의 문학
> - 현재 시제 : 사실감, 생동감, 박진감을 줌
> - 자아와 세계의 갈등과 대립

2 문학으로서의 희곡

(1) 레제드라마(Lesedrama) - 클로즈드 **중요**

① 일반적인 의미의 희곡과는 달리 문학적 요소만이 강조된 형식의 희곡이다. → 문학성에 중점, 읽기 위한 희곡
② 연극이 요구하는 조건이나 제약의 구분 없이 순수한 문학적 형태를 띤다.

> **체크 포인트**
>
> - **부흐드라마(Buchdrama)** : 출간 당시에는 무대에서 상연하지 않고, 일정한 시기에 이르러서 공연하는 희곡
>   → 레제드라마와 뷔넨드라마의 중간
> - **뷔넨드라마(Bühnendrama)** : 무대 상연을 위하여 쓴 희곡

③ 폴켈트(Volkelt)
  ㉠ 상상극 : 레제드라마
  ㉡ 무대극 : 상연을 목적으로 하는 희곡
④ **대표작** : 괴테의 『파우스트』, 하웁트만의 『조용한 종』 등

> **더 알아두기**
>
> **특수 형태의 희곡**
> - 멜로드라마 : 저급한 비극, 통속극, 눈물짜내기극, 오락극
> - 모노드라마 : 1인극
> - 키노드라마 : 연쇄극(연극 + 영화)
> - 소인극(素人劇) : 아마추어 연극, 비전문인 연극
> - 팬터마임(Pantomime) : 무언극(無言劇) 또는 묵극(默劇)

(2) 희곡과 소설
① 공통점
  ㉠ 자아와 세계의 갈등과 대립
  ㉡ 5단 구성
  ㉢ 일정한 줄거리
② 차이점 중요

구분	희곡	소설
서술자 개입	없음	있음
시·공간적 제약	많음(무대·상연시간)	적음
전개	대화와 행동 중심 → 표출	서술과 묘사 중심
등장인물의 수	제약 있음	제약 없음
시제	주로 현재 시제	주로 과거 시제
배경	제약 있음	제약 없음

③ 희곡이 소설에 미친 영향
  ㉠ 희곡의 '행동성'과 '성격'을 수용하여 근대소설 이후 성격 소설과 극적 소설이 발전하였다.
  ㉡ 희곡의 '대화'를 수용하여 대화 사용의 기교가 발전, 대화 소설이 등장하였다.
  ㉢ 희곡의 플롯의 원리는 산만하고 자유로운 소설 구조의 형태에 통일성을 부여한 것이다.
④ 소설이 희곡에 미친 영향
  ㉠ 근대소설의 영향을 받아 희곡의 내용이 확대됨으로써 '개인 대 사회의 갈등', '소시민의 생활과의 투쟁' 등 소설적 내용을 다루게 되었다.
  ㉡ 고대극에 비해 근대극으로 올수록 소설적 묘사 및 서술 등이 증가하여 무대 지시가 많아졌다.
  ㉢ 소설적 심리 세계와 내면 묘사가 자연주의 희곡에 반영되어 희곡이 소설적 성격을 띠게 되었다.

> **더 알아두기**
>
> **주요 요소**
> - 희곡의 3요소 : 대사, 지문, 해설 기출 25
> - 고전극의 3일치 : 시간, 장소, 행동 기출 25, 23
> - 대사의 종류 3가지 : 대화, 독백, 방백
> - 희곡의 구성 원칙 : 개연성, 필연성, 일관성

3 희곡의 특질

(1) 주요 특질 중요

① **연극성**
희곡은 무대 위에서 상연될 것을 전제로 하는 연극적 성격을 갖는다.

② **행동성**
㉠ 희곡에서의 행동은 의미를 전달하는 데 있어 중요한 역할을 한다.
㉡ 희곡도 소설과 마찬가지로 인물과 사건이 있지만 소설과 달리 **서술자나 작가의 개입은 전혀 허용되지 않는다.**
㉢ 희곡에 있어 행동이나 시추에이션·표현·제스처 등이 지니는 의미를 작가가 직접적으로 설명 또는 논평할 수 없다.

③ **대화성**
인물의 성격, 사건, 심리 표현 등이 대화를 통해 이루어진다.

④ **현재성**
희곡은 무대 위에서 직접적으로 인생을 표현하는 문학이다. 따라서 모든 이야기를 현재화하여 표현(현재 눈 앞에서 상연)하고, 작가와 독자와의 의사소통을 즉석에서 이루어지게 한다.

(2) 희곡의 효용성

① 이야기를 통해 관객에게 재미를 준다.
② 연극적인 감수성을 충족시킨다.
③ 인생에 대한 체험과 공감을 준다.
④ '카타르시스'에 이르게 한다.

(3) 희곡의 제약 - C. 브룩스, R. 헤일먼 중요

① 직접적인 묘사를 할 수 없다.
② 작가의 직접적 해설을 붙일 수 없다.
③ 순전히 정신적·심리적인 행동을 사용하기 어렵다.

> **더 알아두기**
> **희곡의 장점**
> 희곡이 갖는 제약성 때문에 오히려 다음과 같은 장점을 지닌다.
> - 집약성: 압축된 구조
> - 긴장성: 주의력 분산이 허용되지 않음
> - 강력성: 강력한 효과

(4) 희곡의 성격

① 작가가 제공하는 창조과정과 연출가·연기자들이 모든 이해과정을 거쳐야만 비로소 그 효과를 나타낼 수 있다.
② 희곡은 순수한 문학으로서 존재하는 것이 아니라 연극으로서 무대에 상연되는 것을 전제로 하는 이중적 문학 형태를 띤다. → **연극적 성격 + 문학적 성격**
③ 무대 상연을 전제로 하므로 이에 따른 특수성과 제약성을 갖는다.

(5) 희곡의 컨벤션(Convention) 중요

희곡은 무대라는 제한된 공간에서 대사와 행동을 통해 표현하기 때문에 **연기자와 관객(독자) 사이에 일종의 묵계(默契)**가 이루어지는데, 이를 희곡의 '컨벤션'이라 한다. 즉, 희곡(연극)에서 전개되는 세계가 실제 현실은 아니나 실제 현실과 똑같다고 보는 것이다.

① 희곡이 상연되는 무대(배경 그림, 소도구, 현수막 등 포함)는 극이 전개되는 가공의 장소이지만 희곡에서는 이것을 진짜 현실로 받아들인다.
② 배우는 실제 극중 인물이 아니라 분장한 인물이지만 실제 인물로 간주한다.
③ 배우의 행동 역시 실제 행동으로 간주한다.
④ 등장인물의 방백이나 독백도 다른 등장인물은 듣지 못한다고 인정한다.

> **체크 포인트**
> - **방백**: 연극에서 등장인물이 말을 하지만 무대 위의 다른 인물에게는 들리지 않고 관객만 들을 수 있는 것으로 약속되어 있는 대사이다. → 화자가 직접 관객이나 무대 위의 배우 중 몇 사람만을 선택하여 그들만 듣는 것으로 가정하고 혼자 말하는 것도 포함 기출 23
> - **독백**: 배우가 상대역 없이 혼자 말하는 행위, 또는 그런 대사를 뜻하는 것으로, 관객에게 인물의 심리 상태를 전달하는 데 효과적이다. 기출 23, 22

(6) 희곡의 형식적 구분 단위 기출 22

① 장(場, Scene)
- ㉠ 막(幕)의 하위 단위로, 희곡의 기본 단위이다.
- ㉡ 전체 가운데 하나의 독립된 장면으로, 무대 장면이 변하지 않고 이루어지는 사건의 한 토막을 이른다.
- ㉢ 배경이 변하고, 인물이 등·퇴장하는 것으로 그 구분이 이루어진다.

② 막(幕, Act)
- ㉠ 하위 단위인 장(場)으로 구성된다.
- ㉡ 한 막은 무대의 막이 올랐다가 다시 내릴 때까지이다.
- ㉢ 서구의 근대극 이후에 생겨났다.
- ㉣ 연극 및 희곡의 길이와 행동을 구분하는 개념이 된다.
- ㉤ 대체로 3막·5막이 일반적이며, 단막·2막 등도 있다.

더 알아두기

연극과 영화의 비교

구분	연극	영화
구분 단위	막과 장	Cut(마디) → Scene(장면) → Sequence(상황·계기·단락)
기계성	약함	강함
시간과 공간의 제약	많음	적음
특성	직접적, 입체적	간접적, 평면적
실제	상연	상영
대본	희곡	시나리오(촬영대본 – 콘티)
공통점	종합예술, 흥행성, 줄거리, 5단 구성	

○✕ 로 점검하자 | 제1절

※ 다음 지문의 내용이 맞으면 O, 틀리면 ✕를 체크하시오. (01~11)

01 Drama는 '행동하다, 움직이다'는 의미의 그리스어 'Dran'에서 유래하였다. (   )

02 희곡은 표출의 형태를 취한 극시에서 발생하였다. (   )

03 희곡은 대화와 행동을 통해 인생을 간접적으로 표현하는 것이다. (   )

04 '희곡'의 정의에 대해 최초로 언급한 학자는 아리스토텔레스이다. (   )

05 W. 아처는 희곡을 '무대 상연을 전제로 하는 문학, 인간의 행동을 표출하는 문학, 가장 객관적인 형식의 문학, 대화가 유일한 표현 방식인 문학'으로 정의하였다. (   )

06 레제드라마는 문학성에 중점을 두는 희곡이다. (   )

07 출간 당시에는 무대에서 상연하지 않고, 일정한 시기에 이르러서 공연하는 희곡을 뷔넨드라마라 한다. (   )

08 폴켈트는 레제드라마를 상상극, 상연을 목적으로 하는 희곡을 무대극이라 하였다. (   )

09 희곡은 서술자가 개입될 수 없다. (   )

10 희곡과 소설은 등장인물의 수에 제한이 없다는 점에서 공통점을 갖는다. (   )

11 희곡은 소설적 심리 세계와 내면 묘사가 자연주의 희곡에 반영되었다는 점에서 소설적 경향을 띤다. (   )

정답 1 ○ 2 ○ 3 ✕ 4 ○ 5 ○ 6 ○ 7 ✕ 8 ○ 9 ○ 10 ✕ 11 ○

제1절 핵심예제문제

01 다음 중 희곡의 특징으로 옳지 <u>않은</u> 것은?

① 가장 객관적인 문학이다.
② 표출의 형식을 가진 문학이다.
③ 대화를 통한 사건 전개와 행동을 그린 문학이다.
④ 작가가 직접 주제를 전달한다.

> 01 희곡은 행동과 대화를 통해 작가의 의도를 전달하는 것으로, 작가가 직접 주제를 전달하는 것은 불가능하다.

02 화자가 관객이나 무대 위의 배우 중 일부의 사람을 선택해 그들만 들을 수 있는 것으로 가정하고 말하는 대사는 무엇인가?

① 독백
② 방백
③ 지문
④ 대화

> 02 방백은 등장인물이 말을 하지만 무대 위의 다른 인물에게는 들리지 않고 관객만 들을 수 있는 것으로 약속되어 있는 대사를 말한다. 화자가 직접 관객이나 무대 위의 배우 중 몇 사람만을 선택하여 그들만 듣는 것으로 가정하고 혼자 말하는 것도 포함한다.

03 희곡과 소설을 비교한 내용으로 옳지 <u>않은</u> 것은?

〈구분〉	〈희곡〉	〈소설〉
① 서술자 개입	없음	있음
② 시·공간적 제약	많음	적음
③ 등장인물의 수	제약 없음	제약 없음
④ 배경	제약 있음	제약 없음

> 03 희곡은 무대 위에서 상연되므로 등장인물의 수에 제약이 있다.

정답 01 ④ 02 ② 03 ③

제2절 희곡의 요소

1 희곡의 플롯

(1) 개념

① 플롯(Plot)은 희곡의 가장 기본적·포괄적인 요소이다.

> **체크 포인트**
> 아리스토텔레스는 『시학』에서 비극의 가장 강력한 매력인 발견과 급전은 플롯에 의한 것이라 보았으며, 잘 구성된 플롯은 아무 데서 시작하거나 끝나서는 안 된다고 하였다.

② 단순히 사건이 연결되는 것을 넘어, 성격 및 상황 등의 상호 작용을 이끌어 내는 짜임새, 즉 구조를 말한다.
③ '플롯' 또는 '플롯 구조'는 '의미 있게 연결된 행위'를 뜻한다.
④ 'Plot'은 '토지의 한 구획, 토지 계획'이라는 말에서 유래된 것이다.

(2) 특징 중요

① 희곡의 구성은 극적 긴장과 서스펜스를 일으키는 구조를 이루어야 한다.
② 줄거리에 있어서 사건을 배열하는 평면성을 떠나 일련의 사건이 인과관계에 의해 조직되고, 그 조직 상호간은 유기적인 통일성을 갖추어야 한다.
③ 플롯의 사건은 논리적으로 엄격한 형태를 지니고 있다.
④ 희곡의 구성은 강화된 것이어야 하는데, 이는 곧 스토리의 전개를 조직적으로 이끌어 사건의 위기 조성에 기여하기 때문이다.

> **체크 포인트**
> 긴장과 위기를 고조시키는 극적 구성이 바로 희곡의 특성을 결정하는 중요 요소가 된다.

⑤ 희곡의 구성은 시간적 연결 과정의 전개인 스토리에 인과관계에 의한 유기적 통일성을 주어 '상승'과 '하강'의 과정을 지니도록 해야 하는데, 이것이 바로 '막(幕)'이다. 막(幕)은 전체적 행동의 통일성을 표출하는 주요한 형식이다.
  ㉠ 상승 : 사건이 복잡해지고 갈등과 분규를 일으켜 긴장과 흥분이 고조되는 것
  ㉡ 하강 : 주동인물의 운명이 역전되는 것

(3) 부적절한 플롯
① **에피소드적 플롯** : 극 진행의 유기성이 약하여 행동이 뚜렷하게 전개되지 않으며 성격 구성에도 적절하지 않다.
② **인위적이고 무리하게 조작된 결말의 플롯** : 극의 해결이 외부로부터의 강요에 의한 것이며 극이 꾸며진 것이라는 인상을 받게 한다.
③ **지나친 시공간의 제약을 받는 플롯** : 시간과 공간에 심한 제약을 받는 플롯을 압축하지 않고 허술하게 꾸민 것은 적절하지 않다.
④ **초점을 흐리게 하는 플롯** : 어떤 중심적 행동에서 지나치게 이탈하여 초점을 필요 이상으로 흐리게 한다.
⑤ **지나친 생략에 의한 플롯** : 필수불가결한 행동 또는 장면을 임의로 생략해서는 안 된다.

(4) 플롯의 유형
① **단순형(Simple plot)**
  ㉠ 시간적 경과에 따라 순차적으로 전개된다.
  ㉡ 인간의 운명이나 성격·심리 등이 시간의 흐름에 따라 연속적으로 사건과 연결된다.
  ㉢ 분규(紛糾)가 많지 않으며 상황이 간단하다.
  ㉣ 대표작 : 셰익스피어의 『로미오와 줄리엣』, 입센의 『페르귄트』 등
② **이중형(Double plot)**
  ㉠ 전체의 흐름 속에 두 개의 이야기가 진행된다. → 주플롯과 종속플롯(Sub-plot)
  ㉡ 인간의 복잡한 갈등, 긴 세월에 걸친 이야기를 집중적으로 전개하고자 할 때 주로 사용한다.
  ㉢ 현재의 사건을 진행시키면서 자연스럽게 과거의 사건을 동시에 끌어들여 전개한다.
  ㉣ 대표작 : 셰익스피어의 『햄릿』, 입센의 『인형의 집』 등
③ **복합형(Complex plot)**
  ㉠ 분규가 복잡하게 얽혀 있다.
  ㉡ 이중형과는 달리 주로 과거에 있었던 이야기 또는 앞으로 전개될 일이 직접적으로 표현된다.
  ㉢ 대표작 : 유진 오닐의 『기묘한 막간극』, 밀러의 『세일즈맨의 죽음』 등

(5) 플롯의 구조 〈중요〉
① **고전극의 구조(그리스 연극)**
  ㉠ 그리스 연극은 막(幕)의 구분이 분명하지 않다.
  ㉡ 행동이 전체 이야기의 마지막 두어 시간에 한정되어 상승 행동의 대부분이 연극이 시작되기 전에 이루어지기 때문에 상승적 행동보다는 하강적 행동에 치중한다.
  ㉢ 그리스 희곡은 이미 잘 알려진 전설을 기본으로 하였으므로 해설이 필요하지 않았다.

> **체크 포인트**
> 현대 희곡은 고전극에 비해 내용 이해를 위한 전개 부분이 많은 편이다.

② 3막 구성

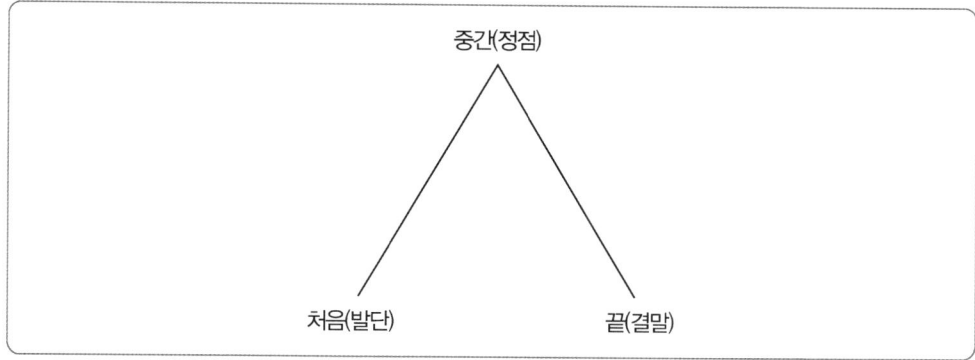

㉠ '시초(始初, 처음) - 중간 - 끝'은 모든 서사의 기본적 구성이다.
㉡ 이들은 논리적·합리적·필연적 성격을 지니고 있어야 하며, 실제의 현실적 제약을 충분히 수용할 수 있어야 한다.
㉢ 중심적 갈등을 중심으로 발단·클라이맥스·파국으로 적용된다. 이는 곧 사물의 발생·성장·사멸을 의미하는 본질적 과정을 나타낸다.
㉣ 주동인물과 반대세력 간의 갈등과 긴장이 상승·발전하여 위기의 클라이맥스(정점)를 맞고, 이 정점에서 주동과 반동의 투쟁이 하강·해결되어 결말에 이르게 된다.

③ 5막 구성 **중요**
G. 프라이타크가 확립한 것으로, 희곡의 가장 전형적인 플롯의 패턴이다.

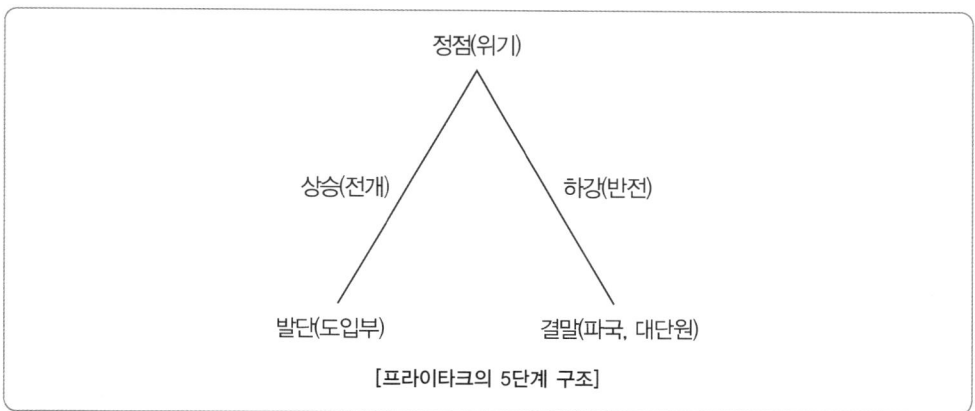

[프라이타크의 5단계 구조]

㉠ 발단(도입부) **기출 24**
- 극의 도입이며 설명의 단계이다.
- 인물의 소개가 이루어진다.
- 플롯의 실마리가 드러나고 **사건의 방향성·성격 등을** 제시한다.
- 앞으로 일어날 사건이나 등장인물에 대한 간단한 설명이 제시되어야 한다.

- 관객들이 사건에 흥미를 가질 수 있도록 주의해야 하며, 너무 심각하거나 강렬해서는 안 되고, 간단하고 자연스러워야 한다.
- 시간·장소·등장인물과 분위기 등이 드러나며 '행동'이 시작되는데, 이때의 '행동'은 앞으로 있을 사건의 예시를 위한 최소한의 정보를 제공해야 한다.
- 등장인물 간의 갈등의 단서를 암시해야 한다.

ⓒ 상승(전개) 기출 22, 21
- 클라이맥스에 대한 준비 과정이다.
- 발단에서 시작된 사건과 성격이 복잡해지고 **갈등과 분규가 구체화**된다.
- 극적 행동에 대한 관객의 흥미·주의를 집중시키는 단계이다.
- 주동인물과 반동인물의 **대결**이 나타난다.
- 심리적 긴장이 고조되며 극의 속도가 빨라진다.
- 주동인물과 반동인물의 성격적·심리적 갈등이 자연스럽고 합리적이어야 한다.
- 인물이 **성장·변화·발전해야** 하며, 복잡화되어야 한다.
- 새로운 대립과 고양된 의지가 순환되어 계속적으로 상승하면서 위기에 이르러야 한다.
- 5막 전체 중 제2막과 제3막이 해당된다.

> **체크 포인트**
> 3막극에서는 제2막에 해당한다.

ⓒ 정점(위기, 절정, 클라이맥스) 기출 25
- 발단에서 시작된 극적 행동이 전개의 과정을 거쳐 성숙하여 클라이맥스에 직결된 부분으로, 전환점이라고도 한다. → 발단과 상승 단계에서 전개된 사건이 논리적으로 귀결되어야 함
- 반복되는 위기를 거쳐 주동인물과 반동인물의 **대립**이 최고조에 이른다.
- 정점의 원인을 외부로부터 끌어들여서는 안 된다.
- 5막 전체 중 제4막이 해당된다.

> **체크 포인트**
> 3막극에서는 제3막에 해당한다.

> **더 알아두기**
>
> **플롯의 급전(急轉)과 발견(發見) - 아리스토텔레스**
> - 급전 : 희곡의 사건이 반대 방향으로 변화하고, 그 변화가 개연적·필연적 사건의 결합 속에서 이루어지는 것
> - 발견 : 등장인물이 행운 또는 불운으로 운명이 정해져 있는 상태에서 지금까지 몰랐던 새로운 사실을 알게 되어, 사랑하거나 미워하게 되는 변화를 의미

ⓔ 하강(반전)
- 파국 또는 대단원으로 향하는 단계이다.
- 관객의 긴장을 **새로운 방향으로 전환**시킨다.
- 새로운 인물이나 사건이 개입되어서는 안 된다.
- 논리적·필연적인 반전이 이루어져야 하며, 우발적·인위적 조작이 이루어져서는 안 된다.
- '**하강**'은 주인공의 운명과 인생이 역전되는 것을 의미한다. → 극적 효과가 감소되는 것 아님
- 상승에서 정점으로 이어졌던 긴장감이 느슨해진다.
- 하강의 속도가 파국으로 빠르게 연결되어야 감정의 카타르시스가 일어날 수 있다.
- 비극에서는 주인공의 파멸·불행을 이끌었던 대립된 세력이 강해지는 단계이며, 희극에서는 주인공에게 방해가 되었던 장애물이 제거되어 행복한 결말로 이어지는 단계이다.

ⓜ 결말(파국, 대단원)
- 플롯의 결말 부분으로, 극적 행동의 해결 및 이해가 이루어지는 단계이다.
- 극적 갈등과 투쟁이 모두 해소된다.
- 모든 사건이 필연적·논리적으로 귀결된다.
- 감정의 정화 및 인간 행위의 진실한 표현인 카타르시스를 체득하게 된다.
- 극적 행위를 통한 모든 의문에 대하여 관객이 충분히 이해할 수 있도록 해야 한다.

2 희곡의 언어 중요

(1) 무대 지시문 - 지문 기출 25, 22

① 개념
㉠ 무대장치, 분위기, 등장인물, 연기자의 동작 등을 가리키는 무대 지시를 적은 것이다.

> **체크 포인트**
> 배우의 등장·퇴장은 물론 인물의 행동·표정·성격 등을 설명하여 포괄적 성격을 지닌다.

㉡ 대사를 제외하고 무대 위에서 이루어지는 모든 것을 지시한다.
㉢ 근대극에 이르러 연출가가 출연하면서 작가와 무대와의 거리가 멀어지자 작가는 대사 이외의 모든 구성 요소를 무대 지시문을 통해 표현하게 되었다.

② **무대 지시문의 목적**
㉠ 희곡의 무대화에 있어 연출가 이하(제작진 등)의 연극 형성에 대한 지시
㉡ 문학작품으로서 독자에게 편의를 제공하여 문학적 효과를 배가함

③ **무대 지시와 동작 지시**
㉠ 무대 지시 : 무대장치(조명, 효과음 등), 등장인물, 때, 장소 등을 지시
㉡ 동작 지시 : 등장인물의 행동, 표정 등을 지시

(2) 대사(臺詞, Dialogue)

① 대사의 개념
- ㉠ 이야기를 주고받는다는 의미이다.
- ㉡ 배우가 하는 말이며, '대화·독백·방백'이 있다.
- ㉢ 희곡은 무대 지시문을 제외하고 모두 인물의 대사로 이루어져 있다.
- ㉣ 대사를 통해 이야기 및 인물의 생각·성격, 인물 간의 관계 등을 관객에게 전한다.

② 대사의 특징
- ㉠ 일상생활의 실제 대화가 아니라, 의도적으로 형식과 내용을 조정하고 불필요한 부분을 삭제한 말이다.
- ㉡ 귀에 선명하게 부딪혀 오는 말, 즉 듣고 나서도 청각적 인상이 귀에 남아 있다.
- ㉢ 관념적인 말이 아니라, 인물의 몸짓에 의해서 그 말의 의미와 내용이 분명하게 구체화된다.
- ㉣ 급할 때는 짧게, 완만할 때는 길게 하여 지루하지 않게 전달될 수 있는 길이의 말이다.
- ㉤ 일상생활에서의 대화보다 편집이 잘 되어 있으며, 풍부한 미적 요소를 지닌다.

③ 대사의 조건
- ㉠ 인물의 성격과 사건을 드러내야 하므로 진행적이면서 자연스러워야 하며, 또한 집중적이고 농축되어야 한다. → 극적 효과와 전달성을 높일 수 있음
- ㉡ 장면과 전체로서의 극의 진행에 맞춘 속도를 지녀야 한다.

④ 대사의 기능
- ㉠ 대사는 행동의 한 양식으로, 사건을 진행시킨다.
- ㉡ 인물의 생각, 성격을 나타낸다.
- ㉢ 사건의 분위기를 드러낸다.

⑤ 대사의 종류 기출 23
- ㉠ 대화(對話)
  - 두 사람 이상의 등장인물이 서로 간에 주고받는 말이다.
  - 대사는 일반적으로 대화로 이루어진다.
  - 간략하고 집중화되어야 한다.
  - 상황의 분위기 및 정조(情調), 인물의 성격 및 주제, 사건의 발전 등을 표현·제시한다.
  - '그럴 듯한 것'이 되어야 하며, 이로써 자연스러움이 나타나야 한다.
  - 진실성 있고 믿을 수 있는 '리얼리티(Reality)'를 가져야 한다.
  - 희곡은 대화를 통해서 과거를 지시할 수 있다.
  - 대화의 역할
    - 사건을 설명해 준다.
    - 플롯의 진행에 관여하며, 인물의 행동을 유발하기도 한다.
    - 구체적인 행동과 함께 존재한다.

체크 포인트

행동은 대화의 전달 방법일 뿐만 아니라 이에 동반되는 동작·제스처·무언극(無言劇) 및 무대에서 행해지는 일체의 행위를 뜻한다.

더 알아두기

대화
- 고전극·낭만극 : 시와 운문으로 이루어짐
- 근대극 : 일상적 산문으로 이루어짐

   ⓒ 독백(獨白) – 모놀로그(Monologue)
- 한 인물(배우)이 혼자 중얼거리는 말이다.
- 가장 순수한 의미의 독백은 자문자답(自問自答)이다.
- 해밀턴의 독백의 구분
  - 구성적 독백 : 플롯의 진행을 설명하는 모티프를 밝히기 위한 독백이다.
  - 묵상적 독백 : 인간의 사상, 감정의 연쇄 등을 표현하고 극의 진행과 효과를 높일 수 있는 독백이다.

   ⓒ 방백(傍白)
- 화자가 직접 관객이나 무대 위의 배우 중 몇 사람만을 선택하여 그들만 듣는 것으로 가정하고 혼자 말하는 것이다.
- 독백보다 짧으며, 무대의 속삭임으로 전달된 1행 정도의 대사로 이루어질 수 있다.
- 지금 막 진행되고 있는 사실에 대해 논평할 때 효과적으로 사용된다.
- 희극에서 주로 사용된다.

더 알아두기

희곡의 주제(Theme)의 조건
- 서술의 형식을 갖추어야 한다.
- 보편적인 개념으로서 표현되어야 한다.
- 교훈은 아니며, 독창적인 것만도 아니다.
- 도식적인 형상화로 나타내야 한다.

3 희곡의 인물

(1) 개념
① 등장인물 또는 등장인물의 성질을 가리켜 성격(Character) 또는 인물이라 한다.
② 'Character'는 '새기다, 각인(刻印)하다, 도장을 찍다'의 그리스어인 'Kharakter'에서 비롯된 말이다.
  → 심리적·도덕적 의미로 발전하여 '성격'의 의미가 됨

> **체크 포인트**
> 성격은 인물·사물이 다른 것과 구별되어 드러나는 성질과 특색의 총체로, 특히 인간 존재의 가장 본질적인 요소를 구성하는 정신적·도덕적 성질이다.

③ 희곡은 다른 문학 장르와 달리 성격 묘사의 직설적 표현이 불가능하므로 인물 설정이 매우 까다롭다.

> **체크 포인트**
> 희곡의 인물은 현재적 성격을 지니고 있어 인물들의 행동이나 대화를 통해서만 그 성격을 표현할 수 있다. 우리가 성격을 이해할 수 있는 유일한 방법은 이를 지배하고 있는 행동을 통해서이다. 환경이 완전히 인식되면 될수록 우리는 성격을 더욱 철저하게 이해할 수 있으므로, 고립되어 있는 성격은 성격이 아니다.
> – 로슨

(2) 특징
① 인물, 즉 성격적 요소는 그 자체의 중요성보다는 행동이나 대사를 이끄는 역할로서의 중요성이 더 크다.
② 등장인물의 행동이나 말은 성격에 의하여 그 의도나 목적 등이 결정된다.
③ 격은 행동이나 그 밖의 환경 등과의 관계에 의해 표현·파악되는 것이다.

(3) 희곡의 인물 중요
① **집중화·압축된 인물**
  ㉠ 희곡은 무대 상연을 전제로 하는 문학이므로 시간상의 제약이 따르고, 제한된 시간 안에 작품의 내용과 의미를 산만하고 분산되지 않게 전달해야 하므로 압축된 상태로 표현되어야 한다.
  ㉡ 소설과 달리 등장인물의 수에도 제한이 있으므로 몇몇의 인물에게 주된 행동을 집중시켜야 한다.
    → 때문에 각 희곡의 인물은 다른 장르와 달리 그 상징성이 더욱 크다고 할 수 있음
  ㉢ 등장인물의 모든 행동은 주제를 위해 압축된 것이다.

② **개성적 · 전형적 인물**
　㉠ 희곡의 인물은 전형적이며, 동시에 개성적이어야 한다.
　㉡ 그 인물이 속해 있는 사회적 계층과 교양 · 사상 · 습관 등의 **보편성을 대표**하는 전형성을 지녀야 한다.
　㉢ 전형적 인물을 통해 인생을 직접적으로 재현하는 극적 표현을 더욱 선명하게 부각시킬 수 있다.
　　→ 관객에게 인간성의 거울을 제시
　㉣ 전형적 인물은 시대 · 관습에 따라 다르게 설정될 수 있으며, 그 자체로서 개성을 지니고 있어야 한다.
　㉤ 개성적 인물은 곧 작가의 개성이며, 다른 작품과의 차별성을 가질 수 있게 한다.
　㉥ 전형적 인물을 자주 등장시키는 이유는 **전형적 인물이 곧 실제적 인간 경험의 산물**이기 때문이다.

> **더 알아두기**
> **그 밖에 희곡의 인물의 특징**
> • 희곡의 인물은 심리적 갈등과 의지의 투쟁을 보여 주어야 한다.
> • 극의 진행에 따라 상황 · 성격 등의 대립을 통한 갈등에 끝까지 진지하게 투쟁해야 한다.
> • 평면적 인물이 아닌 입체적 인물이어야 한다. → 투쟁의 의지를 일으키는 인물
> • 갈등을 해소하기 위한 최선의 노력을 해야 한다.

(4) 희곡의 성격 제시 방법
① 희곡은 극중 인물의 대화와 행동을 통해서만 성격 제시가 가능하므로, 성격이 뚜렷하고 단순해야 한다. → 간접 표현
② 대화는 대체로 말하는 사람의 성격과 행동을 드러내므로, 그것들이 자연스럽게 나타나야 한다.
③ 인물의 성격 제시 또는 심리 묘사 등은 대화 이외에 조명 · 음악 · 독백 · 방백, 다른 인물들의 간접적인 언급 등을 통해 표현될 수도 있다.
④ **W. H. 허드슨**
　㉠ 인물이 뚜렷하고 단순해야 한다.
　㉡ 인물의 성격과 행동은 대화를 통해 자연스럽게 나타나야 한다.
　㉢ 주인공의 대화가 아닌 다른 인물의 언급을 통해 간접적으로 표현할 수 있다.

(5) 등장인물의 유형
① **돈키호테형**
　㉠ 세르반테스의 『돈키호테』의 주인공이다.
　㉡ 희극의 인간형이며, 외향적 성격을 지니고 있다.
　㉢ 과대망상적 공상가이며, 이상(理想)을 위해 죽음을 무릅쓰고 돌진하는 실천형 인물이다.
　㉣ 이론 · 지식 등을 경시(輕視)한다.

② **햄릿형**
　㉠ 셰익스피어의 『햄릿』의 주인공이다.
　㉡ 비극의 인간형이며, 내향적 성격을 지니고 있다.
　㉢ 성격이 예민하며 반성적이다.
　㉣ 결단력·실행력 등이 결여되어 있어 비관적 인물의 전형이라 할 수 있다.

> **더 알아두기**
>
> **희곡의 갈등**
> - **개념**: 희곡은 제한된 시간 안에 무대 위에서 상연된다는 제약에도 불구하고 희곡의 문학성을 고양시키면서 연극 상연 시 관객들의 관심을 집중시키기 위해서는 긴장된 분위기의 극적 상황이 필요하다.
> - **특징**
>   - 인물의 행위는 물론 구조에 있어서도 분규·갈등을 통해 극적 긴장감을 고조시켜야 한다.
>   - 인물이 자신이 원하는 것을 얻기 위해 노력하는 투쟁이 구체적으로 나타나는 것이 바로 희곡적 긴장의 조건이다. → 희곡은 의지의 투쟁을 표현해야 함
>   - '희곡적 긴장'은 희곡을 다른 문학 장르와 구별해 준다.
>   - 갈등·위기 등의 요소가 행해지는 것을 '극적 행동'이라 한다.
> - **갈등의 요인**: 대립에 의해 극적 상황을 이끄는 갈등과 충돌이 생겨난다.
>   - 외적 갈등: 충돌 요인이 다른 인물 또는 환경 등인 경우
>   - 내적 갈등: 충돌 요인이 자기 내부에서 일어나는 경우
> - **극적 효과**
>   - 의지투쟁설(브륀티에르): 비극에서 극적 효과가 최고조인 상황은 주인공이 그를 둘러싸고 있는 운명과 장애에 저항·투쟁하려는 의지가 고조되는 때이며, 그 주인공의 투쟁 의지가 극적 효과를 높인다고 보았다.
>   - 위기설(아처): 극의 발단에서부터 긴장을 주는 위기를 설정해야 하며, 극적 효과의 절정은 작은 위기가 연쇄적으로 쌓여 클라이맥스를 형성할 때라고 보았다.
>   - 대립설(해밀턴): 극적 효과는 상황이나 힘의 대립, 주동인물과 반대세력 등이 대립할 때 더욱 커진다고 보았다.

○✕ 로 점검하자 | 제2절

※ 다음 지문의 내용이 맞으면 ○, 틀리면 ✕를 체크하시오. (01~11)

01 희곡의 플롯(Plot)은 희곡의 기본적·포괄적인 요소이다. (   )

02 에피소드적 플롯은 부적절한 플롯에 해당한다. (   )

03 플롯의 유형에는 '단순형, 이중형, 복합형'이 있다. (   )

04 희곡의 플롯의 3막 구성은 '처음 – 중간 – 끝'의 구성이다. (   )

05 희곡의 5막 구성은 프라이타크가 확립한 것이다. (   )

06 사건과 성격이 복잡해지고 갈등과 분규가 구체화되는 단계는 절정 단계이다. (   )

07 반전이 이루어지는 단계는 하강이다. (   )

08 무대 지시문은 대사를 포함하여 무대 위에서 이루어지는 모든 것을 지시한다. (   )

09 대사의 종류에는 '대화·독백·방백'이 있다. (   )

10 대화는 플롯의 진행에 직접 관여할 수 없으며, 인물의 행동만을 유발한다. (   )

11 방백은 화자가 직접 관객이나 무대 위의 배우 중 몇 사람만을 선택하여 그들만 듣는 것으로 가정하고 혼자 말하는 것이다. (   )

정답 1 ○ 2 ○ 3 ○ 4 ○ 5 ○ 6 ✕ 7 ○ 8 ✕ 9 ○ 10 ✕ 11 ○

제2절 핵심예제문제

01 플롯의 사건은 논리적으로 엄격한 형태를 지니고 있으며, 일련의 사건이 인과관계에 의해 조직되고, 그 조직 상호간은 유기적인 통일성을 갖추어야 한다.

01 다음 중 희곡의 플롯의 특징이 <u>아닌</u> 것은?

① 희곡의 가장 기본적·포괄적인 요소이다.
② 위기를 고조시키는 극적 구성을 위해 사건의 연결이 비논리적일 수도 있다.
③ 극적 긴장과 서스펜스를 일으키는 구조를 이루어야 한다.
④ 희곡의 구성은 강화된 것이어야 하는데, 이는 극적 구성과 연결된다.

02 '발단'은 극의 도입 및 설명의 단계로, 사건의 방향성·성격·극적 분위기 등이 제시된다. 또한 앞으로 일어날 사건이나 등장인물에 대한 소개, 이들 간의 갈등의 단서를 암시한다.

02 희곡의 구성요소 중 다음이 설명하는 것은?

- 인물들의 내면적 심리 상태와 갈등의 원인을 보여준다.
- 앞으로 전개될 사건을 소개한다.
- 시간과 장소, 극적 분위기 등이 소개된다.

① 발단
② 상승
③ 정점
④ 대단원

정답 01 ② 02 ①

03 다음 중 대화의 특징이 아닌 것은?

① 간략하고 집중화되어야 한다.
② 그럴 듯한 것이어야 한다.
③ 사건을 설명해 준다.
④ 플롯의 진행에는 관여할 수 없다.

> 03 대화는 플롯의 진행에 관여하며, 인물의 행동을 유발하기도 한다.

04 다음 중 전형적 인물의 특징이 아닌 것은?

① 희곡의 인물은 전형적이며, 동시에 개성적이어야 한다.
② 전형적 인물은 시대와 민족을 떠나 보편성을 띤다.
③ 전형적 인물은 실제적 인간 경험의 산물이다.
④ 전형적 인물을 통해 극적 표현을 더욱 선명하게 부각시킬 수 있다.

> 04 전형적 인물은 그 인물이 속해 있는 사회적 계층과 교양·사상·습관 등의 보편성을 대표하는 전형성을 지녀야 하는데, 이는 시대·관습에 따라 다르게 설정될 수 있다.

05 다음 중 부적절한 플롯이 아닌 것은?

① 필수불가결한 행동 또는 장면을 생략하지 않는 플롯
② 에피소드적 플롯
③ 인위적이고 무리하게 조작된 결말의 플롯
④ 초점을 흐리게 하는 플롯

> 05 플롯은 필수불가결한 행동 또는 장면을 임의로 생략해서는 안 된다.
>
> **부적절한 플롯**
> - 에피소드적 플롯
> - 인위적이고 무리하게 조작된 결말의 플롯
> - 지나친 시공간의 제약을 받는 플롯
> - 초점을 흐리게 하는 플롯
> - 지나친 생략에 의한 플롯
>
> **정답** 03 ④ 04 ② 05 ①

제3절　희곡의 종류

1 비극(悲劇) 기출 23

(1) 개념

① 어원

'Tragedy'는 '산양(山羊)의 노래'를 의미하는 그리스어 'Tragoidia'에서 유래하였다.

> **체크 포인트**
> Tragoidia(비극) : 'Tragos(산양)' + 'Ode(노래)'

② 기원
- ㉠ 디오니소스(Dionysos, 술의 신)를 제사지내는 축제에서 노래를 합창한 코러스가 산양의 가죽을 입었다는 설과 산양을 제물로 바쳤다는 설 등 여러 가지 학설이 있다. 일반적으로는 디오니소스를 찬양하는 합창단이 모두 양피 옷을 입고 '디티람보스(Dithyrambos, 디오니소스 찬가)'를 불렀는데, 이때 코러스의 지휘자는 작곡가요, 작시자(作詩者)이며, 한 명의 배우였다.

> **체크 포인트**
> 아리스토텔레스는 『시학』에서 '디티람보스(Dithyrambos, 디오니소스 찬가)'의 지휘자로부터 유래하였다고 보았다.

- ㉡ 최초의 비극이 디오니소스 축제에서 상연된 것은 기원전 5~6세기로 추정된다.
- ㉢ 처음에는 배우가 1명밖에 없었으나 아이스킬로스에 이르러 배우를 1명에서 2명으로 늘리고, 합창무용단(코러스)을 줄여 대화가 비극의 중심이 되게 하였다. 그러던 것이 소포클레스에 이르러 배우가 3명으로 늘고 무대 배경을 사용하게 되면서 본격적인 비극의 형태가 이루어졌다.

(2) 비극의 정의 기출 22

① 인생의 슬픔과 비참함을 제재로 하고 주인공의 파멸·패배·죽음 등의 불행한 결말을 갖는 극 형식이다.
② 사전적 정의로는 인물 자신의 성격, 또는 환경과의 갈등으로 인해 생기는 고뇌 상태를 표현하여 사건 전체의 경과 중 특히 결말에서 비장미(悲壯美)를 드러내는 희곡이다.
③ 아리스토텔레스의 정의
- ㉠ 비극은 장중하고 일정한 크기를 가진 그 자체가 완결된 행동의 모방이다. 그것은 쾌적한 장식을 가진 고양된 언어로 표현되고 각종의 장식은 작품의 각 부분에 따로 도입된다.
- ㉡ 서술체가 아니라 배우가 실행하는 드라마적 형식을 취한다.
- ㉢ 연민과 공포를 환기시키는 사건을 포함하며, 그것에 의해 정서의 카타르시스(Catharsis)를 행하는 것이다.

(3) 특징 중요

① 가공적이며, 그 자체의 구조 패턴을 지닌 하나의 예술 형식이다.
② 고양된 내용을 통해 불행하게 결론 맺는 진지한 극이다.
③ 비극의 주인공은 선(善)을 대표하며, 주인공의 투쟁은 악(惡)과의 싸움이다.

> **체크 포인트**
> '선(善)'은 도덕적 의미 및 행동·성격·지위 등과도 관련이 있다. 또한 인생의 장애와 투쟁하는 폭넓은 성실성을 의미하기도 한다.

④ **비극적 결함**
  ⊙ 주인공은 비극적 결함(본의 아닌 과실 또는 범죄 등 - 고의가 아님)을 가진 인물이며, 비극의 동기는 바로 이러한 '비극적 결함'에서 비롯된다.

> **체크 포인트**
> 선한 자가 비극적 결함으로 인해 몰락하는 과정을 통해 비극적 효과를 배가시킬 수 있기 때문이다.

  ⓒ 비극적 결함은 그리스 비극에서는 '운명(운명극)', 근대극에서는 '성격(성격극)', 리얼리즘극에서는 '사회적 조건(사회극)'에 기인한다.

[비극의 유형]

그리스 고전비극	근대 고전비극	자연주의 근대비극
• 운명에 의한 인간의 패배 • 등장인물은 대부분 왕이나 귀족 계급 예 소포클레스의 『오이디푸스』 등 기출 23	• 인간의 천성적 성격의 결함에 의한 패배 • 그리스 고전비극에 비해 인간적 인물 유형을 띰 예 셰익스피어의 대부분의 극작품	• 자신이 처한 사회적 환경조건에 의한 패배 • 등장인물의 성격과 사회상황과의 갈등 → 상황비극 예 입센의 『인형의 집』 등

⑤ 비극의 결말은 주인공의 파멸이다.

> **체크 포인트**
> 비극이 단순한 '슬픔'과 다른 이유는, 비극에서는 주인공의 희생이 인생의 의미를 이해하는 보편타당성을 지닌 '고결성'을 내포하고 있기 때문이다.

⑥ 비극의 구조는 집중적이며 치밀해야 한다. → 삼일치 법칙
⑦ 단일한 결말을 가져야 한다.

> **체크 포인트**
> '단일한 결말'이란 주인공의 운명이 파멸로 끝난다는 것을 의미한다.

⑧ 사회적 집단의 문제보다는 보편적 개인의 문제에 초점을 둔다.

(4) 비극의 효과 – 아리스토텔레스 종요

① **연민과 공포**

> 연민은 주인공이 부당하게 불행에 빠지는 것을 볼 때 생기는 것이고, 공포는 우리와 비슷한 주인공이 불행에 빠지는 것을 볼 때 생긴다.
> – 아리스토텔레스

㉠ 연민
- 비극의 주인공에 대한 전적인 공감 – 측은지심
- 운명의 흐름에 휩쓸린 나머지 인물들에 대한 슬픔의 감정
- 타인에 대한 감정

㉡ 공포
- 가까운 누구에게라도 일어날 수 있을 것이라는 두려움
- 두려움을 비롯해 경이감을 가져다주는 놀라움에 찬 감정
- 자신에 대한 감정

㉢ 연민과 공포가 곧 감정의 정화를 불러일으킨다.

체크 포인트
연민과 공포는 불가분의 관계이다.

② **카타르시스(Catharsis)** 기출 25, 24, 21
㉠ 정화(淨化), 배설(排泄)을 의미한다.
㉡ 고난과 패배의 재현은 관객들에게 억압의 느낌을 주는 것이 아니라 오히려 해방감·고양감을 준다.
㉢ 체내의 모든 찌꺼기를 배설하듯이 연민과 공포의 체험을 통해 일상에서 쌓인 정서의 찌꺼기를 표출, 마음의 정화를 얻을 수 있다.

체크 포인트
'**맺음**'과 '**풀림**' : 비극은 '맺음'과 '풀림'으로 구분되는데, '맺음'은 행동의 시작에서 행운 또는 불행으로 전환되기 직전까지의 부분이며, '풀림'은 전환의 시작부터 끝까지의 부분이다. 비극은 이러한 '맺음'과 '풀림'을 통해 고유의 기쁨을 준다.

㉣ 비극적 흥분은 인간의 본성인 연민과 공포를 배출하여 해방감 및 쾌감을 느낄 수 있게 해 준다.

2 희극(喜劇)

(1) 개념

① 어원
㉠ 희극, 즉 'Comedy'는 그리스어인 'Komoidia'에서 유래되었다.
㉡ Komoidia(희극)
- 'Comos(행렬)' + 'Ode(노래)' - 행렬의 노래
- 'Come(부락)' + 'Ode(노래)' - 부락의 노래

② 기원
㉠ 디오니소스 축제 때, 행렬을 지어 노래하며 춤을 추는 가운데 군중들이 주고받는 웃음거리의 말에서 출발했다.
㉡ 축제 때의 술잔치꾼들을 'Comos'라고 불렀는데, 이들은 군중을 웃기기 위해 해학·골계·풍자·조소를 섞어 꾸몄다. 여기서 소극(笑劇)이 발생하여 다시 희극으로 발전하였으며, 다시 아리스토파네스에 의해 『구름』, 『개구리』 등 그리스를 대표하는 작품이 창작되었다.

(2) 희극의 정의 기출 22

웃음을 주조로 하여 인간과 사회의 문제점을 경쾌하고 흥미 있게 다룬 연극이나 극 형식으로, 인간 생활의 모순이나 사회의 불합리성을 **골계적·해학적·풍자적**으로 표현한 것이다.

(3) 특징 중요 기출 23

① 웃고 즐길 수 있는 희곡이다.
② 경쾌하고 흥미 있는 줄거리·인물 등을 통해 인간성의 결여나 사회의 병폐 등을 표현하여 **웃음 속에서 갈등을 해소하고 가치를 얻게** 된다. → 웃음을 통한 인간의 본질 추구
③ 비극에 비해 삶의 영역이 넓다.
④ 일반적으로 행복한 결말을 보여 준다.

> "모든 비극은 죽음으로 끝나고, 모든 희극은 혼인으로 끝난다."
> — 아리스토텔레스

⑤ 비극은 갈등과 긴장이 고조되어 있는 데 비해 희극은 가볍고 명랑하며 흥미가 중심이 되어 일상생활의 모순과 부조리·비인간성 등을 제시한다.

⑥ 풍자와 기지가 풍부하며, 인간과 사회의 부도덕·부패에 대한 신랄한 비판 의식을 담고 있다.
→ 지적·비판적

> **체크 포인트**
> 비극이 연민의 감정을 중심으로 정서적으로 호소하는 데 비해, 희극은 유머·위트 등의 기법을 사용하여 불합리한 사회와 인간의 사악함을 신랄하게 비판한다.

⑦ 비극에 비해 불완전한 인간성에 의존한다.

> **체크 포인트**
> 희극은 보통사람 이하의 악인을 모방한 것이다. 이는 비영웅적 측면을 대표하는 보통사람 이하의 인물을 내세움으로써 멸시와 조소·공감의 웃음을 드러내기 위해서이다.

⑧ 희극의 인물은 전형성을 지닌다. 인물의 개성이나 개별화된 성격보다는 집단적 특성을 드러낸다.
→ 몰개성적
⑨ 인간 조건의 본질에 대한 통찰과 인생의 깊은 이해 및 체험에 가치를 둔다.

(4) 유머와 위트

① 유머[Humor, 해학(諧謔)]
  ㉠ 중세 및 르네상스 시대의 생리학 용어로, '다혈질(쾌활한), 우울질(우울한), 점액질(둔중한), 담즙질(화를 잘 내는)'의 특성으로써 인간의 성질을 구분한 것이다.
  ㉡ 18세기 산문 문학이 발달하면서 풍자와 조롱과는 의미가 다른, 정답고 긍정적인 형태의 희극성을 가리키는 의미가 되었다.
  ㉢ 오늘날에는 골계의 일종인 미적 범주의 하나로, 유머에 있어서의 모순은 보다 높은 관조에 의해 주관적으로 특수한 대조를 일으키는 특징을 갖는다.

② 위트[Wit, 기지(機智)]
  ㉠ 골계의 일종이다.
  ㉡ 얼핏 보면 전혀 이질적인 관념들을 당돌하게 연결시켜 모순과 해결에 의한 순간적 전환을 통해 우스꽝스러운 효과를 나타내는 것이다.
  ㉢ 이질적인 사물 속에서 유사점을 인지하는 능력으로, 문학에서의 중요한 지적(知的) 조작을 의미한다.
  ㉣ 유희적이거나 경박한 것으로 보지 않으며, 아이러니를 만들어 내는 중요한 정신작용의 역할을 한다.

③ 유머와 위트의 비교 중요

유머	위트
성격적·기질적	지적
태도, 동작, 표정, 말씨 등에 광범위하게 나타남	언어적 표현을 떠나서는 존재하기 어려움
인간에 대한 선의를 가지고 그 약점, 실수, 부족함 등을 다함께 즐겁게 시인하는 공감적 태도	이질적 사물에서 유사점을 찾아내고 그것을 경구(警句)나 격언 같은 압축·정리된 말로 능숙히 표현하는 지적 능력
밖으로 확장하는 것	집약적이고 안으로 파고드는 것
느림	빠름
부드럽고 객관적	날카롭고 주관적
자연적	기술적

(5) 희극의 효과

① 도덕적 의미에서 만인을 교정하는 것이다.
② 미학적 인식에서 심정을 앙양시켜 웃음 속에서 건강한 자(者)를 더욱 건강하게 하는 일이다.
③ 모순과 부조리에 대해 풍자한다.

(6) 희극의 종류 중요

① 소극(笑劇, Farce)
  ㉠ 해학을 기발하게 표현하여 사람을 웃길 목적으로 만든 비속한 연극이다. → '저속한 코미디(Low comedy)'
  ㉡ 중세의 세속극에서 발생한 것으로, 희극의 가장 간단하고 비속한 형태이다.
  ㉢ 과장된 표현, 엉터리 소동, 농담, 개그, 슬랩스틱, 우연성, 황당무계함 등을 특징으로 한다.
  ㉣ 웃음 자체를 위한 대사의 묘미나 성격 묘사보다는 육체적 익살스러움과 거친 기지, 우스운 상황의 창조 등의 계략으로 웃음을 자아낸다.

> **체크 포인트**
> 인물 설정의 교묘함이나 플롯의 개연성에는 비중을 두지 않으며, 인물의 모습이나 행동, 극적 상황 등을 중요시한다.

  ㉤ 대표적 작품으로는 셰익스피어의 『실책의 희극(The Comedy of Errors)』, 오스카 와일드의 『거짓에서 나온 성실』 등이 있다.
  ㉥ 비논리적 웃음을 유머, 상황, 비교적 복합이 없는 인물들을 통해 만들어 낸다.

② **코메디아 델라르테(Commedia dell'arte)**
　㉠ 16세기 초에서 18세기 초까지 이탈리아에서 성행한 희극이다.
　㉡ 이탈리아 민간의 직업 배우들이 가면을 쓰고 미리 의논한 줄거리에 따라 즉흥적으로 연기를 한다.
　　→ 즉흥극
　㉢ 노래・춤・팬터마임・풍자 등이 잘 조화되어 있다.
　㉣ 델아트 희극이라고도 한다.

③ **풍속희극(Comedy of manners)**
　㉠ 몰리에르로부터 시작되어 영국의 17세기 후반기, 즉 왕정복고시대에 성행한 희극이다.
　㉡ 당시 상류사회의 풍습, 즉 사치하고 음란하던 왕정복고기의 귀족사회 및 젊은 남녀들의 연애 등을 풍자하였다. → 풍자와 위트가 풍부

④ **최루희극(Comedia larmoyante)**
　㉠ '눈물희극'이라고도 한다.
　㉡ 고전비극과 희극의 어느 쪽에도 속하지 않는 시민극의 일종이다.
　㉢ 지적 능력보다는 감상에 의존한다.

(7) **희극의 유형**
　① **고급희극・저급희극** : 풍자와 기지가 탁월
　② **성격희극** : 인물의 성격적 특징을 강조
　③ **골계희극** : 유머 중시
　④ 기타 계략희극, 풍습희극 등

더 알아두기

멜로드라마(Melodrama)
- 개념 : 권선징악을 목적으로 하여 행복한 결말을 맺는 통속극
- 특징
　- 18세기 후반 부르주아지의 발흥과 더불어 프랑스를 중심으로 한 반고전주의 풍조에 자극을 받아 발전한 오락극이다.
　- 소시민 사회의 정치・경제 등이 발전하면서 대중의 힘이 강력해짐에 따라 대중들의 오락 요구와 흥미를 위해 성행하였다.
　- 우연성, 위기, 동정, 윤리, 도덕 등이 중요한 요소로 작용한다.
　- 인물의 성격보다 극적 상황이 강하게 작용한다. → '과장'은 극적 상황을 강조하기 위한 도구
　- 동기보다 행동을 강조하며, 지적・논리적・비판적 태도보다는 통속적인 정의감이나 선정성이 강하다.
　- 사건의 기복이 심하고 권선징악을 위주로 한다.
　- 행복한 결말로 끝난다.
　- 역경을 극복하는 승리의 형식이며, 희극과 비극이 공존한다.

3 희비극(喜悲劇)

(1) 개념 기출 22

희비극은 희극적 요소(골계)와 비극적 요소(비장)가 종합된 것으로, 비극의 절정에서 행복한 장면으로 전환·비약하여 막을 내리는 희곡이다.

> **체크 포인트**
> 비극과 희극의 단순한 결합이 아닌 완전 융합 상태를 이른다. → 조화미

(2) 특징 기출 23

① 일반적으로 비극적 진행 뒤에 희극적 결말이 나타난다.
② 셰익스피어의 『베니스의 상인』, 체호프의 『곰』, 임희재의 『고래』 등이 대표적이다.

(3) 희극과 비극의 비교

구분	희극	비극
묘사 대상	보편적 타입을 묘사	개성을 묘사
창작 방법	외면적 관찰에 기초	내면적 관찰에 기초
사회와의 관계	• 사회에 깊은 관심 • 웃음을 만들어 사회생활을 교정	• 사회에 무관심 • 사회와 관계를 끊고 단순히 자연에 복귀

> **더 알아두기**
>
> **전통극과 서구극의 차이**
>
> | 구분 | 전통극(마당놀이) | 서구극(비극) |
> | --- | --- | --- |
> | 형식 | 개방형식(무대장치 없음) | 폐쇄형식(무대장치 있음) |
> | 장소 | 극중 장소 = 공연 장소 | 극중 장소 ≠ 공연 장소 |
> | 관객참여 | 능동적 | 수동적 |
> | 장르 | 주로 희극 | 주로 비극 |
> | 구성 | 옴니버스식 구성 | 유기적 구성 |
> | 호소 대상 | 관객의 이성에 호소 | 관객의 감정에 호소 |
> | 극적 환상 | 없음 | 있음 |
> | 구분단위 | 과장, 거리, 마당 | 막, 장 |
> | 몰입강도 | 약함 | 강함 |
> | 공통점 | 가장한 배우, 대사, 몸짓 ||

○✕로 점검하자 | 제3절

※ 다음 지문의 내용이 맞으면 ○, 틀리면 ✕를 체크하시오. (01~11)

01 비극은 인생의 슬픔과 비참함을 제재로 하고 주인공의 파멸·패배·죽음 등의 불행한 결말을 갖는 극 형식이다. (   )

02 아리스토텔레스는 비극은 서술체가 아니라 배우가 실행하는 드라마적 형식을 취한다고 보았다. (   )

03 비극의 주인공은 대체로 악(惡)을 대표한다. (   )

04 주인공의 비극적 결함은 '의도적인 실수·범죄' 등을 의미한다. (   )

05 비극에서의 '단일한 결말'이란 주인공의 운명이 파멸로 끝난다는 것을 의미한다. (   )

06 연민과 공포는 감정의 정화를 불러일으키는 것으로, 상호 불가분의 관계를 갖는다. (   )

07 비극적 흥분은 인간의 본성인 연민과 공포를 배출하여 해방감 및 쾌감을 느낄 수 있게 해 준다. (   )

08 비극은 골계적·해학적·풍자적 성격을 띤다. (   )

09 희극은 비극에 비해 불완전한 인간성에 의존한다. (   )

10 희극의 인물은 몰개성적·전형적이다. (   )

11 희극의 주요 요소는 위트와 유머로, 유머는 이질적인 사물 속에서 유사점을 인지하는 능력으로, 문학에서의 중요한 지적(知的) 조작을 의미하는 것이다. (   )

정답 1 ○ 2 ○ 3 ✕ 4 ✕ 5 ○ 6 ○ 7 ○ 8 ✕ 9 ○ 10 ○ 11 ✕

제 3 절 핵심예제문제

01 비극의 두 가지 효과인 연민과 공포에 대한 설명으로 틀린 것은?

① 연민은 비극의 주인공에 대한 전적인 공감, 공포는 자기에 대한 감정이라 볼 수 있다.
② 공포는 두려움을 비롯해 경이감을 가져다주는 놀라움에 찬 감정이다.
③ 연민은 운명의 흐름에 휩쓸린 나머지 인물들에 대한 슬픔의 감정을 포함한다.
④ 연민과 공포의 감정은 불가분의 관계를 맺을 수 없다.

> 01 연민은 타인, 공포는 자기에 대한 감정으로 볼 수 있으며, 연민과 공포는 불가분의 관계를 맺는다.

02 다음 중 희극의 특징이 아닌 것은?

① 일반적으로 행복한 결말을 맺는다.
② 희극의 인물은 개성적·전형적이다.
③ 웃음을 통해 인간의 본질을 추구한다.
④ 골계적·풍자적 특성을 갖는다.

> 02 희극의 인물은 전형성을 지니며, 인물의 개성이나 개별화된 성격보다는 집단적 특성을 드러낸다.

03 다음 중 희곡의 특징으로 적절하지 않은 것은?

① 단일한 결말을 갖는 것은 비극의 특징이다.
② 비극적 진행 뒤에 희극적 결말이 나타나는 것은 희비극이다.
③ 비극은 유머와 위트, 골계미를 통해 현실을 묘사한다.
④ 사람을 웃길 목적으로 만든 비속한 연극을 소극(笑劇)이라 한다.

> 03 유머와 위트, 골계미를 통해 현실을 풍자하는 것은 희극이다.

정답 01 ④ 02 ② 03 ③

04 희극과 비극의 비교로 적절하지 않은 것은?

	〈희극〉	〈비극〉
①	개성 묘사	보편적 타입 묘사
②	외면적 관찰	내면적 관찰
③	사회에 관심 있음	사회에 관심 없음
④	웃음으로 사회 교정	단순히 자연에 복귀

04 개성을 묘사하는 것은 '비극'이며, 보편적 타입을 묘사하는 것은 '희극'이다.

정답 04 ①

제4절 희곡의 삼일치론 중요 기출 23

1 사건의 일치

(1) 행동의 일치라고도 한다.

(2) 희곡에서 인물의 행동에 의하여 일어나는 사건은 작가의 의도나 주제와 일치해야 하고, 다른 모든 인물의 행동 역시 여기에서 벗어나서는 안 된다.

(3) 비극을 포함한 연극은 인간 생활 중에서 어떤 위기를 설정하여 그 귀결에 도달하는 필연적 · 개연적인 행동이다.

(4) 이러한 귀결 및 해결에 이르는 필연적 또는 개연적 행동은 '일치'가 있는 행동이다.

(5) 희곡의 저변(底邊)에는 일정한 방향으로 흐르는 인생의 움직임이 있어야 한다.

> **체크 포인트**
> 엄격히 짜인 형식의 극의 사건은 하루에 한 장소에서 일어나야 하고, 플롯과 관계없는 것이 없어야 한다.

2 시간의 일치

(1) 아리스토텔레스는 『시학』에서 극의 사건은 가능한 한 24시간 내(하루)에 끝나야 한다고 보았다.

> "비극은 가능한 한 태양이 일회전하는 동안이나 아니면 그에 가까운 시간 동안 행하려고 노력해야 한다."

(2) 무대 상연을 전제로 하는 희곡의 제한적 성격으로 인해 발생한 법칙이다.

(3) 극에 대한 지나친 시간상의 제약으로 현대극에서는 찾아보기 어렵다.

3 장소의 일치

작품에서의 특수한 분위기를 계속 유지하기 위해서는 장면의 변화를 극도로 제약해야 하며, 장면의 변화가 빈번할 경우 관객의 주의가 산만해질 수 있으므로 장소의 집중화를 통해 행동의 긴장을 유발하려는 것에서 발생하였다.

> **체크 포인트**
> 희곡의 삼일치론은 '사건·시간·장소의 일치'를 의미하며, 오늘날 시간의 일치와 장소의 일치는 무시되고 있다. 다만 '사건의 일치'는 극의 플롯과 밀접한 관계에 있기 때문에 그 타당성이 인정되고 있다.

> **더 알아두기**
>
> **희곡의 발달**
> - **고전주의극**
>   - 고대 그리스와 로마의 극을 거쳐 17~18세기 고전주의 시대에 제작된 극이다.
>   - 인간의 이성을 중요시하며, 모호성을 배제한 가운데 인간의 보편성·품위·윤리성 등을 추구한다.
>   - 궁극적인 목적은 인간사회의 질서 회복이다.
>   - 대사가 시(詩)로 이루어져 있으며, 극 자체의 통제와 질서를 준수하였다.
>
>   > 삼일치 법칙인 '사건·시간·장소의 일치'는 고전주의극의 중요한 특징이다.
>
> - **낭만주의극**
>   - 18세기 독일을 중심으로 발전하였다.
>   - 인간의 감정·천성·개성 등의 분출을 예술로 승화시키는 것과 사회 참여적 요소가 개입되면서 출발하였다. → 사회 개혁 의지
>   - 절대적 진리를 인식하는 것은 불가능하다는 판단 아래, 부분적 진리에 도달하고자 하였다.
>   - 자유롭고 복합적인 무대에서 사건의 제한 없이 다양한 내용을 추구하였다.
>   - 인간의 감성·상상력 등을 존중하였으며, 미(美)의 부각을 위해 추악함에 대한 인식이 중요시되었다.
> - **사실주의극**
>   - 낭만주의에 대한 반감으로 발생하였다.
>   - 합리주의 사상과 과학정신을 토대로 논리적·구체적 객관성을 중요시하였다.
>   - 인간과 사회·집단 등의 환경에서 발생한 부정·불균형의 원인을 있는 그대로 충실하게 묘사하였다.
>   - 무대에서 시를 추방하고, 관념성에서 탈피, 개성을 중시하였다.
> - **표현주의극**
>   - 과학기술의 발달로 인한 산업화·도시화 속에서 살아가는 개인의 자아를 있는 그대로 표현하였다.
>   - 인간의 내면적 진실을 추구하였다.
>   - 자아 속에서 새로운 기점을 얻고자 하는 노력과 예리한 정신을 통한 현실 초극의 태도를 지향하였다.

- **부조리극** 기출 22
  - 전통적 예술 및 개념을 부정하는 데서 출발하였다.
  - 현실과 환상의 관계에서 상대적 진리를 추구하였다.
  - 언어 외적인 문제에서 인간의 진실한 표현을 찾고자 하였으며, 인간에 대한 끊임없는 탐구로 인간에 대한 냉혹한 시선과 실소가 주를 이루었다.
  - 비정상적인 인식과 잠재의식을 통해 새로운 현실을 발견하려는 데 그 목적이 있다.

  > 부조리(Absurdity)의 3대 특성 : 무의미 · 무목적 · 충동성

- **서사극** 기출 24
  - 현대 희곡에서 가장 혁신적 이론으로 대두된 극형식이다.
  - 연극과의 완전한 감정 이입을 주장한 아리스토텔레스의 이론과 상반된다.
  - 연극과 이성적 판단과의 객관적 거리를 유지하여 관객 스스로가 비판 능력을 발휘할 수 있게 하였다.
  - 극적 장치로서 '소외효과'를 사용하였다.

  > 소외효과는 연극에서 현실의 친숙한 주변을 생소하게 보이게 하여, 극중 등장인물과 관객과의 감정적 교류를 방지하게 하는 것이다.

  - 조명 · 무대장치 등을 되도록 배제하였다.

O X 로 점검하자 | 제4절

※ 다음 지문의 내용이 맞으면 O, 틀리면 ×를 체크하시오. (01~06)

01 희곡의 삼일치론은 '사건·시간·장소'의 일치이다. (   )

02 엄격히 짜인 형식의 극의 사건은 하루에 한 장소에서 일어나야 한다. (   )

03 시간의 일치와 사건의 일치는 동일한 개념이다. (   )

04 "비극은 가능한 한 태양이 일회전하는 동안이나 아니면 그에 가까운 시간 동안 행하려고 노력해야 한다."는 말은 시간의 일치와 관련된 말이다. (   )

05 오늘날 시간의 일치와 장소의 일치는 무시되고 있다. (   )

06 희곡에서 인물의 행동에 의하여 일어나는 사건은 작가의 의도나 주제와 반드시 일치할 필요는 없다. (   )

정답 1 O 2 O 3 × 4 O 5 O 6 ×

제4절 핵심예제문제

01 희곡의 삼일치 법칙 중 오늘날까지 그 타당성이 인정되는 것은?

① 시간의 일치
② 사건의 일치
③ 장소의 일치
④ 인물의 일치

01 삼일치 법칙 중 시간의 일치와 장소의 일치는 오늘날 무시되고 있으며, 사건(행동)의 일치만이 그 타당성을 인정받고 있다.

정답 01 ②

제 6 장 실전예상문제

01 희곡은 표출의 형태를 취한 극시에서 발생하였으며, 서술의 형태를 취한 서사시에서 발생한 것은 소설이다.

01 희곡의 기원에 대한 설명으로 틀린 것은?
① 'Drama'는 '행동하다, 움직이다'는 의미의 그리스어 'Dran'에서 유래하였다.
② 희곡은 서술의 형태를 취한 서사시에서 발생하였다.
③ 동서양의 연극 또는 희곡에 대한 발생은 그 뿌리가 같다.
④ 아리스토텔레스는 희곡의 정의를 가장 최초로 언급하였다.

02 희곡은 무대 상연을 전제로 대화와 행동을 통해 관객에게 작가의 의도를 직접적으로 전달하는 문학이다.

02 희곡의 개념에 대한 설명으로 적절하지 않은 것은?
① '희곡(戲曲)'이란 말 자체가 연극성을 내포하고 있다.
② 희곡은 인간 행동을 표현하는 문학이다.
③ 관객에게 작가의 의도를 간접적으로 전달하는 문학이다.
④ 희곡에서의 행동은 압축과 생략, 집중과 통일이라는 특성을 갖는다.

03 W. 아처가 제시한 희곡의 특징
• 무대 상연을 전제로 하는 문학
• 인간의 행동을 표출하는 문학
• 가장 객관적인 형식의 문학
• 대화가 유일한 표현 방식인 문학

03 다음 중 W. 아처가 제시한 희곡의 특징이 아닌 것은?
① 무대 상연을 전제로 하는 문학
② 가장 주관적인 형식의 문학
③ 대화가 유일한 표현 방식인 문학
④ 인간의 행동을 표출하는 문학

정답 01 ② 02 ③ 03 ②

04 다음 중 희곡의 특징으로 올바른 것은?
  ① 일원론적·단면적 성격
  ② 4대 장르 중 시공간적 제약이 가장 적음
  ③ 현재 시제
  ④ 서술과 지시의 문학

04 희곡은 대사와 행동을 통해 무대 위에서 상연되는 것으로, 작가와 관객의 의사소통이 연극이 진행되는 즉석에서 이루어지며, 표현되는 모든 이야기는 현재화된다.
  ① 이원론적·양면적 성격을 갖는다.
  ② '무대'라는 특성으로 인해 4대 장르 중 시공간적 제약이 가장 많다.
  ④ 대사와 행동의 문학이다.

05 레제드라마에 대한 설명으로 틀린 것은?
  ① 희곡에 있어서 문학적 요소만이 강조된 형식의 희곡이다.
  ② 연극이 요구하는 모든 조건, 제약의 구분 없이 순수한 문학적 형태를 띤다.
  ③ 폴켈트는 레제드라마를 무대극이라 하고, 상연을 목적으로 하는 희곡을 상상극이라 하였다.
  ④ 괴테의 『파우스트』나 하웁트만의 『조용한 종』 등이 대표작이다.

05 폴켈트
  • 상상극: 레제드라마
  • 무대극: 상연을 목적으로 하는 희곡

06 출간 당시에는 무대에서 상연하지 않고, 일정한 시기에 이르러서 공연하는 희곡은?
  ① 레제드라마(Lesedrama)
  ② 부흐드라마(Buchdrama)
  ③ 팬터마임(Pantomime)
  ④ 뷔넨드라마(Bühnendrama)

06 부흐드라마(Buchdrama)는 레제드라마와 뷔넨드라마의 중간적 성격으로, 출간 당시에는 무대에서 상연하지 않고, 일정한 시기에 이르러서 공연하는 희곡을 말한다.

정답 04 ③ 05 ③ 06 ②

07 뷔넨드라마(Bühnendrama)는 무대 상연을 위하여 쓴 희곡이다.

07 다음 중 처음부터 무대 상연을 염두에 두고 쓰는 희곡은?

① 레제드라마(Lesedrama)
② 부흐드라마(Buchdrama)
③ 팬터마임(Pantomime)
④ 뷔넨드라마(Bühnendrama)

08
- 멜로드라마 : 저급한 비극, 통속극, 눈물짜내기극, 오락극
- 모노드라마 : 1인극
- 키노드라마 : 연쇄극(연극 + 영화)
- 소인극(素人劇) : 아마추어 연극, 비전문인 연극
- 팬터마임(Pantomime) : 무언극(無言劇) 또는 묵극(默劇)

08 특수 형태의 희곡의 특성이 바르게 연결된 것은?

① 멜로드라마 - 저급한 비극, 통속극
② 모노드라마 - 연쇄극(연극 + 영화)
③ 키노드라마 - 무언극(無言劇)
④ 소인극(素人劇) - 1인극

09 희곡은 무대 상연을 전제로 하므로 배경에 제한이 있는 반면, 소설은 배경에 제한이 없다.

09 희곡과 소설의 공통점이 <u>아닌</u> 것은?

① 자아와 세계의 갈등과 대립
② 5단 구성
③ 일정한 줄거리
④ 배경에 제한이 없음

10 희곡은 대화와 행동 중심(표출)으로 사건을 전개하고, 소설은 서술과 묘사 중심으로 사건을 전개한다.
② 소설은 등장인물의 수에 제약이 없다.
③ 희곡은 상연 시간 만큼이라는 길이의 제한을 받는다.
④ 소설은 서술자의 개입이 가능하지만, 희곡은 서술자의 개입이 불가능하다.

10 희곡과 소설의 비교로 올바른 것은?

	〈구분〉	〈희곡〉	〈소설〉
①	전개	표출	서술
②	등장인물의 수	제약 있음	제약 있음
③	길이	무제한	무제한
④	서술자 개입	가능	불가능

정답   07 ④   08 ①   09 ④   10 ①

11 다음 중 소설과 희곡의 차이에 대한 설명으로 올바르지 <u>않은</u> 것은?

① 희곡은 과거의 시간도 현재로 표현된다.
② 희곡은 대사와 지문으로 이루어진다.
③ 소설은 읽을 수 있는 측면과 행동에 의해 전달된다.
④ 소설은 등장인물에 비교적 제한을 받지 않는다.

11 소설은 서술의 형식을 취하며, 행동에 의해 전달되는 것은 희곡의 특징이다.

12 희곡이 소설에 미친 영향으로 적절하지 <u>않은</u> 것은?

① 희곡의 '행동성'과 '성격'을 수용하여 근대소설 이후 성격 소설과 극적 소설이 발전하였다.
② 희곡이 개인 대 사회의 갈등, 소시민의 생활과의 투쟁 등의 내용을 다루면서 소설의 내용을 확장시키게 되었다.
③ 희곡의 플롯의 원리는 산만하고 자유로운 소설 구조의 형태에 통일성을 부여하였다.
④ 희곡의 '대화'를 수용하여 대화 사용의 기교가 발전, 대화 소설이 등장하였다.

12 ②의 내용은 소설이 희곡에 미친 영향으로, 근대소설이 발달하면서 희곡에 소설적 내용이 포함되면서 희곡의 내용을 확대시켰다.

13 다음 중 희곡의 특질이 <u>아닌</u> 것은?

① 연극성
② 행동성
③ 대화성
④ 시간성

13 희곡의 일반적 특질
연극성, 행동성, 대화성, 현재성

정답 11 ③ 12 ② 13 ④

14 희곡은 연극적 성격과 문학적 성격을 모두 갖는 이중적 형태를 띠고 있다.

14 희곡의 성격에 대한 설명으로 올바르지 <u>않은</u> 것은?

① 희곡은 순수한 문학으로서만 존재한다.
② 희곡은 이중적 문학 형태를 띤다.
③ 특수성과 제약성을 갖는다.
④ 연극화를 위해서는 작가 및 무대 예술가들의 해석 과정을 거쳐야 한다.

15 희곡의 종류에는 희극뿐만이 아니라 비극도 있으며, 비극은 주동세력의 파멸로 끝을 맺는다.

희곡의 효용성
- 이야기를 통해 관객에게 재미를 준다.
- 연극적인 감수성을 충족시킨다.
- 인생에 대한 체험과 공감을 준다.
- '카타르시스'에 이르게 한다.

15 희곡의 효용성에 관한 설명으로 가장 거리가 <u>먼</u> 것은?

① 인생에 대한 체험과 공감을 준다.
② 연극적 감수성을 충족시킨다.
③ 이야기를 통해 관객에게 재미를 준다.
④ 행복한 결말을 통해 감동을 느낄 수 있다.

16 희곡의 제약은 직접적인 묘사를 할 수 없다는 점, 작가의 직접적 해설을 붙일 수 없다는 점, 순전히 정신적·심리적인 행동을 사용하기 어렵다는 점이다.

16 C. 브룩스와 R. 헤일먼이 제시한 희곡의 제약이 <u>아닌</u> 것은?

① 작가의 직접적 해설 불가능
② 직접적으로 묘사할 수 없음
③ 심리적 행동을 사용하기 어려움
④ 주의력이 분산되어 집약성을 가질 수 없음

정답 14 ① 15 ④ 16 ④

17 희곡의 제약적 특성으로 인한 효과로 볼 수 없는 것은?

① 집약성
② 긴장성
③ 분산성
④ 강력성

17 희곡의 제약적 특성으로 인한 효과
• 집약성: 압축된 구조
• 긴장성: 주의력 분산이 허용되지 않음
• 강력성: 강력한 효과

18 희곡의 컨벤션(Convention)에 대한 설명으로 적절하지 않은 것은?

① 배우와 관객 사이에 맺은 일종의 묵계(默契)이다.
② 배우는 실제 극중 인물이 아니라 분장한 인물이지만 실제 인물로 간주한다.
③ 희곡이 상연되는 무대는 실제 현실로 받아들인다.
④ 등장인물의 방백이나 독백은 모두가 들을 수 있는 것으로 전제한다.

18 등장인물의 독백은 다른 등장인물은 듣지 못하는 것으로 전제한다.

19 희곡의 막(幕)에 대한 설명으로 틀린 것은?

① 배경이 변하고, 인물이 등·퇴장하는 것으로 그 구분이 이루어진다.
② 서구의 근대극 이후에 생겨났다.
③ 연극 및 희곡의 길이와 행동을 구분하는 개념이 된다.
④ 대체로 3막·5막이 일반적이다.

19 배경이 변하고, 인물이 등·퇴장하는 것으로 그 구분이 이루어지는 것은 '장(場, Scene)'이다.

막(幕, Act)
• 하위 단위인 장(場)으로 구성된다.
• 한 막은 무대의 막이 올랐다가 다시 내릴 때까지이다.
• 서구의 근대극 이후에 생겨났다.
• 연극 및 희곡의 길이와 행동을 구분하는 개념이 된다.
• 대체로 3막·5막이 일반적이며, 단막·2막 등도 있다.

정답 17 ③ 18 ④ 19 ①

20 장(場, Scene)
- 막(幕)의 하위 단위로, 희곡의 기본 단위
- 전체 가운데 하나의 독립된 장면
- 무대 장면이 변하지 않고 이루어지는 사건의 한 토막
- 배경이 변하고, 인물이 등·퇴장하는 것으로 구분

20 희곡의 전체 가운데 하나의 독립된 장면으로, 무대 장면이 변하지 않고 이루어지는 사건의 한 토막을 이르는 것은?

① 막
② 장
③ 부
④ 단

21 플롯(Plot)은 희곡의 가장 기본적·포괄적인 요소로, 아리스토텔레스는 『시학』에서 비극의 가장 강력한 매력인 발견과 급전은 플롯에 의한 것이라 보았으며, 잘 구성된 플롯은 아무데서 시작하거나 끝나서는 안 된다고 하였다.

21 다음 괄호 안에 공통으로 들어갈 가장 적절한 말은?

> 아리스토텔레스는 『시학』에서 비극의 가장 강력한 매력인 발견과 급전은 (　)에 의한 것이라 보았으며, 잘 구성된 (　)은(는) 아무 데서 시작하거나 끝나서는 안 된다고 하였다.

① 갈등
② 플롯
③ 무대
④ 장면

22 희곡의 플롯은 사건을 단순 배열하는 평면성을 떠나 일련의 사건이 인과관계에 의해 조직되고, 그 조직 상호간은 유기적인 통일성을 갖추어야 한다.

22 희곡의 플롯의 특징으로 적절하지 <u>않은</u> 것은?

① 극적 긴장과 서스펜스를 일으키는 구조이다.
② 사건은 논리적으로 엄격한 형태를 지니고 있다.
③ 희곡의 구성은 강화된 것이어야 한다.
④ 사건을 평면적으로 배열하여 통일성을 부여할 수 있다.

정답　20 ②　21 ②　22 ④

23 희곡의 플롯의 유형으로 적절하지 <u>않은</u> 것은?

① 단순형
② 이중형
③ 복합형
④ 집중형

23 플롯의 유형
단순형, 복합형, 이중형

24 희곡의 플롯의 유형 중 이중형에 대한 설명으로 적절하지 <u>않은</u> 것은?

① 전체의 흐름 속에 두 개의 이야기가 진행된다.
② 주플롯과 종속플롯으로 구성된다.
③ 인간의 복잡한 갈등을 집중적으로 전개시키는 데 효과적이다.
④ 과거에 있었던 이야기 또는 앞으로 전개될 일이 직접적으로 표현된다.

24 이중형 플롯은 현재의 사건을 진행시키면서 자연스럽게 과거의 사건을 끌어들여 이야기를 전개한다. 과거에 있었던 이야기 또는 앞으로 전개될 일을 직접적으로 표현하는 것은 복합형의 특징이다.

25 희곡의 플롯의 유형 중 단순형의 특징으로 적절한 것은?

① 분규(紛糾)가 많음
② 역행적 구조
③ 긴 세월에 걸친 이야기의 집중적 전개에 적합
④ 셰익스피어의 『로미오와 줄리엣』이 대표 작품

25 ① 분규가 많지 않다.
② 시간적 순서에 따른 순차적 구조를 갖는다.
③ 긴 세월에 걸친 이야기에 적합한 것은 이중형 플롯이다.

정답 23 ④ 24 ④ 25 ④

26 ① 그리스 연극은 막의 구분이 분명하지 않았다.
② 행동이 전체 이야기의 마지막 두 시간에 한정되어 상승 행동의 대부분이 연극이 시작되기 전에 이루어지기 때문에 상승적 행동보다는 하강적 행동에 치중한다.
③ 이미 잘 알려진 전설을 기본으로 하였으므로 해설이 필요하지 않았다.
④ 내용 이해를 위한 전개 부분이 많은 것은 현대희곡의 특징이다.

27 3막 구성 역시 정점에서 주동과 반동의 투쟁이 하강·해결되어 결말에 이르게 된다.

28 하강, 파국 또는 대단원으로 향하는 단계로, 상승에서 정점으로 이어졌던 긴장감이 느슨해지지만 극적 효과가 감소되는 것이 아니다.

정답 26 ① 27 ④ 28 ④

---

26 다음 중 고전극에 대한 설명으로 올바른 것은?

① 막(幕)의 구분이 분명하지 않다.
② 하강적 행동보다는 상승적 행동에 치중한다.
③ 작가의 해설이 가능했다.
④ 현대희곡에 비해 내용 이해를 위한 전개 부분이 많은 편이다.

27 희곡의 3막 구성에 대한 설명으로 적절하지 않은 것은?

① 처음 – 중간 – 끝의 구조이다.
② 구조는 합리적·필연적 성격을 갖는다.
③ 중심적 갈등을 중심으로 발단·클라이맥스·파국으로 적용된다.
④ 5막 구성과는 달리 정점에서 주동과 반동의 투쟁이 해결되지 않은 채 결말을 맞는다.

28 희곡의 5막 구성에 대한 설명으로 올바르지 않은 것은?

① '발단 – 상승 – 정점 – 하강 – 대단원'의 구성으로 이루어져 있다.
② 발단에서는 등장인물 간의 갈등의 단서를 암시해야 한다.
③ 상승 단계에서는 인물과 행동이 성장·변화·발전해야 한다.
④ 하강 단계에서는 주인공의 운명과 인생이 역전되어 극적 효과가 감소된다.

29. 희곡의 5막 구성 중 '상승'과 '하강'에 대한 설명으로 적절하지 않은 것은?

① 상승은 갈등과 분규가 구체화되는 것이다.
② 상승에서는 반복되는 위기를 거쳐 주동인물과 반동인물의 대립이 최고조에 이른다.
③ 하강에서는 새로운 인물이나 사건이 개입되어서는 안 된다.
④ 비극에서는 하강 단계에서 주인공의 파멸을 이끌 대립된 세력이 강해진다.

30. 다음 내용과 관계된 희곡의 단계는?

- 인물의 소개가 이루어진다.
- 시간과 장소, 극적 분위기 등이 소개된다.
- 주동인물과 반동인물의 내면적 심리 상태와 갈등이 일어날 원인이 내포된다.

① 발단　　② 상승
③ 정점　　④ 하강

31. 무대 지시문의 특징이 아닌 것은?

① 무대장치, 분위기, 등장인물 등을 가리키는 무대 지시를 적은 것이다.
② 문학작품으로서 독자에게 편의를 제공하여 문학적 효과를 배가시킬 수 있다.
③ 현대극에서는 무대 지시문을 거의 사용하지 않는다.
④ 정보 전달의 기능을 하지만 희곡의 본질적 요소는 아니다.

29.
반복되는 위기를 거쳐 주동인물과 반동인물의 대립이 최고조에 이르는 단계는 정점이다. 상승에서는 심리적 긴장이 고조되며 극의 속도가 빨라진다.

- 상승
  - 클라이맥스에 대한 준비 과정
  - 갈등과 분규가 구체화
  - 주동인물과 반동인물의 대결이 나타남
  - 인물과 행동이 성장·변화·발전하며, 복잡화됨
- 하강
  - 파국 또는 대단원으로 향하는 단계
  - 새로운 인물이나 사건이 개입되어서는 안 됨
  - 비극에서는 주인공의 파멸·불행을 이끌었던 대립된 세력이 강해지는 단계
  - 희극에서는 주인공에게 방해가 되었던 장애물이 제거되어 행복한 결말로 이어지는 단계

30. 발단
- 극의 도입, 설명의 단계
- 인물의 소개, 플롯의 실마리가 드러나 사건의 방향성·성격 등을 제시
- 앞으로 일어날 사건이나 등장인물에 대한 간단한 설명
- 등장인물 간의 갈등의 단서 암시

31.
현대극은 무대 지시문이 많이 쓰인다. 연출가 및 제작자가 극의 진행을 대신하여 작가와 무대와의 거리가 멀어지므로 작가는 대사 이외의 모든 구성 요소를 무대 지시문을 통해 표현한다.

정답　29 ②　30 ①　31 ③

32 급할 때는 짧게, 완만할 때는 길게 하여 지루하지 않게 전달될 수 있어야 한다.

32 다음 중 대사의 특징이 아닌 것은?

① 의도적으로 형식과 내용을 조정한 말이다.
② 일상생활에서의 대화보다 미적 요소가 풍부하다.
③ 급할 때는 길게, 완만할 때는 짧게 하여 지루함을 덜어낸다.
④ 간략하고 집중적이어야 한다.

33 대사는 플롯의 진행에 관여하며, 인물의 행동을 유발하기도 한다. 또한 인물의 성격·심리, 사건의 분위기를 드러낸다.

33 다음 중 대사의 특징이 아닌 것은?

① 사건의 분위기를 드러낸다.
② 플롯의 진행에는 관여할 수 없다.
③ 인물의 성격을 드러낸다.
④ 사건을 진행시킨다.

34 희곡은 대화를 통해 과거를 제시할 수 있다.

대화의 역할
- 사건을 설명해 준다.
- 플롯의 진행에 관여하며, 인물의 행동을 유발한다.
- 구체적인 행동과 함께 존재한다.
- 상황의 분위기 및 정조(情調), 인물의 성격 및 주제, 사건의 발전 등을 표현·제시한다.
- 진실성 있고 믿을 수 있는 '리얼리티(Reality)'를 가져야 한다.

34 희곡의 대화에 대한 설명으로 적절하지 않은 것은?

① 대화는 '그럴 듯한 것'이 되어야 한다.
② 구체적인 행동과 함께 존재한다.
③ 대화를 통해서 과거를 제시할 수 없다.
④ '리얼리티(Reality)'를 가져야 한다.

35 **독백의 특징**
- 배우가 혼자 중얼거리는 말이다.
- 가장 순수한 의미의 독백은 자문자답(自問自答)이다.

35 다음에서 설명하는 것은 무엇인가?

- 배우가 혼자 중얼거리는 말이다.
- 가장 순수한 의미로는 자문자답(自問自答)이 있다.

① 대화　　② 독백
③ 방백　　④ 지문

정답 32 ③　33 ②　34 ③　35 ②

36 다음 중 '방백'에 대한 설명으로 올바르지 <u>않은</u> 것은?

① 독백보다 길며 비극에서 주로 사용된다.
② 화자가 직접 관객이나 무대 위의 배우 중 몇 사람만을 선택하여 그들만 듣는 것으로 가정한다.
③ 지금 막 진행되고 있는 사실에 대해 논평할 때 효과적이다.
④ 캐릭터와 행동의 컨벤션이 작용한다.

> 36 방백은 독백보다 짧으며 주로 희극에서 사용된다.
> ④ 화자가 직접 관객이나 무대 위의 배우 중 몇 사람만을 선택하여 그들만 듣는 것으로 가정하고 하는 말이므로, 캐릭터와 행동의 컨벤션이 작용한다.

37 다음 중 독백에 대한 설명으로 적절하지 <u>않은</u> 것은?

① 독백이라도 웅얼거려서는 안 된다.
② '모놀로그(Monologue)'에 해당한다.
③ 가장 순수한 의미의 독백은 자문자답(自問自答)이다.
④ 장래에 일어날 행위의 동기와는 상관성이 없다.

> 37 독백은 심각한 서정적 감정의 표현이라 할지라도 항상 장래에 일어날 행위의 동기를 내포하고 있어야 한다.

38 희곡의 주제에 대한 설명으로 적절하지 <u>않은</u> 것은?

① 도식적인 형상화로 나타나야 한다.
② 반드시 교훈이 포함되어야 한다.
③ 보편적인 개념으로서 표현되어야 한다.
④ 서술의 형식을 갖추어야 한다.

> 38 희곡의 주제(Theme)는 반드시 교훈은 아니며, 독창적인 것만도 아니다.
>
> **희곡의 주제(Theme)의 조건**
> - 서술의 형식
> - 보편적인 개념으로서 표현
> - 교훈은 아니며, 독창적인 것만도 아님
> - 도식적인 형상화로 표현

정답 36 ① 37 ④ 38 ②

39 희곡은 다른 문학 장르와 달리 성격 묘사의 직설적 표현이 불가능하므로 인물 설정이 매우 까다로운데, 이는 희곡의 인물은 현재적 성격을 지니고 있어 인물들의 행동이나 대화를 통해서만 그 성격을 표현할 수 있기 때문이다.

40 ④는 개성적 인물의 특징이다.

41 인생을 직접적으로 재현하는 극적 표현을 더욱 선명하게 부각시킬 수 있는 것은 전형적 인물이다.

정답 39 ① 40 ④ 41 ④

39 희곡의 인물에 대한 설명으로 가장 적절하지 <u>않은</u> 것은?

① 희곡의 인물은 현재적·과거적 성격을 모두 지니고 있다.
② 희곡은 성격 묘사의 직설적 표현이 불가능하다.
③ 인물의 성격적 요소는 행동이나 대사를 이끄는 역할로서의 중요성이 크다.
④ 등장인물의 행동이나 말은 성격에 의하여 그 의도나 목적 등이 결정된다.

40 다음 중 전형적 인물의 특성이 <u>아닌</u> 것은?

① 실제적인 느낌을 준다.
② 인간 경험에 잘 부합한다.
③ 작품을 쉽게 이해할 수 있게 한다.
④ 작품을 다른 작품과 구별하게 한다.

41 희곡의 인물에 대한 설명으로 적절하지 <u>않은</u> 것은?

① 심리적 갈등과 의지의 투쟁을 보여 주어야 한다.
② 몇몇의 인물에게 주된 행동을 집중시켜야 한다.
③ 입체적 인물이어야 한다.
④ 개성적 인물을 통해 극적 표현을 더욱 부각시킬 수 있다.

42 희곡의 인물에 대한 설명으로 가장 올바른 것은?

① 희곡의 인물은 전형적이기만 하면 된다.
② 보편성을 대표하는 전형성을 지녀야 한다.
③ 개성적 인물은 곧 실제적 인간 경험의 산물이다.
④ 전형적 인물은 곧 작가의 개성을 나타낸다.

42 희곡의 인물은 그 인물이 속해 있는 사회적 계층과 교양·사상·습관 등의 보편성을 대표하는 전형성을 지녀야 한다.
① 희곡의 인물은 전형적이면서 동시에 개성적이어야 한다.
③ 실제적 인간 경험의 산물은 전형적 인물이다.
④ 작가의 개성을 나타내는 것은 개성적 인물이며, 개성적 인물은 다른 작품과의 차별성을 가질 수 있게 한다.

43 인물의 성격 제시 방법으로 적절하지 않은 것은?

① 뚜렷하고 단순해야 한다.
② 성격과 행동은 대화를 통해 자연스럽게 나타나야 한다.
③ 주인공의 대화를 통해서만 가능하다.
④ 심리 묘사 등은 대화 이외에 조명·음악 등을 통해서도 표현될 수 있다.

43 주인공의 대화가 아닌 다른 인물의 언급을 통해 간접적으로 표현할 수 있다.

44 다음과 같은 특징을 갖는 인물형은?

- 비극의 인간형
- 내향적 성격을 지님
- 결단력·실행력 등이 결여되어 있음

① 로미오형
② 햄릿형
③ 돈키호테형
④ 소크라테스형

44 햄릿형
- 비극의 인간형이며, 내향적 성격을 지니고 있음
- 성격이 예민하며 반성적임
- 결단력·실행력 등이 결여되어 있어 비관적 인물의 전형이라 할 수 있음

정답 42 ② 43 ③ 44 ②

45 돈키호테형 인물은 이론·지식 등을 경시(輕視)한다.

돈키호테형
- 희극의 인간형이며, 외향적 성격 지님
- 과대망상적 공상가
- 이상(理想)을 위해 죽음을 무릅쓰고 돌진하는 실천형 인물

46 극적 효과
- 의지투쟁설(브륀티에르): 비극에서 극적 효과가 최고조인 상황은 주인공이 그를 둘러싸고 있는 운명과 장애에 저항·투쟁하려는 의지가 고조되는 때이며, 그 주인공의 투쟁 의지가 극적 효과를 높인다.
- 위기설(아처): 극의 발단에서부터 긴장을 주는 위기를 설정해야 하며, 극적 효과의 절정은 작은 위기가 연쇄적으로 쌓여 클라이맥스를 형성할 때이다.
- 대립설(해밀턴): 극적 효과는 상황이나 힘의 대립, 주동인물과 반대 세력 등이 대립할 때 더욱 커진다.

47 비극에서의 '선(善)'은 도덕적 의미 및 행동·성격·지위 등과 관련된 것으로, 비극의 주인공은 '선(善)'을 대표하며, 주인공의 투쟁은 '악(惡)'과의 싸움이다.

48 주인공은 본의 아닌 과실 또는 범죄 등의 비극적 결함을 가진 인물이며, 비극의 동기는 바로 이러한 비극적 결함에서 비롯된다.

정답 45 ② 46 ② 47 ③ 48 ①

---

45 다음 중 돈키호테형 인물의 특징이 <u>아닌</u> 것은?
① 희극의 인간형
② 이론·지식 추구형
③ 실천형
④ 외향적 성격

46 희곡의 극적 효과를 고조시키는 방법이 <u>아닌</u> 것은?
① 의지투쟁설　② 고립설
③ 대립설　　　④ 위기설

47 다음 중 비극의 개념에 대한 설명으로 적절하지 <u>않은</u> 것은?
① 비극은 주인공의 파멸·패배·죽음 등의 불행한 결말을 갖는 극 형식이다.
② 사건 전체의 경과 중 특히 결말에서 비장미(悲壯美)를 드러내는 희곡이다.
③ 비극의 주인공은 악(惡)을 대표하며, 주인공의 투쟁은 선(善)과의 싸움이다.
④ 장중하고 일정한 크기를 가진 그 자체가 완결된 행동의 모방이다.

48 비극의 동기로 작용하는 것은 무엇인가?
① 비극적 결함
② 주인공의 환경
③ 선과 악의 대립
④ 주인공의 성격

49 고전비극에 대한 설명으로 적절하지 않은 것은?
① 근대 고전비극에서는 운명에 의한 인간의 패배를 다룬다.
② 그리스 고전비극의 등장인물은 대부분 왕이나 귀족 계급이다.
③ 근대 고전비극은 그리스 고전비극에 비해 인간적 인물 유형을 띤다.
④ 자연주의 근대비극에서는 등장인물의 성격과 사회 상황과의 갈등이 그려진다.

49 근대 고전비극에서는 주로 인간의 천성적 성격의 결함에 의한 패배를 다루며, 운명에 의한 인간의 패배를 다루는 것은 그리스 고전비극의 특징이다.

50 다음 중 비극의 특성이 아닌 것은?
① 비극의 구조는 집중적이고 치밀하다.
② 여러 개의 열린 결말을 갖는다.
③ 사회적 집단의 문제보다는 보편적 개인의 문제에 초점을 둔다.
④ 비극의 결말은 주인공의 파멸로 끝을 맺는다.

50 비극은 단일한 결말을 가져야 한다.

51 다음 중 비극의 특질이 아닌 것은?
① 비극의 동기는 주인공의 인간적 결함에서 비롯된다.
② 비극의 결말은 주동인물과 반동인물의 팽팽한 긴장으로 끝이 난다.
③ 주동인물이 운명이나 성격, 상황 등에 부딪혀 투쟁하다 좌절한다.
④ 주인공은 선을 대표하고, 반동인물과의 갈등은 선악 간의 갈등으로 표출된다.

51 비극의 결말은 주동인물의 파멸로 끝이 난다.

정답 49 ① 50 ② 51 ②

52 연민과 공포는 불가분의 관계이다.
- 연민
  - 비극의 주인공에 대한 전적인 공감: 측은지심
  - 타인에 대한 감정
- 공포
  - 가까운 누구에게라도 일어날 수 있을 것이라는 두려움
  - 자신에 대한 감정

53 비극에서의 고난과 패배의 재현은 관객들에게 억압의 느낌을 주는 것이 아니라 오히려 해방감·고양감을 주는 것이다.

54 비극은 갈등과 긴장이 고조되어 있는 데 비해 희극은 가볍고 명랑하며 흥미가 중심이 되어 일상생활의 모순과 부조리·비인간성 등을 제시한다.

52 다음 중 비극의 효과에 있어 연민과 공포에 대한 설명으로 적절하지 <u>않은</u> 것은?

① 연민은 비극적 사건들을 접하면서 주인공이 겪는 아픔에 대해 갖는 측은한 마음이다.
② 연민은 타인에 대한 감정, 공포는 자기에 대한 감정이다.
③ 연민과 공포의 감정은 성격이 서로 다르므로 불가분의 관계를 맺을 수 없다.
④ 공포는 가까운 누구에게라도 일어날 수 있을 것이라는 두려움이다.

53 비극의 카타르시스(Catharsis)에 대한 설명으로 <u>틀린</u> 것은?

① 정화(淨化), 배설(排泄)을 의미한다.
② 고난과 패배의 재현은 관객들에게 억압의 느낌을 주어 현실을 인식하게 한다.
③ 비극적 흥분은 인간의 본성인 연민과 공포를 배출하여 해방감 및 쾌감을 느낄 수 있게 해준다.
④ 정화(淨化)는 감정에서 불순한 부분을 씻어 없앤다는 의미이다.

54 다음 중 희극의 특징이 <u>아닌</u> 것은?

① 골계적·풍자적 성격의 희곡이다.
② 웃음을 통해 인간의 본질을 추구한다.
③ 극에 비해 삶의 영역이 넓다.
④ 갈등과 긴장이 고조되어 있다.

정답 52 ③ 53 ② 54 ④

55 희극의 인물에 대한 설명으로 틀린 것은?

① 개성적이다.
② 보통사람 이하의 악인이다.
③ 불완전한 인간성에 의존한다.
④ 집단적 특성을 상징한다.

56 희극의 유머와 위트의 차이로 옳지 않은 것은?

	〈유머〉	〈위트〉
①	태도, 동작 등 광범위한 표현 가능	언어적 표현을 떠나서는 존재하기 어려움
②	집약적이고 안으로 파고드는 것	밖으로 확장하는 것
③	자연적	기술적
④	인간에 대한 긍정적·공감각적 태도	이질적인 사물 속에서 유사점을 인지하는 능력

[유머와 위트의 차이]

유머	위트
성격적·기질적	지적
태도, 동작, 표정, 말씨 등에 광범위하게 나타남	언어적 표현을 떠나서는 존재하기 어려움
인간에 대한 선의를 가지고 그 약점, 실수, 부족함 등을 다정하게 즐겁게 시인하는 공감적 태도	이질적 사물에서 유사점을 찾아내고 그것을 경구(警句)나 격언 같은 압축·정리된 말로 능숙히 표현하는 지적 능력
밖으로 확장하는 것	집약적이고 안으로 파고드는 것
느림	빠름
부드럽고 객관적	날카롭고 주관적
자연적	기술적

---

55 희극의 인물은 몰개성적이다.
② ③ 희극의 인물은 비극에 비해 불완전한 인간성에 의존하는데, 이는 보통사람 이하의 악인을 모방함으로써 멸시와 조소·공감의 웃음을 드러내기 위해서이다.
④ 인물의 개성이나 개별화된 성격보다는 집단적 특성을 드러내기 위한 전형성을 갖는다.

56 유머는 밖으로 확장하는 것이며, 위트는 집약적이고 안으로 파고드는 특징을 갖는다.
[문제 하단의 표 참고]

정답 55 ① 56 ②

57 최루희극(Comedia larmoyante)
- 눈물희극
- 고전비극과 희극의 어느 쪽에도 속하지 않는 시민극의 일종
- 지적 능력보다는 감상에 의존

57 고전비극과 희극의 어느 쪽에도 속하지 않는 시민극의 일종으로, 지적 능력보다 감상에 의존하는 희극은?

① 소극
② 델아트 희극
③ 풍속희극
④ 최루희극

58 웃음 자체를 위한 대사의 묘미나 성격 묘사보다는 육체적 익살스러움과 거친 기지, 우스운 상황의 창조 등의 계략으로 웃음을 자아낸다.

58 다음 중 소극(笑劇)에 대한 설명으로 올바르지 <u>않은</u> 것은?

① 사람을 웃길 목적으로 만든 비속한 연극이다.
② 웃음 자체를 위한 대사의 묘미나 성격 묘사에 치중한다.
③ 인물 설정의 교묘함이나 플롯의 개연성에는 비중을 두지 않는다.
④ 대표적 작품으로는 셰익스피어의 『실책의 희극』, 오스카 와일드의 『거짓에서 나온 성실』 등이 있다.

59 델아트 희극(코메디아 델라르테)은 16세기 초에서 18세기 초까지 이탈리아에서 성행한 희극으로, 이탈리아 민간의 직업 배우들이 가면을 쓰고 미리 의논한 줄거리에 따라 즉흥적으로 연기하는 형태를 말하며, 노래·춤·팬터마임·풍자 등이 잘 조화되어 있다.

59 다음에서 설명하는 것은 무엇인가?

> 이탈리아 민간의 직업 배우들이 가면을 쓰고 미리 의논한 줄거리에 따라 즉흥적으로 연기하는 것

① 델아트 희극
② 소극
③ 풍속희극
④ 최루희극

정답 57 ④ 58 ② 59 ①

60 왕정복고시대에 성행한 희극으로, 사치하고 음란하던 당시 상류사회와 젊은 남녀들의 연애 등을 풍자한 희극은?

① 델아트 희극
② 소극
③ 풍속희극
④ 눈물희극

60 풍속희극
- 영국의 17세기 후반기, 즉 왕정복고시대에 성행한 희극
- 사치하고 음란했던 왕정복고기의 귀족사회 및 젊은 남녀들의 연애 등을 풍자
- 위트가 풍부

61 희곡에 대한 설명으로 적절하지 <u>않은</u> 것은?

① 비극은 고양된 내용을 통해 불행하게 결론을 맺는 진지한 극이다.
② 희극은 인간 조건의 본질에 대한 통찰과 인생의 깊은 이해 및 체험에 가치를 둔다.
③ 비극이 유머·위트 등의 기법을 사용하여 인간 사회를 신랄하게 비판하는 데 반해 희극은 연민의 감정을 중심으로 정서적으로 호소한다.
④ 희비극은 희극과 비극이 결합된 것으로, 일반적으로 비극적 진행 뒤에 희극적 결말이 나타난다.

61 비극이 연민의 감정을 중심으로 정서적으로 호소하는 데 비해 희극은 유머·위트 등의 기법을 사용하여 불합리한 사회와 인간의 사악함을 신랄하게 비판한다.

62 희극과 비극의 차이에 대한 설명으로 <u>틀린</u> 것은?

① 비극은 내면적 관찰에 기초한다.
② 희극은 보편적 타입을 묘사한다.
③ 비극은 희극에 비해 사회에 깊은 관심을 갖는다.
④ 희극은 웃음을 만들어 사회생활을 교정하고자 한다.

62 희극은 사회에 깊은 관심을 보이며, 웃음을 만들어 사회생활을 교정하지만, 비극은 사회에 무관심하며, 사회와 관계를 끊고 단순히 자연에 복귀하는 데 중점을 둔다.

63 희곡의 삼일치 법칙이 <u>아닌</u> 것은?

① 시간의 일치
② 성격의 일치
③ 장소의 일치
④ 사건의 일치

63 희곡의 삼일치 법칙은 사건(행동)의 일치, 시간의 일치, 장소의 일치이다.

정답 60 ③ 61 ③ 62 ③ 63 ②

64 희곡에서 인물의 행동에 의하여 일어나는 사건은 작가의 의도나 주제와 일치해야 하고, 다른 모든 인물의 행동 역시 여기에서 벗어나서는 안 된다.

64 희곡의 삼일치 법칙 중 사건의 일치에 대한 설명으로 올바르지 <u>않은</u> 것은?

① 행동은 필연적인 순서에 의해 통일성 있게 진행되어야 한다.
② 인물의 행동에 의해 일어나는 사건은 작가의 의도나 주제와 일치해야 한다.
③ 주동인물 외에 다른 등장인물의 행동은 작가의 의도나 주제와 반드시 일치하지 않아도 된다.
④ 희곡의 저변(底邊)에는 일정한 방향으로 흐르는 인생의 움직임이 있어야 한다.

65 무대에서 시를 추방하고, 관념성에서 탈피, 개성을 중시한 것은 사실주의 극이다. 부조리극은 전통적 예술 및 개념을 부정하는 데서 출발하였다.

65 부조리극에 대한 설명으로 틀린 것은?

① 무대에서 시를 추방하고, 관념성에서 탈피, 개성을 중시하였다.
② 현실과 환상의 관계에서 상대적 진리를 추구하였다.
③ 비정상적인 인식과 잠재의식을 통해 새로운 현실을 발견하려는 데 그 목적이 있다.
④ 언어 외적인 문제에서 인간의 진실한 표현을 찾고자 하였다.

66 다른 작품과의 차별성을 부여하는 것은 개성적 인물을 통해서이다. 희곡에서 전형적 인물을 자주 등장시키는 이유는 전형적 인물이 곧 실제적 인간 경험의 산물이기 때문이며, 이를 통해 인생을 직접적으로 재현하는 극적 표현을 더욱 선명하게 부각, 관객에게 인간성의 거울을 제시할 수 있다.

66 희곡에서 전형적 인물을 중요시하는 이유가 <u>아닌</u> 것은?

① 인간 경험의 산물이므로
② 극적 표현을 선명하게 부각시킬 수 있으므로
③ 시간적 제약으로 인해 인물의 성격을 충분히 묘사할 수 없으므로
④ 다른 작품과의 차별성을 부여할 수 있으므로

정답 64 ③ 65 ① 66 ④

제7장 비교문학론

- **제1절** 비교문학이란 어떤 것인가
- **제2절** 비교문학의 기원과 역사
- **제3절** 비교문학의 이론적 정립
- **제4절** 비교문학의 방법
- **실전예상문제**

합격을 꿰뚫는 기출 키워드

제 7 장 비교문학론

비교문학, 독자성·영향 관계·상호 작용, 레마크, 노엘·라플라스, 헤르더, 텍스트, 방 티겜, 발신자 연구·수신자 연구·송신자 연구·이행, 영향의 범주(영향, 모방, 표절, 암시, 차용, 번안)

보다 깊이 있는 학습을 원하는 수험생들을 위한
시대에듀의 동영상 강의가 준비되어 있습니다.
www.sdedu.co.kr ➔ 회원가입(로그인) ➔ 강의 살펴보기

제7장 비교문학론

제1절 비교문학이란 어떤 것인가

1 비교문학의 개념 기출 25

(1) 개념
① 비교문학은 단순히 두 개의 문학을 비교하는 것이 아니라 그 이상의 뚜렷한 목적을 수행하기 위한 문학연구의 새로운 방법이다. → 통상적으로 단수 인자 간의 이원적 관계를 연구하는 것
② 과학적 가치를 수용하여 여러 작품 사이에 존재하는 차이점·유사점을 밝히고, 나아가 작품의 영향·차용 등을 밝혀냄과 동시에 한 작품을 다른 작품으로 설명하는 것을 가능하게 하는 것이다.
③ 프랑스 학자들이 자국의 국문학사를 기록하는 과정에서 작품의 외국적 기원 및 외국에 미친 작품의 영향 관계를 실증적인 방법으로 연구하는 데서 비롯되었다.

> **체크 포인트**
> 여기서의 '비교'란 작품의 구체적 인과관계, 즉 외국 작가의 수용, 외국에 미친 자국 작가의 영향, 작품에 나타나는 외국적 원천 등이다.

(2) 관점에 따른 비교문학의 개념
① **비교문학을 국문학사의 일부로 보는 관점** : 한 국가의 문학이 다른 국가에 미친 영향 관계를 연구하는 것이다.
② **비교문학을 독자적 영역으로 보는 관점** : 문학을 세계적인 시야에서 바라보며 일반문학 또는 세계문학이 지닌 보편성을 찾아내 그 보편성에 입각하여 각국의 문학적 특질을 밝혀내는 것이다.
③ **비교문학의 범주를 문학 밖으로 넓히는 관점** : 문학을 예술·철학·역사·종교·사회·과학 등의 인접 학문과의 관계 속에서 다루는 것이다.

(3) 비교문학의 성립 조건
단순히 두 가지 이상의 문학을 비교하는 것이 아니라 최소한 두 민족 이상의 문학을 비교해야 하는데, 비교되는 문학은 각각의 독자성 및 영향 관계, 상호 작용 등이 뒷받침되어야 한다.

2 비교문학의 경향

(1) 실증적 경향 - 프랑스 학파
① **방 티겜** : 비교문학은 본질적으로 여러 나라의 문학작품을 다루고, 그 상호 관련을 연구하는 것이라고 보았다. → 각양각색의 문학작품을 상호 관계에 따라 연구하는 것 기출 21
② **귀야르** : 비교문학을 단순한 비교로 명명하는 것은 잘못된 과학적 방법에 불과한 것이라 보았으며, 비교문학은 국제간의 문학적 관계의 역사라고 정의하였다. 기출 23
③ **장 마리 카레** : 비교문학은 작품 자체가 지닌 가치를 본질적으로 고찰하는 것이 아니며, 각 나라 작가 개개인들이 다른 것을 어떻게 변형하고 차용했는가에 대해서 관심을 갖는다고 보았다. → 명확한 측정·식별이 가능한 영향 관계나 상호 관계를 강조하는 태도는 19세기 말의 실증주의의 영향을 받은 것임

(2) 총체성을 강조하는 경향 - 르네 웰렉 기출 23
① 르네 웰렉은 비교문학의 영역을 역사·이론·비평 등을 포괄하는 범위로 넓히고자 하였다. → 문학사에만 한정되는 것이 아니라고 봄
② 역사·이론·비평 등은 문학 연구에 포용되어야 하며, 국민문학 자체도 이념적인 면에서 문학 총체의 연구로부터 분리되어서는 안 된다고 보았다.

> **체크 포인트**
> 국민문학과 일반문학, 문학사와 문학비평을 모두 포괄하여 보다 광범위한 문학 연구를 지향할 때 활성화될 수 있다고 보았다.

(3) 절충적 경향 - 바이스슈타인, 레마크
① **바이스슈타인** : 사실 관계의 연구만을 기초로 한 비교문학의 정의가 지나치게 타당성이 없다면 그 정반대의 주장, 즉 사실의 규율을 무시하고 단순한 유사성을 존중하는 입장도 역시 과학적으로 정당한 것이 되지 못한다고 보았다.
② **레마크** : 비교문학의 영역에는 한 나라의 문학과 다른 나라 또는 수개국 문학과의 비교 이외에 문학과 다른 지적 영역, 즉 회화·조각·건축·음악 등의 예술은 물론 철학·역사·사회·과학·종교 등과의 관계에 대한 연구도 포괄되어야 한다고 보았다.

> **더 알아두기**
>
> **비교문학의 영역**
> - 일반적 영역 : 장르, 문체, 주제, 문학사상 및 조류, 영향 관계 등
> - 방 티겜의 분류 : 문학 장르·문체·유형·전설·사상 등의 문학적 차용과 문학작품의 영향이나 모방, 작가나 작품의 원천 등의 이행(移行)을 밝힘
> - 귀야르의 분류 : 장르, 주제, 영향, 원천, 성공, 외국에 대한 조류, 문학적 세계주의의 전달자 등
> - 바이스슈타인의 분류 : 영향과 모방, 수용과 생존, 세대, 시대, 장르, 소재 연구, 연대 등

○✕로 점검하자 | 제1절

※ 다음 지문의 내용이 맞으면 O, 틀리면 ×를 체크하시오. (01~06)

01 비교문학은 단순히 두 개의 문학작품을 비교하는 것이다. (   )

02 비교문학을 국제간의 문학적 관계의 역사라고 정의한 학자는 방 티겜이다. (   )

03 르네 웰렉은 비교문학의 총체성을 강조하였다. (   )

04 바이스슈타인은 비교문학의 영역에는 회화·조각·건축·음악 등의 예술은 물론 철학·역사·사회·과학·종교 등과의 관계에 대한 연구도 포괄되어야 한다고 보았다. (   )

05 바이스슈타인과 레마크는 비교문학에 있어 절충적 경향을 띠었다. (   )

06 귀야르는 비교문학을 단순한 비교로 명명하는 것은 잘못된 과학적 방법에 불과한 것이라 주장하였다. (   )

정답 1 × 2 × 3 ○ 4 × 5 ○ 6 ○

제1절 핵심예제문제

01 다음 중 비교문학의 특징으로 올바른 것은?

① 두 개의 작품을 단순 비교하는 것이다.
② 인접 학문과의 관련성은 비교 대상에서 배제시켜야 한다.
③ 비교문학에서의 '비교'란 일반적으로 작품의 구체적 인과관계를 의미한다.
④ 한 작품을 다른 작품으로 설명하는 것이 불가능하다.

> 01 비교문학에서의 '비교'란 작품의 구체적 인과관계, 즉 외국 작가의 수용, 외국에 미친 자국 작가의 영향, 작품에 나타나는 외국적 원천 등을 말한다.
> ① 단순히 두 개의 문학을 비교하는 것이 아니라 그 이상의 뚜렷한 목적을 수행하기 위한 문학연구의 새로운 방법이다.
> ② 인접 학문과의 관련성을 포함시켜 그 영향 관계를 연구한다.
> ④ 작품의 유사점과 차이점, 영향력 등을 찾아내 한 작품을 다른 작품으로 설명할 수 있다.

02 다음 각 학자와 그 주장이 잘못 연결된 것은?

① 바이스슈타인 – 비교문학의 정의가 지나치게 타당성이 없다면 사실의 규율을 무시하고 단순한 유사성을 존중하는 입장 역시 과학적으로 정당하지 않다고 보았다.
② 방 티겜 – 비교문학은 국제간의 문학적 관계의 역사라고 정의하였다.
③ 귀야르 – 비교문학을 단순한 비교로 명명하는 것은 잘못된 과학적 방법에 불과한 것이라 보았다.
④ 르네 웰렉 – 비교문학의 영역을 역사·이론·비평 등을 포괄하는 범위로 넓히고자 하였다.

> 02 비교문학을 국제간의 문학적 관계의 역사라고 정의한 학자는 귀야르이다. 방 티겜은 비교문학은 본질적으로 여러 나라의 문학작품을 다루고, 그 상호 관련을 연구하는 것이라고 보았다.

정답 01 ③ 02 ②

03 다음 중 실증주의 비교문학자가 <u>아닌</u> 사람은?
① 카레
② 방 티겜
③ 귀야르
④ 레마크

03 레마크는 절충주의 비교문학자이다.

04 다음과 같이 주장한 학자는 누구인가?

> 비교문학의 영역에는 문학과 다른 지적 영역, 즉 회화·조각·건축·음악 등의 예술은 물론 철학·역사·사회·과학·종교 등과의 관계에 대한 연구도 포괄되어야 한다.

① 르네 웰렉
② 레마크
③ 바이스슈타인
④ 방 티겜

04 레마크는 비교문학의 영역에는 한 나라의 문학과 다른 나라 또는 수개국 문학과의 비교 이외에 제시된 지문과 같은 연구 또한 포함되어야 한다고 보았다.

정답 03 ④   04 ②

제2절 비교문학의 기원과 역사

1 비교문학의 선사시대 기출 24

(1) 개관
① 비교문학의 선사시대와 역사시대를 구분하는 기점은 1920년대이다.
② 바이스슈타인은 '선사시대'를 각각의 작가와 작품의 유사성이 주목되고 그에 대한 연구 등이 발표되면서도, 그에 대한 사실 관계나 실증적 영향 관계의 규명이 체계적으로 행해지지 않는 초기 단계라 보았다.

> **체크 포인트**
> 비교문학이라는 용어를 처음 사용한 학자는 '노엘'과 '라플라스'이다. 중요

(2) 제1단계
① **고대** : 작가들을 서로 충돌·대립시키는 '타키투스'와 그리스·로마 문학의 묘사가 나타나는 '퀸틸리안', 키케로와 데모스테네스의 스타일을 비교한 '롱기누스' 등의 글이 있었다.
② **알렉산드리아·로마 시대** : 원전을 비평하고 문체론적 관찰이 행해졌다.
③ **독일** : 요한 엘리아스 슐레겔의 『셰익스피어와 안드레아스 그리피우스와의 비교론』, 레싱의 『함부르크 연극론』 등이 발표되었다.

(3) 제2단계
① **생테브르몽** : 시간과 공간에 따라 이상적인 아름다움은 필연적으로 변화가 있다고 주장하였다.
② **헤르더**
  ㉠ 어느 한 민족의 습관을 고찰할 때는 자국의 상황만으로 한정해서는 안 된다고 보았다.
  ㉡ 문학사는 시대·지역·시인 등의 양식을 지닌 문학의 발생·성장·변천·쇠퇴 속에서 나타나는 통일체라고 보았다.
  ㉢ 개별적인 민족문학은 그들의 순수성에 의지하려는 기본적인 실재를 이룩한다고 보았다.

> **체크 포인트**
> 헤르더는 초국가적 시야로 문학의 지평을 확립시켰다.
> ※ 헤르더의 이와 같은 이상은 낭만적 사고에서나 충족될 수 있는 것이며, 그의 고정관념 또한 기후·풍토·종족·사회 환경 등의 결정론에 근거한 것이다.

③ 스탈 부인 - 『독일론』
  ㉠ 스탈 부인에 의해 프랑스에서는 낭만주의의 '세계성'을 최초로 자각할 수 있게 되었다.
  ㉡ 국가는 그들 상호간의 지표가 되지 않으면 안 되고, 외국의 사상을 수용함에 있어 인색해서는 안 된다고 하였다.
  ㉢ 괴테가 '세계문학'을 주장한 것보다 훨씬 앞선 것으로, 비교문학사의 토대를 마련했다고 볼 수 있다.
  ㉣ 사회 제도와 관련한 고찰이라는 데 한계가 있다.
④ 슐레겔 형제 - '세계시'
  ㉠ 문학은 하나의 거대하고 완전하며 일관되고 조직된 전체를 형성하며, 그 전체는 통일성 내에서 많은 예술세계를 이해하고, 그 자체는 하나의 독특한 예술품을 이룬다고 보았다.
  ㉡ 서구문학의 제 역사를 고전주의 대 낭만주의의 이원론으로 개관하였다.
  ㉢ 이들을 통해 유럽의 여러 나라에 낭만주의가 널리 알려졌다.
  ㉣ '세계시'는 낭만주의 시로, 비교문학과 관련하여 세계주의와 합치된 개념이라 할 수 있다.
⑤ 괴테 - '세계문학'
  ㉠ 국민문학에 대한 자각에서 비롯되었다.
  ㉡ 지적 국경의 철폐와 그에 따른 외국 문학과의 자유로운 교류 과정 중 문학 공통의 이념, 즉 각국의 문학 속에 내재해 있는 '세계성'을 희구하려는 가운데 발생하였다.
  ㉢ 세계문학은 비교문학의 발상의 근원이 된다고 여겨지고 있다.
  ㉣ 세계문학에 대한 체계적 논의가 이루어지지 않고, 세계의 범위도 유럽대륙으로 한정되었다는 한계가 있다.

2 비교문학의 역사시대 시작

(1) 개관 기출 25
  ① 비교문학이라는 용어가 확립된 시기는 19세기 초에서 20세기 초이다.
  ② 자국의 고유 문학의 특질을 연구함과 동시에 외국문학의 연구에 대한 관심이 고조되었다.

(2) 프랑스의 비교문학 기출 25
  ① 노엘, 라플라스 : 프랑스에서 비교문학이라는 용어를 처음으로 사용하였다.
  ② 빌르맹
    ㉠ 빌르맹이 소르본대학에서 시도한 국제문학 강의를 비교문학의 출발로 볼 수 있다.
    ㉡ 최초로 다른 문학적 조류 및 국제적 영향 관계를 다루었다는 점에서 중요한 위치를 갖는다.
  ③ 앙페르
    ㉠ 빌르맹에 이어 당시 프랑스의 비교문학을 주도한 문학연구가이다.
    ㉡ '비교문학'이란 용어를 널리 보급하였다.

> **체크 포인트**
> 프랑스 비교문학의 진정한 창시자는 빌르맹과 앙페르이다.

(3) 영국의 비교문학

① 포스네트 - 『비교문학』
  ㉠ 영국의 비교문학에 가장 강력한 자극을 주었다.
  ㉡ 『비교문학』은 비교문학에서 최초로 간행된 총괄적 이론서로, '비교문학'이라는 명칭을 확립하는 데 결정적인 계기가 되었다.
  ㉢ '비교'와 '역사'를 동의어로 보았다. → 다만, '비교'는 시간적·공간적으로 제한되어 있는 이점이 있음을 강조
  ㉣ 문학사를 사회사의 일부분으로 파악하였으며, 특히 집단으로부터 개인적인 삶으로서의 사회적 발전 연구를 중시했다.
  ㉤ 비교문학이 초국가적이 될 필요는 없다고 보았다.
  ㉥ 사실을 존중하는 과학주의를 표방하면서도 추상적으로 흐른 결함이 있으며, 문학의 비교 연구를 환경과 사회의 틀로 제한하여 국제적 관계의 연구로까지 발전시키지 못하였다는 한계가 있다.

② 브륀티에르
  ㉠ 텍스트를 거쳐 발당스페르제로 비교문학이 발전되어 나갈 여지를 마련하였다.
  ㉡ 문학 연구에서 국민문학의 연구만으로는 해결할 수 없는 부분이 있음을 지적하며 비교문학의 필요성을 주장하였다. 기출 23
  ㉢ 문학의 국제적 대운동의 역사를 정확하게 기술해야 한다고 주장하였다.

③ J. 텍스트
  ㉠ 최초의 전문적 비교문학자로 평가받고 있다.
  ㉡ 인종 및 인간의 심리를 연구하는 것이 비교문학의 임무라고 보았으며, 학문적 과제로서 비교문학을 실제적으로 탄생시켰다.

> **더 알아두기**
>
> **베츠의 서지 목록**
> - 비교문학 서지의 개척자로 「비교문학·서지적 논고」를 발표하였다.
> - 단행본인 『비교문학·서지시론』에서 비교문학의 영역을 '이론상의 문제 및 일반적 문제, 비교 민속학, 근대문학의 비교 연구, 세계문학사'로 분류하였다.

○× 로 점검하자 | 제2절

※ 다음 지문의 내용이 맞으면 O, 틀리면 ×를 체크하시오. (01~10)

01 비교문학의 선사시대와 역사시대를 구분하는 기점은 1920년대이다. (   )

02 비교문학이라는 용어를 처음 사용한 학자는 생테브르몽이다. (   )

03 문학사를 시대・지역・시인 등의 양식을 지닌 문학의 발생・성장・변천・쇠퇴 속에서 나타나는 통일체로 파악한 학자는 헤르더이다. (   )

04 스탈 부인은 국가는 그들 상호간의 지표가 되어서는 안 되고, 외국의 사상을 수용하는 것은 각국의 상황 및 환경을 전제로 이루어져야 한다고 주장하였는데, 이는 사회 제도와 관련한 고찰이라는 데 그 한계가 있다. (   )

05 슐레겔 형제는 서구문학의 제 역사를 고전주의 대 낭만주의의 이원론으로 개관하였다. (   )

06 괴테의 세계문학은 지적 국경의 철폐와 그에 따른 외국 문학과의 자유로운 교류 과정 중 문학공통의 이념을 희구하려는 데서 발생하였다. (   )

07 비교문학의 진정한 창시자는 빌르맹과 앙페르이다. (   )

08 영국의 비교문학에 가장 강력한 자극을 준 학자는 포스네트로, 문학 연구에서 국민문학의 연구만으로는 해결할 수 없는 부분이 있음을 지적하며 비교문학의 필요성을 주장하였다. (   )

09 포스네트는 '비교'와 '역사'를 별개의 것으로 보았다. (   )

10 브륀티에르는 텍스트를 거쳐 발당스페르제로 비교문학이 발전되어 나갈 여지를 마련하였다. (   )

정답 1 O 2 × 3 O 4 × 5 O 6 O 7 O 8 × 9 × 10 O

제2절 핵심예제문제

01 비교문학을 선사시대와 역사시대로 구분하는 기점은 언제인가?
① 1850년대
② 1890년대
③ 1920년대
④ 1950년대

> 01 비교문학을 선사시대와 역사시대로 구분하는 기점은 1920년대이다.

02 어느 한 민족의 습관을 고찰할 때는 자국의 상황만으로 한정해서는 안 된다고 주장한 학자는?
① 스탈 부인
② 괴테
③ 헤르더
④ 앙페르

> 02 헤르더는 문학사는 시대·지역·시인 등의 몇 가지 양식을 지닌 문학의 발생·성장·변천·쇠퇴 속에서 나타나는 통일체로 보고, 어느 한 민족의 습관을 고찰할 때는 자국의 상황만으로 한정해서는 안 된다고 주장하였다.

03 다음 중 포스네트에 대한 설명으로 적절하지 <u>않은</u> 것은?
① 문학사와 사회사를 구분하여 비교·설명하였다.
② 비교문학에서 최초로 간행된 총괄적 이론서인 『비교문학』을 저술하였다.
③ '비교'와 '역사'를 동의어로 보았다.
④ 비교문학이 초국가적이 될 필요는 없다고 보았다.

> 03 포스네트는 문학사를 사회사의 일부분으로 파악하였으며, 특히 집단으로부터 개인적인 삶으로서의 사회적 발전 연구를 중시했다.

정답 01 ③ 02 ③ 03 ①

04 프랑스 비교문학의 진정한 창시자로 평가받는 두 학자를 바르게 고른 것은?

> ㉠ 빌르맹
> ㉡ 괴테
> ㉢ 앙페르
> ㉣ 포스네트

① ㉠, ㉡
② ㉠, ㉢
③ ㉡, ㉣
④ ㉢, ㉣

04 빌르맹과 앙페르는 비교문학의 체제를 성립시킨 비교문학의 창시자이다.

05 학문적 과제로서 비교문학을 실제적으로 탄생시킨 학자는?

① 텍스트
② 브륀티에르
③ 헤르더
④ 생테브르몽

05 텍스트는 학문적 과제로서 비교문학을 실제적으로 탄생시킨 인물로, 비교문학을 자연과학과 같은 계열의 학문으로 보지 않았으며, 인종 및 인간의 심리를 연구하는 것을 비교문학의 임무라고 주장하였다.

정답 04 ② 05 ①

제3절 비교문학의 이론적 정립

1 발당스페르제의 방법

(1) 소재의 적용에 있어 고리의 정체를 전부 구분하기는 불가능하며, 그에 대한 연구도 단편적인 것에 그치게 된다고 보아, 소재 연구를 인정하지 않았다.

(2) 완전한 연속성의 결여라는 필연적 이유를 들어 민속학적 자료수집 방법을 불완전하다고 보았다. 민속학 또는 소재 연구에 비교문학적 노력을 쏟는 것은 예술보다 주제 그 자체를 중심으로 하는 연구방법이며, 이는 작가의 고유성·창조성·개성·독창성 등을 무시하는 것이라 주장하였다.

(3) 기계적이고 인과관계에 의해 진행되는 역사적 발전을 전제(목적론적 사고방식)로 한 브륀티에르의 진화론을 반대하였다.

(4) 문학 간의 의존 관계를 전제하지 않고서는 그 어떤 비교도 쓸모없는 것에 불과하며, 단순한 유사성·유추로 인해 발생하는 우연의 결과에 대한 비교는 설명적 명확성이 없다고 보았다.

> **체크 포인트**
> 발당스페르제는 베츠의 '서지목록'을 계승하여 표준참고서로 인정받고 있는 비교문학의 서지목록을 집대성하였다.

2 방 티겜의 이론 기출 21

(1) 비교문학을 문학사의 일부로 보았다.

(2) 다양한 문학을 그 상호 연관성에 의해 연구하는 것을 비교문학의 목적으로 보았다.

(3) 비교문학은 상이한 기원을 지닌 사실을 되도록 많이 수용하여 각각을 효과적으로 설명하기 위한 것이며, 어떠한 결과를 빚어내는 원인을 규명할 수 있도록 튼튼한 기초 지식을 확대해야 한다고 주장하였다.

(4) '비교'라는 용어의 일체의 미적 가치를 단순 비교하고 역사적 가치를 수용해야 한다고 보았다.

(5) 비교문학의 고유 분야는 근대문학 상호간의 연구이며, 단지 차이와 유사점을 밝히는 것은 문학사적 가치가 없는 것으로 파악하였다. → 영향·차용관계를 밝히는 것이 중요함

(6) 국민문학·일반문학·비교문학을 구분하였다.
   ① **국민문학**: 어느 한 나라의 문학을 지칭하는 것으로, 비교문학의 기반이 되는 여러 단위의 표시이다.
   ② **일반문학**
      ㉠ 공동체를 형성하는 여러 나라와 지역의 공통문학으로, 각 나라의 자국문학과는 다르다.
      ㉡ 문학 자체가 지니는 미학적·심리학적 측면에 대한 연구로 문학사의 발전과는 무관한 것이며, 일반문학사가 곧 세계문학사는 아니다.
      ㉢ 가장 폭넓고 깊은 일종의 국제적 안목에 의해 가장 짧은 시간에 가장 제한된 명제를 연구하는 것이다. → 공간·지리상의 확장
   ③ **비교문학**
      ㉠ 다양한 문학을 그 상호 연관성에 의해 연구하는 것을 목적으로 하는 문학이다.
      ㉡ 단수 인자 간의 이원적 관계를 연구하는 것이다.
      ㉢ 다양한 근대문학을 관련짓는 연결고리를 종합하는 것이다.

[비교문학의 영역] 기출 24, 22

발신자 연구	• 한 작가가 국경을 넘어 다른 나라에 어떠한 영향을 주었는지를 연구 • 한 작가나 문학의 한 그룹(또는 유파)이 외국에 미친 영향과 성공을 연구 • 작가의 성공·운명·영향의 역사를 탐구하는 것 • 명성론: 국가에서 국가로의 종합적 영향 및 외국에서의 작가의 성공·운명·영향의 역사 등을 탐구하는 것
수신자 연구	• 도착점인 수용자로부터 출발점인 발신자를 발견하는 것으로, 원천론이라고도 함 • 도착점으로서의 한 작가·작품·사상 등을 대상으로 함 • 원천론: 원전 속에 숨어 있는 선인에 대한 모방·차용·표절의 흔적을 밝혀 작가의 제작 비밀에 도달하는 것
송신자 연구	• 전달을 중개하는 개인, 단체, 원작의 모방, 번역의 연구 • 외국문학의 소개 및 그 이해를 쉽게 하는 역할은 매개자를 통해 이루어짐 • 중개론: 문학의 전파와 채용을 용이하게 하는 중개에 대한 연구로, 중개론의 대상으로는 '개인들에 의한 중개', '사회적 환경에 의한 중개' 등이 있음
이행(移行)	• 문학이 언어적 국경을 넘어 운반되는 것 → 물질적·심리적 요소 포함 • 이행하는 그 자체(운반되는 대상에 대한 검토, 문학의 장르·주제·사상 등)와 이행의 양상·상황 등[작품이 미친 영향 또는 모방(발신자 입장), 작가 또는 작품의 원천 탐구 등(수신자 입장)]을 연구 대상으로 함

3 카레와 귀야르의 원리

(1) 카레
① 귀야르의 『비교문학』 서문에서 비교문학은 단순히 문학의 비교가 아니라 **문학사의 한 분야**이며 또 일반문학이 아니라고 말하였다.
② 비교문학을 국제간의 정신적 관계에 대한 연구라고 보았다.
③ 상이한 문학작품의 상관성 및 나아가 상이한 작가의 영감과 생활까지도 포함하여 그들 상호간의 사실 관계를 연구하는 것이라고 보았다.
④ 독일인과 프랑스인, 영국인과 프랑스인이 서로 어떻게 보고 있는지 이미지를 연구하는 것이며, 이는 사회학으로 통하는 길이라 하였다.
⑤ 유사성의 연구보다는 **존재했던 사실의 상호 관계를 연구**하는 것을 중요시하였다.
⑥ 비교문학은 작품 자체가 갖는 가치를 본질적으로 고찰하는 것이 아니라, 각 나라 또는 각 작가가 다른 작품을 어떻게 변형·차용했는지를 보는 것이다.

(2) 귀야르
① 비교문학의 가장 가치 있는 장래 분야는 어떤 시대의 한 나라에서 행해진 타국의 심상을 정확히 서술하는 것이라 보았다.
② 비교문학은 문학을 대상으로 한 사회학의 연구이며, 단순한 '비교'가 아닌 국제간의 문학적 관계의 역사라 하였다. → 문학사의 한 분야
③ **연구 방법**
   ㉠ '책'과 '사람'은 전달자이다.

> **체크 포인트**
> 책은 각 나라를 이해하는 데 도움이 되는 것이므로, 책에는 비평서, 신문, 잡지, 사전, 교육서, 여행기 등을 모두 포함해야 한다.

   ㉡ 작가·유파·시대 등이 외국어에 대해 가지고 있는 이해의 정도를 조사해야 한다.
   ㉢ 한 작가 또는 한 나라의 전설의 형성을 이해하는 데는 여행기의 역할이 중요하므로, 여행기에 대한 지식은 중요하다.

○✕로 점검하자 | 제3절

※ 다음 지문의 내용이 맞으면 O, 틀리면 ✕를 체크하시오. (01~10)

01 비교문학을 문학사의 일부로 본 학자는 발당스페르제이다. (　)

02 발당스페르제는 비교문학에 있어 소재 연구를 인정하였다. (　)

03 발당스페르제의 이론은 기계적이고 인과관계에 의해 진행되는 역사적 발전을 전제로 하는 브뤼티에르의 진화론을 바탕으로 한다. (　)

04 방 티겜은 비교문학에 있어 단지 차이와 유사점을 밝히는 것은 문학사적 가치가 없는 것으로 파악하였다. (　)

05 방 티겜은 국민문학·일반문학·비교문학을 구분하였다. (　)

06 일반문학은 각 나라의 자국문학과 같은 개념이다. (　)

07 방 티겜은 비교문학의 영역에는 '발신자 연구, 수신자 연구, 송신자 연구, 이행(移行)'이 있다고 보았다. (　)

08 한 작가가 국경을 넘어 다른 나라에 어떠한 영향을 주었는지를 연구하는 것은 발신자 연구이다. (　)

09 국가에서 국가로의 종합적 영향 및 외국에서의 작가의 성공·운명·영향의 역사 등을 탐구하는 것을 중개론이라 한다. (　)

10 카레는 비교문학에 있어 유사성의 연구를 중시하였다. (　)

정답 1 ✕ 2 ✕ 3 ✕ 4 O 5 O 6 ✕ 7 O 8 O 9 O 10 ✕

제3절 핵심예제문제

01 방 티겜은 비교문학을 문학사의 일부로 보았으며, 다양한 문학을 그 상호 연관성에 의해 연구하는 것이 비교문학의 목적임을 강조하였다.

01 **다음 이론과 관련된 학자는 누구인가?**

> • 다양한 문학을 그 상호 연관성에 의해 연구하는 것을 비교문학의 목적으로 보았다.
> • 비교문학은 상이한 기원을 지닌 사실을 되도록 많이 수용하여 각각을 효과적으로 설명하기 위한 것이다.

① 방 티겜
② 발당스페르제
③ 카레
④ 귀야르

02 비교문학을 작품과 작가를 시간과 공간 가운데 옮겨 놓고 작품·작가에 대해 설명하는 것이라 본 학자는 방 티겜이다.

02 **발당스페르제의 문학이론과 관련된 설명으로 틀린 것은?**
① 단순한 유사성과 유추로 인한 우연의 결과에 대한 비교는 설명적 명확성이 없다고 보았다.
② 브뤼티에르의 진화론은 거의 기계적 인과론에 의해 진행된 것이라고 보았다.
③ 명성이 나타나게 된 당시의 사회 자체의 가동성을 설명하는 것을 중요시하였다.
④ 작품과 작가를 시간과 공간 가운데 옮겨 놓고 작품·작가에 대해 설명하는 것을 비교문학의 목적으로 보았다.

정답 01 ① 02 ④

03 비교문학은 문학사의 일부분이며, 국제간의 정신적 관계에 대한 연구라고 주장한 학자는 누구인가?

① 귀야르
② 카레
③ 방 티겜
④ 발당스페르제

03 카레는 비교문학은 상이한 문학작품의 상관성 및 나아가 상이한 작가의 영감과 생활까지도 포함하여 그들 상호간의 사실 관계를 연구하는 것이다. 이는 문학사의 일부분이며, 국제간의 정신적 관계에 대한 연구라고 보았다.

정답 03 ②

제4절 비교문학의 방법

1 일반적 개관

(1) 비교문학은 일정한 형식이나 독자적 접근 방식이 없다. → 모든 접근 방식을 인정

(2) 이식(移植)이론
  ① 발생학적인 문학 간의 충동을 통해 문학 현상을 설명하는 것이다.
  ② 비교는 사실 관계에 한정하고, 실증 가능한 영향의 연구에 집중한다. → 영향 관계를 추적·조사·연구하는 방법에 초점을 둠

(3) 영향 연구
  ① 비교문학의 주된 방법이다.
  ② 문학을 빙자한 사회학 또는 역사학이라는 평가를 받는다.
  ③ 소수의 특성 및 작품에 지나치게 의존하는 경향이 있다.

(4) 유사성 연구
  ① 미학적 관심이 높아짐에 따라 '영향' 대신 '유사성·친화력' 등을 나타내는 연구가 지지를 받아 왔다.
  ② 연관이 없는 두 작품에서 보이는 문체, 구조, 어법, 사상 등의 동일성을 연구하는 것이다.
  ③ '대조'는 미학적 분석에 대한 기회 및 예술 창조 과정에 대한 통찰력을 제공한다.
  ④ 가치 개념에 지나치게 의존하는 경향이 있어 객관성이 떨어진다는 한계가 있다.

(5) 알드리지 - 『비교문학의 목적과 전망』
  ① 자국문학과 비교문학의 본질에 해당하는 미학적 가치에 의한 문학비평 및 이론을 포함해야 한다고 보았다.
  ② 다양한 문학사조를 특징짓는 심리적·지적·문체론적인 경향에 대해 언급하였다.
  ③ 인물이나 사상과 관련된 다양한 문학적 주제를 다루어야 한다고 보았다.
  ④ 한 나라의 문학에 존재하는 문학 장르가 다른 나라의 문학에 있는 대응 장르와 비교될 때 비교문학의 의미를 찾을 수 있다고 보았다. → 장르로서의 문학 형태에 관한 것
  ⑤ 문학 연구를 위한 다양한 현상과 방법론의 대두 등을 강조하였다. → 문학 관계의 연구에 관한 것

2 영향의 개념

(1) 일반적 개념
① 영향은 문학작품의 본질적 요소에 대한 외적 요소인 종교적 신화 및 역사적 사건까지의 모든 것을 연구하는 것으로, 외적 요소는 문학작품의 생산을 비롯한 수용에까지 영향력을 행사하여 왔다.
② 문학작품의 배경에 해당하는 외적 요소가 곧 문학작품의 본질을 형성하는 내적 영향에 관계된다고 본다.

(2) 하스켈 블록
① 영향을 문학이 발생하는 통로의 기본적 부분으로 보았다.
② 기교뿐 아니라 예술의 총체적 체험의 문제로 보았다.
③ 영향 연구의 대상과 목적을 작가들과의 관계가 아니라, 작품에서 작품으로의 내적 관계로 보았다.
④ 외적 자료는 관계를 보충·강화시킬 수 있는 내에서만 유용한 것이며, 단순한 '유사함'을 '영향'으로 단정시키지 않도록 주의해야 한다고 보았다.

(3) 영향을 부정적으로 본 학자
① 르네 웰렉
  ㉠ 문학에 대한 연구에는 외재적 연구와 내재적 연구가 있으며, 작품 자체를 통해 문학을 이해하고자 하였다.
  ㉡ 예술작품을 원천과 영향이 새로운 구조로 동화된 것으로 보았다.
  ㉢ 미적 가치의 중요성을 인식하였다.
  ㉣ 문학 연구는 어떤 다른 것의 대상이나 수단이 될 수 없다고 보았다.
  ㉤ 문학의 비교 연구는 아이디어의 역사 연구나 종교적·정치적 개념사의 연구보다는 문학과 예술 작품 자체의 연구에 치중해야 한다고 주장하였다.

> **체크 포인트**
> 문학작품 자체의 연구는 문학상의 문제, 핵심적 미학의 문제, 예술과 문학의 본질적 문제 등을 포함한다.

② 기엔
  ㉠ '어느 작가에 있어서 영향을 운운할 때 그것이 과연 심리학적 내용의 것이냐 문학적 내용의 것이냐'라고 말하였다. → 작가 B가 작가 A의 영향을 받고 있다고 말하기 쉽지만, 본질은 작품 B′ 중에서 작품 A′의 흔적이 나타나 있는지를 파악하는 것
  ㉡ 우리가 'X가 Y의 영향을 받고 있다'는 식의 막연한 화술을 좋아하는 것은 심리적·문학적 문제가 혼합되어 있는 것이라고 주장하였다.
  ㉢ 작가 A와 작가 B 사이에는 수용 과정의 심리가 존재하며, 작가 B와 그의 작품 B′ 사이에는 창작 과정의 심리가 존재한다고 보았다.
  ㉣ A′과 B′은 관념적인 심리적 주관주의를 초월한 미적인 상호 작용의 관계가 되어야 한다.

> **체크 포인트**
> 기옌은 인지 가능한 모든 영향의 근원을 문학적 전통과 관습의 영역에서 찾았다.

③ 레빈
  ㉠ 비교문학이 자국 문학의 특수성에서 국제 간의 문학 공동체의 일반성으로 전환되는 데 기여하였다.
  ㉡ 외면적 관계에만 제한된 영향의 개념을 반대하였다.

④ 하산
  ㉠ '영향'을 전통뿐 아니라 개인의 내재적 문제까지 포함하는 것이라 보았다.
  ㉡ 개별적 경우가 가리키는 가정들의 구조 안에서 작용하는 복합적 상호 관계 및 유사관계를 의미한다.
  ㉢ 내적 관계와 외적 관계와의 상호 침투, 관습 내지 특수한 영향들과의 상호 관계가 충분히 고려되었을 때 'A(작가) − A′(작품) − B(작가) − B′(작품)'의 관계의 재구성이 가능하다고 보았다.

> **더 알아두기**
> **비교문학자의 역할**
> • 여러 나라의 국어 및 문학을 알아야 한다.
> • 근대 유럽문학의 시대적 특성, 문학사조, 작가, 양식, 유파 등에 정통해야 한다.
> • 우리나라의 경우 중국 및 일본문학사에 대한 폭넓은 이해가 있어야 한다.
> • 문학적 사실 이외에 역사적 지식을 갖추어야 한다.
> • 서지 작성에 관심을 가져야 하며, 외국문학의 번역 및 작가의 전기 등을 면밀히 조사·연구해야 한다.

3 영향의 범주 중요 기출 23, 22, 21

(1) 영향
① 발신자에게서 영향을 받은 수신자의 본래의 면모가 변화되는 것이다.
② 발신자의 힘은 수신자에게 **영속적·무의식적인** 것이어야 한다.

> **체크 포인트**
> • **내적인 면**: 영향이 작품 그 자체 속에 나타나 있는 것
> • **외적인 면**: 직접적인 고백, 간접적인 고백

(2) 모방
① 수신자가 발신자를 의식적으로 닮고자 하는 것으로, 비교적 단기간이라는 특징을 갖는다.
② 일반적으로 수신자가 **특별히 선호하는** 발신자가 있을 때 일어난다.

(3) 표절
① 의식적으로 발신자의 원작을 이용하는 것이다. → 가장 의식적·의도적임
② 수신자는 빌려 왔음을 고의로 은폐한다.

(4) 암시
① 창작의 계기가 발신자에 의해 마련되는 경우를 의미한다.
② 수용자와 발신자의 상호 관계는 동기 정도에서 그쳐야 한다.
③ 의도가 강하지 않으므로 영향으로 볼 수 있다.

(5) 차용
수신자가 필요한 부분을 빌려 쓰는 것으로, 빌려 왔음을 밝힌다는 점에서 표절과는 다르다.

(6) 번안
① 타인의 것을 가져다 쓴다는 점에서 모방과 공통점을 갖는다.
② 원작의 내용에 자신의 창의성을 가미한다는 데서 차이가 있다. → 원작을 얼마나 잘 이용하여 창조하였는가에 중점을 둠

O X 로 점검하자 | 제4절

※ 다음 지문의 내용이 맞으면 O, 틀리면 ×를 체크하시오. (01~11)

01 이식(移植)이론은 현상학적인 문학 간의 충동을 통해 문학의 발생학적 이론을 설명하는 것이다.
( )

02 이식이론에서 비교는 사실 관계에 한정해서는 안 되고, 실증 불가능한 영향의 연구에까지도 관심을 두어야 한다고 본다. ( )

03 유사성 연구는 서로 관련성을 가지는 두 작품에서 보이는 문체, 구조, 어법, 사상 등의 동일성을 연구하는 것이다. ( )

04 영향 연구는 가치 개념에 지나치게 의존하여 객관성이 떨어진다는 한계가 있다. ( )

05 자국문학과 비교문학의 본질에 해당하는 미학적 가치에 의한 문학비평 및 이론을 포함해야 한다고 주장한 학자는 알드리지이다. ( )

06 하스켈 블록은 영향 연구의 대상과 목적을 작가들과의 관계에 두었다. ( )

07 하산은 영향을 전통뿐 아니라 개인의 내재적 문제까지 포함하는 것이라 보았다. ( )

08 비교문학자들은 문학적 사실 이외에 따로 역사적 지식을 갖출 필요는 없다. ( )

09 르네 웰렉, 기옌은 영향을 긍정적으로 보았다. ( )

10 레빈은 영향의 개념을 외면적 관계에만 제한시켜야 한다고 주장하였다. ( )

11 모방은 수신자가 특별히 선호하는 발신자가 있을 때 일어난다. ( )

정답 1 × 2 × 3 × 4 × 5 O 6 × 7 O 8 × 9 × 10 × 11 O

제4절 핵심예제문제

01 비교문학에 대한 설명으로 틀린 것은?

① 비교문학은 일정한 형식 및 독자적 접근 방식을 통해 작품의 상호 관계를 연구하는 것이다.
② 비교문학의 방법에는 이식이론, 영향 및 유사성 연구 등이 있다.
③ 영향 연구는 소수의 작품에 지나치게 의존하는 경향이 있다.
④ 유사성 연구는 연관이 없는 두 작품이 문체, 구조, 사상 등에서 동일성을 보이는 것에 대한 연구이다.

02 '영향'에 관한 하스켈 블록의 주장으로 틀린 것은?

① 영향을 문학이 발생하는 통로의 기본적 부분으로 보았다.
② 기교뿐만 아니라 예술의 총체적 체험의 문제로 보았다.
③ 영향 연구의 대상과 목적을 작가들과의 관계에 두었다.
④ 단지 유사하기만 한 것은 영향이 아니라고 보았다.

03 다음 중 '영향'에 대한 부정적 입장을 취하지 않은 학자는?

① 르네 웰렉
② 하스켈 블록
③ 기옌
④ 하산

---

01 비교문학은 일정한 형식이나 독자적 접근 방식이 없으며, 모든 접근 방식을 인정한다.

02 하스켈 블록은 영향 연구의 대상과 목적을 작가들과의 관계가 아니라, 작품에서 작품으로의 내적 관계로 보았다.

03 하스켈 블록은 영향을 비교문학 연구의 중요한 개념이라 보았다.

정답 01 ① 02 ③ 03 ②

제7장 실전예상문제

01 비교문학은 통상적으로 단수인자 간의 이원적 관계에 대해 연구하는 것으로, 어느 한 나라의 문학이 아닌 최소한 두 민족 이상의 여러 작품 사이에 존재하는 차이점·유사점을 밝히고, 나아가 작품의 영향·차용 등을 밝혀내는 것이다.
② 여러 나라의 문학을 연구하는 것이다.
③ 문학의 전파와 채용을 용이하게 하는 중개에 대한 연구는 방 띠껨의 송신자 연구에 대한 내용으로, 이는 비교문학의 영역의 일부에 해당한다.
④ 국문학과 다른 나라의 문학과의 관계를 연구하는 것이다.

02 비교문학은 한 민족 내에서의 작품의 특성을 연구하는 것이 아니라 최소한 두 민족 이상의 문학 각각의 독자성 및 영향 관계, 상호 작용 등을 연구하므로, 우리 민족문학의 특성을 밝히는 것은 비교문학의 과제로 적절하지 않다.

03 비교문학의 경향에는 실증적 경향, 총체성을 강조하는 경향, 절충적 경향이 있다.

01 비교문학에 대한 설명으로 가장 올바른 것은?
① 통상적으로 단수인자 간의 이원적 관계를 연구하는 것이다.
② 어느 한 나라의 문학이다.
③ 문학의 전파와 채용을 용이하게 하는 중개에 대한 연구이다.
④ 국문학이 공동으로 가지고 있는 사실들에 대한 연구이다.

02 다음 중 비교문학의 과제로 볼 수 없는 것은?
① 중국문학과 한국문학의 영향 관계를 역사적으로 살핀다.
② 우리 민족문학의 특성인 정한(情恨)에 대해 탐구한다.
③ 신데렐라와 콩쥐팥쥐에서 공통점과 차이점을 찾는다.
④ 한용운의 시와 인도 시인 타고르의 시가 지닌 공통점을 찾는다.

03 다음 중 비교문학의 경향이 아닌 것은?
① 실증적 경향
② 보편적 경향
③ 총체성을 강조하는 경향
④ 절충적 경향

정답 01 ① 02 ② 03 ②

04 비교문학에 있어 실증주의적 경향이 강한 학자는?
① 카레
② 르네 웰렉
③ 바이스슈타인
④ 레마크

04 실증주의적 경향의 학자는 카레, 귀야르 등이며, 르네 웰렉은 총체성을 강조하는 경향, 바이스슈타인과 레마크는 절충주의적 경향을 가졌다.

05 다음 중 비교문학에 관한 방 티겜의 이론으로 적절한 것은?
① 본질적으로 여러 나라의 문학작품을 다루되, 그 상호 관련성을 연구하는 것
② 비교문학은 국제 간의 문학적 관계의 역사
③ 비교문학의 영역을 역사·이론·비평 등을 포괄하는 범위로 넓혀야 함
④ 국민문학 자체도 이념적인 면에서 문학 총체의 연구로부터 분리되어서는 안 됨

05 ②는 귀야르, ③·④는 르네 웰렉의 이론이다.

06 다음과 같이 주장한 학자는 누구인가?

> 사실 관계의 연구만을 기초로 한 비교문학의 정의가 지나치게 타당성이 없다면 그 정반대의 주장, 즉 사실의 규율을 무시하고 단순한 유사성을 존중하는 입장도 역시 과학적으로 정당한 것이 되지 못한다.

① 방 티겜
② 바이스슈타인
③ 레마크
④ 귀야르

06 제시된 내용은 바이스슈타인의 이론이다.

정답 04 ① 05 ① 06 ②

07 비교학자는 문학적 관계의 역사가이기는 하지만 그와 관계된 예술, 철학, 역사 등에 관한 연구 역시 비교문학의 범주에 포함되므로 다른 영역에 대한 지식 또한 갖추고 있어야 한다.

08 ④는 생테브르몽의 주장이다.

09 슐레겔 형제는 서구문학의 제 역사를 고전주의 대 낭만주의의 이원론으로 개관하였으며, 이들을 통해 유럽의 여러 나라에 낭만주의가 널리 알려졌다.

정답 07 ③ 08 ④ 09 ②

---

07 비교학자의 조건으로 적절하지 <u>않은</u> 것은?

① 연구하고자 하는 사실 주위에 있는 역사적 교양을 갖추어야 한다.
② 연구의 다양성에 적합한 합리적인 방법을 찾을 수 있어야 한다.
③ 문학적 관계의 역사가이므로, 문학 외의 다른 영역에 관해서는 관심을 두지 않아도 된다.
④ 원전과 번역서 간의 불일치를 판단해야 하므로 2개 국어 이상의 언어를 읽을 수 있어야 한다.

08 헤르더의 주장과 관련이 <u>없는</u> 것은?

① 어느 한 민족의 습관을 고찰할 때는 자국의 상황만으로 한정해서는 안 된다.
② 문학사는 시대·지역·시인 등의 양식을 지닌 문학의 발생·성장·변천·쇠퇴 속에서 나타나는 통일체이다.
③ 개별적인 민족문학은 그들의 순수성에 의지하려는 기본적인 실재를 이룩한다.
④ 시간과 공간에 따라 이상적인 아름다움은 필연적으로 변화가 있다.

09 서구문학의 제 역사를 고전주의 대 낭만주의의 이원론으로 개관한 학자는?

① 스탈 부인
② 슐레겔 형제
③ 괴테
④ 르네 웰렉

10 괴테의 세계문학에 대한 설명으로 올바르지 <u>않은</u> 것은?
   ① 국민문학에 대한 자각에서 비롯된 것이다.
   ② 각국의 문학 속에 내재해 있는 '세계성'을 희구하려는 가운데 발생하였다.
   ③ 세계문학은 비교문학의 발상의 근원이 된다고 여겨지고 있다.
   ④ 세계문학에 대한 체계적 논의가 이루어져 세계성에 대한 위상이 확립되었다.

10 세계문학에 대한 체계적 논의가 이루어지지 않고, 세계의 범위도 유럽대륙으로 한정되었다는 한계가 있다.

11 프랑스에서 비교문학이라는 용어를 처음으로 사용한 학자는?
   ① 노엘과 라플라스
   ② 빌르맹과 방 티겜
   ③ 앙페르와 브륀티에르
   ④ 포스네트

11 프랑스에서 비교문학이라는 용어를 처음으로 사용한 학자는 노엘, 라플라스이다.
   • 빌르맹
     – 소르본대학에서 시도한 국제문학 강의가 비교문학의 출발이 됨
     – 최초로 다른 문학적 조류 및 국제적 영향 관계를 다루었음
   • 앙페르
     – 빌르맹에 이어 당시 프랑스의 비교문학을 주도
     – '비교문학'이란 용어를 널리 보급함

12 다음에서 설명하는 학자는 누구인가?

   • 그가 저술한 『비교문학』은 비교문학에서 최초로 간행된 총괄적 이론서로, '비교문학'이라는 명칭을 확립하는데 결정적인 계기가 되었음
   • '비교'와 '역사'를 동의어로 간주

   ① 빌르맹
   ② 포스네트
   ③ 생 시몽
   ④ 텍스트

12 포스네트는 영국의 비교문학에 가장 강력한 자극을 준 인물로, 문학사를 사회사의 일부분으로 파악하였으며, 특히 집단으로부터 개인적인 삶으로서의 사회적 발전 연구를 중시했다. 그가 저술한 『비교문학』은 비교문학에서 최초로 간행된 총괄적 이론서로, '비교문학'이라는 명칭을 확립하는 데 결정적인 계기가 되었다.

정답 10 ④ 11 ① 12 ②

13 브뤼티에르는 텍스트를 거쳐 발당스페르제로 비교문학이 발전되어 나갈 여지를 마련한 학자로, 문학 연구에서 국민문학의 연구만으로는 해결할 수 없는 부분이 있음을 지적하며 비교문학의 필요성을 주장하였다. 또한 문학의 국제적 대운동의 역사를 정확하게 기술해야 한다고 주장하였다.

13 문학 연구에서 국민문학의 연구만으로는 해결할 수 없는 부분이 있음을 지적하며 비교문학의 필요성을 주장한 학자는?

① 브뤼티에르
② 방 티겜
③ 생트뵈브
④ 레마크

14 카레는 비교문학은 단순히 문학의 비교가 아니라 문학사의 한 분야이며, 또 일반문학이 아니라고 말하였다.

14 비교문학의 이론적 정립에 관한 학자들의 견해로 올바르지 않은 것은?

① 발당스페르제는 소재 연구를 인정하지 않았다.
② 방 티겜과 귀야르는 비교문학을 문학사의 일부로 보았다.
③ 카레는 비교문학을 일반문학의 한 분야로 보았다.
④ 귀야르는 어떤 시대의 한 나라에서 행해진 타국의 심상을 정확히 서술하는 것을 가치 있게 보았다.

15 방 티겜이 제시한 비교문학의 영역은 '발신자 연구, 수신자 연구, 송신자 연구, 이행(移行)'이다.

15 방 티겜의 비교문학의 영역이 아닌 것은?

① 발신자 연구
② 수신자 연구
③ 송신자 연구
④ 역행

정답 13 ① 14 ③ 15 ④

16 방 티겜의 비교문학의 영역 중 다음 내용과 관계된 것은?

- 도착점인 수용자로부터 출발점인 발신자를 발견하는 것
- 원천론이라고도 함
- 도착점으로서의 한 작가·작품·사상 등을 대상으로 함

① 발신자 연구
② 수신자 연구
③ 송신자 연구
④ 창시자 연구

16 수신자 연구는 도착점인 수용자로부터 출발점인 발신자를 발견하는 것으로, 원천론이라고도 한다. 도착점으로서의 한 작가·작품·사상 등을 대상으로 하며, 원천론은 원전 속에 숨어 있는 선인에 대한 모방·차용·표절의 흔적을 밝혀 작가의 제작 비밀에 도달하는 것이다.
① 한 작가가 국경을 넘어 다른 나라에 미친 영향, 작가의 성공·운명·영향의 역사를 탐구하는 것이다.
③ 전달을 중개하는 개인, 단체, 원작의 모방, 번역 등을 연구하는 것이다.

17 발생학적인 문학 간의 충동을 통해 문학 현상을 설명하는 것을 무엇이라 하는가?

① 충동이론
② 이식이론
③ 유사성이론
④ 대립이론

17 이식(移植)이론
- 발생학적인 문학 간의 충동을 통해 문학 현상을 설명하는 것이다.
- 비교는 사실 관계에 한정하고, 실증 가능한 영향의 연구에 집중한다.

18 비교문학의 방법 중 유사성 연구의 한계는?

① 객관성이 떨어진다는 것
② 미학적 분석을 할 수 없다는 것
③ 예술 창조 과정에 대한 통찰력을 제공할 수 없다는 것
④ 심리적·지적 경향을 증명할 수 없다는 것

18 유사성 연구는 가치 개념에 지나치게 의존하는 경향이 있어 객관성이 떨어진다는 한계가 있다.

정답 16 ② 17 ② 18 ①

19 다음과 같이 주장한 학자는 누구인가?

> • 문학의 비교 연구는 아이디어의 역사 연구나 종교적·정치적 개념사의 연구보다는 문학과 예술작품 자체의 연구에 치중해야 한다.
> • 문학 연구는 어떤 다른 것의 대상이나 수단이 될 수 없다.

① 르네 웰렉
② 기옌
③ 레빈
④ 하산

20 영향의 범주와 그 설명이 올바르게 짝지어진 것은?

① 영향 – 수용자의 작품 제작 동기가 발신자에 의해 마련되는 경우를 가리킨다.
② 암시 – 수신자에게 영속적이며 무의식적인 것이어야 한다.
③ 모방 – 수신자가 발신자를 특별하게 좋아하는 경우에 일어나는 현상이다.
④ 차용 – 타인의 것을 가져다 쓴다는 점에서 모방과 같다.

21 다음에서 설명하는 영향의 범주는?

> • 수신자가 필요한 부분을 빌려 쓰는 것
> • 빌려 왔음을 밝힌다는 점에서 표절과 다름

① 영향
② 차용
③ 번안
④ 암시

19 르네 웰렉
• 작품 자체를 통해 문학을 이해하고자 하였다.
• 예술작품을 원천과 영향이 새로운 구조로 동화된 것으로 보았다.
• 미적 가치의 중요성을 인식하였다.
• 문학 연구는 어떤 다른 것의 대상이나 수단이 될 수 없다고 보았다.

20 ① 수용자의 작품 제작 동기가 발신자에 의해 마련되는 경우를 가리키는 것은 암시이다.
② 수신자에게 영속적이며 무의식적인 것이어야 하는 것은 영향이다.
④ 번안은 타인의 것을 가져다 쓴다는 점에서 모방과 같다.

21 '차용'은 수신자가 필요한 부분을 빌려 쓰는 것으로, 빌려 왔음을 밝힌다는 점에서 표절과는 다르다.

정답 19 ① 20 ③ 21 ②

22 영향의 범주에서 다음이 설명하는 것은 무엇인가?

- 가장 의도적으로 원작을 이용한 경우
- '차용'과는 달리, 이용 후 은폐하고자 하는 의도를 가짐

① 표절
② 모방
③ 번안
④ 암시

22 표절
- 의식적으로 수신자의 원작을 이용하는 것
- 가장 의식적·의도적임
- 수신자는 빌려 왔음을 고의로 은폐함

23 비교문학에서의 비평방법 중 영향 영역에 해당하는 것은?

① 이광수는 톨스토이의 소설을 읽고 계몽적 문학관을 갖게 되었다.
② 김동인은 이광수 문학을 의도적으로 폄하하기 위하여 비평문을 썼다.
③ 언니는 무라카미 하루키의 소설을 읽고 그 문체를 모방하여 소설을 썼다.
④ 조중한은 일본 연애 소설 『금색야차』를 번안하여 『장한몽』이란 신소설을 발표하였다.

23 '영향'은 발신자에게서 영향을 받은 수신자의 본래의 면모가 변화되는 것이므로 ①이 이에 해당된다.
③ 모방
④ 번안

정답 22 ① 23 ①

합격의 공식 시대에듀

또 실패했는가? 괜찮다. 다시 실행하라.
그리고 더 나은 실패를 하라!

– 사뮈엘 베케트 –

부록

최종모의고사

- 최종모의고사 제1회
- 최종모의고사 제2회
- 정답 및 해설

이성으로 비관해도 의지로써 낙관하라!

– 안토니오 그람시 –

  보다 깊이 있는 학습을 원하는 수험생들을 위한
시대에듀의 동영상 강의가 준비되어 있습니다.
www.sdedu.co.kr → 회원가입(로그인) → 강의 살펴보기

제1회 최종모의고사 | 문학개론

제한시간: 50분 | 시작 ___시 ___분 – 종료 ___시 ___분

01 다음 중 '문학의 언어'의 특징으로 올바르지 <u>않은</u> 것은?

① 언어의 외연적 의미에 의존한다.
② 주관적·함축적이다.
③ 독자의 상상력을 자극한다.
④ 표현 대상과 실제의 뜻이 언제나 동일하지는 않다.

02 다음 중 수필의 특성이 <u>아닌</u> 것은?

① 자유로운 형식의 문학
② 자기 고백의 문학
③ 전문적인 개성의 문학
④ 심미적·철학적 문학

03 다음 괄호 안에 들어갈 알맞은 말은?

> ( )은(는) 인간의 본능적 행위이며, 동시에 즐거운 행위이다.

① 충동
② 쾌락
③ 모방
④ 유희

04 영향의 범주 중 다음과 관련된 것은?

> • 발신자에게서 영향을 받은 수신자의 본래의 면모가 변화되는 것이다.
> • 발신자의 힘은 수신자에게 영속적·무의식적인 것이어야 한다.

① 모방　② 번안
③ 영향　④ 차용

05 다음 중 희곡의 특징으로 옳은 것은?

① 가장 주관적인 문학이다.
② 서술의 형식을 가진 문학이다.
③ 문학적 성격만을 지니고 있다.
④ 작가가 직접 주제를 전달할 수 없다.

06 율격에 대한 설명으로 올바른 것은?

① 한국시가에서 가장 자주 쓰이는 것은 2음보, 3음보, 4음보이다.
② 한국시는 주로 복합율격을 갖는다.
③ 2·3음보는 시조와 가사에, 4음보는 민요에 주로 쓰인다.
④ 외형률은 자유시와 산문시의 특징이다.

07 다음 중 문학비평에서 다루는 대상이나 영역이 아닌 것은?
① 문학이란 무엇인가
② 작품의 개연성을 어떻게 부여할 것인가
③ 한 편의 문학작품이 주는 의미는 무엇인가
④ 작품의 가치는 어떻게 평가할 것인가

08 다음 중 루카치의 분류에 따른 교양 소설에 속하는 것은?
① 『적과 흑』
② 『노인과 바다』
③ 『돈키호테』
④ 『빌헬름 마이스터』

09 다음 중 소설과 희곡의 차이에 대한 설명으로 올바르지 않은 것은?
① 희곡은 과거의 시간도 현재로 표현된다.
② 소설은 서술과 묘사로 이루어진다.
③ 소설은 읽을 수 있는 측면과 행동에 의해 전달된다.
④ 희곡은 등장인물의 수에 제한을 받는다.

10 방 티겜의 비교문학의 영역이 아닌 것은?
① 발신자 연구
② 수신자 연구
③ 송신자 연구
④ 전이(轉移)

11 다음 중 시의 특징이 아닌 것은?
① 의미의 전달보다는 정서의 환기가 주목적이다.
② 내포적 언어에 의한 언어예술이다.
③ 4대 장르 중 가장 주관적이며 오래된 양식이다.
④ 극적(劇的)인 정화(淨化)와 공감의 문학이다.

12 다음 중 아리스토텔레스가 주장한 문학 예술의 모방의 대상은 무엇인가?
① 언어
② 사물의 외형
③ 연기
④ 인간의 행위

13 다음 중 중수필의 특징은?
① 개인적·주관적이다.
② 몽테뉴형 수필이다.
③ 지적·사색적이다.
④ '나'가 겉으로 드러나 있다.

14 장편 소설의 특징이 아닌 것은?
① 인간의 삶을 총체적으로 그린다.
② 기교에 중점을 둔다.
③ 인간의 감정과 욕망의 영향력 등 인생의 탐구에 중점을 둔다.
④ 작중인물의 발전과 시간의 흐름이 주를 이룬다.

15 문학비평 이론의 주요 관심 대상이 올바르게 연결되지 않은 것은?

① 모방론 - 작품이 취급하고 있는 사물과의 상관관계
② 효용론 - 작품이 독자에게 미치는 영향
③ 표현론 - 작가와 작품과의 관계
④ 객관론 - 현실과 작품과의 관계

16 다음 중 비교문학에 대한 설명으로 적절하지 않은 것은?

① 최소한 두 민족 이상의 여러 작품 사이에 존재하는 차이점·유사점 등을 밝힌다.
② 통상적으로 단수 인자 간의 이원적 관계를 연구하는 것이다.
③ 국문학과 다른 나라의 문학과의 관계를 연구하는 것이다.
④ 문학의 전파와 채용을 용이하게 하는 중개에 대한 연구는 베이컨에 의해 이루어졌다.

17 다음 중 형식주의 비평의 특징은?

① '문학성'을 철저하게 그 언어적 조직과 일체화시켜 분석·기술한다.
② 문학작품을 사회적·문화적 요인과 연결시킨다.
③ 작품이 만들어진 사회적 환경, 작가의 전기 등에 초점을 둔다.
④ 내면세계를 분석함으로써 작가와 작품의 관계를 해명한다.

18 주지(主旨)와 매체(媒體)에 대한 설명으로 옳은 것은?

① 주지는 보조관념, 매체는 원관념이다.
② 매체는 시인이 본래 표현하고자 하는 사상·정서 등이다.
③ 주지는 매체를 드러내는 수단이다.
④ 별개의 사물이 각각 원관념과 보조관념으로 결합될 수 있는 것은 두 사물의 유사성 때문이다.

19 다음은 무엇의 특징인가?

- 인과관계에 중점을 둠
- 'Why(왜)'의 반응을 이끌어 냄
- 예 "왕비가 죽자, 왕이 슬퍼서 울었다."

① 플롯
② 스토리
③ 기호
④ 노벨

20 작품의 주인공이 자신의 이야기를 함으로써 인물의 초점과 서술의 초점이 일치하는 시점은?

① 1인칭 주인공 시점
② 3인칭 작가 관찰자 시점
③ 1인칭 관찰자 시점
④ 전지적 작가 시점

21 다음 시에서 가장 두드러지는 심상은?

> 내 마음은 호수요,
> 그대 노 저어 오오.
> 나는 그대의 흰 그림자를 안고, 옥같이
> 그대 뱃전에 부서지리다.

① 시각적 이미지
② 청각적 이미지
③ 후각적 이미지
④ 촉각적 이미지

22 상징과 은유의 차이점으로 올바른 것은?

① 은유는 상징의 일종이다.
② 상징은 상관성이 먼 상징어를 연결할수록 그 의미가 축소된다.
③ 상징은 은유에 비해 훨씬 고차원적인 유추 과정을 통해 이해될 수 있다.
④ 은유는 원관념과 보조관념의 상관관계가 명확하지 않으며, 상징은 원관념이 표면에 드러나 있다.

23 다음 중 비극의 특징으로 올바른 것은?

① 비극의 동기는 주인공의 인간적 결함에서 비롯된다.
② 비극의 결말은 주동인물과 반동인물의 팽팽한 긴장으로 끝이 난다.
③ 보편적 개인의 문제보다는 사회적 집단의 문제에 관심을 둔다.
④ 주인공은 악을 대표하고, 반동인물과의 갈등은 선악 간의 갈등으로 표출된다.

24 다음 중 전통적인 장르 구분에 포함되지 않는 것은?

① 서정시
② 서사시
③ 산문시
④ 극시

25 다음 중 문체의 결정 요소가 아닌 것은?

① 비유적 언어의 사용 빈도와 유형
② 사용 어휘 및 낱말
③ 작품의 장르 및 주요 독자
④ 문장의 구조 및 수사적 효과

26 이미 알려진 상징의 이미지에 시인의 독창적 상상력을 통해 새로운 의미를 부여하는 것은?

① 재문맥화
② 장력 상징
③ 창조적 상징
④ 알레고리컬

27 '시인추방론'에 대한 설명으로 옳지 않은 것은?

① 플라톤이 『공화국』에서 제기한 이론이다.
② '탁자'의 이데아를 지니고 있는 자는 기술자이다.
③ 이데아는 순수한 이성을 통해서만 포착할 수 있다.
④ '탁자'를 대상으로 하여 예술작품을 만들어 내는 자는 시인이다.

28 문학의 교시적 기능에 대한 설명으로 옳은 것은?

① 모방이란 즐거운 행위로 기쁨을 느낄 수 있게 한다.
② 문학의 목적은 그 자체가 목적이 되고 가치를 지닌다.
③ 현실에서 불가능한 이상의 실현을 통해 억압된 욕망에서 해방된다.
④ 문학은 사물을 새롭게 인식하게 하여 독자 스스로 반성을 하게끔 한다.

29 다음 중 공감각적 심상이 쓰인 것은?

① 술 익는 마을마다 / 타는 저녁놀
② 금으로 타는 태양의 즐거운 울림
③ 내 볼에 와 닿던 네 입술의 뜨거움
④ 지금 눈 내리고 / 매화 향기 홀로 아득하니

30 밑줄 친 시어와 관련 있는 것은?

> 빙자옥질(氷姿玉質)이여 눈 속에 네로구나.
> 가만히 향기 놓아 황혼월(黃昏月)을 기약하니
> 아마도 아치고절(雅致高節)은 <u>너</u>뿐인가 하노라.
>   – 안민영, 「매화사」 제3수

① 자연적 상징
② 원형적 상징
③ 창조적 상징
④ 알레고리컬 상징

31 로망스의 특징으로 옳은 것을 모두 고른 것은?

> ㉠ 디플레이션 양식
> ㉡ 과장되고 부풀린 삶
> ㉢ 영웅・악마・자연의 걸작
> ㉣ 아이러니컬한 허구의 형태

① ㉠, ㉡
② ㉠, ㉢
③ ㉡, ㉢
④ ㉡, ㉣

32 근대소설의 특징이 아닌 것은?

① 부르주아 계급의 등장 이후 발생하였다.
② 근대적 인간관의 발견과 관련되어 있다.
③ 부조리한 세계에 대한 비판 정신이 드러난다.
④ 주로 선인과 악인 간의 갈등으로 전개된다.

33 소설 구성의 3요소에 해당하지 않는 것은?

① 인물
② 사건
③ 배경
④ 문체

34 다음 내용과 관련된 문제 의식은?

> • 가치론적・존재론적 문제에 대한 관심을 의미한다.
> • 사변적・철학적 성격을 지닌 관점으로, 어떤 사실에 대한 지적 호기심과 관련이 있다.
> • 부스가 『소설수사학』에서 설명한 문제 의식을 가능하게 하는 작가의 관심 구조 중 하나이다.

① 질적 관심
② 미적 관심
③ 실제적 관심
④ 인식론적 관점

35 다음 내용이 설명하는 비평방법은?

- 기표와 기의를 핵심 개념으로 하는 작품 분석 방법으로 언어학을 모델로 삼았다.
- 작품 속에 내재된 구조를 통해 전체 속에서 이루어지는 각 부분의 관계를 파악할 수 있다고 보았다.

① 심리적 비평
② 구조주의 비평
③ 형식주의 비평
④ 역사・전기적 비평

36 사회・문화적 비평에 대한 설명으로 적절한 것은?

① 문학작품과 시대적 배경, 사회 현실과의 관련성에 초점을 둔다.
② 인간의 무의식을 분석함으로써 작가와 작품의 관계, 즉 창작 심리를 해명한다.
③ 프레이저의 『황금가지』에서는 모든 민족의 신화 사이에 존재하는 상관관계를 밝혔다.
④ 시적 언어를 일상적・과학적 언어와의 대립 관계에 의해 변별적 자질이 한정된다고 본다.

37 수필의 종류를 2종설로 나누어 보았을 때, 다른 유형에 속하는 것은?

① 베이컨형 수필
② 주관적이고 사유적인 글
③ 가볍고 연(硬)문장적인 글
④ 작가의 개성이 잘 드러나는 글

38 희곡의 구성 중 '상승(전개)'에 대한 설명으로 적절하지 않은 것은?

① 갈등과 분규가 구체화된다.
② 인물 간의 대결이 나타난다.
③ 인물과 행동이 성장・변화・발전한다.
④ 플롯의 실마리와 사건 방향이 제시된다.

39 희곡의 형식적 구성 요소에 해당하지 않는 것은?

① 대사
② 해설
③ 플롯
④ 지문

40 영향의 범주인 암시에 대한 설명으로 옳은 것은?

① 수용자와 발신자의 상호 관계는 영속성을 지닌다.
② 창작의 계기가 발신자에 의해 마련되는 것을 의미한다.
③ 발신자의 의도가 강하게 드러나므로 영향으로 볼 수 없다.
④ 수신자가 특별히 선호하는 발신자를 의식적으로 닮고자 하는 것이다.

제2회 최종모의고사 | 문학개론

제한시간: 50분 | 시작 ___시 ___분 – 종료 ___시 ___분

정답 및 해설 393p

01 플라톤의 모방론에 대한 설명으로 옳은 것은?
① 작품은 진리가 아닌 현상의 세계를 모방한 것에 불과하다.
② 모방을 긍정적으로 인식하였다.
③ 개연성의 발견이 곧 진리에 이르는 길이라고 보았다.
④ 사물 속에 내재하는 본질적인 것을 모방으로 보았다.

02 비극에 나타나는 연민과 공포에 대한 설명으로 틀린 것은?
① 연민은 비극의 주인공에 대한 전적인 공감이다.
② 공포는 가까운 누구에게라도 일어날 수 있을 것이라는 두려움이다.
③ 연민은 자신에 대한 감정, 공포는 타인에 대한 감정이다.
④ 연민과 공포가 곧 감정의 정화를 불러일으킨다.

03 다음 시의 갈래는 무엇인가?

> 담머리 넘어 드는 달빛 은은하고
> 하두개 소리 없이 나려지는 오동꽃을
> 가랴다 발을 멈추고 다시 돌아보노라.

① 자유시 ② 정형시
③ 산문시 ④ 연시조

04 소설의 리얼리티(Reality)가 의미하는 것이 아닌 것은?
① 필연성
② 개연성
③ 진실성
④ 현실에서의 사실 자체

05 다음 중 영향의 범주가 올바르게 연결된 것은?
① 영향 – 일반적으로 수신자가 특별히 선호하는 발신자가 있을 때 일어난다.
② 모방 – 의도가 강하지 않으므로 영향으로 볼 수 있다.
③ 표절 – 가장 의식적·의도적인 행위이다.
④ 차용 – 원작의 내용에 자신의 창의성을 가미한 것이다.

06 희곡의 5막 구성 중 '상승'과 '하강'에 대한 설명으로 적절하지 않은 것은?
① 상승은 클라이맥스에 대한 준비 과정으로, 갈등과 분규가 구체화된다.
② 상승에서는 인물과 행동이 성장·변화·발전한다.
③ 하강의 속도가 파국으로 빠르게 연결되어야 감정의 카타르시스가 일어날 수 있다.
④ 희극에서는 하강 단계에서 주인공의 파멸을 이끌 대립된 세력이 강해진다.

07 소설의 플롯에 대한 설명으로 적절하지 않은 것은?

① 사건을 시간적 순서대로 배열한다.
② 인과관계에 따라 사건을 전개한다.
③ 주제를 구현하기 위한 논리적 기법이다.
④ 사건에 대해 'Why(왜)'라는 반응이 나온다.

08 다음 중 문학의 특징이 아닌 것은?

① 문학은 언어로 된 예술이다.
② 문학 활동은 오직 개인적 행위이다.
③ 개성은 곧 문학의 생명이라 할 수 있다.
④ 문학은 가치 있는 인간 체험의 표현이다.

09 다음 괄호 안에 들어갈 알맞은 말은?

> 아리스토텔레스는 ( )을(를) 개연성을 부여하기 위해 필요한 요소로 보았다.

① 상상력
② 허구
③ 기록
④ 작자의 경험

10 다음 중 '방백'에 대한 설명으로 올바르지 않은 것은?

① 화자가 직접 관객이나 무대 위의 배우 중 몇 사람만을 선택하여 그들만 듣는 것으로 가정한다.
② 지금 막 진행되고 있는 사실에 대해 논평할 때 효과적이다.
③ 가장 순수한 의미의 방백은 자문자답(自問自答)이다.
④ 독백보다 짧으며 주로 희극에서 사용된다.

11 수필의 유머와 위트에 대한 설명으로 적절하지 않은 것은?

① 수필의 평면성을 구제해 준다.
② '수필다움'을 지니기 위해 특히 중요하다.
③ 섬세한 정서와 지적 감각을 내포하고 있다.
④ 오직 수필에서만 나타나는 정서이다.

12 다음 중 문학비평의 조건이 아닌 것은?

① 해석과 감상은 비평의 전제 조건이 되어야 한다.
② 작품의 가치를 공정하게 평가해야 하며, 평가에는 판단과 식별이 선행되어야 한다.
③ 비평가는 작가와 작품의 입장에서 작품을 평가해서는 안 되며, 객관적 가치 판단의 기준을 지니고 있어야 한다.
④ 비평은 작품을 해석하고 감상하는 일에서부터 시작되어야 한다.

13 막스 블랙의 비유론 중 다음 내용과 관련된 것은?

> "리처드왕은 사자다."라는 예문에서 비유를 형성하는, 두 개의 관념, 즉 '리처드왕'과 '사자'는 제각기 독자성을 가지는데, 이때 주지는 매체에 작용하고, 매체 또한 주지에 작용한다. 따라서 양자는 서로 역동적인 상관관계를 가진다.

① 비교론
② 상호작용론
③ 대치론
④ 병치론

14 다음 시에서 사용되지 않은 이미지는?

> 송홧가루 날리는
> 외딴 봉우리
>
> 윤사월 해 길다
> 꾀꼬리 울면
>
> 산지기 외딴집
> 눈먼 처녀사
>
> 문설주에 귀 대이고
> 엿듣고 있다
> — 박목월, 「윤사월」

① 시각적 이미지
② 촉각적 이미지
③ 청각적 이미지
④ 공감각적 이미지

15 다음 중 심리주의 비평과 관련된 내용으로 적절한 것은?

① 인간의 내면세계를 분석함으로써 창작 심리를 해명한다.
② 융은 인간의 정신 현상에 대한 해석을 리비도에 근거하여 설명하였다.
③ 작품의 주제나 상징적 요소에 대한 규명에는 관심을 두지 않는다.
④ 작품은 작가의 의식의 반영이며, 작가의 의식이 곧 작품의 미적 가치를 높이는 것이라 본다.

16 다음 중 문학의 쾌락적 기능에 대한 설명으로 올바르지 않은 것은?

① 지적·미적 쾌락을 중요시한다.
② 독자 스스로의 삶에 대한 성찰의 계기를 마련할 수 있다.
③ 문학은 독자에게 감동과 즐거움을 주는 것이다.
④ 문학을 통해 욕망, 이상 등을 실현함으로써 억압된 욕망에서 벗어날 수 있다.

17 개성적 인물 유형의 개념으로 가장 적절한 것은?

① 어떤 개인의 독특한 기질을 표현한다.
② 어떤 집단의 공통된 인상을 대표한다.
③ 어떤 개인의 사회적 능력을 측정한다.
④ 어떤 집단의 공익적 가치를 대신한다.

18 다음 중 인물의 직접적인 표현 방식이 아닌 것은?

① 요약
② 서술자 해설
③ 보여주기
④ 인물의 심리 분석

19 다음 중 성격 소설은?

① 버지니아 울프, 『야곱의 방』
② 새커리, 『허영의 시장』
③ 제인 오스틴, 『오만과 편견』
④ 드라이저, 『아메리카의 비극』

20 다음 중 외재적 비평이 아닌 것은?

① 모방론
② 효용론
③ 표현론
④ 존재론

21 희곡의 종류 중 플롯의 개연성에는 비중을 두지 않고 사람을 웃길 목적으로 만든 비속한 연극은 무엇인가?

① 소극(笑劇)
② 델아트 희극
③ 최루희극
④ 풍속희극

22 다음 밑줄 친 부분과 표현 방식이 유사하지 않은 것은?

> 가던 새 가던 새 본다 믈 아래 가던 새 본다.
> 잉 무든 장글란 가지고 믈 아래 가던 새 본다.
> 얄리얄리 얄라셩 얄라리 얄라

① 눈은 살아 있다. 떨어진 눈은 살아 있다. 마당 위에 떨어진 눈은 살아 있다.
② 해야 솟아라, 해야 솟아라, 말갛게 씻은 얼굴 고운 해야 솟아라.
③ 산에는 꽃 피네 / 꽃이 피네. / 갈 봄 여름 없이 / 꽃이 피네.
④ 가시리 가시리잇고 나는 / 브리고 가시리잇고.

23 다음과 같은 인물 제시 방법의 특징이 아닌 것은?

> "내 참, 이래뵈두, 응, 동양 삼국 물 다 먹어 본 방삼복이우. 청얼 뭇 허나, 일얼 뭇 허나, 영어야 뭐 말할 것두 없구……."
> 하다가, 생각난 듯이 맥주컵을 들어 벌컥벌컥 단숨에 다 마신다. 그리고는 시꺼먼 손등으로 입술을 쓱, 손가락으로 김치쪽을 늘름 한 점, 그러던 버릇이, 미스터 방이요, 신사요, 방선생으로도 불리어지는 시방도, 무심중 절로 나와, 손등으로 입술의 맥주 거품을 쓱 씻고, 손가락으로 나조기 한 점을 집어다 우둑우둑 씹는다.
> "술은 참, 맥주가 술입넨다……."
> 어느 놈이 만일 무어라고 시비를 하거나 괄시를 한다면 당장 그 나조기를 씹듯이 우둑우둑 잡아 씹기라도 할 듯이 괄괄하던 결기가, 그러다 별안간 어디로 가고서 이번엔 맥주 추앙이 나오던 것이다.
> "술두 미국 사람네가 문명했죠. 죠선 사람은 안직두 멀었어."
> "멀구말구. 아직두 멀었지."
> 쥐 상호의 대추씨 만한 얼굴에 앙상한 노랑수염 백주사가, 병을 들어 주인의 빈 컵에다 따르면서 그렇게 맞장구를 쳐 보비위를 한다.
> – 채만식, 『미스터방』

① 인물에 대한 서술자의 태도가 직접적으로 드러나고 있다.
② 보여주기 방법이 사용되었다.
③ 대화와 행동을 통해 극적 분위기를 조성하였다.
④ 간접 묘사를 통해 독자가 등장인물을 생동감 있게 접할 수 있다.

24 희곡과 소설의 공통점이 아닌 것은?

① 일반적으로 '발단 – 전개 – 위기 – 절정 – 결말'의 5단 구성의 형식을 갖는다.
② 자아와 세계와의 갈등과 대립을 그린다.
③ 일정한 줄거리를 지니고 있다.
④ 주로 현재 시제를 사용하여 극적 효과를 드러낸다.

25 세계 각지의 신화 및 전설·민담들을 집대성한 것으로 원형 비평의 영향력 있는 고전으로 평가받는 것은?

① 『황금가지』
② 『낭만적 허위와 소설적 진실』
③ 『원형 비평 연구』
④ 『신화문학론』

26 문학은 음악·무용·문학이 미분화된 상태의 원시종합예술에서 분화·발생하였다고 보는 이론은?

① 자기표현 본능설
② 모방 본능설
③ 발라드 댄스설
④ 흡인 본능설

27 다음 작품에 나타난 시점은?

> 하루는 밤에 아저씨 방에서 놀다가 졸려서 안방으로 들어오려고 일어서니까 아저씨가 하아얀 봉투를 서랍에서 꺼내어 내게 주었습니다.
> "옥희, 이거 갖다가 엄마 드리고 지난 달 밥값이라구, 응."
> 나는 그 봉투를 갖다가 어머니에게 드렸습니다. 어머니는 그 봉투를 받아들자 갑자기 얼굴이 파랗게 질렸습니다. 그 전날 달밤에 마루에 앉았을 때보다 더 새하얗다고 생각되었습니다. 어머니는 그 봉투를 들고 어쩔 줄을 모르는 듯이 초조한 빛이 나타났습니다.
> – 주요섭, 『사랑손님과 어머니』

① 1인칭 주인공 시점
② 1인칭 관찰자 시점
③ 3인칭 관찰자 시점
④ 전지적 작가 시점

28 다음 중 음보율이 다른 것은?

① 민요
② 시조
③ 경기체가
④ 고려속요

29 시어(문학어)의 특징으로 옳은 것을 모두 고른 것은?

> ㄱ. 2차적
> ㄴ. 창조적
> ㄷ. 구체적
> ㄹ. 논리적
> ㅁ. 감동 전달

① ㄱ, ㄴ, ㅁ ② ㄱ, ㄷ, ㄹ
③ ㄴ, ㄷ, ㄹ ④ ㄴ, ㄷ, ㅁ

30 다음 시에서 밑줄 친 시어로 알 수 있는 시어의 특성은?

> 한 송이의 국화꽃을 피우기 위해
> 봄부터 소쩍새는
> 그렇게 울었나 보다.
> ···〈중략〉···
> 노오란 네 꽃잎이 피려고
> 간밤엔 무서리가 저리 내리고
> 내게는 잠도 오지 않았나 보다.
> ― 서정주, 「국화 옆에서」

① 명료성 ② 외연성
③ 지시성 ④ 함축성

31 다음 괄호 안에 들어갈 알맞은 말은?

> 의도의 오류는 작가가 표현하고자 (   )한 것과 그것이 실제로 표현된 결과인 작품이 일치하지 않는 경우를 배제한 것에서 나타나는 것이다.

① 모방 ② 의도
③ 수용 ④ 존재

32 시의 내용상 갈래에 해당하는 것은?

① 정형시
② 자유시
③ 서사시
④ 산문시

33 다음 시에서 가장 많이 쓰인 수사법은?

> 돌담에 속삭이는 햇발같이
> 풀 아래 웃음 짓는 샘물같이
> 내 마음 고요히 고운 봄길 위에
> 오늘 하루 하늘을 우러르고 싶다.
>
> 새악시 볼에 떠 오는 부끄럼같이
> 시의 가슴 살포시 젖는 물결같이
> 보드레한 에메랄드 얇게 흐르는
> 실비단 하늘을 바라보고 싶다.

① 직유 ② 은유
③ 제유 ④ 환유

34 다음에 해당하는 소설의 인물 유형은?

> • 작품의 전개에 따라 성격이 발전·변화한다.
> • 독자를 감동시켜 유머를 제외한 어떠한 감정에도 빨려 들어가 몰입할 수 있게 하며, 경이감을 준다.

① 입체적 인물
② 전형적 인물
③ 영웅적 인물
④ 문제적 인물

35. 당시 유행, 풍속, 사회상을 적나라하게 반영한 것으로 박태원의 『천변풍경』, 채만식의 『탁류』 등이 대표적인 소설의 종류는?

① 심리 소설
② 역사 소설
③ 세태 소설
④ 가족사 소설

36. 희곡의 삼일치론에 대한 설명에 해당하지 않는 것은?

① 극의 사건은 가능한 24시간 내에 끝나야 한다.
② 극의 사건은 작가의 의도나 주제와 일치해야 한다.
③ 분위기 유지를 위해 장면의 변화는 제약해야 한다.
④ 18세기 독일에서 시작된 낭만주의극의 중요한 특징이다.

37. 그리스의 3대 비극작가가 아닌 사람은?

① 입센
② 소포클레스
③ 유리피데스
④ 에스킬레스

38. 작가에 관한 글이나, 문학·음악·미술 등 예술작품에 대한 글쓴이의 소감을 다루는 수필의 종류는?

① 사설 수필
② 기술적 수필
③ 개인적 수필
④ 비평적 수필

39. 다음 내용이 설명하는 인물의 유형은?

- 이상을 위해 죽음을 무릅쓰고 돌진하는 실천형 인물
- 이론이나 지식을 경시함

① 햄릿형
② 돈키호테형
③ 오이디푸스형
④ 디오니소스형

40. 레제드라마에 대한 설명으로 옳은 것은?

① 처음부터 무대에서 상연할 것을 염두에 두고 쓰는 희곡이다.
② 출간 당시에는 상연하지 않고, 일정한 시기에 이르러 공연하는 희곡이다.
③ 일반적인 희곡과 달리 순수하게 문학적 요소만 강조된, 읽기 위한 희곡이다.
④ 혼자서 하는 일인극으로 배우의 명연기를 보여주기 위한 소품 형식의 희곡이다.

제1회 정답 및 해설 | 문학개론

01	02	03	04	05	06	07	08	09	10	11	12	13	14	15	16	17	18	19	20
①	③	③	③	④	①	②	④	③	④	④	④	③	②	④	④	①	④	①	①
21	22	23	24	25	26	27	28	29	30	31	32	33	34	35	36	37	38	39	40
①	③	①	③	③	①	②	④	②	④	③	④	④	④	②	①	①	④	③	②

01 정답 ①
① 언어의 외면적 의미에 의존하는 것은 과학적 언어의 특징이다.

02 정답 ③
수필은 누구나 쓸 수 있는, 전문성을 필요로 하지 않는 대중적인 문학이다.

03 정답 ③
아리스토텔레스는 모방은 인간의 본능적 행위이며, 동시에 즐거운 행위라 하여 모방을 긍정적으로 인식하였다.

04 정답 ③
① 수신자가 발신자를 의식적으로 닮고자 하는 것으로, 비교적 단기간에 한한다는 특징을 갖는다.
② 타인의 것을 가져다 쓴다는 점에서 모방과 공통점을 갖지만, 원작의 내용에 자신의 창의성을 가미한다는 데서 차이가 있다.
④ 수신자가 필요한 부분을 빌려 쓰는 것으로, 빌려 왔음을 밝힌다는 점에서 표절과는 다르다.

05 정답 ④
④ 희곡은 행동과 대화를 통해 작가의 의도를 전달하는 것으로, 작가가 직접 주제를 전달하는 것은 불가능하다.
① 가장 객관적인 문학이다.
② 표출의 형식을 가진 문학이다.
③ 문학적 성격과 연극적 성격을 모두 가진 이중적 성격을 띤다.

06 정답 ①
①·③ 한국시가에서 가장 자주 쓰이는 것은 2음보, 3음보, 4음보이며, 2·3음보는 민요에, 4음보는 시조와 가사에 주로 쓰인다.
② 한국시는 주로 단순율격을 갖는다.
④ 외형률은 정형시의 특징이다.

07 정답 ②
문학비평이란 '문학이란 무엇인가, 문학은 어떻게 이루어져 있고 어떻게 읽고 이해할 것인가' 등의 문학에 관한 실제적·이론적 논의이다.
② 작품의 개연성을 부여하는 것은 비평의 기능이 아니다.

08 정답 ④
괴테의 『빌헬름 마이스터』, 헤르만 헤세의 『싯다르타』 등이 교양 소설에 속한다.
①·③ 추상적 이상주의 소설에 속한다.

09 정답 ③
③ 소설은 서술의 형식을 취하며, 행동에 의해 전달되는 것은 희곡의 특징이다.

10 정답 ④
④ 방 티겜이 제시한 비교문학의 영역은 발신자 연구, 수신자 연구, 송신자 연구, 이행(移行)이다.

11 정답 ④
④ 극적인 정화는 카타르시스를 느낄 수 있는 '희곡'의 특징이다.

12 정답 ④
④ 아리스토텔레스는 『시학』을 통해 문학예술의 모방의 대상을 '인간의 행위', 모방의 매체를 '언어', 모방의 방식을 '연기'라 보았다.

13 정답 ③
① 중수필은 사회적·객관적이다.
② 베이컨형 수필에 해당한다.
④ '나'가 겉으로 드러나 있지 않다.

14 정답 ②
장편 소설은 소설적 기교에 의존하지 않으며, 주제·사상 등을 중요시한다. 표현기교가 뛰어난 것은 단편 소설의 특징이다.

15 정답 ④
④ 객관론은 작품을 현실이나 독자 또는 작가로부터 독립시켜 객관적 존재로서 평가하는 것으로, 작품 자체로서의 존재 양식의 문제를 다룬다.

16 정답 ④
④ 문학의 전파와 채용을 용이하게 하는 중개에 대한 연구는 방 티겜의 송신자 연구에 대한 내용으로, 이는 비교문학의 영역의 일부에 해당한다.

17 정답 ①
① 형식주의 비평은 문학이 문학다운 속성, 즉 '문학성'을 철저하게 그 언어적 조직과 일체화시켜 분석·기술하는 것으로, 텍스트 자체를 고유한 자율적 존재를 가진 객관적 의미 구조로 파악한다.
② 사회·문화적 비평
③ 역사·전기적 비평
④ 심리주의 비평

18 정답 ④
① 주지는 원관념, 매체는 보조관념이다.
② 시인이 본래 표현하고자 하는 사상·정서 등은 주지이다.
③ 매체는 주지를 드러내는 수단이다.

19 정답 ①
• 플롯
 - 인과관계에 중점을 둠
 - 사건의 논리적 전개[사실성·소설의 미학(美學)과 직결]
 - 'Why(왜)'의 반응을 이끌어 냄
 예 "왕비가 죽자, 왕이 슬퍼서 울었다."
• 스토리
 - 시간적 순서대로 배열된 사건의 서술
 - 'And(그리고)'의 반응을 이끌어 냄
 예 "왕이 죽고, 왕비가 죽었다."

20 정답 ①

1인칭 주인공 시점
- 작품의 주인공이 자신의 이야기를 함
- 인물의 초점과 서술의 초점이 일치
- 독자와의 정서적 거리를 단축시켜 독자에게 친근감과 신뢰감을 줌
- 사건의 내면적 분석에 의존하므로, 등장인물의 내면세계를 제시하는 데 가장 효과적임

21 정답 ①

① 색채, 모양 등이 눈앞에 그려지는 듯한 시각적 이미지가 두드러진다.

22 정답 ③

① 상징은 다른 의미를 함축하고 있다는 점에서 은유의 일종이라 할 수 있다.
② 상징은 상관성이 먼 상징어를 연결함으로써 의미가 확대·심화된다.
④ 상징은 원관념이 상징 뒤에 숨겨져 있으며, 은유는 원관념과 보조관념의 상관관계가 명확하다.

23 정답 ①

② 비극의 결말은 주동인물의 파멸로 끝이 난다.
③ 사회적 집단의 문제보다는 보편적 개인의 문제에 초점을 둔다.
④ 주인공은 선을 대표하고, 반동인물과의 갈등은 선악 간의 갈등으로 표출된다.

24 정답 ③

③ 전통적 장르 구분인 3분법은 장르 구분의 기준을 '서정시·서사시·극시'에 둔다.

25 정답 ③

③ 작품의 장르 및 주요 독자는 문체의 결정 요소와 관련이 없다.

문체의 결정 요소
- 사용 어휘 및 낱말
- 운율 및 비유적 언어의 사용 빈도와 유형
- 문장의 구조 및 수사적 효과

26 정답 ①

재문맥화는 이미 알려진 상징의 이미지에 시인의 독창적 상상력을 통해 새로운 의미를 부여하는 것으로, 그것을 가능하게 하는 것은 시의 언어 조직을 통해서이며, 또한 형태·구조상의 기법이 수반되어야 한다.

27 정답 ②

② '탁자'의 이데아를 지니고 있는 자는 창조주이다.

탁자이론(플라톤)
- 제1단계(신) : '탁자'의 이데아를 지니고 있는 자
- 제2단계(목수) : 실제로 '탁자'를 만들어 내는 자
- 제3단계(시인 또는 화가) : '탁자'를 대상으로 하여 예술작품을 만들어 내는 자 – 모방

28 정답 ④

①, ②, ③은 모두 쾌락적 기능이다.

문학의 기능(효용론)
- 교시적 기능 : 문학을 통해 자신의 행위를 돌아보게 하고 교훈을 주는 것
  예 이광수의 『무정』, 심훈의 『상록수』, 입센의 『인형의 집』 등
- 쾌락적 기능 : 문학을 통해 독자에게 감동과 즐거움을 주는 것

29 정답 ②
① 복합적 심상
③ 촉각적 심상
④ 후각적 심상

30 정답 ④
④ 세월을 거치면서 사회적 공인을 지니게 된 상징인 관습적 상징 중 하나로, 막연하거나 암시적이지 않고 한 가지 의미로 명확하게 고착되어 있다. 이 시조에서 '너'는 매화로 우아한 풍채와 절개를 상징한다.
① 관습적 상징 중 하나로 인간의 보편적 심성으로 인해 거의 비슷한 경우가 많지만, 각 나라나 시대마다 약간의 차이가 존재한다.
  예 하늘 → 신성함
② 모든 사건이나 사물을 신화적 원형의 변모된 모습으로 보는 것이다.
  예 이상의 『날개』에서의 '방' → 『단군신화』 '동굴' 변용
③ 한 개인의 독창적 체험에 의해 창출해 낸 개인적 상징을 의미한다.
  예 서정주의 「국화 옆에서」에서의 '국화' → 누님에서 모든 생명체를 의미하는 것으로 심화

31 정답 ③
㉠, ㉣은 노벨의 특징이다.

32 정답 ④
④ 선인과 악인의 대립은 근대 이전 소설의 특징이다.

33 정답 ④
- 소설 구성의 3요소 : 인물, 사건, 배경
- 소설의 3요소 : 주제, 구성, 문체

34 정답 ④
①·② 문학에 대한 보편적 여러 요소에 관심을 가지는 것을 의미한다.
③ 작중인물의 행복과 불행에 대한 관심으로 인물의 감정, 선호도 등이 해당된다.

35 정답 ②
① 인간의 무의식을 분석함으로써 작가와 작품의 관계, 즉 창작 심리를 해명한다.
③ 문학이 문학다운 속성, 즉 '문학성'을 철저하게 그 언어적 조직과 일체화시켜 분석·기술한다.
④ 작품의 역사적 배경, 사회적 환경, 작가의 전기 등 문학을 결정하는 여러 가지 체계와 관련시켜 작품을 연구하는 것이다.

36 정답 ①
② 심리주의 비평
③ 신화·원형 비평
④ 형식주의 비평

37 정답 ①
② 경수필
③ 경수필
④ 경수필

수필의 종류(이종설)

경수필	중수필
문장의 흐름이 가벼운 느낌	문장의 흐름이 무거운 느낌
시적, 연(軟)문장적	소논문적, 경(硬)문장적
개인적·주관적, 정서적·신변적	사회적·객관적, 지적·사색적
개인의 감성·정서	보편적 윤리·지성
몽테뉴형	베이컨형

38 정답 ④
④ 발단(도입부)의 특징이다.

39 정답 ③
희곡의 형식적 구성요소는 대사, 해설, 지문이다.

40 정답 ②
① 수용자와 발신자의 상호 관계는 동기 정도에서 그쳐야 한다.
③ 의도가 강하지 않으므로 영향으로 볼 수 있다.
④ 모방에 대한 설명으로 비교적 단기적이라는 특징을 갖는다.

제2회 정답 및 해설 | 문학개론

01	02	03	04	05	06	07	08	09	10	11	12	13	14	15	16	17	18	19	20
①	③	②	④	③	④	①	②	②	③	④	②	③	④	①	②	①	③	②	④
21	22	23	24	25	26	27	28	29	30	31	32	33	34	35	36	37	38	39	40
①	①	①	④	①	③	②	②	①	④	②	③	①	①	②	④	①	④	②	③

01 정답 ①
② 모방을 부정적으로 인식하였다.
③ 개연성의 발견이 곧 진리에 이르는 길이라고 본 학자는 아리스토텔레스이다.
④ 사물 속에 내재하는 본질적인 것을 '이데아(Idea)'로 보았다.

02 정답 ③
③ 연민은 타인에 대한 감정, 공포는 자신에 대한 감정이며, 연민과 공포는 불가분의 관계이다.

03 정답 ②
② 4음보의 외형률을 지닌 정형시이다.

04 정답 ④
소설의 리얼리티는 현실사회에서 보는 사실 그 자체가 아니라, 사실이 갖는 보편적 호소력에 있다.

리얼리티(Reality)
리얼리티는 작가의 상상력에 의해 거짓으로 꾸며낸 이야기를 사실인 것처럼 느끼게 하는 것으로, 소설에서의 진실성, 사건의 필연성, 개연성을 의미한다.

05 정답 ③
표절은 의식적으로 수신자의 원작을 이용하는 것으로, 수신자가 빌려 왔음을 고의로 은폐하므로 가장 의식적·의도적 행위이다.
③ 수신자는 빌려 왔음을 고의로 은폐한다.
① 모방, ② 암시, ④ 번안의 내용이다.

06 정답 ④
④ 하강 단계에서 주인공의 파멸을 이끌 대립된 세력이 강해지는 것은 비극의 특징이며, 희극에서는 주인공에게 방해가 되었던 장애물이 제거되어 행복한 결말로 이어지는 단계이다.

07 정답 ①
플롯은 단순히 사건을 재구성하는 것이 아니라 인과관계에 중점을 두고 사건의 흐름을 전개·배열하는 것이다.
①은 스토리의 특징이다.

08 정답 ②
② 문학은 작가 개인의 행위로 창작되지만 작품을 통해 인간의 삶과 정신에 영향을 주므로 '개인적 행위'로만 보는 것은 적절하지 않다.

09 정답 ②
아리스토텔레스는 개연성의 발견이 곧 진리에 이르는 길이며, 허구를 개연성을 부여하기 위한 것으로 보았다.

10 정답 ③
방백은 화자가 직접 관객이나 무대 위의 배우 중 몇 사람만을 선택하여 그들만 듣는 것으로 가정하고 하는 말이므로, 캐릭터와 행동의 컨벤션이 작용한다.
③ 자문자답(自問自答)은 배우가 혼자 중얼거리는 말인 '독백'의 가장 순수한 의미이다.

11 정답 ④
④ 유머와 위트는 다른 문학 양식에서도 나타나며, 어떤 사건의 구성이 없는 수필에서는 특히 중요한 요소로 작용한다.

12 정답 ③
③ 비평가는 작가 및 독자와 관련이 있어야 하며, 작가와 독자의 중간에서 작품의 이해를 돕고 매개해 주어야 한다.

13 정답 ②
막스 블랙(Max Black)은 은유에 관한 이론을 대치론, 비교론, 상호작용론으로 분류하였는데, 제시된 내용은 비유의 상호작용론에 관한 것으로, 비유는 시의 행과 연, 구조, 형태 등의 일부로 폭과 깊이를 확대하여 끊임없이 시의 형태, 구조를 활성화시키는 역학적 실체라고 보았다.
① 이질적인 두 개의 관념을 엉뚱하게 연결시키는 것을 의미한다.
③ 뜻 또는 주지를 다른 형태로 바꾸어 놓는 일반적인 의미의 비유론이다.

14 정답 ④
④ '송홧가루'에서 시각적(노랑과 초록의 선명한 대비) 이미지를 느낄 수 있으며, '귀 대이고'에서 촉각적 이미지, '꾀꼬리 울면'에서 청각적 이미지를 각각 느낄 수 있다. 공감각적 이미지는 사용되지 않았다.

15 정답 ①
심리주의 비평은 프로이트의 정신분석학이 나타난 이후 발달된 것으로, 현대는 인간 정신의 소산인 과학적 실증주의에 의해 좌우된다는 입장에서 출발한다.
② 인간의 정신 현상에 대한 해석을 리비도의 변화와 발전에 근거하여 설명한 학자는 프로이트이다.
③ 심리주의 비평은 작품의 주제나 상징적 요소에 대한 규명에 많은 도움을 준다.
④ 심리주의 분석에서는 작품은 곧 무의식의 반영이며, 이 무의식이 작중인물의 성격이나 행동을 결정한다고 보았다. 심리주의 비평은 작품에 대한 미적 가치 규명에 적절한 방법이 되지 못한다.

16 정답 ②
②는 문학의 교시적 기능과 관련된 내용이다.

17 정답 ①
① 개성적 인물은 어떤 개인의 독특한 기질을 표현하고 전형성에서 탈피한 인물 유형이다.
② 사회의 어떤 계층이나 집단의 공통된 성격적 기질을 대표하는 인물 유형은 전형적 인물이다.

18 정답 ③
③ 보여주기는 인물의 간접적 표현 방식이다.

소설의 인물 제시·설명 방법

말하기(Telling)	보여주기(Showing)
• 작가가 인물을 직접 해설·분석·요약·편집 • 논평적 방법	• 작가가 대화나 행동만 보여줌 • 극적·입체적 방법
직접적 제시	간접적 제시
고대소설에 많음	현대소설에 많음
3인칭 주인공 시점 (전지적 작가 시점)	3인칭 관찰자 시점

19 정답 ②
① 연대기 소설, ③ 극적 소설, ④ 시대 소설

20 정답 ④
웰렉의 비평의 기준
- 외재적 비평(모방론, 표현론, 효용론) : 진실성·효용성·독창성 기준
- 내재적 비평(존재론) : 복잡성·일관성 기준

21 정답 ①
① 소극(笑劇)은 사람을 웃길 목적으로 만든 비속한 연극으로, 육체적 익살스러움과 거친 기지, 우수한 상황의 창조 등의 계략으로 웃음을 자아낸다.

22 정답 ①
밑줄 친 부분에 사용된 반복적 표현 기법은 A-A-B-A형이다. ①은 A-B-A-C-B-A 형식이다.

23 정답 ①
① 인물의 대화와 행동을 그대로 보여 주는 간접 묘사, 즉 '보여주기' 방법으로 서술되어 있다. 인물의 성격을 분석적으로 제시하는 것은 말하기 또는 직접적 제시방법의 특징이다.

24 정답 ④
④ 희곡은 현재 시제를 사용하지만, 소설은 주로 과거 시제를 사용한다.

25 정답 ①
① 프레이저의 『황금가지』는 세계 각지의 신화 및 전설·민담들을 집대성한 것으로 모든 민족의 신화 사이에 존재하는 상관관계를 깊이 있게 검토함으로써 신화와 제의(祭儀)에 대한 인식의 폭을 확장시켜 주었다.

26 정답 ③
③ 발라드 댄스설은 문학은 음악·무용·문학이 미분화된 상태의 원시종합예술에서 분화·발생하였다고 보는 입장으로, 몰턴이 대표적인 주장자이다.
① 자기 자신을 표현하고자 하는 본능에서 문학이 발생하였다고 보는 입장 – 허드슨
② 모방은 인간의 본능이며, 이러한 본능으로 인해 문학이 생겨났다고 보는 입장 – 아리스토텔레스
④ 인간에게는 남을 끌어들이려는 흡인본능이 있으며, 이 때문에 문학이 발생하였다고 보는 입장 – 다윈 등 진화론자

27 정답 ②

1인칭 관찰자 시점
- 작품에 등장하는 부수적 인물이나 사건 밖에 있는 관찰자가 주인공의 이야기를 함
- 주관적·객관적 묘사를 통해 종합적 효과를 얻을 수 있지만, '나'의 눈에 비친 외부세계만을 다루는 제한이 있음

28 정답 ②

음보율
- 우리 시에서 가장 두드러진 운율
- 3음보 : 고려속요, 경기체가, 민요조 등에 주로 나타나는 서민적 리듬
- 4음보 : 시조, 가사 등에 주로 나타나는 사대부 문학의 인위적 리듬

29 정답 ①

ㄷ, ㄹ은 과학어의 특징이다.

시어(문학어)의 특징
2차적, 창조적, 감동전달, 간접적, 개인적, 주관적, 함축적, 내포적, 의사 진술, 리듬·이미지·어조 ○, 느낌, 태도, 해석, 인위적, 미적 등

30 정답 ④

④ 시어의 함축성이란 언어의 표면적 의미가 아닌 작가가 의도하고자 한 의미와 정서 즉, 내포적 의미를 말한다. 이 시에서 국화는 자연적·외연적 의미로 쓰인 것이 아니라, 온갖 역경을 헤쳐 온 누님의 모습, 원숙한 아름다움, 생명 탄생의 대상 등의 상징적·함축적 의미로 사용되었다.

31 정답 ②

② 의도의 오류는 작품 창작에서 작가의 창작 의도가 곧 그 작품의 의미와 직결되는 것이 아니라는 이론으로 표현론이 지나치게 편협한 성격을 지닐 때 나타난다.
- 표현론 : 시를 시인의 정신과 사상이 직접 드러난 것으로 이해
- 모방론 : 시를 자연이나 인생 등 다양한 세계상을 모방한 것으로 이해
- 효용론 : 시가 주로 독자에게 어떤 영향을 미치는가에 관심을 두는 견해
- 존재론 : 시의 외부적 요소를 배제한 채 내부적 요소만으로 시를 이해하려는 태도

32 정답 ③

시의 분류
- 형식상 : 정형시, 자유시, 산문시
- 내용상 : 서정시, 서사시, 극시
- 성격상 : 낭만시, 전통시, 순수시, 목적시, 참여시 등

33 정답 ①

① '돌담에 속삭이는 햇발같이', '풀 아래 웃음 짓는 샘물같이', '새악시 볼에 떠 오는 부끄럼같이', '시의 가슴 살포시 젖는 물결같이'를 보아 알 수 있듯이 직유법이 가장 많이 사용되었다.

34 정답 ①

① 입체적 인물은 작품 속에서 무궁한 인생을 갖고 있으며, 비극적 역할을 하기에 적합하다. 또한 독자의 예측과 상상력을 초월하므로 독자에게 강렬한 인상을 남길 수 있다.

35 정답 ③
① 인간의 잠재의식을 다룬 초현실주의로 이상의 「날개」가 대표적이다.
② 역사적 사실을 배경으로 한 것으로 실제 사건과 인물을 바탕으로 한 『임진록』, 『박씨전』이 대표적이다.
④ 한 가족의 유행, 풍속, 사회상을 적나라하게 반영한 소설로 염상섭의 『삼대』가 있다.

36 정답 ④
④ 희곡의 삼일치론은 '사건(행위)·시간·장소의 일치'를 의미하며 고전주의극의 중요한 특징이다.

37 정답 ①
① 자연주의 근대비극의 작가이다.

38 정답 ④
① 개인의 주관이나 의견이긴 하지만, 사회의 여론을 유도하는 내용의 글
② 주관을 배제하고 실제의 사실만을 기록한 글
③ 글쓴이 자신의 성격이나 개성, 신변잡기 등을 다룬 글

39 정답 ②
② 세르반테스의 『돈키호테』의 주인공으로 희극의 인간형이며, 외향적 성격을 지닌 과대망상적 공상가이다.

40 정답 ③
① 뷔넨드라마
② 부흐드라마
④ 모노드라마

할 수 있다고 믿는 사람은 그렇게 되고,
할 수 없다고 믿는 사람도 역시 그렇게 된다.

– 샤를 드골 –

독학학위제 1단계 교양과정인정시험 답안지(객관식)

컴퓨터용 사인펜만 사용

전공분야

성명

★ 수험생은 수험번호와 응시과목 코드번호를 표기(마킹)한 후 일치여부를 반드시 확인할 것.

수험번호

(1) 1 - - -

(2) ● ② ③ ④

과목코드 / 응시과목

1 ① ② ③ ④
2 ① ② ③ ④
3 ① ② ③ ④
4 ① ② ③ ④
5 ① ② ③ ④
6 ① ② ③ ④
7 ① ② ③ ④
8 ① ② ③ ④
9 ① ② ③ ④
10 ① ② ③ ④
11 ① ② ③ ④
12 ① ② ③ ④
13 ① ② ③ ④
14 ① ② ③ ④
15 ① ② ③ ④
16 ① ② ③ ④
17 ① ② ③ ④
18 ① ② ③ ④
19 ① ② ③ ④
20 ① ② ③ ④
21 ① ② ③ ④
22 ① ② ③ ④
23 ① ② ③ ④
24 ① ② ③ ④
25 ① ② ③ ④
26 ① ② ③ ④
27 ① ② ③ ④
28 ① ② ③ ④
29 ① ② ③ ④
30 ① ② ③ ④
31 ① ② ③ ④
32 ① ② ③ ④
33 ① ② ③ ④
34 ① ② ③ ④
35 ① ② ③ ④
36 ① ② ③ ④
37 ① ② ③ ④
38 ① ② ③ ④
39 ① ② ③ ④
40 ① ② ③ ④

교시코드 ① ② ③ ④

답안지 작성시 유의사항

1. 답안지는 반드시 컴퓨터용 사인펜을 사용하여 다음 보기와 같이 표기할 것.
   보기 잘된표기: ● 잘못된표기: ⊗ ⊙ ◐ ○
2. 수험번호 (1)에는 아라비아 숫자로 쓰고, (2)에는 "●"와 같이 표기할 것.
3. 과목코드는 뒷면 "과목코드번호"를 보고 해당과목의 코드번호를 찾아 표기하고, 응시과목란에는 응시과목명을 한글로 기재할 것.
4. 교시코드는 문제지 전면의 교시를 해당란에 "●"와 같이 표기할 것.
5. 한번 표기한 답은 긁거나 수정액 및 스티커 등 어떠한 방법으로도 고쳐서는 아니되고, 고쳐 문항은 "0"점 처리됨.

※ 감독관 확인란

(인)

관리번호

(연번) (응시자수)

[이 답안지는 마킹연습용 모의답안지입니다.]

독학학위제 1단계 교양과정인정시험 답안지(객관식)

[이 답안지는 마킹연습용 모의답안지입니다.]

컴퓨터용 사인펜만 사용

독학학위제 1단계 교양과정인정시험 답안지(객관식)

★ 수험생은 수험번호와 응시과목 코드번호를 표기(마킹)한 후 일치여부를 반드시 확인할 것.

전공분야	
성 명	

수 험 번 호													
(1)	1	–			–			–					
(2)	● ② ③ ④	–	①②③④⑤⑥⑦⑧⑨⓪	①②③④⑤⑥⑦⑧⑨⓪	–	①②③④⑤⑥⑦⑧⑨⓪	①②③④⑤⑥⑦⑧⑨⓪	–	①②③④⑤⑥⑦⑧⑨⓪	①②③④⑤⑥⑦⑧⑨⓪	①②③④⑤⑥⑦⑧⑨⓪	①②③④⑤⑥⑦⑧⑨⓪	①②③④⑤⑥⑦⑧⑨⓪

과목코드				
①②③④⑤⑥⑦⑧⑨⓪	①②③④⑤⑥⑦⑧⑨⓪	①②③④⑤⑥⑦⑧⑨⓪	①②③④⑤⑥⑦⑧⑨⓪	①②③④⑤⑥⑦⑧⑨⓪

교시코드			
①	②	③	④

응시과목									
1	①	②	③	④	21	①	②	③	④
2	①	②	③	④	22	①	②	③	④
3	①	②	③	④	23	①	②	③	④
4	①	②	③	④	24	①	②	③	④
5	①	②	③	④	25	①	②	③	④
6	①	②	③	④	26	①	②	③	④
7	①	②	③	④	27	①	②	③	④
8	①	②	③	④	28	①	②	③	④
9	①	②	③	④	29	①	②	③	④
10	①	②	③	④	30	①	②	③	④
11	①	②	③	④	31	①	②	③	④
12	①	②	③	④	32	①	②	③	④
13	①	②	③	④	33	①	②	③	④
14	①	②	③	④	34	①	②	③	④
15	①	②	③	④	35	①	②	③	④
16	①	②	③	④	36	①	②	③	④
17	①	②	③	④	37	①	②	③	④
18	①	②	③	④	38	①	②	③	④
19	①	②	③	④	39	①	②	③	④
20	①	②	③	④	40	①	②	③	④

과목코드				
①②③④⑤⑥⑦⑧⑨⓪	①②③④⑤⑥⑦⑧⑨⓪	①②③④⑤⑥⑦⑧⑨⓪	①②③④⑤⑥⑦⑧⑨⓪	①②③④⑤⑥⑦⑧⑨⓪

교시코드			
①	②	③	④

응시과목									
1	①	②	③	④	21	①	②	③	④
2	①	②	③	④	22	①	②	③	④
3	①	②	③	④	23	①	②	③	④
4	①	②	③	④	24	①	②	③	④
5	①	②	③	④	25	①	②	③	④
6	①	②	③	④	26	①	②	③	④
7	①	②	③	④	27	①	②	③	④
8	①	②	③	④	28	①	②	③	④
9	①	②	③	④	29	①	②	③	④
10	①	②	③	④	30	①	②	③	④
11	①	②	③	④	31	①	②	③	④
12	①	②	③	④	32	①	②	③	④
13	①	②	③	④	33	①	②	③	④
14	①	②	③	④	34	①	②	③	④
15	①	②	③	④	35	①	②	③	④
16	①	②	③	④	36	①	②	③	④
17	①	②	③	④	37	①	②	③	④
18	①	②	③	④	38	①	②	③	④
19	①	②	③	④	39	①	②	③	④
20	①	②	③	④	40	①	②	③	④

※ 감독관 확인란
㊞

관 리 번 호	
(연번)	(응시자수)

답안지 작성시 유의사항

1. 답안지는 반드시 **컴퓨터용 사인펜을 사용**하여 다음 [보기]와 같이 표기할 것.
   [보기] 잘 된 표기: ● 잘못된 표기: ⓥ ⓧ ◐ ⊙ ◕ ○ ▦
2. 수험번호 (1)에는 아라비아 숫자로 쓰고, (2)에는 "●"와 같이 표기할 것.
3. 과목코드는 뒷면 "과목코드번호"를 보고 해당과목의 코드번호를 찾아 표기하고, 응시과목란에는 응시과목명을 한글로 기재할 것.
4. 교시코드는 문제지 전면의 교시를 해당란에 "●"와 같이 표기할 것.
5. 한번 표기한 답은 긁거나 수정액 및 스티커 등 어떠한 방법으로도 고쳐서는 아니되고, 고친 문항은 "0"점 처리함.

[이 답안지는 마킹연습용 모의답안지입니다.]

절취선

독학학위제 1단계 교양과정인정시험 답안지(객관식)

컴퓨터용 사인펜만 사용

★ 수험생은 수험번호와 응시과목 코드번호를 표기(마킹)한 후 일치여부를 반드시 확인할 것.

전공분야

성명

답안지 작성시 유의사항

답안지는 반드시 컴퓨터용 사인펜을 사용하여 다음 보기와 같이 표기할 것.

보기 잘 된 표기: ● 잘못된 표기: ⊘ ⊗ ◐ ◑ ○ ●

1. 수험번호 (1)에는 아라비아 숫자로 쓰고, (2)에는 "●"와 같이 표기할 것.
2. 과목코드는 뒷면 "과목코드번호"를 보고 해당과목의 코드번호를 찾아 표기하고, 응시과목란에는 응시과목명을 한글로 기재할 것.
3. 교시코드는 문제지 전면의 교시를 해당란에 "●"와 같이 표기할 것.
4. 한번 표기한 답은 긁거나 수정액 및 스티커 등 어떠한 방법으로도 고쳐서는 아니되고, 고친 문항은 "0"점 처리됨.

[이 답안지는 마킹연습용 모의답안지입니다.]

※ 감독관 확인란

(인)

관리번호
(연번)
(응시자수)

절취선

독학학위제 1단계 교양과정인정시험 답안지(객관식)

전공분야

성명

★ 수험생은 수험번호와 응시과목 코드번호를 표기(마킹)한 후 일치여부를 반드시 확인할 것.

수험번호

(1) | | - | | | - | | | - | |
(2) ● ② ③ ④

응시과목 / 과목코드

교시코드	과목코드	응시과목				
① ② ③ ④		1	① ② ③ ④	21	① ② ③ ④
		2	① ② ③ ④	22	① ② ③ ④
		3	① ② ③ ④	23	① ② ③ ④
		4	① ② ③ ④	24	① ② ③ ④
		5	① ② ③ ④	25	① ② ③ ④
		6	① ② ③ ④	26	① ② ③ ④
		7	① ② ③ ④	27	① ② ③ ④
		8	① ② ③ ④	28	① ② ③ ④
		9	① ② ③ ④	29	① ② ③ ④
		10	① ② ③ ④	30	① ② ③ ④
		11	① ② ③ ④	31	① ② ③ ④
		12	① ② ③ ④	32	① ② ③ ④
		13	① ② ③ ④	33	① ② ③ ④
		14	① ② ③ ④	34	① ② ③ ④
		15	① ② ③ ④	35	① ② ③ ④
		16	① ② ③ ④	36	① ② ③ ④
		17	① ② ③ ④	37	① ② ③ ④
		18	① ② ③ ④	38	① ② ③ ④
		19	① ② ③ ④	39	① ② ③ ④
		20	① ② ③ ④	40	① ② ③ ④

답안지 작성시 유의사항

답안지는 반드시 컴퓨터용 사인펜을 사용하여 다음 *보기*와 같이 표기할 것.

보기 잘된 표기: ●
잘못된 표기: ⊕ ⊗ ◐ ◑ ○

1. 수험번호 (1)에는 아라비아 숫자로 쓰고, (2)에는 "●"와 같이 표기할 것.
2. 과목코드는 뒷면 "과목코드번호"를 보고 해당과목의 코드번호를 찾아 표기하고, 응시과목란에는 응시과목명을 한글로 기재할 것.
3. 교시코드는 문제지 전면 의 교시를 해당란에 "●"와 같이 표기할 것.
4. 한번 표기한 답은 긁거나 수정액 및 스티커 등 어떠한 방법으로도 고쳐서는 아니되고, 고친 문항은 "0"점 처리함.

※ 감독관 확인란

(응시자수)

관리자확인란

[이 답안지는 마킹연습용 모의답안지입니다.]

독학학위제 1단계 교양과정인정시험 답안지(객관식)

컴퓨터용 사인펜만 사용

★ 수험생은 수험번호와 응시과목 코드번호를 코딩(마킹)한 후 일치여부를 반드시 확인할 것.

전공분야

성명

답안지 작성시 유의사항

1. 답안지는 반드시 컴퓨터용 사인펜을 사용하여 다음 보기와 같이 표기할 것.
   보기 잘 된 표기: ● 잘못된 표기: ⊗ ⊙ ◐ ○ ◎
2. 수험번호 (1)에는 아라비아 숫자로 쓰고, (2)에는 "●"와 같이 표기할 것.
3. 과목코드는 뒷면 "과목코드번호"를 보고 해당과목의 코드번호를 찾아 표기하고, 응시과목란에는 응시과목명을 한글로 기재할 것.
4. 교시코드는 문제지 전면 의 교시를 해당란에 "●"와 같이 표기할 것.
5. 한번 표기한 답은 긁거나 수정액 및 스티커 등 어떠한 방법으로도 고쳐서는 아니되고, 고친 문항은 "0"점 처리함.

[이 답안지는 마킹연습용 모의답안지입니다.]

독학학위제 1단계 교양과정인정시험 답안지(객관식)

독학학위제 1단계 교양과정인정시험 답안지(객관식)

★ 수험생은 수험번호와 응시과목 코드번호를 표기(마킹)한 후 일치여부를 반드시 확인할 것.

컴퓨터용 사인펜만 사용

전공분야

성   명

답안지 작성시 유의사항

1. 답안지는 반드시 컴퓨터용 사인펜을 사용하여 다음 보기와 같이 표기할 것.
   보기) 잘 된 표기: ● 잘못된 표기: ⊘ⓧ◑◐○
2. 수험번호 (1)에는 아라비아 숫자로 쓰고, (2)에는 "●"과 같이 표기할 것.
3. 과목코드는 뒷면 "과목코드번호"를 보고 해당과목의 코드번호를 찾아 표기하고, 응시과목란에는 응시과목명을 한글로 기재할 것.
4. 교시코드는 문제지 전면 의 교시를 해당란에 "●"와 같이 표기할 것.
5. 한번 표기한 답은 긁거나 수정액 및 스티커 등 어떠한 방법으로도 고쳐서는 아니되며, 고친 문항은 "0"점 처리함.

※ 감독관 확인란

(연번)

관리번호

(응시자수)

[이 답안지는 마킹연습용 모의답안지입니다.]

2026 시대에듀 A + 독학사 1단계 교양과정 문학개론 한권합격

개정14판1쇄 발행	2026년 01월 05일 (인쇄 2025년 09월 23일)
초 판 발 행	2012년 01월 31일 (인쇄 2011년 11월 02일)
발 행 인	박영일
책 임 편 집	이해욱
편 저	독학학위연구소
편 집 진 행	천다솜 · 김다련
표지디자인	박종우
편집디자인	차성미 · 고현준
발 행 처	(주)시대고시기획
출 판 등 록	제10-1521호
주 소	서울시 마포구 큰우물로 75 [도화동 538 성지 B/D] 9F
전 화	1600-3600
팩 스	02-701-8823
홈 페 이 지	www.sdedu.co.kr
I S B N	979-11-434-0003-1 (13810)
정 가	25,000원

※ 이 책은 저작권법의 보호를 받는 저작물이므로 동영상 제작 및 무단전재와 배포를 금합니다.
※ 잘못된 책은 구입하신 서점에서 바꾸어 드립니다.

독학사 시험 합격을 위한
최적의 강의 교재!

심리학과 · 경영학과 · 컴퓨터공학과 · 간호학과 · 국어국문학과 · 영어영문학과

심리학과 2·3·4단계

2단계 기본서 [6종]
이상심리학 / 감각 및 지각심리학 /
사회심리학 / 발달심리학 / 성격심리학 /
동기와 정서

2단계 6과목 벼락치기 [1종]

3단계 기본서 [6종]
상담심리학 / 심리검사 / 산업 및 조직심리학 /
학습심리학 / 인지심리학 / 학교심리학

4단계 기본서 [4종]
임상심리학 / 소비자 및 광고심리학 /
심리학연구방법론 / 인지신경과학

경영학과 2·3·4단계

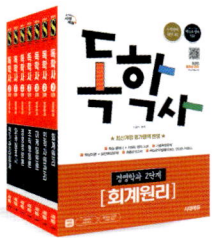

2단계 기본서 [7종]
회계원리 / 인적자원관리 / 마케팅원론 /
조직행동론 / 경영정보론 / 마케팅조사 /
원가관리회계

2단계 6과목 벼락치기 [1종]

3단계 기본서 [6종]
재무관리론 / 경영전략 / 재무회계 / 경영분석 /
노사관계론 / 소비자행동론

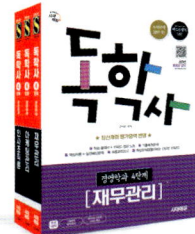

4단계 기본서 [3종]
재무관리 / 마케팅관리 / 인사조직론

※ 4단계 회계학은 2·3단계 교재로 겸용
   2단계 겸용 : 원가관리회계
   3단계 겸용 : 재무회계

컴퓨터공학과 2·3·4단계

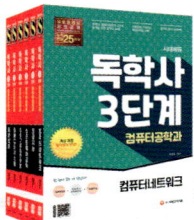

2단계 기본서 [6종]
논리회로 / C프로그래밍 / 자료구조 /
컴퓨터구조 / 운영체제 / 이산수학

2단계 6과목 벼락치기 [1종]

3단계 기본서 [6종]
인공지능 / 컴퓨터네트워크 / 임베디드시스템 /
소프트웨어공학 / 프로그래밍언어론 / 정보보호

4단계 기본서 [4종]
알고리즘 / 통합컴퓨터시스템 /
통합프로그래밍 / 데이터베이스

간호학과 4단계

4단계 기본서 [4종]
간호연구방법론 / 간호과정론 / 간호지도자론 /
간호윤리와 법

4단계 적중예상문제집 [1종]

4단계 4과목 벼락치기 [1종]

국어국문학과 2·3·4단계

2단계 기본서 [6종]
국어학개론 / 국문학개론 / 국어사 /
고전소설론 / 한국현대시론 /
한국현대소설론

3단계 기본서 [6종]
국어음운론 / 고전시가론 /
문학비평론 / 국어정서법 /
국어의미론 / 한국문학사

※ 4단계는 2·3단계에서 동일 과목의 교재로 겸용
  2단계 겸용 : 국어학개론, 국문학개론
  3단계 겸용 : 문학비평론, 한국문학사

영어영문학과 2·3·4단계

2단계 기본서 [6종]
영어학개론 / 영문법 / 영어음성학 /
영국문학개관 / 중급영어 /
19세기 영미소설

3단계 기본서 [6종]
영어발달사 / 고급영어 / 영어통사론 /
미국문학개관 / 20세기 영미소설 /
고급영문법

※ 4단계는 2·3단계에서 동일 과목의 교재로 겸용
  영미소설(19세기 영미소설 + 20세기 영미소설), 영미문학개관(영국문학개관 + 미국문학개관)

※ 본 도서의 이미지 및 구성은 변동될 수 있습니다.

나는 이렇게 합격했다

당신의 합격 스토리를 들려주세요
추첨을 통해 선물을 드립니다

베스트 리뷰
갤럭시탭/ 버즈 2

상/하반기 추천 리뷰
상품권/ 스벅커피

인터뷰 참여
백화점 상품권

이벤트 참여방법

합격수기
시대에듀와 함께한 도서 or 강의 **선택** ▷ 나만의 합격 노하우 정성껏 **작성** ▷ 상반기/하반기 추첨을 통해 선물 증정

인터뷰
시대에듀와 함께한 강의 **선택** ▷ 합격증명서 or 자격증 사본 첨부, 간단한 **소개 작성** ▷ 인터뷰 완료 후 백화점 상품권 증정

이벤트 참여방법
다음 합격의 주인공은 바로 여러분입니다!

QR코드 스캔하고 ▷▷▶
이벤트 참여하여 푸짐한 경품받자!

합격의 공식
시대에듀